U0935495

中日战争内幕全公开

楚 云/著

时事出版社

图书在版编目(CIP)数据

中日战争内幕全公开/楚 云 著.—北京:时事出版社,
2005

ISBN 978-7-80009-864-2

Ⅰ.中… Ⅱ.楚… Ⅲ.抗日战争-史料
Ⅳ.K265.06

中国版本图书馆 CIP 数据核字(2004)第 135821 号

中日战争内幕全公开

出版发行:时事出版社

地　　址:北京市海淀区万寿寺甲 2 号

邮　　编:100081

发行热线:(010)88547590　88547591

读者服务部:(010)88547595

传　　真:(010)68418647

电子邮箱:shishichubanshe@sina.com

网　　址:www.shishishe.com

印　　刷:大厂回族自治县正兴印务有限公司

开本:787×1092　1/16　印张:24　字数:300 千字

2010 年 1 月第 2 版　　2010 年 1 月第 1 次印刷

定价:39.80 元

楔子

XIE ZI

歌曰：黄帝炎帝是神话，禹铸九鼎为中华；九鼎铸成传百代，河山代代如卷画。卷画西展看昆仑，奇峰斜刺倚天门；长江奔腾似雪练，黄河入海融坚冰；长白山前高粱熟，洞庭湖畔稻浪沉；川妹轻歌采茶去，越女赤脚捉河豚。

地灵人杰看不够，物华天宝招贼寇；贼寇如蚁出扶桑，也学蛇象吞中国。艨艟铁铸推黑浪，魔鹰如云翱穹苍；万炮齐发若奔雷，烟尘蔽日贼势狂。白山黑水先沦丧，热河冀察复遭殃；卢沟桥头枪声急，跑马场中摆战场。贼骑破关如破竹，贼兵屠城如匈奴；石头城外燕子矶，血浸江月雨洗骨；九鼎翻倾山河碎，可怜越女夜夜哭。

越女哭罢问苍天，西子湖畔拜前贤；誓捣黄龙饮虏血，匡扶河山须用剑。呼父呼儿呼情郎，丢开锄头提刀枪；铁流滚滚江南路，血祭怨魂台儿庄；太行伫马风雪夜，冀中平原地道长；避实击虚古人计，持久鏖兵弱也强；一战再战胜不得，十战百战又何妨？拼将热血两千万，杀尽倭贼告炎黄。

十四冬春弹指过，倭贼梦残见黄粱；越女笑指昆仑东，渊停岳峙山河壮；长江依旧如雪练，黄河一带绕太行；但使儿郎豪气在，鼎湖代代换新装。

这首赋体长歌，共四节五十四句三百七十八言，名曰《九鼎歌》。歌乃出自一老军人手笔。老军人出生于民国初年，年轻时适逢日军全面侵华，家人在南京大屠杀期间被日军杀害数口，便思为亲人复仇，投笔从戎，参加抗日战争。先在国民党军中作战，战徐州，守武汉，随军转战。后转入八路军，先后参加过冀中八路军反扫荡作战、河北齐会作战、山西细腰涧作战、华北八路军百团大战，计大小数十战，身中枪伤刀伤凡十余处，前后杀敌无数。依军功依次擢升为连长、营长、团长、旅长。

这首《九鼎歌》，乃是老军人于抗日战争胜利六十周年纪念日前夕，参观南京抗日战争纪念馆及日军屠城万人坑尸骨遗迹时，思念被害亲人，有感而发，提笔一气而成。诗中第一节“黄帝炎帝是神话”以下十二句，是以平叙之法，描述中华风物，如何人杰地灵、宝藏无限，为下文铺陈。第二节“地灵人杰看不够”以下十八句却是接转第一节，说明中华风物，如何招引东洋倭贼觊觎，竟企图以发动战争之法，侵吞我锦绣河山，灭我中华。第三节“越女哭詈问苍天”以下十六句转向叙述我国军民如何愤于倭贼残暴，决心以身抗暴，兴兵抵抗，与日本贼兵恶战，终于以弱胜强，驱走日本贼军，大获全胜。第四节“十四冬春弹指过”以下八句却是全歌结句，抒发豪情。其时老军人虽年过古稀，依旧宝刀未老，满腔豪情热血，竟不减血气方刚之年，大有但使龙城飞将在，不教胡马渡阴山之慨。

老军人这首《九鼎歌》显有唐人太白遗风，先以九鼎为骨，又以越女为引，起承转合之间，只寥寥数百言，便将抗日战争叙了个大概，读来颇让人启迪心智，亦使人更想多了解抗日战争如何引发？为何引发？又如何发展？如何了结？

目录

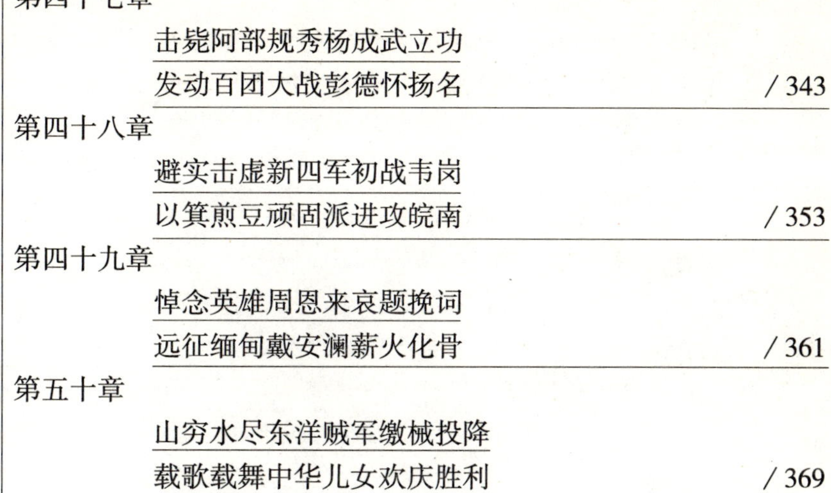

第一章

窃军情中村蓄意闯兴安
惩倭谍玉衡无心招国祸

中华民国有三十个省，其中以东北四省最是富庶。东四省地广约130万平方公里，有居民3000万。其地崇山环峙，河川纵横，物产丰饶。辽南苹果、三江大豆、长白山人参、兴安岭林木，更有呼伦贝尔草原的三河马，皆是世间极品，中华一绝。

1904年，日本发动日俄战争，打败俄罗斯，一举夺占东四省境内南满铁路并旅顺口及辽东半岛管辖权后，将之辟为“关东州”，设“关东都督府”治理。又组建“关东军”，司令部设在辽东半岛军港城旅顺。平时常驻兵力计为一个常备师，师部设辽阳。师以下辖步兵二个旅，一个旅部驻铁岭，另一个旅部驻柳树屯。全师步骑工炮计六个团五千人枪，分驻柳树屯、旅顺、辽阳、公主岭、海城各处。常备师之外，又有铁路守备队一支，司令部设公主岭。铁路守备队下辖六个独立守备营，分驻公主岭、沈阳、抚顺、大石桥、连山关各城，并南满铁路及各铁路支线布防。又有旅顺重炮兵大队、宪兵队，沈阳、哈尔滨各处特务机关并特种部队若干，亦归关东军司令部统辖，是以关东军步骑工炮计约万余人枪。

“关东都督府”之外，又设总领事馆四处，计为哈尔滨总领事馆、吉林总领事馆、间岛总领事馆、沈阳总领事馆。总领馆以下，又有龙江、长春、安东、铁岭、郑家屯、辽阳、牛庄、赤峰八处领事馆和农安、通化、海龙三处领事分馆，负责对东四省外事交涉。又成立南满铁路股份公司，总裁皆由日本政界、财界名流出任，其中多为离职前任内阁大臣。

日本入驻东四省南部，夺占南满铁路并旅顺口，设置“关东州”未久，中国爆发辛亥革命，清帝被民主革命势力推翻。其后虽立民国，却军阀混战不绝，政府更迭频繁。“满洲”贵族纷纷逃往东四省故园避乱，伺机恢复清朝旧制。匪帮亦乘乱蜂起，民国中央政府鞭长莫及，无可奈何，东四省一时成为匪贼并前清余孽的乐园。日本国愈兴风作浪，混水摸鱼，以小恩小惠结交收买前清余孽并绿林，形成势力，以便为己所用。

东四省绿林中，以张作霖为著。张作霖字雨亭，辽宁海城人，1875年生，远祖姓李，世居河北大城，后迁山东，清道光年间始迁辽宁海城，世代种地为业，家道极是清贫。张作霖幼时读过私塾，后习兽医，专治马疾。1894年投军参加中日甲午大战。战后解役，开馆医马，结识诸多胡匪马贼。

义和团起义时，张作霖自拉队伍，啸聚山林，打家劫舍。因一偶然机遇，张作霖为清廷奉天将军家眷护驾立功，得将军夫人举荐，被清廷收编，改任防营管带。后因军功渐次升任清军镇统。民国成立后，张作霖出任民国奉天督军兼省长，次任东北辽吉黑三省巡阅使，又晋为陆军上将，掌握东北辽吉黑三省军政大权，成为东北王。

1922年，张作霖任东北辽吉黑三省保安司令，拥正规陆军30万之众。1928年春，张作霖统军入关，又与各路军阀混战，兵败向关外回撤。日本乘机派使节与张作霖交涉，迫其投靠日本，遭张作霖拒绝。关东军便于1928年6月4日在沈阳西郊皇姑屯车站设伏，一举炸毁张作霖座车，致其重伤而死。

张作霖死后，长子学良继职。张学良字汉卿，别号毅庵，乳名小六子，1901年生，张作霖遇炸时张学良只有27岁，任军团长，在邯郸前线督师。得报后化装成士兵，秘乘专列，星夜驰回沈阳治丧。丧事办毕，张学良一面虚与日本国代表折冲，缓其诱迫压力，暗中却与南京国民政府中央代表接洽，商谈东北辽吉黑三省省政归顺中央、东北易帜问题。

1928 年 12 月 9 日，张学良在奉天省府礼堂举行易帜典礼，宣誓听命中央，遵守三民主义，改旗易帜，力谋国家统一。誓毕，东北诸省各城皆降下红黄蓝白黑五色省旗，改挂南京中央政府青天白日满地红国旗。隔日，南京国民政府颁状任命张学良为国民政府委员、陆海空军副总司令，兼东北边防军司令长官。东四省自此结束半独立状态，完全由民国中央政府治理。

张学良改旗易帜，任为东北边防军司令长官后，又谋思抗击日本关东军，便改组军制，整顿军队，计得国防军步兵 27 个旅、骑兵 6 个旅、炮兵 10 个团、工兵 7 个营、特种兵若干，步骑工炮计为 33 个旅 10 个团 7 个营约 30 万人枪。省防军步骑合为 10 个旅，计约 10 万人枪。编余陆军，仿三国诸葛武侯屯田之法，组成屯垦军，拨款择地广人稀处购地，辟为屯垦区，兴农种谷，以充军政费用。

东四省西境有一大山，名大兴安岭。大兴安岭中部有一支山脉，名索伦山，向东延至黑龙江省会龙江。索伦山往南，是科尔沁大草原，沃野千里，皆归蒙古王公私有。张学良令编余部队组成屯垦军后，便拨屯垦军费 400 万元，在索伦山以南购买蒙古王公私地，设置兴安屯垦公署，令邹作华任兴安屯垦公署督办。

兴安屯垦区北抵索伦山，南抵吉林省西境重镇白城，南北纵长 450 里，东西横宽 350 里，略呈冬瓜状。自北而南，依次有交流河、绰尔河、洮儿河横贯其间。兴安屯垦区自 1929 年建立，虽为时不过两年，却因数万屯垦大军努力，年年五谷丰登，渐次成为东北军谷仓。

兴安屯垦区腹地有一重镇，镇名佘公府，位当绰尔河与洮儿河中游夹角地带，南距洮南约两日行程；东距嫩江中游重镇昂昂溪亦两日行程；往东北距黑龙江省会龙江约三日行程，乃是兴安屯垦军第三团驻地。第三团团长姓关名瑞玑，字玉衡，吉林

卢沟桥始建于 1189 年，是北京西南通往华北各地的交通要道

宁安人，曾为东北军炮兵军参谋处长。以编余部队组成屯垦军，赴兴安屯垦一计，便由他最先提出。

1931年5月24日，关玉衡因属下新编一连骑兵招募编练完毕，便离佘公府团部亲往校阅。次日阅兵完毕，已是日暮黄昏，正与连队官兵聚餐，忽有一骑，嘀嘀哒哒自佘公府团部方向飞驰而来，急至近前，暮色中方看出骑手是团部中尉副官赵衡。关玉衡正要发问，赵衡已翻身下马，满脸黑汗，喘息未定，便跑步上前，边敬礼边向关玉衡报告，是说巡逻队夜间抓获日本间谍四名，请团长速回佘公府团部处置。

关玉衡闻报抓获日本间谍，心中暗惊，知事情棘手，令勤务兵牵过坐骑，一言不发，翻身上马，一行数人刺破夜幕，投佘公府团部方向急驰。

快马加鞭，趱程几个时辰，疾驰数十里，待到亥末子初，正届午夜，数人已到佘公府团部门前。关玉衡翻身下马，落脚未稳，早有数名军官迎门接住。内中一人，身材略高，却是少校副团长董平舆。众人面色严峻，见面也不寒暄，便簇拥关玉衡同进团部办公室。

董平舆与关玉衡并肩而行，当时将捕获日谍经过说了个清楚明白。原来，兴安屯垦区部队名为屯垦军，实与正规部队无异。兴安屯垦区西越大兴安岭是蒙古大草原，往西北穿越兴安岭乃是中俄边境重镇满州里，位置紧要。且屯垦区内匪帮马贼出没无常，治安混乱，是以屯垦军白日屯垦训练，夜间亦照例派巡逻队在垦区内巡逻放哨，防匪反谍。

5月24日夜，乃由第一营营长陆鸿勋亲率巡逻队巡夜。巡逻队投山野僻路巡逻，一夜无异象。待到凌晨，金鸡啼过三遍，细雨蒙蒙，夜幕正沉，伸手不见五指，众人以为无事，正欲回营，前方丛林深处忽隐隐有声响传来。陆鸿勋久历行伍，机敏过人，料定若非人踪，便有巨兽，当时暗令众人成战斗队形合围过去。待到近前，一齐打开手电筒，逼射过去。电筒光映照下，见有四人各牵一骑，皆是大洋马，满驮行装，马皆以棉布裹蹄，以索勒口，不使发声。四人中有二人带枪，一人背一支三八式马枪，一人挎一支南部式手枪。见被包围，正要举枪反抗，巡逻兵一拥而上，将四人四骑一并捕获，带回团部。

初审结果，四人中有日人两名，蒙古人与俄罗斯人各一名。为首日人名中村震太郎，自称是农学博士、日本东京农业学会会员，由洮南出发，去索伦山一带调查土质、气候、雨量及其他农林资料，作学术研究。因闻报路途还远，沿途又山高路险，匪贼出没无常，便中途折返洮南。另一日人名井杉延太郎，自称是扎免采木公司职员，随中村震太郎前往索伦山考察。俄罗斯人自称是马夫，蒙古人则自称是向导。搜查行囊，除枪弹若干外，另有测板标竿标锁一套、图板一块、罗盘针两件、温度计一具、天幕一架、防雨具一套，皮衣、罐头食品、海洛因若干。

关玉衡得报，心道："若说中村一行真是前往索伦山考察农林水土，就不该马裹蹄、人衔枚，夜半携枪偷越军事禁区。若说中村一行是间谍，所获物证又不足以说明。"忽记起日前屯垦军第一团有电话通报，称四名外国人穿便服乘马在屯垦区北部索伦山下、绰尔河边盘桓，后遁入深山密林。又有屯垦公署通报，称屯垦区周围各蒙古王公曾秘密集会，有外国人参加。又有哈尔滨特警处通报，称有日人请发护照进入兴安屯垦区，未获特警处批准。便暗中计较道："若这三样情报属实，中村一行必是军事间谍无疑，未至索伦山便中途折返只怕是假话。"

心中这样想，便回头问董平舆道："人犯现在何处？"董平舆告说关在禁闭室中。关玉衡便令先将两名日本人带来团部审讯室，连夜亲审。

不一刻，两名日本人带到。关玉衡端坐桌前，借烛光仔细打量，见二人皆穿冬装，上下一袭深灰色棉袄棉裤，外罩俄式皮夹克，头戴三耳火车头式皮帽，上套白片风镜，脚上套短筒皮靴。内中一人年约四十，中等身材，十分壮实，又圆头方脸，密布髭须，料是中村。另一个较为年轻，约三十岁光景，看去清瘦得多，自是井杉。再细观察，见二人落步有力，节奏分明，虽说不上龙行虎步，却也留有长期训练痕迹。尤其二人腰板笔挺，面露强悍之色，全不似文弱书生，必与军人身份脱不了干系。

关玉衡久经历练，略一打量二人，心中便已有计较。又见夏令已到，二人仍穿冬装，便暗思道："只怕是别有洞天。"当下不动声色，佯以中文问中村道："请问阁下尊姓大名？"中村不答。

一旁董平舆插道："他二人不懂汉话。"关玉衡未睬，又佯以俄语问中村姓名，中村仍不答。董平舆已知其是以攻心之法杀二日人气焰，便不再插言。

关玉衡见中村仍不答，方以日语问道："请问阁下尊姓大名？"中村方以日语报称姓名。又问身份和来兴安屯垦区意图，仍告称是农学博士、东京农业学会会员；由洮南前往索伦山考察农林水土，作科学调查。中村答时，递过一张名片。关玉衡接过，只略一浏览，便放回桌上。

宛平城建于1640年，是一座捍卫北京城的军事设施

烛光下二人对视良久，中村毫无怯意。关玉衡又温言发问道："'既是考察索伦山农林水土，何以不向北去，却往南行？"中村又告说路途艰难，沿路又闻多土匪盗贼，恐不安全，故中途折返。说时颇不耐烦。

关玉衡又问何以有俄人蒙人随行。告说俄人喂马，蒙人引路。中村答时，仍无怯意，且有得色。二人又对视良久。关玉衡突然发声问道："既是折返洮南，何以夤夜偷过兴安军事重地，裹马蹄、勒马口，鬼鬼祟祟？"中村对道："恐惊扰贵部。"关玉衡声音突然拔高，厉声问道："可知兴安屯垦区禁止外国人进出旅行？"中村答称不知。又问可有旅行护照？答称途中遗失。

关玉衡闻答，从办公桌文件堆中抽出一纸公文，用日文朗声念道："兴安区乃荒僻不毛之地，山深林密，唯恐保护不周，谢绝参观游历。凡外国人要求入区者一律不发护照。"念毕，方问中村道："此是东北长官公署致各国驻沈阳领事馆照会原文，各国领事馆皆复照认可。阁下何以不知？又何来兴安旅行护照？"

中村抬头望一眼关玉衡，烛影摇曳中，又见关玉衡手边一把红缨大刀，横卧在办公桌上，铮铮放出寒光。周围半圈，五六名士兵，皆彪形大汉，手握带刺步枪，前后左右逼住。怯意暗生，嗫嚅对道："真丢了旅行护照，只不是兴安旅行护照。"关玉衡毫不放松，继续厉声问道："阁下可到过绰尔河东岸屯垦军第一团驻地？"中村抬头又望一眼关玉衡，犹疑片时，摇头道："未到过。"说时额头已见汗津。关玉衡乘势又问道："阁下可到过札旗巴公府与一应蒙古王公见过面？"中村此时已大汗淋漓，仍摇头答道："没有。"

二人对答时，中尉副官赵衡忽从门外大步进来，到关玉衡身边，附耳低言一阵。关玉衡闻言点点头，又回头冷然告中村道："阁下腰板笔挺，拔步生风，必有二十年军人生涯。既是军人，又何必冒充文人？"中村颤声辩道："我是农学博士，不是军人。"关玉衡不睬，又冷然说道："阁下不是中途折返，而是从索伦山以北过来，在绰尔河东岸盘桓数日，又到札旗巴公府召集蒙古王公开会，欲分割我中华蒙古各处土地，可是实情？"中村又辩道："阁下说话，须有真凭实据。"关玉衡冷笑道："那蒙古人不是向导，而是巴公府蒙王派给阁下的联络员，他已供认阁下日前与各蒙王在巴公府聚会，商谈如何夺占我东北各省、如何入侵蒙古草原。阁下还要何种证据？"

中村听后怔了半日，仍不服输，忽也冷笑道："单是一个穷蒙古牧民的话，不足为凭。"关玉衡怒道："这也不足为凭，那也不足为凭，我杀了你！"中村也怒道："我是从索伦山下来，到过绰尔河东岸，也与众蒙古王公见过面，阁下又能奈我其何？"关玉衡道："阁下终于说了一句实话。"接着说道："策动蒙古王公乱我中华，无护照偷过军事禁区，刺探军情，皆是间谍行为。依照国际法，我有十二成理由在军事禁区枪决军事间谍。"中村闻言，心中大惧，口中仍逞强发狂道："定我间谍罪须有物证，口说无凭。"然后又吼道："实言相告，我不是农学博士，乃是大日本帝国陆军大佐。这位井杉先生，亦是大日本帝国陆军军官。阁下若敢乱来，无端杀我二人，我大日本帝国关东军必将东四省夷为平地，杀个片甲不留。"

中日交涉华北事件，日本驻华大使川越茂往见蒋介石

中村对答时，早有记录员将中村答词记录在案。关玉衡当时接过记录本，重重摔在桌上，问中村道："阁下既是日本国陆军大佐，可敢在这份记录上签名？"

中村不睬。关玉衡从座上霍然起身，大步走到中村面前，边移步边自语道："要物证还不容易，只阁下大热天穿冬装，可是透出十分古怪。"说时伸手抓住中村棉衣衣襟，正要撕开，冷不防被中村一拳，正击中前胸。

关玉衡本以擅长拳击著称军中，见中村出拳有力，方位准确，知遇上会家。便出手去抢中村双腕。正得手时，后背忽被井杉撞了一头。中村乘机脱出关玉衡掌握，跨步去抢桌上大刀。

第二章

邀功先解裙东洋女密报中村案
点火须借风土肥原乔装扮货郎

日谍中村震太郎见关玉衡欲撕其棉衣夹层，便极力抗拒，先猛击关玉衡一拳，又乘隙飞步去抢桌上大刀。众人见势危急，一拥而上，拳打脚踢，枪托刀背乱舞乱挥。混乱中，中村额头挨了一枪托，当时昏死过去。井杉瘦弱，经不起三拳两脚，早被揍了个半死不活。关玉衡令撕开中村与井杉二人棉衣棉裤，果然拉出一大堆文件杂物。便令将中村、井杉二人押往囚室，严加看守。又令众人先回营休息，独将董平舆留下。

二人连夜秉烛清点从中村、井杉二人棉衣棉裤夹层中搜出的文件物证，计得十万分之一东北辽吉黑三省日文军用地图一幅、俄罗斯文同比例东北辽吉黑三省军用地图一张、奉天测量局同比例东三省军用地图一张。三图皆经红蓝铅笔勾改，显系中村现地印证后作过校对；自测自绘兴安屯垦区兵要图一张；洮索铁路路线图并沿线桥梁涵洞断面图一张；笔记本两个，乃是旅行杂记、个人私事录；报告书两封，皆是沿途与名流政要会谈记录，亦有与蒙古王公会谈记录；表册三份，一册载明兴安屯垦区兵力，枪炮数量、种类、口径，将校姓名、驻屯地点，营房景况、容量、坚固程度，并附屯垦军车辆马匹粮食辎重诸般情况；一册载明蒙旗人口、物产、畜群大小和森林、矿场情况；一册载明沿途风土农林状况，诸如土质、水源、气候、雨量、风向、河流流向、流量、水井位置之类，十分详尽。

二人清点各项文件物证，自午夜始，至雄鸡初啼，方清点完毕。又仔细阅读各项文件，将紧要者由日文译成中文。待大致弄清中村一行真实身份和活动意图时，天已放亮。董平舆劳累一夜，已觉疲乏，回头见关玉衡仍在研究各项文件，苦苦思索，便道："真相已是大白，中村并非农学博士，亦非陆军大佐，乃是日本陆军大尉、日本帝国参谋省情报员。井杉原是日本陆军上士班长，现已退役，在扎免采木场任职。阅读文件内容，证以沿途活动记录及地图更动勾改情况，中村一行显系由洮南经哈尔滨、齐齐哈尔、海拉尔、免渡河，再自北而南，纵贯我兴安屯垦区，刺探我屯垦区各项军事情报。"

关玉衡对道："从所获文件物证看，中村显系日本军事间谍，受命于日本帝国陆军参谋部，不但搜集我兴安屯垦区军事情报，且欲策动蒙王叛乱，其间谍罪证难以推脱。"稍顿，又道："虽然如此，你我只怕抓了一个烫手山芋，如何处置，却是难上加难。"

董平舆闻言，颇不以为然，道："中村一行深入军事禁区，刺探军情，铁证如山，我依国际法通例，在军事禁区处死间谍，名正言顺，又有何决断困难？"

关玉衡苦笑道："话虽如此，实则不通。用一句时髦的话，叫做弱国无外交。"董平舆默然无语。适有勤务兵送来早餐。董平舆趁机道："事情既如此棘手，不如先用早餐。餐毕再召众人商议，总能求个妥当之法，扔掉这个烫手芋头。"关玉衡然其说。二人便以办公桌为餐桌，相对而坐，边用餐边议论对策。

餐毕。关玉衡令勤务兵召请各营连长来团部开会，便请众人出计，如何善后。众人计有五途：第一途，放走中村一行，解脱麻烦；第二途，交由屯垦公署处置；第三途，明正其罪，公开枪决，昭告于世；第四途，假装释放，于路派人伪装匪贼将其击毙；第五途，立即秘密处决，毁尸灭迹。后就五计争论一天仍不能决定，便一齐把头转向关玉衡，等待决断。

关玉衡知不能再拖，扫视会场一周，缓言道："众人意见，各有其利，亦各有其弊。"稍顿，又逐条分析道："中村一行从事间谍活动，刺探我垦区军情，证据确凿，断无白白释放之理，况其人已在缠斗时被打伤，纵然放其回去，日本人亦不会干休，我等仍有无尽麻烦，是故第一途万不可行。"又说屯垦公署亦难有妥当办法，况一上交，事情又进一步扩散，更加被动，第二途亦不可取。公开枪决是强国之法，对于弱国，则是自寻外交纠纷。又说假装释放，再于路伏击，恐有疏漏，亦不妥当，是以第三、第四两途亦不通。

董平舆见关玉衡否定了前四途，便插言道："既然前四途不通，不如下决心实施第五途，秘密枪决，再毁尸灭迹。"众人亦随声附合。关玉衡听众人议论，权衡再三，确认第五途凶险较少，且事情紧迫，须速处置，夜长则梦多。当时起身，沉声告众人道："若论中村等人间谍罪行，当该明正法典，公开枪决，昭告于世，并向日本致照抗议。然我国是弱国，弱国一向无外交，是故为今之计，只好依诸位意见，秘密枪决，毁尸灭迹。"稍顿，又正色道："此事重大，不但关系我等身家性命，也关系我东四省三千万同胞命运，诸位务必做好保密工作，切不可走漏一丝风声。"众人一齐应诺散去。众人去后，关玉衡召来团部中尉副官赵衡，耳语一番，赵衡也一一应诺。

是夜午时，夜阑人深，万籁俱寂。赵衡奉命督率一队士兵，押解中村一行，并马匹行李，乘夜黑悄然离开佘公府团部，钻进佘公府后山密林，择一僻静处，乱枪处决。又

1935年11月，伪冀东防共自治委员会成立，汉奸殷汝耕站在长官席上

打死其所乘马匹，推入一弃置散兵坑内，架起树枝点燃，泼上石油，将尸首行囊一概焚毁，再掘土掩埋。马尸则推入洮儿河内，任其漂流。只留下中村等人一应间谍文件物证，以备万一事露，好作辩白。次晨天色未明，关玉衡携带所获中村等人的间谍罪证，飞骑亲赴屯垦公署，报告处置中村案件始末。又派专使上报东北边防军司令长官张学良。

日本关东军自1919年正式建军后，已八易司令官。如今这任司令官是菱刈隆，现役陆军中将，1930年到职。菱刈隆不擅专权，司令官职权尽被属下板垣征四郎与石原莞尔二人操纵。

板垣征四郎生于1885年，日本陆军士官学校毕业，后从日本陆军大学毕业，奉派到中国任职，曾为日本驻华使馆陆军武官助理、中国驻屯军大佐衔团长，足迹遍及中国南北，达于台湾、汉口、上海、北京、天津诸地。1929年，奉调沈阳，任关东军大佐衔高级参谋，辅佐菱刈隆指挥关东军。

石原莞尔生于1889年，亦是日本陆军士官学校毕业，后也进陆军大学深造。任关东军作战课中佐主任参谋。石原性情粗野，暴躁易怒，长于军事理论，有日本陆军理论家之称。

板垣、石原二人在军中同学共事，志向相投。到关东军后，二人处心积虑者，是如何促使日本国政府军部，尽快允派关东军武力夺占中国满蒙地区。二人曾组织关东军各级官佐在中国东四省作三次参谋旅行，搜集东四省兵要地志。且拟订《关东军占领满蒙计划书》，秘交东京参谋本部，大意是如何制造事端，用武力夺占东北四省。自《关东军占领满蒙计划书》交东京参谋本部后，二人一面等待批复，一面在中国东四省采取行动，为届时照计划书行事暗作各种准备。

那时，东北四省掀起收复国权运动，军民纷纷要求日本人交还旅顺、大连及在东四省各处所占领土，滚出东四省全境。日本在东四省特务机关乘机兴事，不断引发中日纠纷。如1929年榊原农场事件、1930年龙井事件、万宝山事件。凡数百例，大者六十余例。板垣、石原二人见中日外交迭起争端，皆暗暗欢喜，议道："如今前有间岛事件、榊原农场事件，后有万宝山事件，事态非外交当局可以外交折冲和平解决，天皇陛下不日必诏令出兵，武力伸张我大日本帝国国威，制裁中国暴民。东京批准《关东军占领满蒙计划书》是势在必行。我等夺占满蒙理想，指日便可实现。"便暗中策动日本特务、警宪、浪人，满铁职员、朝鲜旅华浪人，继续在东四省寻衅，制造事端，曰："事端越多越好，越惊险越好。"又唆使东四省日文报刊编造谎言，煽动反华仇华，为关东军出兵、贯彻《关东军占领满蒙计划书》作舆论准备。又密令从旅顺口调来240毫米攻城巨炮两门，置于沈阳城郊，炮口瞄准中国兵营，派兵伪装成工程人员，暗中校正射击方位、目标，刻在炮筒上。又在巨炮周围安装棚屋，伪作掘井工地，掩人耳目。只待东京参谋本部一声令下，便发炮攻城，一举夺占沈阳城。

不料万事俱备，东京方面仍无消息。急遣人打探，知是文官内阁主张怀柔政策，反对现在以武力夺占中国东四省。天皇亦敕令暂缓出动关东军图东北。《关东军占领满蒙计划书》遂被搁置。又说陆相南次郎传言:“请耐心等待一年,届时再贯彻武力夺占满蒙计划。”

板垣、石原二人闻报《关东军占领满蒙计划书》未获东京批复,大是失望,只得耐心等待。便决定继续搜集东四省兵要地志,完善情报准备。板垣因此出计道:“前次我等已进行过三次参谋旅行,北满、东满、辽西兵要地志,尽在我等胸中掌握,只西满兴安地区尚有遗漏。尤其兴安屯垦区距沈阳不远,地势险要,听说张学良令数万兵在此处垦荒种粮,我总不信,以为另有计策。只恐沈阳一动,这数万人夤夜南下,令我不胜防备。”又道:“眼下东京方面既然阻我立即武力夺占满蒙,我等不如前往兴安地区,再作第四度参谋旅行,另辟蹊径,亦未可知。”石原慨然应诺。

隔日,二人轻装简从,化装成职员模样,西装革履,由旅顺搭乘满铁列车,到兴安屯垦区旅行。七月中旬,二人转到昂昂溪。下车时夜风拂煦,凉意俱生。板垣正思量何处下榻时,石原一旁却道:“大佐阁下连续行半月,行程数千里,料已疲惫,不如随我找一个处所放松放松。”便头前引路,径奔一栋日式小楼。

二人刚进门,便见一日本妇人上前招呼。灯光下见那妇人年约三十,淡眉星目,樱桃小口,身材高挑,着一身和服,看去颇有几分姿色。板垣正要回应,石原却抢先道:“你当真不认识石原了吗?”那日本妇人大惊,细瞧石原一番,又转而大喜,道:“当真是石原君,哪一阵风把石原君吹到此荒漠之中了?”石原不答,却笑向板垣介绍道:“这位闺名惠子,现已嫁井杉延太郎先生为妻。”

说话时,老板娘已引二人入客座,亲自烹茶捧上,又端来瓜果糖点。石原乘间告老板娘道:“这位板垣先生已十分疲乏,需要放松一下,可要找一位可靠得体的姑娘侍候侍候!”老板娘见石原对板垣恭敬之极,知有来头,连声应诺,便退出客室,打电话另作安排。

老板娘去后,板垣取笑石原道:“说什么井杉之妻,与阁下关系可不一般啦?”石原忙对二人关系作了一番解说。

原来,老板娘本是东京艺妓,色艺俱佳,与石原颇有一段风情。后石原到日本驻华军队任职多年,杳无音讯。老板娘便也来中国,在东四省卖身谋生,顺便探访石原去向。后碰上井杉,便嫁之为妻,同开了这家昂荣馆。日前二人才取得联系。

二人正说话时,老板娘去而复归。随带一妇人,也是一袭和服,浓妆艳抹,看上去比老板娘约摸年轻五六岁,更俏丽明艳。老板娘介绍说这妇人名植松菊子,帝国“满洲青年协会”会员。板垣初见植松菊子,已知是为自己准备的一道宵夜菜,眼中早放出兽一样的绿光,恨不得剥去其衣服,里里外外瞧个遍。老板娘是道中老手,略扫一眼,板垣急不可奈之情已尽收眼底,只说道:“今夜已晚,阁下想已疲乏,不如让菊子小姐侍候阁下舒舒服服洗个澡,早些歇息,明日再备酒为二位洗尘,如何?”不待板垣回复,植松菊子早趋步上前,挽起板垣胳膊,在一片清脆的笑声中,搀其进入一间卧室。老板娘亦去侍候石原歇息。

板垣由植松菊子导引入室,又由菊子侍候,洗了一个热水澡,已是毛发皆张。灯

事变前，日军举行大演习，以卢沟桥为假想目标

下看菊子轻颦浅笑，愈是按奈不住。未待身上水被揩干，便抱起菊子，扔到榻榻米上。不料板垣虽性急，却是银样蜡枪头，来得急，去得也快，三下五除二就完了事。

云雨毕，板垣已觉满足，却无睡意。菊子躺在一旁，一边轻抚板垣身体，一边说话解闷。是说些"满洲青年协会"在昂昂溪的活动情况。板垣有一搭无一搭地时问时答，漫不经心。谈话间，菊子已知板垣实是关东军要人，想起一事，便郑重其事告道："大佐阁下，日前有消息说，有位叫中村的关东军大尉在兴安屯垦区被屯垦军第三团杀害，已焚尸灭迹。"

板垣听到此，忽从榻榻米上弹起身来，抓住菊子胳膊，两眼放出狼一样的光芒，急问道："这消息从何而来？"菊子胳膊被捏痛，急摇身摆脱，皱眉答道："是屯垦军公署一名中国军官提供的消息。"板垣又问那屯垦军官如何肯提供这一消息？菊子便如此这般，将详情说了个大概。

原来，植松菊子原是东京艺妓，听说中国东北四省富庶，谋生容易，也随日本移民来东北，在昂昂溪卖身。迎来送往中，结识了一位东北军军官，乃是兴安屯垦公署中校军需官。军需官年在而立不惑之间，身高一米八以上，十分雄壮，远非日人可比。且肤色黑红，五官如刀削斧劈，棱角分明。常来昂昂溪采购军品，出手阔绰。尤有奇者，是军需官床上颇得妇人留恋。一来二往间，菊子竟是郎情妾意，动了真心。

一日，军需官酒醉，在与菊子调情中，竟透露出兴安屯垦军第三团关玉衡秘密枪杀中村大尉一案。菊子虽知是机密情报，又知惠子丈夫井杉与中村同行，已月余无消息，料是实情，却因留恋军需官，虽对惠子也未透露分毫。这夜侍候板垣，看其气派，知是关东军中枢人物，一时邀功成名之心又胜过郎情妾意，便将案情和盘托出。

板垣得知这一天大秘闻，当时一把推开菊子，草草披上睡衣，一边束腰带，一边赤脚推门而出，去找石原。石原卧室中正在热闹处。板垣不管，用重力拍门户，边拍边喊道："石原君，快起来。"

石原与老板娘相拥而卧，正得趣时，闻板垣拍门喊叫，料事情重大，抓起睡衣，不及分辨正反面，匆匆套上，也是边束腰带边赤脚开门。二人进一间密室。板垣三言两语，便把菊子所谈中村大尉案说了个大概。石原得这消息，睡意顿消，问道："这消息若是可靠，乃是天助我二人成功。贯彻《关东军占领满蒙计划书》，只怕便在这一案中。"稍顿又否定道："只不能肯定这消息是否可靠？"

板垣分析道："从菊子无意探听到这一情报的渠道来看，料无虚假。那中国军官乃是中校军衔，接近兴安屯垦公署机密，知道中村案也符合常识。况中村与井杉同行，井杉已月余未与家中联系，无疑凶多吉少，是以中村被杀，只怕有九分可信了。"稍顿又道："只可惜目下无可靠证据拿在手中。"

沉思半日，石原忽道："若论搜集证据，我推荐一人，保能手到功成。"板垣便问是谁。石原道："帝国陆军奉天特务机关长土肥原大佐，如何？"板垣思量一会儿，大喜道："果是此人最恰当。"

话毕，二人辞别昂荣馆老板娘并植松菊子二人，连夜搭火车沿中东路抵达哈尔滨，又由哈尔滨转南满铁路，换乘满铁军运列车，只一天一夜便行程千余公里，赶回沈阳，拜会土肥原。

却说土肥原名贤二，1883 年生于日本冈山县，日本陆军士官学校第十六期毕业，曾为张作霖东北军顾问、日军天津驻屯军团长。新近由天津调来沈阳，任大佐衔特务机关长。因在华任职多年，通华语，亦与板垣齐名，同为日本陆军中的中国通。

土肥原见板垣、石原二人来访，颇觉意外。急迎入室，正要令侍者送糖果茶点，板垣挥手止住，道："老同学了，不必来虚礼，我二人此来，是有机密事相求。"

土肥原闻听此话，便不再客气，挥手支走从人，三人便在密室会谈。板垣只三言两语便把从菊子处所知中村案情说了个大概。又请土肥原设法证实中村案并搜集物证。土肥原也一心想推动关东军夺占东北，便一一应承，拍胸保证道："此事包在我身上。"板垣、石原二人大喜告辞。临别又嘱土肥原务必尽快掌握人证物证，说夺占中国东北、蒙古各处机遇皆在其中。

板垣、石原二人去后，土肥原沉思一番，召来从人数名，一一附耳瞩咐，令各化装潜入兴安屯垦区，打探中村被杀案真相。众人应诺，皆一一照计离去。

众人去后，土肥原又思量半日，便改扮成一名中国商人，连夜搭车离沈阳，经四平，再转洮一通铁路抵达辽西重镇洮南。在洮南下车后，绕城逛一圈，找一家旧当铺买了一副半新不旧、中国货郎走乡串户用的货郎担，配齐麻糖糕点、胭脂水粉、针头线脑并各色日用百货，摇起货郎鼓，挑起货郎担，出洮南城，径奔兴安屯垦军第三团驻地而去。

第三章

无意伴狼行车夫错帮土肥原
蓄意兴恶浪石原捉笔掀仇怨

土肥原出洮南城后，挑着一副货郎担，朝西北方向，或投大路，或择小径，或是步行，或是搭过路马车，趱程而行。七月天气，骄阳似火，货郎担虽不甚重，但每天重复同一动作，亦令人疲乏。每逢村镇，土肥原便摇起货郎鼓，像模像样地用中国话吆喝："针线钮扣、肥皂洋火、香粉胭脂、麻花糖果。"其实并不真做生意，只暗中打量山川河谷、村镇要隘。见一路山峦起伏，河川纵横，常十里、数十里皆无人烟，心中暗思道："荒蛮险恶，果然名不虚传。"这样日出趱程，日没投宿，不觉数日已过，早到兴安屯垦区腹地，寻人打听，知距余公府已不远。

这日晨起，又挑货郎担投大路向西北方向悠悠而行。抬头看天，朗朗晴空，万里无云，知又是一个炎炎夏日。联想到连日奔波，并未查获丝毫线索证实中村被杀，便有几分焦躁。出村不远，背后一辆三套大车，亦步后尘而来。土肥原正要避让，车夫放开粗嗓门打招呼道："老客可是去葛根庙吗，上车吧，我捎你一程。"说话时又一声吆喝，驭马停车。土肥原正抱怨天气酷热，旅程艰辛，闻车夫主动邀其搭顺路车，自是正中下怀。当时虚道一声谢，便把货郎担搁到车上，自己也翻身在车夫旁坐下。车夫扬鞭一声吆喝，马车又投大路往西北方向滚滚而进，扬起漫天尘土。

土肥原上车后，再打量车夫，年约四十，一脸髭须，黑脸膛、厚嘴唇，倒是副憨厚相。便摸出烟卷，递给车夫一支，划火点燃，自己也点燃一支。二人对抽烟，话便多起来。

车夫先出言问道："老客不是本地人吗？"土肥原应一声是。车夫又问道；"那老客是哪里人？"土肥原故作卖关子状，反道："请老乡一猜。"车夫略看土肥原一眼，道："听老客口音，是北京通州方言，又带一点天津味，老客当从关内过来。"关内便是山海关以西地区。土肥原听后哈哈大笑道："老乡果然有见识，猜中了。"心中却暗自得意，思道："看来我土肥原的中国话已与中国人无二了。"

说话时烟已抽完。土肥原又为车夫换过烟卷点燃，然后乘间发问道："自洮南至此百余里地，如何村庄寥寥，居民皆非军非民，又是锄头又是枪，教我摸不着头脑？"车夫哈哈大笑道："此处是兴安屯垦区，乃是少帅三年前创立，村庄多为屯垦军兴建，村民亦多为解役军人与家属。"土肥原又佯问道："那少帅是谁？"车夫道："少帅便是张学良。东北老乡皆称张作霖为老帅。张作霖被日本人炸死后，便称张学良为少帅。"土肥原又问道："这兴安屯垦区怕有一个县大吧？车夫又哈哈长笑道："岂止一个县大?这兴安屯垦区南以热河为界；北以中东铁路为边；西与蒙古接壤；东与吉林相连，囊括辽宁、黑龙江、内蒙等十余旗县，东西南北纵横有四五百里，怕不有半个省大？"

土肥原见这车夫话多，且所知不少，心中暗喜，思道："连日辛苦，一无所获，不意搭便车片时，却抵数日奔波。中村遇害真相，可从车夫处获悉，亦未可知。"当下又为车夫换烟，自己也点烟相陪，渐将话统入正题，问车夫道："葛根庙距洮南几二百里地，该到屯垦区尽头了吧？"车夫道："葛根庙还只在屯垦区边沿上。"土肥原又问葛根庙距余公府距离。车夫对道："只半日行程。"忽反问道："老客想去余公府呀？"然后又自答道："劝老客不要去。"

土肥原知已入正题，便接言问道：“却是为何不能去佘公府？”车夫道：“佘公府乃是屯垦军第三团团部驻地，近日常有土匪马贼出没，第三团日夜巡逻，戒备严密，我见老客从关内来，不识此处风土，恐被误认作胡匪探子，那可麻烦不小。”土肥原又佯问道：“此处有诸多驻军，如何就不能剿灭胡匪马贼？”车夫道：“那第三团团长关玉衡是一尊军神，有关公气慨，敢作敢为，倒是一条汉子。听说月前就捕获一群土匪，其中还有两名日本探子。只这胡匪劫贼皆如韭菜，土生土长，割之不尽，关团长又能奈之其何？”

土肥原见车夫提及关玉衡月前捕获两名日本探子，当下不动声色，又发话套问道：“被捕获的土匪是如何处置的？”车夫告说处死。又问道：“那日本探子也处死吗？据说日本人可凶狠。”车夫道：“什么凶狠？那两个小鬼子碰上了关团长，算他倒霉，只三拳两脚就打趴下了。”

车夫说到兴头上，不待土肥原再问，又续言道：“当夜月黑风高。关团长也算得有英雄气，一不作便二不休，干脆将两小鬼子毙了。”土肥原道：“就不怕小鬼子找麻烦？”车夫道：“找什么麻烦，此处穷乡僻壤，山高林深。毙两个小鬼子，再干柴火一架，石油一淋，焚尸灭迹，无影无踪，真正是人神不知。”

土肥原听这番话，知中村被关玉衡枪杀已是实情。犹恐消息不牢靠，又套问一句道：“此是机密，老乡如何尽知底细？”车夫道：“这确是机密，听说关团长怕日本人找麻烦，当夜令参与者赌咒起誓，决不泄露天机。”

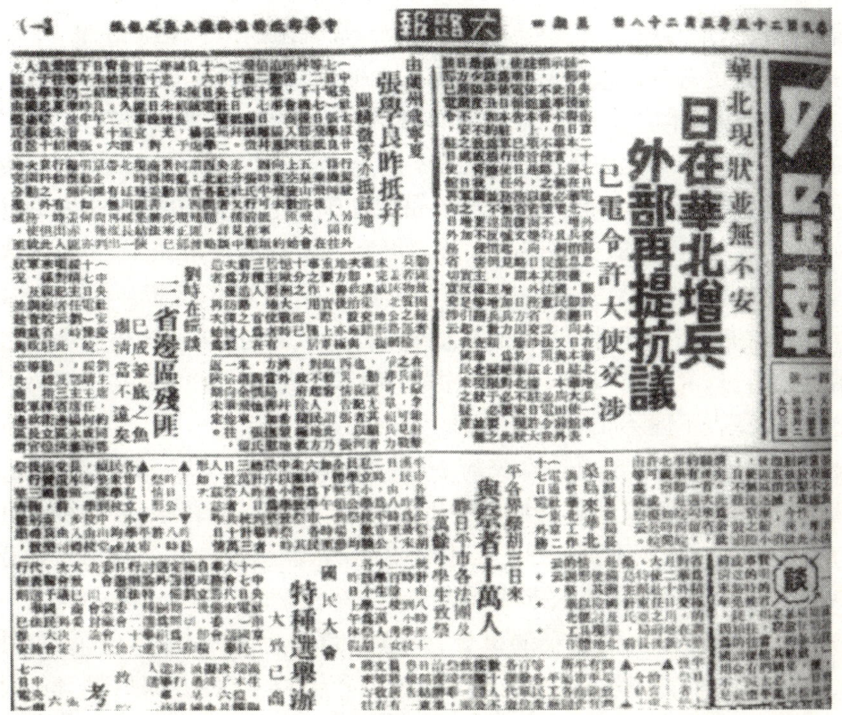
大路報

華北現狀並無不安

日在華北增兵
外部再提抗議
已電令許大使交涉

由蘭州飛寧夏
張學良昨抵幷

三省邊區殘匪

與祭者十萬人

國民大會
特種選舉辦

《大路报》1937年5月28日登载的日本在华北增兵的消息

土肥原疑道:“既如此,老乡又如何能知?”车夫对道:“别人不知,独我能知。”言下颇有得色。稍顿又道:“我见老客是牢靠人,也不怕你泄密。那关团长的贴身勤务兵便是我亲表弟,你说我如何不知。”

说话间马车已到葛根庙,却是一处小镇。车夫驭车在自家门口停下。那时天已向晚,车夫便邀土肥原道:“夕阳西下,天已落黑。老客只怕去不成佘公府了,不如就在我家歇一夜,明日再走不迟。”土肥原见葛根庙虽说不上繁华,却是周围数十里一处大集镇,料五方人物杂处,定能探到中村案物证,见车夫又盛情相邀,心中暗喜,道:“既如此,我就恭敬不如从命,再扰老乡一回了。”当下搬下货郎担,随车夫进屋。取出一些糖果并日用杂货,送给车夫家小。车夫颇觉客人豪爽,出手大方,便到镇中打来一壶酒,让老婆做了几样菜,请土肥原用餐。席间所聊皆是关玉衡为人、屯垦军掌故之类。土肥原料车夫再无情报价值,便不再多套问。土肥原数日旅行,已觉疲乏。当时早歇,一宿无话。

次晨起来,用过早饭,土肥原辞别车夫,说要去佘公府。然后挑起货郎担,在小镇中乱转悠。手中摇货郎鼓,口中吆喝“针线钮扣、肥皂洋火、香粉胭脂、麻花糖果”,眼中却不住打量小镇。见小镇倚一处山坡,有百十栋房舍,夹杂几间杂货铺、铁铺、马掌铺,尤有一家当铺。便搁下货郎担,走进当铺,见当柜中有一块手表,闪闪发光,颇引人注目,旁边标价三十个大洋。

土肥原端详一回,见表不同凡品,便向当铺老板要过手表,仔细一瞧,却是一块日本表,底盘背面刻有一行日文,隐约是中村震太郎字样。心中狂喜,却不动声色问道:“这表好看,只怕有些来历?”老板是精明人,就风说话道:“老客好眼力。”土肥原又问道:“当表人定有身份,却不知为何当期已到,却不回赎?”老板笑对道:“当表人赌钱输光,便当表扳本。复又输光,如何能赎当?当期既过,便只好拍卖了。”

土肥原也笑道:“如此说来,表的主人不过是个赌徒而已。”老板道:“倒也不是。表的主人倒也体体面面,只是好赌而已。”稍顿,又道:“老客如喜欢这表,可以饶你一个大洋。”土肥原还价道:“饶五个大洋,如何?”老板道:“饶两个,再不能多。”土肥原将表两面端详,佯作算计样,半日方作无奈状,道:“便依老板。”当时摸出二十八个大洋,递给老板。老板将二十八个大洋一枚枚数清楚,又一枚枚用手弹过、用嘴吹过、用耳朵听过、复用牙咬过,知是真货,方将表交给土肥原,说声钱货两清,欢迎光顾。土肥原将表不慌不忙塞入怀中。

走出当铺,土肥原还想再往佘公府一行,再得些物证。思及车夫尝言关玉衡如关公勇武,恐贪心不足,反泄露行踪。便折转回头,当下离开葛根庙回洮南。于路有顺路马车,又顺搭一程。不到一日,早到洮南城秘密联络点。其余几路人马皆聚齐,各有所获,尤其是捕获了屯垦公署军需官。

原来,土肥原根据植松菊子的报告,令植松菊子为饵,乘那屯垦军需官再到昂昂溪时,派人一举捕获,绑架到了洮南。又连夜审讯,汇集各方面材料,将中村案理个大概。添油加醋写成案情报告书,径奔旅顺关东军司令部,与板垣、石原相见。

板垣、石原二人见土肥满载而归，大喜。道声辛苦，便接过案情报告书阅读。见其中约略说明：1931 年 6 月 25 日，兴安屯垦军第三团团长关玉衡以剿匪为名，将中村一行四人拘捕，又捆绑吊打，夤夜强刑逼供，每日只奉两餐饭。然后在 1931 年 6 月 27 日夜秘密枪决，焚尸灭迹，将所有财物尽行吞没。文中皆是渲染凶恶之词。

石原阅罢，议道："中村大尉被关玉衡谋害，已是事实，只这行文，似可再作些润饰，以激起关东军官兵并国民愤恨。届时那帮文官政客纵想阻止关东军行动，亦是不敢。"

板垣道："石原君是陆军大学成立以来最具智慧的高材生，何不用你的妙笔润饰？"

石原也不谦虚，提笔又在末尾涂划一阵，却是将先枪毙、再焚尸改作将中村等人押往密林中，浑身上下浇透石油，再点火活活烧死，就便灭迹。又加一些凶恶形容词。板垣、土肥原看罢石原改动后的案情报告书，连声叫妙。石原乘间拿起土肥原从当铺中购得的手表，两面端详，半日方道："有了这块表作铁证，便可逼支那人服罪，激起关东军将士斗志，令东京那帮文官政客再不能阻拦我辈军人建功立业。这块表所值，竟等于满蒙几千里地。"

土肥原接言道："有了这块表，得满蒙已是探囊取物。"板垣也接过手表端详一回，赞土肥原道："若得满蒙，机关长阁下只怕是头功。"土肥原谦道："哪里哪里，二位才是头功。"说时三人对视，哈哈大笑。当下将案情报告书发往东京参谋本部。又由私人渠道，用煽动性语汇将中村被杀一案添油加醋，暗中在关东军官兵中播散。又将消息透露给报界。

隔日，先是中国东北并上海、北京、天津各处日文报纸，然后是东京各大日本报刊，皆以头版头条位置，反复登载中村在兴安屯垦区被兴安屯垦军第三团关玉衡虐

日军在丰台火车站附近大建兵营

杀消息。又有好事记者，蓄意渲染氛围，乱添一些花边新闻，捏造出种种细节。甚而提出要出动百万日本陆海军，荡平中国南北三十省区，为中村报仇。一时沸沸扬扬，大有立即发动全面战争之势。

第四章

威逼臧式毅日领又仗势
遥控张学良老蒋下密嘱

日本驻沈阳总领事林久治郎，每日在沈阳读报纸杂志，见报端尽是中村大尉如何被害、其状如何惨不忍睹诸般内容。又有报载称关东军万余官兵，如何枪不离手，枕戈待旦，誓为中村大尉报仇。知事关重大，屡访关东军总部并土肥原特务机关，皆不得要领。这日忽接东京币原外相电示，要求就中村事件向中国东北地方当局提抗议，大喜。当即亲拟抗议书一封，驱车径往辽宁省政府官署，向辽宁省政府提交抗议书。

辽宁省政府主席臧式毅，在沈阳也是每日读报，见尽是中村案情报道、日人如何气焰嚣张，知事有蹊跷，却因不知详细内幕，便不动声色，坐以观变。这日忽闻侍者报说日本驻沈阳总领事林久治郎来访，心中暗思道："自我任辽省主席以来，年余之内，中日纠纷不断，日领林久治郎三五日一访，有理无理，皆是抗议，这次只怕是为报间所称中村一案而来了。"心中这样想，便令侍者传见。

不久，林久治郎由侍者导引，已到办公室门口。臧式毅迎门接住，依礼握手寒暄，引入客室，分宾主坐定，臧式毅便单刀直入问道："总领事阁下来访，定有公事？"

林久治郎欠身道："我奉大日本帝国外务省命令，特向阁下提交抗议书，抗议贵国屯垦军团长关玉衡在贵省境内无端杀害大日本帝国陆军大尉中村震太郎。"说话时从公文包中摸出一份准备好的公文，递给臧式毅。

臧式毅接过抗议书，略一浏览，见是抗议中村被关玉衡枪毙焚尸灭迹，便道："所谓中村震太郎在本省兴安屯垦区遇害案，报间沸沸扬扬，我身为辽宁省主席，却是一无所知，部下亦从无任何报告。只怕是匪人故播谣言，破坏中日邦交，也未可知。还请阁下明辨事非。"稍顿，又道："这抗议书没有根据，我不能接受。"说时把抗议书交还林久治郎。

林久治郎接回抗议书，又重重摔在座前茶几上，怒道："岂有此理，中村大尉被关玉衡杀害，我大日本帝国已拥铁证，岂容贵方拒不承认？"

臧式毅久历官场，察林久治郎形迹，不似完全作伪，心道："中村一案，只怕全非空穴来风，须小心应付才好。"心中这样想，便缓言道："阁下既有证据，不妨先拿出

日军强占南苑飞机场

来。若无确证，也待我查询一下，再答复阁下，如何？”

林久治郎见如此答复，已是让了一步，一时再无他话，便问道：“何时能查询完毕，给我明确答复？”臧式毅屈指算道：“沈阳到兴安屯垦区，距数百里地，由沈阳发公文到兴安屯垦区，那边再调查若干时日，再回文，恐须一个星期方能查询完毕。”接着，告林久治郎道：“以一星期为期，再予阁下答复，如何？”林久治郎厉声道：“一星期太长，以三天为期。三日后我来听回音。”话毕，未待臧式毅回话，便夹起公文包，起身离座，扬长而去。

臧式毅只虚作了个送客姿势。望着林久治郎背影，摇头暗叹一气，心道：“东北四省，从此只怕要天翻地覆了。”

林久治郎去后，臧式毅在办公室独坐自思一阵儿，知事关重大，独力难以应付，使唤侍者备车径奔东北边防军长官公署，拜访长官公署参谋长荣臻。荣臻隐隐猜中臧式毅是因报间所载中村案及与日人交涉事项而来，不敢有丝毫怠慢，急步起身，迎至门外，见臧式毅已钻出轿车，迈上门前台阶，便急步走下台阶接住。

二人相携进入客室，分宾主坐定。荣臻正招呼臧式毅用茶点，臧式毅却挥挥手，直言问道：“近日各大报刊皆登载消息，称日本陆军大尉中村震太郎在兴安屯垦区被杀，乃是屯垦军第三团关玉衡所为，此消息真伪如何？是何背景？翕公以参谋长身份，代署边防长官公署全权，负责统辖兴安屯垦军，未知是否知悉内情？”

荣臻道：“这几日我读报纸，见皆是中村案报道，不知所然，公署确无有关屯垦军捕杀过日本军人的情报。只怕是日人蓄意生事，无中生有，编出一段故事。”臧式毅道：“今日日本驻沈阳总领事林久治郎来到省府，就中村案提交抗议书，其势汹汹，倒不似作伪，恐中村一案也全非空穴来风。”

荣臻重复道：“长官公署确无有关中村案的任何报告。”想了一下，忽道：“会不会是真有其事，兴安屯垦公署压住来报，或是直接报告了少帅？”臧式毅也沉思对道：“若真有其事，便难交涉，因我国力贫弱，处处受日人压制。是以翕公不妨分电兴安屯垦公署及北平少帅处查询一下，顺便将日领抗议一事作个报告，讨一下少帅的指示，如何？”

荣臻点头应承。二人当时共拟密电一封，将日领林久治郎提交抗议书一事经过报告张学良，请示机宜。又拟密电一封至兴安屯垦公署，查询是否捕杀过日人中村。

却说张学良自 1930 年秋统东北军主力进入关内后，便长期驻节北平。蒋介石便令张学良以中华民国陆海空军副总司令身份，坐镇北平，负责署理华北各省区军政事务。又允张学良部将王树常任河北省主席，于学忠任平津卫戍司令。张学良自此坐镇北平，对蒋介石愈益忠心。

1931 年 5 月末，张学良忽染伤寒，高烧不退，竟几度病危，便住进北平协和医院医治。这日病情稍有起色，便由夫人于凤至并女友赵四小姐相陪，到前门外中和剧院看京剧。于凤至长张学良三岁，辽宁辽源人，父亲经商暴发。赵四小姐名绮霞，字一荻，小张学良十三岁，乃是津浦铁路局长赵荣华之女，天津中西女学学生，因出身名门，又受西洋教育，不但生就沉鱼落雁之色，亦颇通达。经人介绍，二人一见钟情，竟已形影不离。

三人当日所看剧目乃是梅兰芳主演的《洛神》。戏是好戏，主演且是中国京剧第一名角，向以男串女戏闻名的梅兰芳。张学良抱病来观，戏才演至一半，便觉不支，只得中途退席。待回医院，由于凤至、赵四小姐伺候，正要就寝，忽有侍卫副官长谭海匆匆送来荣臻、臧式毅二人联名发来的电文，报说日本驻沈阳总领事林久治郎交抗议书一事，并询是否有中村案情报告，请张学良指示如何应付日人交涉。

张学良勉强从床上挣扎起身，将电文仔细读过数遍，一边披衣下床，一边令速回行营，召众将商议。不一刻，专车穿街过巷赶回行营。张学良下车后，直趋会议室。待众人到齐坐定，张学良便将荣臻、臧式毅发来的电文出示给众人浏览，然后道："关玉衡捕杀中村一事，是在 6 月末发生，兴安屯垦公署曾有报告送来，且附有日人中村擅闯兴安军事禁区、刺探我方军情的物证多件。关玉衡也有直接报告。我因事关机密，未及告诉大家，只令关玉衡妥善灭迹，保守秘密，却不知这事如何泄漏给了日本人，竟来向我方抗议。"稍顿又道："此事如何善后，还望诸位出计。"

众人一时皆无以置答。半晌，忽有人道："中村擅闯军事禁区刺探军情，是间谍行为，我为军事安全计，将其捕杀正罪，并不违法，又何惧日人？"众将多有附议，皆道："我东北军有 30 万人枪，关东军只 1 万人枪，况我又人证物证俱在，能证明其擅闯军事禁区，罪有应得，大不了到时候一拼而已。"一时议论纷纷。

张学良闻众人言，皆是激愤之词，心中颇不以为然，便插言道："诸位之言，不能说没有道理。然我国是弱国，弱国无外交，这已是一句格言。若非如此，日人中村断不敢擅闯兴安军事禁区。我在军事禁区内处死外国军事间谍，亦可光明正大、昭告世人、公开为之。然目下之势，我只能秘密捕杀。如今事露，便是外交难题。"稍顿又道："至于说军事行动，我军名为 30 万人枪，因参加中原大战，剿灭石友三叛军，主力已尽数开进关内。东四省境内只 10 余万人枪，多是省防军，战斗力不强。关东军虽只万人，却装备、训练皆优于我军，况其沿南满铁路部署，便于调动，集中使用，能以一当十。是以我军并无胜算。退一步说，纵然我军能侥幸战胜关东军，日本必倾全国之兵，尽开往东北寻我决战，届时我仍不能抵挡，是以诸位之议不甚妥当，请再从长计议。"

众人闻张学良这番分析，亦觉有理。又沉默半晌，行营参谋长戢翼翘出计道："细读沈阳来电，日方只是猜中中村已死，却无物证证明是被我屯垦军捕杀，既然如此，不如来一个'拖'字。眼下东北境内中日纠纷积案有数百件，早已见怪不怪，就不信日人在查无实证的情况下，会为一个陆军尉官的行踪大动干戈。"

张学良见戢翼翘出"拖"字计，心下赞同，众将也表同意。当时便依戢翼翘计，电令荣臻、臧式毅酌情处理中村案，相机行事，能拖则拖，能避则避，设法不与日人正面冲突。

电令既发，张学良待众人散去，又独自沉思一会儿，心中不踏实，便又召来侍

日军进占通县

卫长刘多荃，开门见山道："荣参谋长和臧主席尚不知中村案虚实，恐届时日人果真能拿出证据讹我，那时便十分被动。你可携中村间谍证据密赴沈阳，交与荣参谋长，相机行事，必要时拿出证据，如此如此。"刘多荃当时应诺。临别，张学良携其手，又嘱道："此事关系重大，物证不可失落，不可泄露。"

日领林久治郎自8月上旬访沈阳省府向臧式毅提交抗议书后，又隔三隔五，或访省府，或访东北边防军长官公署，轮流与臧式毅、荣臻二人交涉。每每抗议，言辞愈益激烈，态度愈益蛮横。荣臻、臧式毅照张学良指示，只以继续查询相答，如是者三。林久治郎便在9月初旬使出杀手锏，出示中村所遗手表并有关证词。关东军板垣、石原、土肥原三人又配合行动，策动东北各家日文报刊大造用兵舆论。侨居东北的精壮日人皆被征召进兵营，发给枪枝。关东军各部更是日日戒备，夜夜演习，早在各战略要点架枪架炮。东四省已是剑拔弩张，战云密布。

这日张学良在顺承王府行营中读罢荣臻、臧式毅发来报告，见报说林久治郎已出示中村遗物，关东军日夜演习。日本侨民已征召发枪，战端一触即发。心中焦虑，正无计时，谭海报说南京蒋总司令来电话问讯。

蒋总司令便是蒋介石。蒋介石时兼国民政府主席、行政院长、国民革命军总司令三职。与张学良交往，常示以总司令身份。张学良闻听蒋介石来电话，急步至电话机前，抓起听筒，劈口问候道："总司令，您好，我是汉卿。"那边蒋介石问了几句张学良病情，便入正题道："中村事件闹得沸沸扬扬，日本驻上海总领事兼日本驻华公使馆参事官重光葵已向外交部正式提出抗议，究竟是怎么回事？"

张学良见蒋介石问中村案，便据实相告，并请示机宜。蒋介石听完报告，沉吟半晌，方道："你准备如何应对？"张学良略一沉思，道："自辰年岁末，我在沈阳帅府易帜改挂青天白日旗之时，已下决心让东北一切皆听命于中央，是故中村案如何应对，学良听候总司令指示。"蒋介石听完这番话，连声说好。又指示道："眼下东北中日交涉，是中日全局关系缩影。中村案所及，有牵一发而动全身之势。弟切记忍辱负重，谨慎从事，能让则让，切勿使中村案扩大，以致不可收拾。"

张学良听后不堪明白，疑道："自 8 月初旬日领林久治郎提交抗议以来，月余时间，我等一直隐忍退让，希望大事化小，小事化无。然察日人动态，是步步紧逼，似欲借机扩大事态。倘其真动用武力，则又如何应对？"

蒋介石道："无论局势如何恶化，日本军队此后如何在东北寻衅，我方应予不抵抗，力避冲突。吾弟切记，万勿逞一时之愤，置国家民族于不顾。"

张学良听这指示主旨是无论日军如何挑衅，东北军也不要抵抗。一时怔住，不知如何回复。那边见张学良迟疑，又嘱道："弟对不抵抗三字中所含道理，或许一时不甚明了。过几日我们择地面晤，再仔细详谈其理，只弟眼下须切实照办。"

张学良正要回应，那边已搁下听筒。张学良对蒋介石电话中指示仔细思量一阵，心道："现在除不抵抗之外，实无其他良策，且照示再说。"当时亲拟蓝封机密电文一封，传达蒋介石指示，令荣臻、臧式毅并东北军各级将校，凡遇日人寻衅，一律隐忍退让，不得抵抗。

电文刚发出，便有沈阳方面派来专使，详报中村案交涉情况并沈阳关东军动态。使者姓李名济川，乃是东北边防军司令长官公署副官处副处长。张学良听过汇报，见与荣臻、臧式毅历次电文精神并无大的出入，便道："关于交涉办法，我已电示荣参谋长和臧主席，并层层下达。你可速回沈阳告荣参谋长，若日人林久治郎再来，可如此如此。"李济川领命，应诺而去。

第五章

蒋介石高唱不抵抗
荣翕生出言顶日领

9月11日午后，张学良正抱病在北平行营阅读公文，忽得蒋介石密电，令张学良即刻启程赴石家庄一见，晤谈中村案善后并东北外交难题。张学良接报大喜，当即令侍从准备车仗行装、有关文件，连夜乘专车赶赴石家庄。天明日出，已到石家庄车站。适有蒋介石专车从汉口启程，也依约定时刻赶到。

两车对接。张学良依礼节径直到蒋介石专车，蒋介石也依礼在通道迎候。二人略作寒暄，携手入客室，分宾主坐定。侍者送上茶点，有随车带来的江苏杨梅、湖北雪枣、湖南灵宝产红瓤西瓜，并泡了一盏上好的江苏碧螺春新茶。蒋介石自饮白开水。

二人先用茶点，说了几句闲话，方入正题。先由张学良将中村案始末、交涉情况、沈阳日本关东军动态约略述说一遍。蒋介石边饮水边默默听叙，偶尔插问一句。张学良叙毕，见蒋介石仍无多话，忍不住问道："前次向总司令报告中村案交涉情况，请示机宜，总司令指令隐忍持重，无论日人如何寻衅也不要抵抗，以免事态扩大、危及全局。学良愚昧，虽已遵命办理，并将总司令不抵抗指令层层传达，却仍不明其理，愿总司令指教，解学良心中疑团。"

蒋介石闻问，沉思道："有人说关东军中有人想借中村案为由乘势发动战争，夺我东北各省，我不能不信。"稍顿，又道："然我察日本国内政治势力分为无数派，各派对华立场各不相同。上层有内阁与军部对立，军部主张武力侵华，内阁主张慎之。如今币原重任外相，主张对我国友好，日前日本公使重光葵与我国外交部长王正廷会谈，隐隐有放弃汉口、杭州等处租界之意，是以不论军部如何，日本内阁眼下断不会赞成对我用兵。"

言及如此，望一眼张学良，见正全神倾听，又续言道："日本军部之内，又有陆海军对立，陆军虽主张对华用兵，海军却希望集中力量向太平洋方向发展。陆军内部又有中央机关元老派与海外驻军青年将校的对立，陆军中央机关元老派虽久欲图我东北，却也主张从长计议。是故日本各派军政力量中，只有驻海外青年将校主张立即对华用兵，占我东北。其余各派，包括陆军上层，尚无意现时对我用兵。若我谨慎从事，不首先寻衅，不予其口实，必可制约其内阁、海军并陆军元老，使之不能下决心用兵，且能约束住关东军青年将校。"

张学良对此分析虽觉有理，又觉得把希望寄之于日本内部派系之争，总是把握不大，便又问道："若日本内阁约束不住军部，海军约束不住陆军，陆军中央机关元老约束不住关东军，那时又如何？战端开启时，我方是否仍不抵抗？"蒋介石道："仍不能抵抗。"张学良便问其详。蒋介石却反问道："东北我军兵力现有几何，如何部署？"

张学良如数家珍般对道："东北边防军自改群旅制后，步骑工炮共编为33个旅并10团7个营，计约30万人枪。因去年入关作战及前次进攻石友三叛军，有10余万人枪开进关内，散驻于平津冀晋各处。是以眼下在东四省部队计为11个正规旅，9个省防旅并特种兵若干，约20万人枪。"

蒋介石又问关东军兵力，张学良告说关东军正规兵力计为1个师并6个守备营共10400人。另有3000警察，约10000名武装侨民，共约23000人。说完又补言道：

"双方在东北兵力对比是10比1。"言下之意是说东北军占有人枪优势,可以一战。

蒋介石不理,又问双方态势。未待张学良回复,却自己接言答道:"我军在东北部队虽有20个旅计20万人枪,半数却是省防军,战斗力不强,且分散部署。其中驻吉林9个旅,驻黑龙江5个旅,辽宁驻军却只有6个旅,在战略重地沈阳,只驻屯一个旅。"稍顿,又分析关东军道:"反观关东军,虽只10000人枪,却训练有素,装备精良,又沿南满铁路集中部署,可以一当十,随时在决战地点形成局部优势。是以若真开战,东四省不消一周便将陷于日人之手。"

张学良虽知关东军拥有实力优势,却不似蒋介石估计悲观,心中犹不服,便道:"由北平经北宁铁路线到沈阳,可朝发夕至。我若由关内紧急调东北军回援,或可与关东军一战,也未可知。"

蒋介石摆手道:"殊无胜算。纵然侥幸胜了,日本有全国军队作后盾,可从陆海两路增援。那时酿成两国决战,于我大是不利。"稍顿,又道:"况眼下东北军驻屯关内,涉及全局,万不可调回关外。"

张学良便问其详。蒋介石道:"现在阎锡山、冯玉祥虽败,并不甘心,若东北军回撤关外,其必卷土重来。"稍顿,又道:"广州方面,汪精卫、李宗仁等人另组国民政府,割据一方。"言及于此,回望张学良,见其边饮茶边倾听,便续言道:"犹有甚者,是共产党势力坐大,已成心腹之患。"当时便把红军根据地发展情况并国民党军队"围剿"红军根据地情况,向张学良约略介绍一遍。

末后归结道:"如今我国四分五裂,党内有冯玉祥、阎锡山、李宗仁、汪精卫拥兵自重,另立中央,制造分裂。党外有共产党组建红军,武装割据,欲摧毁我民国根本,

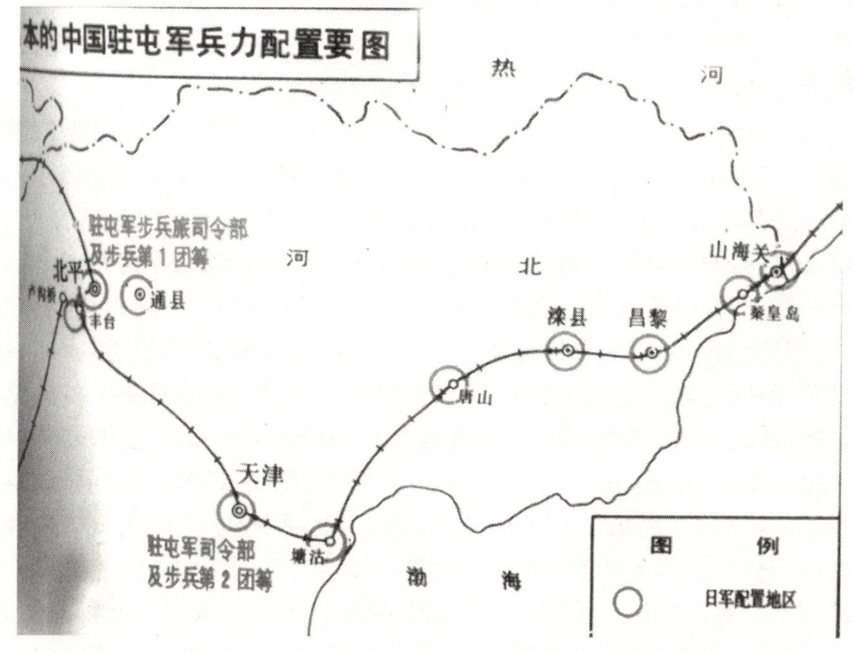

1937年7月初,日本中国驻军兵力配置要图

国家既不能统一，又如何对日作战？是以莫说关内局势复杂，不允东北军撤回关外，即令东北军回撤能战胜关东军，亦是徒招日本倾其全国大军来攻，届时我又从何处抽兵增援东北军，与日本全国军力抗衡？”

张学良听后不禁发呆叹道：“如此说来，东四省千里沃野，是注定要丢给日本人了！”蒋介石道：“也不尽然。”稍顿，又接言道：“日本国内既有军部与内阁、陆军与海军、陆军元老与青年将校三层对立，我隐忍持重，处处退让，其既无借由，就未必会在东北大动干戈，此为其一。”

言及于此，饮一口白开水，又道：“如我隐忍持重，处处退让，日人仍以武力占我东北，届时理尽在我方，‘国联’必为我国伸张正义。”并说明已令驻国联代表向国联申诉，请国联出面调解纠纷。

张学良见蒋介石提及向国联申诉、请其调解纠纷，疑道：“国联并无军队，既是如此，便未必能约束日本。”蒋介石道：“国联虽不能强制日本如何如何，但国联由英、法诸国主持，现在又有美国与国联合作，英法并美国在东四省皆有利益，断不允日本独占东四省。”

稍顿，又转言析道：“况日本陆军一向以苏联为第一假想敌国。田中奏折要旨，其实是如何准备与苏联决战。是以日本占领东四省后，必激化日苏矛盾，酿成日苏决战。届时我蓄力数年，工业化初成，尽可坐收渔人之利。”言及于此，见张学良正在沉思，又总结道：“是以此时我若抵抗，与日本人对着干，乃是以卵击石，贻患无穷。若不作抵抗，静待国联解决，不但可保存国家元气，争取时机统一国家，且可以夷制夷，使日本与美英苏矛盾激化，尽得渔人之利。”

张学良恍然若悟，道：“总司令一番分析，由浅入深，令我茅塞顿开，学良当尽依总司令将令，部署东北对日交涉。”蒋介石见张学良如此表态，大喜，当时执张学良手道：“弟如此大彻大悟，乃是国家大幸，民族大幸，也是我蒋某人大幸。”

二人这样反复讨论分析，不觉过午。蒋介石便请张学良共进午餐，是四菜一汤，虽不丰盛，却清淡可人，张学良病后不久，正合胃口。餐后二人分手告别。

东北边防军司令长官公署副官处副处长李济川，自辞别张学良、奉命回东北传达张学良指示后，便搭乘火车离开北平，赶回沈阳。一下火车，马不停蹄，径奔东北边防军长官公署，却告说荣臻正在家中为父亲祝寿。李济川心中颇不以为然，暗思道：“已是火烧眉毛，如何还只顾为父祝寿？”心中这样想，又调头径奔荣臻邸宅。

及至荣臻私邸，果见宅内大摆寿堂，灯烛交辉，烟火缭绕，宾客更是挤满厅堂，或抽大烟，或打麻将，或听京韵大鼓，热闹非凡。李济川顾不得礼节，直闯寿堂，寻荣臻报告。荣臻见李济川新从北平、锦州来，知事关重大，便拉入密室，急问张学良、张作相如何指示。李济川遂将张学良、张作相二人指示略述一遍。又问沈阳交涉情况。荣臻也约略将与林久治郎谈判情况说了个大概。

原来，林久治郎自8月初交第一份抗议书后，便不分日夜分头前往省府并长官公署两处，与臧式毅、荣臻二人歪缠，前后计约数十次。荣臻、臧式毅初时答以查询。

到 9 月 12 日，方照张学良指示，告说经第四度调查证实中村大尉因擅闯军事禁区而被我方依法惩处。日人林久治郎便要求将关玉衡交与关东军惩处。荣臻对称已将关玉衡拘押，可照中国军法处置。林久治郎又提出四项善后要求：一曰道歉；二曰处罚责任者；三曰赔偿一切损失；四曰保证以后不得再有类似事件。荣臻又答称须待张学良批复。谈判又成僵局。

李济川听后告荣臻道："照少帅、辅帅意思，对日方四项要求似可接受。"二人正说话时，侍者告说日本总领事林久治郎突来拜寿。二人来到寿堂，果见林久治郎正对寿堂躬身行大礼。荣臻也依礼与之相见。礼毕，林久治郎又谈中村案四条件。荣臻道："此是公事，可约时到长官公署恳谈。"林久治郎无奈其何，只得告退。

下午四时，林久治郎依约访问长官公署。荣臻接住引入客室，由李济川作陪，三人对角而坐，继续会谈。林久治郎冷然先问道："关于我方所提四项条件，贵方如何答复？"荣臻却取出中村的间谍活动物证，推到林久治郎面前，道："这些物证足以证明中村大尉擅闯军事禁区刺探军情，又无旅行护照，故对其安全，我们不能负责。"

林久治郎仔细检视物证，见不容抵赖，急出一头冷汗，威逼道："日本帝国军人一向横暴，有下克上之风，尤不听从外务官员劝告。值此之际，贵方还拿出这些证据，又有何用？"

荣臻针锋相对，佯怒道："我国军人亦十分横暴，中村大尉不带旅行护照擅闯禁区，绘图拍照，遭下级军人自动处置，我们亦无可奈何。"

李济川听荣臻如此对答，急道："荣参谋长，我李济川位卑职低，本无资格与你平等叙话，参与军机外交。然我在北平、锦州、沈阳三处奔走，负上传下达之责，请参谋长务照少帅、辅帅指示办。"

日军在宛平城北频繁举行以宛平城为攻击目标的军事演习

荣臻大怒道:“我不管,我荣某人不能揭这亡国史的头一页。”林久治郎是中国通,听二人争执,隐约猜中荣臻强硬,是个人态度,不反映张学良意旨,当时从座中一跃而起,厉声道:“这事我不能再办。中日关系如破裂,我不能负责。”说罢扬长而去。

林久治郎刚去,李济川又埋怨荣臻何以不按张学良、张作相指示与日人交涉。荣臻辩解道:“我受不了这份窝囊气。分明是中村擅闯军事禁区刺探军情,罪有应得,日人恃强不认罪,反天天上门逼我道歉赔偿,这外交我不办了。”

臧式毅也知日本人难缠,怪不得荣臻。众人还要议论,忽闻西北方向传来一声炮响,轰轰隆隆,门窗皆被震动。继之又闻枪声密如爆豆。荣臻抬腕看表,正是夜十时三十分。便急摇电话,向城门警卫部队问讯。

第六章

关东军夜炸柳条湖
王以哲痛失北大营

荣臻在东北边防军长官公署与众人议论中村案，午夜时正要散去，忽闻西北方向有枪炮声传来，急摇电话向城门警卫部队问讯，只报说是日本人发炮，其余一概未知。

原来，关东军青年将校板垣、石原、土肥原三人自中村案发后，处心积虑要刺激中村案演化成战局，以便推动关东军乘机占领东四省，实现《关东军占领满蒙计划书》中所列各项目标。便一面向林久治郎施压，一面密召在东四省日侨精壮入伍，日夜操练。又令关东军以演习为名完成临战部署。又密召驻沈阳北郊虎石台铁路守备队各连长及擅长爆破技术的工兵中尉河本末守，令届时如此如此，策动战端。

关东军司令官本庄繁到任不久，便察觉板垣等人故意夸大中村案情，谋求乘机动用关东军占领中国东北，却佯作不知。板垣、石原、土肥原三人见本庄繁如此，心中大喜，不再担心司令官会成为密谋障碍，愈是加紧策划，商定于 9 月 18 日制造事端，再乘机出动关东军侵吞中国东北。

林久治郎等外交官员见板垣、石原等人一心破坏谈判，推动事态向战事演化，却无力阻止，只得致电外相币原，将中国如何愿意赔偿损失、息事宁人，关东军板垣诸人如何一心策动战争，诸般实情，一一上报。币原得报，便上奏天皇，请天皇阻止。天皇便召陆相南次郎查问。南次郎诚惶诚恐，应诺天皇，急令参谋本部第二部部长建川美次前往沈阳，阻止板垣等人生事。建川同情板垣、石原主张，受命时虚作应诺，却暗中与板垣等人联络，告说计划已经败露，请提前动手，以免引出麻烦。

板垣得此密报，大惊，又召石原等人商议，皆决心不顾一切发动战事，造成既成事实。又议定板垣负责沈阳方面行动，石原负责旅顺关东军司令部方面活动，其余各官佐，亦各有安排。9 月 18 日傍晚，关东军铁路守备队第二营第三连百余人枪，以演习为名，乘夜黑离开虎石台兵营，沿南满铁路向南急进，至沈阳城西北郊柳条湖，散开警戒，禁止通行。河本中尉乘机统六名爆破手各携黄色炸药，按预定方案埋设在一处路轨接头处，点燃引线。那时秋风习习，夜暗星稀，但听轰然一声巨响，立时火光熊熊，烈焰腾空。爆炸声中，一段铁轨被爆炸气浪平推到路基以外。

沈阳城周各处日军本是枕戈待旦，闻听巨响，皆按预定作战方案，分作南北两支。南一支军是关东军第 2 师步兵第 2 旅所属步兵第 29 团计 3 个营约 1500 人枪，由团长平田幸弘大佐统领，猛攻沈阳城。北一支军是关东军铁路守备队步兵第 2 营，计 4 个连约 500 人枪，由营长岛本正一中佐统领，分从北西南三面合击中国军队核心阵地北大营。

北大营乃是东北边防军沈阳驻屯军军营，位在沈阳城北，距城区有七八里地。营区略成长方形，东西长，南北宽，房舍可纳万人。北大营驻军是东北边防军第 7 步兵旅。乃是东北边防军王牌，计辖步兵 3 个团，连同特种兵、辅助勤务部队，约有万人，皆兵强马壮，装备齐整。第七旅旅长王以哲，字鼎方，吉林宾县人，生于 1896 年，在东北军任职多年，久经战阵，深得张学良器重。

中村案件发生后，王以哲曾亲赴北平，向张学良汇报沈阳情势、第七旅各项备战措施，请示机宜。张学良已得蒋介石指示，便转令王以哲务必效法印度国领袖甘地对付英国人不合作之法，与日人抗争，凡事退让，军事上应以不抵抗为宜，一切静候中央政府以外交解决，或待国联裁决。

王以哲追随张作霖多年，一路升迁，感恩不已。对张学良亦忠诚有加，心中虽对这不抵抗政策不以为然，却唯唯诺诺，表示服从。各级军官多有不服者，皆道："关东军是兵，我等也是兵。关东军有枪，我等也有枪。况关东军只有万余人枪，且沿南满铁路千余里铁路线分散驻扎。沈阳附近百里范围内，日军只有平田幸弘所统第 29 团并独立守备队岛本第 2 营，总计不过二千人枪。我旅却有万余人枪，就不信斗不过关东军。"

王以哲闻这话，只得苦笑道："这不抵抗命令，乃是由少帅亲口向我传达，又千叮万嘱，令我等务必执行。少帅命令又出自蒋介石。以哲是军人，军人以服从为天职。是以对这不抵抗命令，我等除执行外，实在别无他途。"当时定下计策，见机行事。各部官兵不得向日人寻衅生事。遇日人寻衅，能让则让。若日军来攻，待其进至营垣七八百米距离时，方可开枪射击。万不得已时，可全师退往东大营集结待命。犹恐下级官兵违令，王以哲又令各营连将子弹炮弹皆搜集起来，锁进军械库。

9 月 18 日这日，正逢第七旅关饷。官兵皆因新领到薪饷，或到营门外购物、下馆子，或忙着往家中汇款，忙闹了一整日，防务便有些松懈。各营连刚刚入睡，忽闻大营西南角柳条湖方向传来隆隆爆炸声。稍后，营垣西围墙外便枪炮声大作，日军已越过铁路线，向守卫西围墙的第 621 团发动猛攻。将士闻枪炮声，皆按军人本色穿衣起床、携枪带炮，各到集合场集合。有灵活一些的营连长不顾禁令，打开弹械库，令士兵带足子弹、手榴弹，全副武装，准备应战。又挂电话与旅部联系，请求指令。

第 7 旅旅长王以哲，这日因出席省府举行的商民赈济水灾大会，进城未归大营，在城内家中歇息。旅中军务尽由参谋长赵镇藩全盘料理。赵镇藩因有约在先，不敢令

准备向卢沟桥进攻的日军

部队抵抗，便向长官公署请示对策。适逢荣臻挂电话过来问讯，赵镇藩便三言两语把军情说了个大概，请求指示。

荣臻令道："虽是日军寻衅，亦须照副司令命令，不得开枪抵抗。"赵镇藩急道："日军已打破西围墙，冲进621团第3营营房，如何还令不抵抗？"荣臻道："适才接南京方面来电，称日军今夜行动是例行演习。"赵镇藩道："第3营营区火光冲天，日军官兵冲进营区，刺刀乱捅，手榴弹乱扔，第3营官兵已有数十人伤亡，余者已逃向620团营区。这如何还是演习？"

荣臻略顿一顿，那边赵镇藩乘势建议道："荣参谋长，关东军不过万余人枪，皆沿南满铁路线千余里地分散驻扎。沈阳附近百里之内只驻有平田幸弘第29团及独立守备队岛本第2营，总计不过2000人枪。我第7旅有官兵万人，城内警宪也有2000人枪，对日本人占有五六倍优势，足堪一战。"荣臻对道："你这是小孩子说话。"稍顿，又分析道："日本人虽只2000人，却训练有素，装备先进。况关东军虽分散驻防，却控制有南满铁路，北从长春、公主岭、铁岭南下，南从旅顺、大连、大石桥、连山关、鞍山、辽阳北上，东从抚顺西进，皆沿铁路线运动，可朝发夕至。不消一夜，关东军全师便可到沈阳城集结，将我军四面包围。"

赵镇藩反驳道："虽如是说，我军在锦州驻有张廷枢第12旅、通辽驻有张树森第3骑兵旅、洮南驻有常经武第20旅。另有张海鹏、于芷两镇守使部队，各约一旅，分驻洮辽与东边道。五部人马总计约三万人枪，亦可经铁路到沈阳集中，与关东军决战。"

荣臻斥道："阁下何其糊涂。日军不但有关东军，其朝鲜驻屯军两个师，已开到鸭绿江、图们江南岸，也可向沈阳集中，朝发而夕至。"

赵镇藩又对道："我军在吉黑两省还有十余万人枪，也可以来援。"

荣臻道："敌有全国陆海军作后盾。"

赵镇藩又说："我有全国几百万军队作后援。"

荣臻见赵镇藩左说左对，右说右对，心道："赵镇藩平日何其明决，不意今日却钻牛角，认死理。"心中这样想，便有些不耐烦，当时发怒道："你这些大道理先搁到一边去。眼下最要紧的是服从少帅命令，不得抵抗，把枪收进库房。"

赵镇藩听后急道："若当真不抵抗，把枪收进库房，第7旅万余官兵，只怕要被小鬼子用刺刀挑光。"

荣臻吼道："挑光就挑光，大家挺着死，为国牺牲成仁最好。"稍顿，又补言道："这是命令，如不照办，出了问题，一概由你负责。"

二人正相持不下时，王以哲匆匆赶到长官公署。荣臻见王以哲来，喜道："鼎芳来得正好。你那个参谋长硬是不肯执行少帅命令，你疏通一下吧。"王以哲望了一眼荣臻，接过电话，向赵镇藩问了一下北大营战况，叹一口气道："军人以服从为天职。少帅既命令不抵抗，自有其道理。但不抵抗也不等于坐着等死，你就按我们早先计划，相机行事吧。"赵镇藩会意，应诺搁下电话。王以哲也搁下电话，辞别荣臻，匆匆返回部队。

赵镇藩搁下电话时，关东军铁路守备队第5营照计划进抵北大营北围墙外，配合岛本第2营，合击北大营。第7旅一些营连长，因见日军在营内横冲直撞，如入无人之境，将士伤亡不断增加，怒不可遏，便将不抵抗命令置之脑后，令士兵取出弹药，据守各处阵地，与日军对战，北大营四面八方一时枪炮愈急。双方万余人马，皆陷入混战。赵镇藩侧耳倾听，夜空中先是传来日式三八枪和歪把子轻机枪射击声，随后是捷克式步枪、机枪猛射，知是第7旅官兵已抗命加入战斗。便登上一处制高点观望。见营垣四面，皆火光映照。东北军官兵虽有一些投入战斗，大部仍在执行不抵抗命令。西围墙已被日军攻破，南北两面日军攻势亦十分猛烈。心中暗思道："眼下战斗全不成章法，既不能放手一战，又不可坐以待毙，只好如此如此了。"当时以王以哲名义，令620团据守营垣东门，拒住日军，各部相互掩护，与日军脱离接触，由东门突围，放弃北大营，向东大营转移。

东大营在沈阳城东，离城二十里。大队冒烟突火抵达东大营时，清点人枪，计折损不下三百之数。正要歇息，忽有炮弹在队列前后左右爆炸，却是关东军骑兵冲过620团阻击线，乘夜追来。官兵皆如惊弓之鸟，又拔营起程向东溃退。一路不断有残兵败将、逃难百姓加入大队。待到天明时，队伍漫山遍野，长逾十余里，已不下数万人。于路百姓哀号、官兵叹息，其状惨不忍睹。再回望沈阳城方向，烟尘滚滚，火光映红半边天际，枪声、炮声、呼喝声一夜未息。

第七章

张学良退保锦州
关东军占领东北

9月18日夜，石原在旅顺关东军司令部等待，急不可奈。挨至午夜，方接到沈阳方面来电，是说河本末守在柳条湖炸路成功，铁路守备队岛本第2营已照计划攻入北大营西门。平田幸弘所部第29团也在围攻沈阳。大喜。便照约定，急向关东军司令官本庄繁中将报告，请允即调旅顺、大石桥、海城、连山关、辽阳、铁岭、抚顺、公主岭各处关东军主力，急向沈阳增援。

本庄繁初得报告，略显惊诧，问石原道："中国军队胆敢炸毁柳条湖铁路，向关东军挑衅，是否有确证？"石原对道："板垣大佐适才有电话来，是说有东北军官兵八人，在午夜十点半左右炸毁柳条湖铁路道口，被我守备队第2营当场打死四人，余下四人被我守备队俘获，已拍下照片多张。"

原来，石原与板垣策划制造柳条湖炸路计划时曾绞尽脑汁，考虑在炸路以后，如何向中国军队栽赃。当时议定，在炸路以前抓几个中国兵，拍下照片，再行枪决，作为向中国东北军栽赃的实证。不巧那日东北军皆集体外出，关东军无由下手，便抓了八个过路农民，谎称令其修补铁路，又令其换上事先准备妥当的东北军军服，开枪打死在铁路路基旁，拍好照片。诸事办妥，又连夜告知旅顺方面，是以石原方有此报。

本庄繁听过石原报告，沉吟一阵，令道："剑既已出鞘，当饮血而归。"又道："中国有句古话，叫做将在外，君命有所不受，况我又拥向天皇帷幄上奏之权。诸位放手干

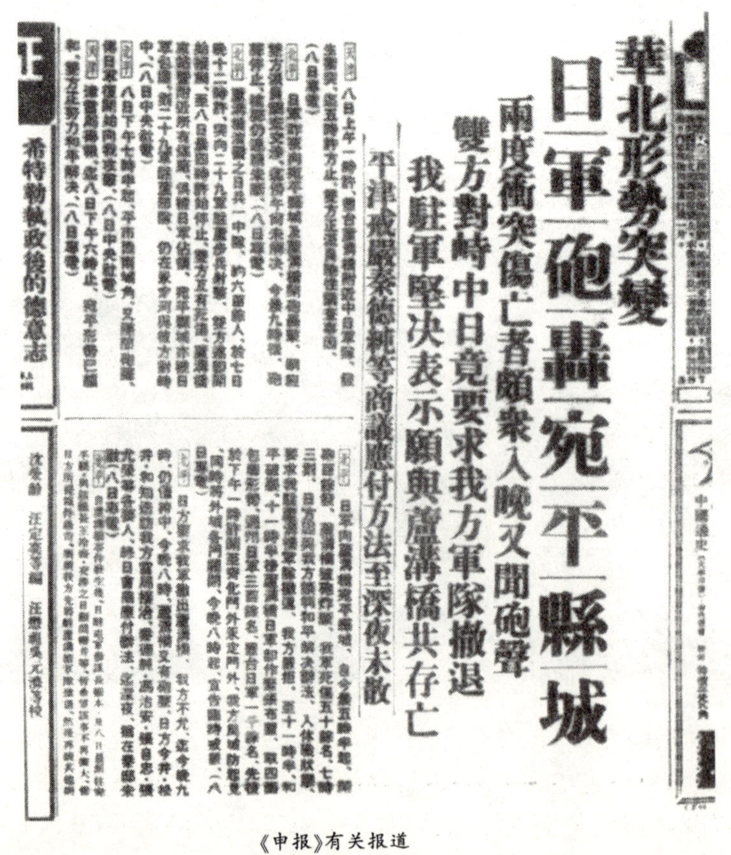
華北形勢突變

日軍砲轟宛平縣城

兩度衝突傷亡者頗衆入晚又聞砲聲

雙方對峙中日竟要求我方軍隊撤退

我駐軍堅決表示願與蘆溝橋共存亡

平津戒嚴秦德純等商議應付方法至深夜未散

希特勒執政後的德意志

《申报》有关报道

吧！”当时传令:旅顺、海城、大石桥、连山关、辽阳、抚顺、铁岭、公主岭各处日本驻屯军,速乘火车向沈阳方面集中,尽速夺占北大营并沈阳城,消灭中国驻军,以为中村大尉复仇,平息中国军民反日风潮。令毕,便率司令部人员搭乘专列,沿南满铁路向北往沈阳进发。

专列风驰电掣,一路经大石桥、海城、鞍山,天明时分,本庄繁专列抵达辽阳。在辽阳略作停顿,接多门第2师司令官多门中将上车,再一路向沈阳进发。众人在车上一面用早点,一面商议战事。多门报说独立守备岛本第2营得田所定右卫门第5营配合,已夺占北大营。平田幸弘正统第29团进攻沈阳城。长春方面,长谷部旅第4团正猛攻南岭中国兵营。其余营口、凤凰、安东各处日本驻军,亦遵照板垣大佐命令发动进攻。又报说各处日军进展顺利。又报说各处日军部队已奉命分从南、北、东三路向沈阳集中。朝鲜军前锋第39混成旅由嘉村达次郎少将指挥,已渡过鸭绿江,沿安奉铁路向沈阳进发。

本庄繁听过多门二郎报告,仔细析道:“沈阳是东四省政治经济并交通中心,铁路四通八达。夺占了沈阳,我不但在政治上能摧毁张学良军中枢系统,且必能在军事上确立不败之地。”当时传令催调南、北、东三路日军加快速度,务必二十四小时内在沈阳聚齐,一举夺占沈阳。多门得令,应诺而去。

日出未久,本庄繁专列已到沈阳郊外车站。板垣接住,引入关东军临时司令部,告说军情。本庄略听过汇报,便令板垣统一调度,集中各支军四面围定沈阳城,架炮猛攻。城内中国警宪,见王以哲第7旅已然东去,沈阳城迟早必失,纷纷弃城逃散。官商百姓亦各化装,设法逃出沈阳。沈阳遂为日军攻占。清点战绩,日军计得步枪12万支、机枪4000挺、大炮3000门、坦克26辆、飞机260架,其余弹药、粮草、被服皆堆积如山。又俘虏辽宁省主席臧式毅并各级官员,只荣臻化装逃脱。本庄繁得报日军攻占沈阳,大喜。亲到沈阳城巡视一周。当时令土肥原任沈阳市长,负责建立各级亲日伪政权。

日军占沈阳未久,多门二郎又从长春发来电报,告说日军已攻占长春。而后,多门又统军沿铁路东进,和平接收吉林省府吉林市。熙洽等军政官员率从者尽降多门。而后,本庄繁令日军沿南满铁路干线并各铁路支线四处扫荡,攻城掠地,只十余日,营口、田庄台、盖平、复县、大石桥、海城、辽阳、鞍山、铁岭、开原、昌图、四平街、公主岭、安东、凤凰城、本溪、抚顺、沟帮子、熊岳、通辽、郑家屯、牛庄、敦化、蛟河、巨流河、新民、洮南等地,连同沈阳、长春、吉林共三十城,皆被关东军夺占。又控制北宁、中东、沈海、四洮、吉长、吉敦、大通、洮昂、吉海、营沟并安奉、南满全线,共十余条铁路。辽吉两省千里河山,大部沦于关东军之手。

却说日军进攻北大营当夜,张学良病有起色,便由夫人于凤至并赵四小姐相陪,到前门外中和剧院看京剧,剧目是《宇宙锋》,由梅兰芳主演。正到高潮时,忽有随从副官来报,称沈阳有长途电话呼叫,甚是紧急。张学良心道:“近几日常心神不定,莫非日本人又有新花招?”便丢下于凤至、赵四小姐二人,忽匆离开剧院,驱车径回协和医院，拿起话筒。那边是荣臻打电话，声音急促，声震话筒，几欲脱手。约略是报说夜十时三十分左右，日军铁路守备队自行炸毁柳条湖一段铁路，然后向北大营发动进攻。另有日军一部正向沈阳城门冲击，请求指示。

张学良闻报，沉声告道："近日南京通报，关东军准备举行大演习，莫不是其举行实弹演习吧？"荣臻急告道："绝对不是演习。"稍顿，又告道："适才北大营有电话报告，日军已在十一点冲进619团营房，刺刀乱捅，手榴弹乱扔，619团营房火光冲天，已有数十人伤亡。"张学良沉思片时，令道："即使日军来攻，也未必是全局性行动，令各部照原先安排，隐忍持重，不要抵抗，静候中央以外交手段解决。"说完搁下电话，急召在北平的军政要员到顺承王府开会，商讨对策。

挨至19日清晨，众人聚齐。张学良便开门见山将荣臻所报情形略叙述个大概，便向众人问计。文员以顾维钧为首，皆主张不使事态扩大，静待"国联"向日本施压，迫日军停火撤军。一班武将以于学忠为首，对顾维钧等一班文员主张不抵抗、静待国联解决颇不以为然，道："关东军只万余人枪，却在东四省横行霸道，是视我东四省军民如草芥。虽说避免全面冲突是上策，也应集中几个国防旅与关东军一拼。就算牺牲几万人马，也可挫敌锐气，使其不至狂妄自大，也可见谅于父老乡亲。"说时颇是慷慨激昂。

张学良也觉得有理，一时不知是战是和。沉吟半日，议而不决，不觉过午。沈阳方面又来电话，报说日军已攻占北大营，正转攻沈阳，各路日军乘火车向沈阳集中，王以哲旅已弃营向东撤退，沈阳危在旦夕。又报说日军北路部队已夺取长春南岭兵营，正向长春开进。消息传来，会场失色，张学良愈无主意。

又迁延数日，噩耗不断报来，有说东北辽吉黑三省全境尽被日军攻占者；有说王以哲全军覆没，臧式毅、荣臻皆死于乱军者；有说沈阳一城尽被日军血洗，老幼无存者。正无计可施，待从副官忽报荣臻逃离沈阳，已来北平，在外求见。

张学良闻荣臻到，大喜，急步迎到门外。却见荣臻一身便装，疲惫不堪。旁随一人也一身便服，却是屯垦军第三团团长关玉衡。张学良接二人入客室，分宾主坐定，侍者送上茶点。二人也不客气，一边吃喝，一边报告东四省情形。

关玉衡先致歉道："玉衡鲁莽，处置中村案不当，给少帅添麻烦了。"张学良手一挥，道："此事不能怪你。东北中日交涉案，大小有数百件，你这只是一件小事。狼要吃羊，总能找到理由。"稍顿，又问道："经济情况如何？"未待关玉衡回答，便道："你的部队已去了黑龙江。你先在这里任参议官，月薪二百，如何？"边说边写了一张字条，递给关玉衡。关玉衡知张学良有机密事要与荣臻谈，便接过字条，谢过张学良，告辞而去。

关玉衡走后，张学良回头对荣臻道："皆传你已死于乱军之中，却是如何逃出日本人魔掌？"荣臻约略将逃出沈阳经过叙说一遍，又报告东四省情形。张学良方知沈阳、长春、吉林等三十座城市皆被日军占领，日军已令重组辽宁、吉林两省政府，臧式毅被日人俘获，熙洽投靠日本人，已任吉林省伪省长。袁金铠、张海鹏、于芷山亦相继

宛平县政府客厅已成残垣断壁

投敌。辽吉两省军队三成投敌，三成溃散，余下正向南满铁路以西撤退。王以哲旅出北大营后，先向东开往吉林海龙、东丰一带，尔后又暗中西撤，已到锦州一带。日军占辽吉大部后，又分兵准备进攻黑龙江、辽西两地。

张学良得知东四省详情，跌足不已，泪流满面，叹道："老帅把东北传给我，不想弄成今天这个局面。"荣臻忙自责道："都怪荣臻，有负少帅重托。"未待张学良回复，又慰道："事已至此，哀叹无益。目下关内尚有十余万东北军。关外部队亦有十余万，若如此如此，或可保住半壁东北，也未可知。"张学良依其计。令东北边防军司令长官公署并辽宁省政府迁往锦州。任张作相为东北边防军代司令长官，米春霖任辽宁省代主席。令张树森所统骑三旅、常经武所统步二十旅并辽宁各支军残部，皆向西撤过大凌河，会同锦州守军张廷枢所统步十二旅，沿大凌河布防，守住辽西走廊，阻击关东军西犯；令在吉林宾县恢复吉林省政府，任诚允任省府主席，李振声代理吉林边防军副司令，冯占海任警备司令，丁超为护路军司令，坚持吉林抗日斗争；又令马占山接替万福麟任黑龙江省代理主席，兼黑省军队总指挥，统一指挥黑龙江省各路军队，准备与关东军接战，全力保卫黑龙江省。

第八章

筹组伪国土肥原劫持清废帝
沪上点火金璧辉卖身投倭贼

关东军占辽吉两省后，便乘胜进军，欲再占黑龙江，却遭马占山统军抵抗，在江桥、三间房等地数度与关东军恶战。关东军折损无数，始占龙江。便仿在辽吉两省办法成立黑龙江伪省府，令张景惠为伪省长。此时东北各地抗日游击活动也如火如荼。大大小小的抗日义勇军有数百股，大股人枪以万计，小者或十数人或数十人。义勇军总数不下四十万人枪。关东军疲于奔命。

一日，本庄繁心中烦闷，便召板垣问计。板垣知其心中所思，是忧虑辽吉黑三省抗日义勇军蜂起，危及关东军安全。便顺其思路分析道："自马占山在江桥与我军鏖兵以来，辽吉黑人心大变，多仿马占山起兵与我争锋。各处抗日义勇军有大小数百支，几近四十万人枪。我军四处围剿，疲于奔命，前后已折损数千人枪，并无结果。如今，我军虽夺占吉林、沈阳、龙江，启用熙洽、臧式毅、张景惠三人，分任吉、辽、黑三省省长，然三人号令皆不出省城。为今之计，若想使关东军摆脱负担，便须剿灭各路义勇军，统一省政，尽快组建满蒙独立国。"

本庄繁知板垣必已有计策，便说道："阁下分析有理，如何组建满蒙独立国，必已有成算。"板垣笑对道："司令官果然明察秋毫。"又补言道："板垣以为，只消打出大清朝废帝溥仪的旗号，建立满蒙独立国家便是水到成渠。"本庄繁然其说，令加快行动。板垣得令，便与土肥原暗中策划，议定由土肥原亲到天津，用计诱骗溥仪到东北，为关东军所用。

傅仪本姓爱新觉罗，1903 年生，曾为清朝末代皇帝，帝号宣统。1911 年，辛亥革命成功，溥仪被废黜，失去对中国统治权，却仍居北平紫禁城故宫内，维持一个小朝廷格局。1924 年，冯玉祥统兵入据北平，令将溥仪逐出紫禁城。自此溥仪便迁往天津，隐居静园。其时日本国已蓄意侵吞中华，在中国用心寻找汉奸傀儡以为马前卒，便有意笼络溥仪以为所用。溥仪亦欲借日本势力在中国复辟大清朝。日本特务便与溥仪明来暗往，一拍即合。

"九·一八事变"发生后，溥仪每日静观动态，蠢蠢欲动。适有土肥原来访，求之不得。溥仪初时对前往东北有些犹豫。土肥原便遣人以送礼品名义，暗中送去炸弹两枚。又密遣人写恐吓信寄给溥仪，皆只一句话："若不及时离津门，便割下项上人头。"溥仪身在天津，日夜惊恐，便接受土肥原要求。

11 月 10 日，溥仪照土肥原安排，乘夜黑悄然钻进一辆敞篷汽车后箱，由土肥原部属护送，驶出静园。先转至日营敷岛料理店。略作改扮，披上一件日本军大衣，带上一顶日本军帽，装成日本三等兵样，又乘车转至英租界码头，换乘一艘小汽船，由日人护送，连夜开往大沽口，再换乘日本"淡路丸号"商船，渡渤海到营口登陆。尔后又有关东军特务护送，先接至汤岗子温泉疗养区暂住。其后便接至旅顺大和旅馆。自此饮食起居皆优礼有加，只不允离开旅馆半步。对外只说溥仪自觉在天津有生命危险，便逃离天津，潜往旅顺，请关东军保护。暗中却伺机成立伪国，扶溥仪作伪满蒙国傀儡元首。

溥仪到旅顺后，关东军又乘势攻占锦洲并黑龙江全境。东四省除热河外，尽为关

中国军队在卢沟桥上自卫

东军占领。板垣乘势又议成立伪国问题。本庄繁闻议，道：“若论建立满蒙新国家条件，的确较九月份成熟。然目下又有几桩新变故，令我等不得不仔细考虑，谨慎为要。”板垣便问其详。本庄繁道：“新变故概有两端，其一是国联动向于我国不利。其二是国内新发生事变，政局动荡。”当时三言两语，将这两大变故说了个大概。

原来，关东军自炸柳条湖铁路、发动“九·一八”事变、炮击北大营消息传出，国联震动。中华民国中央政府当即指令中国驻国联代表施肇基在国联采取行动。施肇基得中央训令，便连夜挑灯，仔细研究“国联盟约”、华盛顿会议所颁“九国公约”、1928年所订“非战公约”三项国际法文件，起草控告书，向国联控告日本侵略中国。国联理事会乃在九月二十二日举行会议，听中国申诉。日本驻国联代表芳泽却极力辩解，宣称关东军在东北的军事行动是局部行动，应由中日两国直接解决，不劳国联费心。国联成员国多同情中国、齿冷日本，乃在九月三十一日通过决议，要求关东军从占领地撤军。又要求国联属下各国政府，皆训令各自驻华使馆武官或其他官员，到东北现地调查，将调查所得报告本国政府并报告国联，听候国联处置。

日本国内方面，自关东军发动“九·一八”事变，夺占沈阳、长春、吉林诸地后，又要求扩张战果，夺占东四省全境，尽快成立伪国，日本内阁恐美英法并苏维埃俄国反对，引起各国对日联合行动，使日本陷于孤立，便极力劝阻。

板垣听完本庄繁叙过日本国内外两大变故，沉思道：“虽有两大变故，却不能阻挡建立满蒙新国家步伐。司令官阁下曾有一句名言，是谓剑既出鞘，当带血而归。关东军将士上下一心，数十日夺占东北辽吉黑三省，皆因司令官名言激励之故。”

本庄繁道：“我所虑者，乃是国联有反日倾向。如今美国参加国联理事会，形成美英法合作，共对日本施压局面。对我十分不利。且国联调查团即将来到东北，此时成立满蒙新国家，无异于引火烧身。”稍顿，又道：“内阁所以一再限制关东军行动，也是惟恐国联干预。”

板垣闻言，沉思半晌，道：“若单是担心国联施压，倒也不难对付。”本庄繁便问其详。板垣不慌不忙道：“欧美列强对我征服满蒙、中国，尽得中国富源，横加阻拦，是势在必然。然其用意，亦是为自身得失盘算。如今英法美各国经济，皆陷入重重危机，自顾不暇，利用国联阻我征服满蒙，亦不过是虚作姿态、维持国联并美英法大国体面而已。我若乘时另择中国某一要紧处，再烧一把火，把国联并美英法注意力引开，便可以在东北放手大干，建立满蒙新国家。”

本庄繁闻计，沉思道：“果然是一步高棋。”又询道：“阁下既成算在胸，对在何处烧火当已有计较？”板垣笑一笑，正要开言，本庄繁止道：“且慢，我也已有计较。”板垣道：“不妨学一学孔明、周瑜赤壁火攻曹操故事，你我分别写来，看是否一致？”本庄繁然其说。

当时二人各写了一张纸条，写毕，相互交换，各将纸条展开，皆是同一处地名，二人开怀大笑。笑毕，本庄繁嘱道：“烧火之事，须仔细筹划，万不可泄露形迹。”稍顿，又道：“土肥原精于此道，阁下可去与土肥原商量，共同负责此事。”板垣应诺道：“有土肥原出面，必马到功成，万无一失。”

议毕，板垣辞别本庄繁，驱车径奔关东军沈阳特务机关长土肥原公馆，与土肥原商议。土肥原先出言赞道：“大佐阁下紧抓住中村遇害案这一天赐良机，调动帝国关东军占北大营、夺沈阳，又连取长春、吉林等三十余城，真乃帝国陆军英雄，功高盖世，令我十分钦佩。”板垣不答，却回赞道：“机关长阁下为帝国大计，不惜贱扮货郎，深入穷荒之地，探得中村遇害真相。又不辞辛苦，亲把清朝废帝溥仪引至旅顺，这一大功劳，又岂是敝人所敢攀比？”言毕，二人对视大笑。

接着土肥原问板垣道：“大佐阁下为建立满蒙新国家，在海伦、旅顺间来回奔波，不辞千里旅途辛苦，连日风尘仆仆，尚抽时间来此，大约不是闲话吹吹牛皮？”

板垣直言道：“正有事相求阁下。”便把与本庄繁商议择地点火以引开国联注意力的计划，约略作了简要说明。土肥原听罢板垣叙述，沉思一阵，道：“阁下与本庄司令官这择地点火之计，正符合中国古代声东而击西之法，堪称高明。”稍顿，又转言问道：“阁下与本庄司令官议定烧火地点必是妥当之处，却不知定在何处？”

板垣不答，从衣袋中摸出两张纸条，一齐递给土肥原。土肥原接过纸条，打开第一张，见纸条上端写“上海”二字。打开第二张，也是“上海”二字。板垣又乘便把与本庄繁仿周瑜、孔明三国故事，背靠背各写一张字条之事略述了一遍。土肥原看罢字条，略沉思一回，拊手叫道：“择上海点火，策动一场不大不小的战争，引开国联与东京的注意力，果然是一步高棋。”又正色问板垣道：“阁下亲来说明本庄司令官意图，必对敝人有所差遣？”

板垣也正色道：“不敢说差遣。”又道：“本庄司令官以为阁下智计百出，在帝国陆军中人才难得，言下十分赏识。尤对阁下亲赴兴安屯垦区，扮作货郎，巧得中村遇害案真相，并设计请来溥仪二事，屡次称赞。此次上海点火事，不但关系关东军声誉、满蒙新国家前途，也关系帝国陆军命运，只许成功，不许失败。是以本庄司令官特命我专访阁下，传达司令官意旨，并令阁下全盘策划，妥作安排。”土肥原闻言，说了几句感谢司令官信任之类的话，当时应诺。

板垣去后，已然夜深。土肥原依门廊外望，见街灯惨淡，月暗星稀，寒气逼人。将板垣所谈点火之计，仔细思虑一回，已有计较。便回室拨了一个电话。未过一刻钟，便有人按门铃，土肥原开门接人，正是所召之人。灯影中看这人，一身藏青色西服，打一条咖啡色领带，头戴一顶黑色巴拿马帽，脚蹬黑色高筒皮靴，手中握一根黑色文明棍。身材虽不算高大，却十分匀称，更兼眉清目秀，齿白唇红，面如冠玉，俨然一位俊俏小生。此人便是日本陆军青年将校中颇具盛名的男装丽人金壁辉。

金壁辉生于1906年，乃是清末贵胄肃清王善耆的第十四位格格。辛亥革命后，清廷被孙中山领导革命党人推翻。善耆心中不甘，一心想在中国复辟清王朝，便投靠日本人，将十四格格送与日本浪人川岛浪速抚养。川岛浪速原是肃清王日语翻译，一向得肃清王信任。

川岛浪速根据善耆之意，收十四格格为养女，改其名为川岛芳子。自此十四格格移居日本川岛浪速家，接受全套日式教育，立志复辟清室，恢复家族显赫声名，到十五六岁，生得娇小玲珑，容貌俏丽，春意盎然。因怀复辟梦，虽为淑女，却习骑马、舞剑、劈刺、射击、擒拿、格斗，并习以色事人。尤喜女扮男装，绝少穿女儿装、扮公主样。后化名金璧辉，投靠关东军，尤其靠上了关东军特务机关长土肥原，指望借土肥原与关东军力量实现复辟大清之梦。土肥原一则好色，见其可人，乐得占些便宜。二则又见其人善易容、巧机变、能应酬，刀枪拳剑皆精，又通日文、满文、蒙文、汉文，尤其一心投靠关东军，复辟大清努力竟至疯狂。且系女流，愈是难得，便收为己用。二人明来暗往，床上床下，一拍即合，是以土肥原深夜召呼，金璧辉亦呼之即到。

率部守卫卢沟桥的29军37师219团团长吉星文

土肥原虽生性凶狠，见了金璧辉，倒也乖觉，绵羊一样，赶紧斟了一大杯烈性白兰地，递给金璧辉，佯作恭敬道："芳子小姐，寒舍无有招待，请用水酒一杯。"金璧辉接过，斜瞟土肥原一眼，两个眼珠一霎时滴溜溜转了十七八圈，娇声道："有劳大佐阁下倒酒送盏，芳子不胜荣耀。"说话时接过酒杯，浅呷一口，愈是春意盎然，顾盼生辉，又打趣道："大佐阁下一来就用酒灌本小姐，怕是想灌醉本小姐，再向本小姐提要求吧？"

土肥原坐到芳子身边，笑道："真有事相求。"金璧辉见土肥原说得认真，虽带笑意，却不像平日调笑，料有正事。便从沙发上坐正，认真问土肥原道："当真有事？"土肥原点点头，正色道："芳子小姐本是满人，又是皇家格格，并非汉人。且又过继给川岛君，在大日本帝国长成，是日人又多于是支那人。更况日满蒙一家，有共存共荣关系，是故我从未将小姐当外人看。"

接着又续言道："自'九·一八'以来，关东军在满蒙大显神威，不过百日便连占东北辽吉黑三省，消灭张学良四十万人枪，建立满蒙新国家已是万事俱备。然在上海方面，支那人不甘失败，以抗议关东军夺占满蒙为由，迭生事端，欺负我国在上海侨民。帝国陆军与关东军对此忿恨已久，却不便直接出面。知芳子小姐机警勇敢，智计百出，擅长谋划组织，欲请小姐到上海辛苦一趟，组织上海侨民闹它几场，治一治支那人，也让上海支那人知道帝国侨民不容轻侮，替关东军出一口恶气。"

金璧辉问道："要闹到什么程度？"土肥原狠声对道："越乱越好，务必要在上海闹个天翻地覆。"稍顿，又补充道："只记住一条，须以侨民名义闹，不可亮出关东军的招牌。"

金璧辉知土肥原的话不尽真实，必另有深意，也不说破，一边吸烟，一边漫不经心道："要我做马前卒，到上海组织帝国侨民闹事是举手之劳。却不知大佐阁下能予本小姐什么好处？"

土肥原知道金璧辉所求，是利用关东军复辟满清统治，却佯作不知，歪对道："小姐若在上海做出几件大案，便可得大笔赏金。"金璧辉道："本小姐家中，虽说不上金银如粪土，珠宝用斗量，却也不缺钱花，本小姐亦非贪财之辈。"土肥原投其所好，随口连说那是那是，乘间问道："既如此，却不知小姐有何要求，但说无妨。"

金璧辉道："我别无所求，只要求关东军助我恢复大清朝对中国四亿五千万子民的统治权。"土肥原心道："这女人野心，真可包天彻地。"却不说破，口中应道："日满蒙一家共存共荣，何分彼此？关东军在满蒙杀伐征战，还不是主持公道、替满蒙人民报仇？只要关东军成功，满人恢复在中国全境威严，自不在话下。"金璧辉知话只能说到这个程度，便见好即收。当时应诺。

二人半拥半偎，挪进卧室。

待到醒来，天已大亮。金璧辉先起床告辞，又回复男装。土肥原道："桌上有一张今日下午由大连开往上海的船票。小姐务必下午动身，赶在后日到上海。"又道："届时自有人接船。至于人员配合、经费枪械并一应所需，我亦自有安排，小姐放胆大干，务要成功。"又说过接头暗号、暗语。金璧辉一一应诺。

第九章

田中隆吉小议十九路军
川岛芳子出计闹乱上海

金璧辉离开土肥原公馆后，先回住宅，匆匆收拾行装，只是随身衣物、证件、化妆品、手枪、匕首并一应间谍用器材，皆装入一只白色鳄鱼皮手提箱中。又换了一套白色男式西装，打一根红黑相间斜纹领带，戴一顶白色巴拿马帽，穿一双白色高跟皮鞋，再换一根白色文明棍，配上白色手提箱，在穿衣镜前照一照，来回走几步，一袭皆白，又是一番景象。

准备好行装，略用过午餐，已过十二点。便戴好白色鹿皮手套，又戴上一幅墨镜，拎起手提箱，要了一辆黄包车赶往火车站，乘当班火车到大连，然后径奔轮船码头。待登船找到舱位，但闻一声汽笛回荡海湾，轮船已轰然发动，徐徐离岸启航。

金璧辉舱室是高级单人舱，设在轮船第二层。临窗眺望，但见海湾湛蓝，浪涛滚滚，远处有群峰环海湾峙立，山上积雪，正在午后斜阳映照下熠熠闪光。金璧辉因昨夜与土肥原一番折腾，甚觉疲惫，无心欣赏大连湾风光，当下关好舱门，闭上窗帘，倒头便睡。自此，除用餐、洗漱外，便在舱内睡觉。

不觉间，船行两个昼夜，绕过吴淞口，向左进入黄浦江，再逆江南行，约行一小时到上海城区。闻得一声汽笛，船已在十六铺码头徐徐靠岸。金璧辉慌忙收拾行装。待船靠稳，便随人流匆匆下船。又随人流沿码头台阶拾级而上。待出检票口，见有一青

在卢沟桥战斗中牺牲的29军37师219团3营10连连长孔宪全

年男人，高个，留一撮日人常见的仁丹胡，一脸剽悍之色，却是一袭皆黑，黑西装、黑礼帽、黑皮鞋、黑手套，外戴一副墨镜，只领带是浅色。手中拿一份上海《申报》，半合半开，似看非看，两眼却不时向检票口扫瞄。

金璧辉料是约定接船的人，便快步上前，用中文问道："先生可是姓金？"那人道："敝人姓田，不姓金。"金璧辉又问道："先生可是来接田先生的？"那人又对道："敝人来接金先生，不接田先生。"切口对上，金璧辉已知是接船的人，便道："我是大连来的金先生。"那人伸手与金璧辉相握，略作寒暄，便替金璧辉拎起皮箱，走到一辆小卧车前。

二人登车，小车便离开码头钻进闹市。急驰一阵，又拐进一条僻静小巷，在一栋日式小楼前停下来。车甫停稳，那自称姓田的年轻人已先行下车，替金璧辉打开车门。金璧辉从容下车。那年轻人又钻进小车，拎起金璧辉所带的小皮箱，便头前引路，领金璧辉进小楼。

门廊前已有一人相候。金璧辉略一打量，见那人瘦高个，一身日本陆军军官服，佩一把指挥刀，又挎一支手枪，也留一撮仁丹胡。却是日本驻中国使馆武官田中隆吉少佐。

金璧辉见田中隆吉挂少佐军衔候在门廊迎接，料是土肥原所述线人，便加紧走几步。田中隆吉也迎上几步，伸手与金璧辉相握，寒暄道："欢迎芳子小姐。"又自我介绍了一番。便引金璧辉进客室。令助手为金璧辉沏了一杯茶，又端来各式点心瓜果。

二人坐定后，田中先问道："据土肥原与板垣大佐电报，芳子小姐来上海负有特殊使命，两大佐令我配合行动。小姐使命性质，我未知其详，盼小姐详加说明。"金璧辉也不推辞，便三言两语将土肥原亲令在上海日侨中巧作安排、暗中策划、闹乱上海滩等话，一一转述。述毕，便乘势问起上海方面日侨和中国人情况，并双方关系。田中隆吉也不推辞，便从头到尾将上海诸般情况叙述一遍，颇是详尽。

金譬辉听罢，议道："上海中日两国官民对立已势同水火，果如土肥原大佐预料。此正利于我兴事。"又问上海中国驻军情况。田中隆吉不但是驻华使馆武官，又兼为上海特务机关长，其在上海双重使命，皆是搜集中国驻军情况，如何不了如指掌？当时对道："自'九·一八'事变以来，中国驻上海军队已大大加强。如今驻防上海的中国军队乃是国民革命军第十九路军。"金璧辉道："据说十九路军乃是杂牌军，一向不为蒋介石重视，装备、粮饷皆不能保证供应，是以战斗力还不及张学良的东北军，未知真假？"田中隆吉对道："这你就是只知其一，不知其二了。"当时便把十九路军的情形说了个大概。

原来，十九路军以蒋光鼐任总指挥，蔡廷锴为军长。全军下辖三个师，计为第七十八师，师长区寿年；第六十师，师长沈光汉；第六十一师，师长毛维寿。每师两旅六团，合六旅十八团，并辖骑、炮、工、辎重并各种辅助部队若干，步骑工炮合为三万三千人枪。六个旅分别为第一五五旅、一五六旅、一一九旅、一二〇旅、一二一旅、一二二旅，分以黄固、翁照垣、刘占雄、邓志才、张励、张炎六将为旅长。

陈铭枢因上海形势紧张，又以京沪卫戍司令名义，任戴戟为淞沪警备司令。戴戟与蒋光鼐、蔡廷锴商议后，令区寿年统所部第七十八师进驻上海市区，担任淞沪地区一线防务，沈光汉统所部第六十师、毛维寿统所部第六十一师分驻上海远郊，准备接应。

区寿年将所部分为两支，以京沪铁路为界，令黄固统第一五五旅驻防京沪铁路以北，令翁照垣统第一五六旅驻防京沪铁路以南。两旅长又将所部各团分驻市区各要点，互为呼应。

金璧辉先听田中隆吉叙罢上海中国反日运动情况并日侨各项活动，又听田中叙述上海中国驻军十九路军情况，言谈中似对十九路军拥三万三千人枪颇有忌惮，心中不以为然，便试言道："少佐对支那第十九路军人员、编制、将佐姓名、建军历史皆了如指掌，不愧为帝国情报界精英，却不知少佐阁下对十九路军有何观感？"

田中隆吉略一沉思，道："十九路军参加北伐、转战中原，在中国军队中算是精锐部队。其装备器械虽不及我国军队，却也齐整。自进驻上海以来，时常演习，我暗中观察，见其攻防演习颇有章法。所筑工事皆由德国顾问指导，亦有章法。士兵虽在寒冬季节，仍短衣草鞋，颇有剽悍之气，倒不可轻敌。"

田中叙话时，金璧辉斜倚沙发，翘起二郎腿，点起雪茄烟，边听边往天花板上吐烟圈。听到田中果然讲不可轻敌，便出声打断，大笑道："我见阁下一身戎装，挎有军刀，颇有英武之气，却不想阁下是挎一柄竹刀，如何对破破烂烂的第十九路军有夸耀之词。十九路军比之张学良东北军又如何？"未待田中隆吉回答，又自接言道："东北军有四十万人枪，关东军只一万人枪，又如何，关东军略一抬腿，只一夜便夺得北大营。只十余日，便占辽吉两省三十余城。十九路军不过三万人枪，阁下又何必忌惮？"

田中隆吉闻金璧辉之言尽是挖苦，有些着恼，却因其是奉土肥原、板垣之命而来，不敢得罪，便出言辩解道："东北军所遇的关东军乃是帝国陆军精华。上海日本军队却是海军陆战队，虽有三个营共一千八百人枪，何能与关东军相提并论？"金璧辉见田中如此解释不无道理，便转题问道："照阁下之意，是不愿贯彻土肥原大佐意图了？"田中对道："倒也不是。"稍顿，又接言道："小姐未来沪上以前，我就思谋过点一把火，让海军与十九路军杀个相持不下，出出海军的洋相。"金璧辉忽从沙发上坐正，惊问田中道："阁下与海军有过节吗？"田中对道："倒不是个人恩怨。"又道："只恨当日关东军进攻沈阳时海军不肯配合，想报一箭之仇。"

金璧辉自此方知田中乃是深藏心机之人，自此不敢轻视，询道："照此看来，几次上海日侨大会并日侨在上海滩闹事，定是阁下策划所致了？"田中颔首，道："只惜未挑起战事。"又道："如今照土肥原与板垣两大佐意旨，引发上海战事，关系满蒙新国家能否尽早建成，乃是谋略政略问题。又有小姐来沪上主持，成功有望，我当听命于小姐，万死不辞。"

金璧辉自到上海与田中见面，这是第一次听田中如此表态，当下大悦，谦道："愿供少佐阁下驱使。"说罢一齐大笑。金璧辉便问田中有何妙策。田中反问道："小姐智

事件发生，29 军代表与日军牟田口廉也会商解决办法

计百出，在帝国陆军青年将校中是无人不知，又有土肥原大佐亲授机宜，必已有成算，田中愿洗耳恭听。”金璧辉不答，却反问道：“上海支那反日义勇军，以哪一处闹得最凶？”田中略一思索，脱口答道：“只以三友实业社支那反日义勇军闹得最凶。”又道：“三友实业社在马玉山路，是日侨所办工厂，生产毛巾。工人多为支那人。”

金璧辉行前已研究过上海市区图，知马玉山路靠近日本驻上海海军陆战队兵营。沉思问道：“我适才从十六铺码头过来时，一路皆见有日本僧人，沿街手敲佛鼓，口念佛经，却是何故？”田中对道：“乃是日莲宗和尚。”又解释道：“日莲宗是日本佛教一支，由日莲圣人在 1253 年所创，是以颂法华经修养身心。上海日本侨民，多信日莲宗，日莲宗僧侣为数颇多。”

金璧辉道：“我已知道。听说关东军参谋石原中佐也信日莲宗。”田中不接口，却继续道：“上海城南有个龙华寺，是华东第一大佛寺，香火十分隆盛。日莲宗僧侣每日必由城北日侨聚居区，经北四川路、马玉山路，到龙华寺进香拜佛。”金璧辉闻言，叫道：“我已有计了。”当时如此这般，附耳告诉田中。田中闻计，甚是同意。

二人又议了一阵细节。待计议已毕，不觉便到夜半。田中几番欲辞，却心中贪恋金璧辉美色，便只口中说说，并不起身。金璧辉久在情场中周旋，曾暗下决心，以肉身色相博取一百个日军青年将校欢心，以供驱使，为复辟大清准备，是故不以人尽可夫为耻。对日军青年将校见到漂亮女人，既心猿意马、色欲不能自持，又强装武士派头等种种伎俩，见怪不惊。与田中言谈间已知其怀有色心，也有心勾引，纳为己用，却一直佯装不知。如今见火候已到，笑一笑，进至田中为自己准备的卧室，未片刻，便换好一身女装，又回客室。

灯光下，见金璧辉又梳成文金高岛田式头发，换一领长袖旗袍，只颜色变成了墨绿色。室中央一站，亭亭玉立，风光无限。田中隆吉久闻金璧辉貌美，是人间尤物。先见金璧辉穿男装，倒无特别感觉。及见换回女装，果然美艳绝伦，不能自持，也忘了金璧辉是土肥原大佐的人，当时离沙发起身，毛手毛脚去抓。金璧辉身子旋一旋，避开田中隆吉，佯怒道："我是正经女子，阁下若乱来，我便告土肥原大佐。"说话时，面含春色，眼睛斜瞟田中，滴溜溜乱转。

田中色欲正浓，不知金璧辉是出言挑逗，心中一急，便拔出手枪，一步跨过去，用枪管逼住金璧辉小腹，吼道："你到底干不干？"金璧辉格格娇笑道："用枪逼住女人，这可不是男子汉的作为。"田中不管，扔掉手枪，一把横抱起金璧辉，风一般旋进卧室，扔在床上，又三下五除二，撕碎了金璧辉一件簇新旗袍。金璧辉接触日本青年军官甚多，只觉田中隆吉最疯狂、最滑稽，一夜浪笑不止。

三友实业社靠马玉山路，正当黄浦江河曲中央位置，乃是上海城区东北角闹市。实业社由日商经营，工人多为中国人，工资微薄，不能养家糊口。劳资常有纠纷。"九·一八"事变发生后，工人憎恨日人凶暴，占我国东北辽、吉、黑三省，常示威反日。又组成义勇军，进行操练，以示抗日。厂区临近日侨聚居地，又靠近日本海军陆战队虹口驻地，日侨组织有上海青年同志会。双方时有对峙，各呼口号。

1932 年 1 月 18 日下午四时，残阳斜照，寒风呼号，忽有来自江湾路妙发寺的五名日本日莲宗和尚，手敲佛鼓，口颂佛词，由三友实业社过路。见厂内中国工人义勇军正列队操练，便乘间偷窥，又出言挖苦，遭工人义勇军驱赶。日本和尚不服，竟扔石头砖块，乱砸中国工人义勇军队列。正闹时，街边冲出几个工人装扮的年轻人，自称三友实业社工人，与日本和尚互殴，各有伤痕。三友实业社工人义勇军平日恼日人耀武扬威，又因新失东北辽、吉、黑三省，满怀一腔仇恨，再见日人行凶，不能忍受，便一拥而上，砖石乱飞，棍棒乱舞，不出片刻，便将日本和尚打翻在地。五名日本和尚，一人丧命，余皆受伤。

1 月 20 日午夜二时，大雨倾盆，夜黑如墨。忽有日本浪人光村芳藏统日本上海青年同志会会员，共三十二人，各带枪械、刀棍、酒精、煤油并一应引火物，闯进三友实业社，乱打乱砸，又放火焚烧，将三友实业社仓库付之一炬。又与赶来平息事态的租界华籍巡捕冲突，竟以刀砍死华籍巡捕二人，另有二人重伤。当日下午，数千日侨又召开第四次日侨大会，要求日本政府增派陆海军踏平上海。会后，又举行游行示威，沿北四川路而下，乱打乱砸。田中隆吉与川岛芳子二人亦各化装，结伴参加第四次日侨大会。又随日侨游行队伍到处乱转，乘间说些煽风点火的话，不时相视，颇有得意之色。

原来，日莲宗五日僧到三友实业社偷窥中国工人义勇军操练、故意寻衅，是由田中以搜集情报为名安排日僧中的特务所为。日僧与工人义勇军相争时，金璧辉暗中以重金收买上海滩流氓，伪称是三友实业社工人，与日僧斗殴。正相持不下，金璧辉又以语言相激，鼓动工人义勇军一拥而上，围攻日僧。20日光村芳藏带人焚烧三友实业社仓库，亦由田中与金璧辉暗中策划。

自三友实业社工人义勇军18八日与日僧斗殴，至20日凌晨三友实业社仓库被焚，再到第四次上海日侨大会召开，环环相扣，皆由田中隆古与金璧辉二人幕后操纵推动。金璧辉到上海不过数日，果然把偌大一个上海滩闹了个乌烟瘴气、天翻地覆。

日莲宗和尚事件发生后，日本驻上海总领事村井苍松不怪上海日侨横暴，却倒打一耙，频与中国上海市政府交涉，向上海市长吴铁城提交抗议书，共是四项要求：其一曰市长赔礼道歉；其二曰逮捕惩办肇事人；其三曰向受害人负担抚恤治疗费用；其四曰立即解散抗日会等反日团体。

适有上海《民国日报》，报馆设在公共租界内，在1月21日登载消息报道日莲宗和尚事件，大字标题是“日本浪人借日本海军陆战队掩护”。日本驻上海海军陆战队以所报与事实不符为由，要求罢免责任记者，主笔到陆战队公文谢罪，刊载半版谢罪文。

日军陆战队司令官鲛岛具重大佐，一面宣布采取断然措施，一面紧急要求国内增兵上海。不数日，果有航空母舰能登吕号一艘、驱逐舰四队，各载日本海军陆战队员，由佐世保、吴市纷纷开到上海。黄浦江日本战舰倍增。上海日本海军陆战队增至七个营，有三千人枪。另有上海日侨，亦用枪械武装，约有五六千人枪。

国民革命军第十九路军军长蔡廷锴见上海日侨并日本海军官兵频频寻衅，每日沿街殴行人、砸商店、烧汽车，又大闹《民国日报》报馆，上海形势日紧，一时战云密布。心中暗思：“看上海日人闹事架势、兵力部署，与‘九·一八’事变前夕关东军、满铁

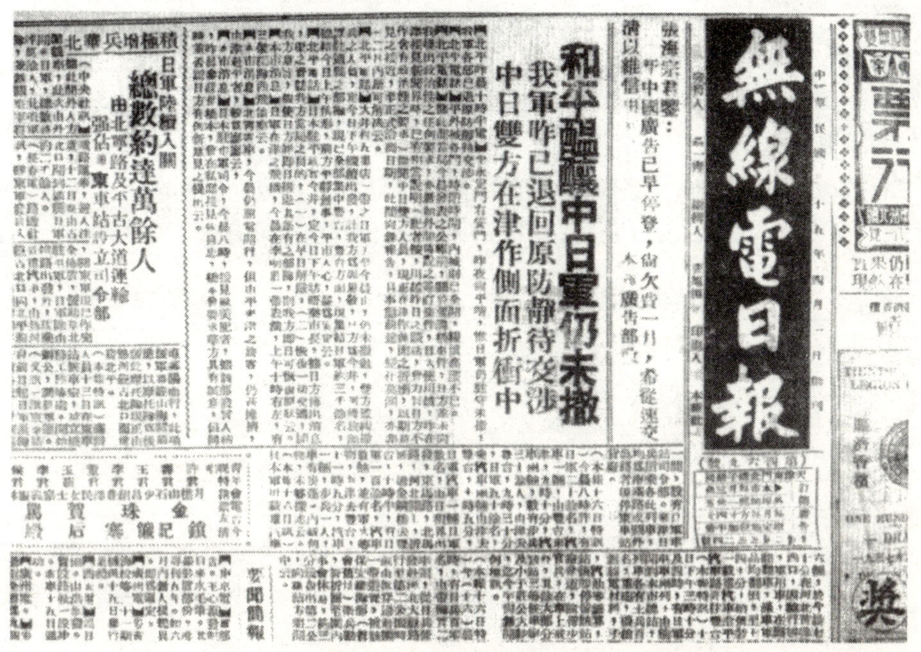
無線電日報

和平醞釀中日軍仍未撤
我軍昨已退回原防靜待交涉
中日雙方在津作側面折衝中

積極增兵華北
日軍陸續入關
總數約達萬餘人
由北寧路及平古大道運輸
強佔東車站設立司令部

停战交涉后，29军退出宛平城，由石友三保安接防

并东北各处日本侨民活动无二，上海不日必有战事。统军在上海与日本贼军见个高低，出一口恶气，也不枉活一世。”自此每日到上海各地巡视，侦察沪上地形，检查防务工事，与将士恳谈，激励抗日斗志。

又召众将议论战守，计有张襄、区寿年、翁照垣、黄固、林劲、丁荣光、樊宗迟、杜庆云、王焘、张君嵩、顾高地、徐义衡、杨富强、钟经瑞、李扩、钟桓、云应霖、黄曦、王贻锷共二十余将与会，皆是十九路军师旅团营长。又有驻上海宪兵警察部队并税警团首领，因划归十九路军统一指挥，也一并与会。会址选在龙华警备司令部。

会议伊始，先由戴戟介绍情况。戴戟先约略说明，日军上海驻军原先有战舰二十五艘，海军陆战队三个营计一千八百人枪，统由第一遣外舰队司令官盐泽幸一指挥。近日武装上海日本侨民五千。又新从汉口、佐世保、吴市诸处增调海军陆战队四营一千二百人枪。新增战舰十三艘，航空母舰所载飞机六架。是以上海日军总兵力，目下计有战舰三十八艘，内有航空母舰能登吕号一艘、巡洋舰二艘、驱逐舰十七艘、炮舰十二艘，余皆辅助舰只；飞机四十架；海军陆战队七个营三千人枪、武装侨民五千人枪，地面兵力合八千人枪。众将闻罢情势说明，义愤填膺。戴戟话音未落，又接报日军一艘巡洋舰统四艘驱逐舰开到。众将闻之，愈义愤填膺。

戴戟介绍情况毕，蔡廷锴以军长名义作动员讲话。约略说明：“上海日人天天寻衅，处处压迫我国军民，滋扰商店，欺侮人民，窥视我义勇军在先，焚毁三友实业社在后，又压迫民国日报，不准发刊。近日又大举增兵，大有占据上海企图。敝人已与戴司令商量数日，定下决心，即令去死，也要死得其所，是以兄弟只有决死心肠，愿为雪尽国耻，与诸位同生共死，决不让第十九路军步东北军后尘，亦决不允上海成为第二个东三省。”

蔡廷锴个高，生得威武雄壮，站起讲话有如天神下凡。兼之声音洪亮，这番话又慷慨激昂，一扫众将平日怨气。众将闻之，无不动容。皆七嘴八舌表示，愿拼洒热血，死保上海，与日贼决战。

当时议定死守上海，令各部准备应战。又制订战守计划，是将淞沪地区划为两道抵抗线。又令各部务必夜行晓宿，秘密进入阵地，严防走漏消息。各将领命，一齐应诺。

第十章

十九路军大战上海
倭贼碰壁三换司令

日本海军第三遣外舰队司令官盐泽幸一，1883年生。曾毕业于日本海军士官学校，新任为第三遣外舰队少将司令官。盐泽因见关东军以一万人枪横行东北辽吉黑三省，发动“九·一八”事变，只十余日，便连占辽吉两省三十余城，打败张学良三十余万军，关东军板垣、石原、土肥原诸人一时成为日本英雄，受举国赞颂，日本陆军愈趾高气扬。心中不服，欲在上海发动战争，与关东军比个高下，只苦无借口。

适逢日莲宗五僧事件发生后，盐泽以为是天赐良机，让日本海军有机会露脸。便一面向国内海军省与军令部要求增兵上海，一面又暗中鼓动上海日侨与海军陆战队乘机扩大事态，在上海各处闹事，以便乘机夺占上海。1月28日，盐泽所统上海日军，战舰增至三十八艘，内中拥航空母舰一艘，有飞机四十架。海军陆战队增至三千人枪。又武装上海日本侨民，得五千人枪。便与驻上海日本海军陆战队司令官鲛岛具重大佐商议数日，令将三千海军陆战队分为七队，每队一个营，皆四五百人，各辅以侨民武装人员若干，分驻北四川路西正面、北四川路东正面、北河南路、打靶场、老靶子路、西部工厂区、东部工厂区七处要点，从东、南两面包围闸北，隔淞沪、京沪两铁路，面对十九路军闸北守军部署，威逼闸北火车站并宝山路、虬江路、中兴路、天通庵路、青云路诸处路口。七支军统由鲛岛具重大佐指挥。盐泽亲统海军舰艇、飞机掩护七支军进攻。又约定攻击时间，只待令下，便一齐发动，攻取闸北，夺占上海全城。

是夜十一时三十分，风雨交加，盐泽令七队日军一齐发动，向闸北中国阵地猛攻。一时枪炮声大作，火光冲天。

闸北守军是十九路军第七十八师第一五六旅所属第六团，以张君嵩为团长。张君嵩是夜正在前沿阵地巡视，见日军攻来，知事情紧急，不容拖延，喝一声“开火”，已抱起怀中机枪，向对面火光闪耀处迎头横扫。官兵得令，亦急扣板机，纷纷射击。混战，混战，街市一时枪声大作，曳光弹乱飞乱舞，遮盖住风声雨声。相持一阵，张君嵩借曳光弹余光观察，隐隐见到壕前马路上皆是日军官兵，伏地射击，密如蝼蚁，也不知几百几千。又见夜黑如墨，料枪弹不易射中目标，便抓过手榴弹，拧开弹盖，一拉弦，待一秒种，扬手扔到街中央，但闻轰然一声巨响，烟火起处，已有数名敌军丧命。兵士纷纷如法炮制，马路上手榴弹乱滚乱炸，一时轰轰隆隆，伏地日军无处可避，鬼哭狼嚎，死伤无数，未中弹者纷纷回头爬回原防，隔阵与守军对峙。

张君嵩大胜一阵，略松一口气，正欲调整部署准备反冲 击，忽闻掩蔽部中电话铃声骤起，报说是副团长梁岱从广肇会馆团部打来，有紧急军情。便大步上前，接过听筒。那边告说宝山路、虬江路、广东路、宝兴路、横滨路、青云路，凡靠近北四川路、北河南路诸处路口，皆有日军来攻，各有千人，请张君嵩速回团部坐镇指挥。张君嵩方想起自己身为一团之长，统数千人枪，不以闸北全局为重，却在天通庵路扮演机枪手角色，抱一挺机枪破阵，乃是失职。当时放下听筒，召来指挥官，令加强阵地，准备迎击日军再度来攻，待机派精兵夜袭，扰乱敌军部署。便躬身钻出掩蔽部。

蔡廷楷得报日军分七路攻闸北，道：“闸北正当我第一线阵地中央位置，北经江湾大场，连接吴淞要塞区，南经苏州河连接龙华南市，又掩护真如军部。闸北若失，我军南北联络线被拦中切断，必后患无穷。”便令张君嵩率所部务必死守闸北三天。又令

由关外增调的日军抵达天津车站

宪兵第六团二千人枪紧急增援闸北，令第七十八师全部投入战场，第六十一师亦投入第一线，第六十师进至战区，为全军总预备队，又拟成通电，发往全国，那通电略云：

暴日占我东三省，版图变色，国旅垂亡，最近更在上海杀人放火，浪人四出，世界卑劣凶暴之举动，无所不至。而炮舰纷来，陆战队全数登岸，竟于二十八夜十一时在上海闸北侵我防线，向我挑衅。光鼐等分属军人，惟知正当防御，捍国守土，是其天职，尺地寸草，不能放弃。为救国保种而抗日，虽牺牲至一卒一弹，绝不退缩，以丧失中华民国军人之人格。此志此心，可质天日而昭世界。炎黄祖宗在天之灵，实式凭之。

日将盐泽幸一本以为日本海军陆战队人数虽少，却训练有素，装备精良，可以一当十。十九路军却是草鞋兵，看去面黄饥瘦，营养不良，装备甚至不及张学良所部东北军，便夸下海口，宣称只须四小时便可得闸北、上海，赶走十九路军。未料日本海军陆战队分七路夜袭，又得侨民武装数千人枪助战，皆被守军击退，折损数百人枪，心中震怒，大骂陆战队指挥官鲛岛具重大佐无能。便亲自离舰登岸，到虹口公园日本海军陆战队司令部筹划进攻，令以装甲车冲阵。

鲛岛具重得令，便将军中装甲车共数十辆，分配各路进攻部队，每路部队或分得三五辆，或分得十余辆，用于强攻中国军队所据的街垒阵地。不一刻，装甲车纷纷出动，皆庞然大物，形如汽车，外罩钢甲，六轮驱动，前后备配一挺机关枪，又各装一门大炮，驱动时轰轰隆隆，震动马路，速度极快。眼见装甲车冲阵成功，鲛岛面有得色，捧场道："司令官果然高明。"忽听前方传来一声巨响，惊天动地，一辆日军装甲车困在大街中央，已燃成一团大火球。惊魂未定，又有数声巨响传来，接连有三四辆装甲车皆被炸毁，化成火球，街市一时亮如白昼。其余日军装甲车皆如笼中虎、釜底鱼，在街巷中乱冲乱撞，夺路回窜。

原来，张君嵩见日军装甲车不避弹雨，便令将士将十枚手榴弹扎成集束，埋在路中央，接长拉火索，隐于两侧民宅。待日军装甲车追至，急拉导火索，十枚手榴弹在日军装甲车底盘猛烈爆炸，果将日军装甲车炸毁。大队步兵乘机从街巷中冲出，扑向日军步兵，短兵相接，白刃格斗，或用刺刀捅，或以手榴弹砸。日本海军陆战队是贵族兵，如何见过这阵势，纷纷夺路而逃。所失阵地尽皆收复。一处如此，其余各处守军亦仿此击退日军装甲车攻势。

盐泽令装甲车强攻一夜，不但未得闸北，且折损半数人枪。方知十九路军是能战部队，料不能敌，便紧急向国内呼救，请发援兵。日本海军省与军令部得报盐泽统日军驻上海海军陆战队夜袭闸北受挫，大惊。恐陆战队被十九路军消灭，急令编成海军第三舰队，令海军中将野村吉三郎为司令长官，统航空母舰二艘、辅助战舰二十艘、飞机一百架、陆军一个旅，共万余人，开往上海，救援盐泽所部。

野村抵上海后，调整部署，令盐泽统海军陆战队继续猛攻闸北，牵制十九路军主力。却亲统新到部队，集中攻击吴淞口要塞区。蔡廷锴见状，与参谋长戴戟等略一议论，也调整部署，令翁照垣率所部第一五六旅增援吴淞口守军，令沈光汉所部第六十师属下邓志才第一二〇旅进驻闸北，加强闸北防务。

翁照垣得令转防吴淞口，统军从阵中撤出。将士各带足数日干粮，五百发子弹并四枚手榴弹，穿过街市，投北急进。不消半日，大队越野九十里，早到吴淞要塞区前。却见吴淞要塞区炮声隆隆，杀声阵阵，烟尘遮天蔽日。日军大队人马，也不知几百几千，三面围住了吴淞炮台，前锋数百人竟已冲上炮台，与守军肉搏，混战在一起。将士见势危急，不待令下，便各以连、排为单位，从背后杀进敌阵。炮台守军见大队援军开到，士气大振，乘势反攻。日军官兵眼见已夺得吴淞炮台，背后忽有中国军队铺天盖地而来，机枪、步枪横扫，手榴弹乱扔乱炸。一时腹背受敌，折损无数，仓皇溃逃。一五六旅主力与炮台守军合兵一处，乘势追赶一程，斩日军数百，缴获枪械弹药不计其数。

野村率舰队驻泊吴淞口外，望远镜中见日军被中国军队前后夹击，狼狈回窜。中国军队铺天盖地而来，千万人一齐喊杀，竟压住枪炮声，远远传到海上，大是惊惶。对图沉思半日，召众幕僚告道："十九路军虽是草鞋兵，却士气正盛，且擅巷战、近战、夜战。盐泽混蛋，将我军集中一隅，强攻闸北，与十九路军在街巷混战，是避我之长，扬敌之长，致有屡攻失败。"便令将新到陆军第二十四混成旅一万人枪，由海空军掩护，强行登岸，分两路再攻吴淞要塞区。

翁照垣登高而望，见长江与黄浦江汇流处，日军兵船战舰不下百艘，铺天盖地靠向江岸，知有恶战。一面将军情报告军部，一面令将士迎敌。俄尔，日军飞机结队而来，呼啸飞过要塞区上空，炸弹乱扔。敌舰数十艘也抵近江岸，一齐发炮轰击。要塞区立时弹落如雨，烈焰腾空。翁照垣急令要塞守军开炮。两军炮战，各有损伤。近岸敌舰有四五艘中弹起火，要塞也被日军炸弹、炮弹屡屡击中。

野村坐镇旗舰，观看日军海空军攻击吴淞要塞区，见岸上烈焰冲天而起，要塞炮先还回击，末后竟无声息，大喜，便令下元所统陆军猛冲。下元虽知海军进攻闸北屡战屡败，颇不以为然，断定是海军无能，仍不将中国军队放在眼中。所部陆军上岸后，不作战场侦察，便一拥而上径扑向中国阵地。翁照垣见日军如此进攻，心道："这真是猪羊进了屠夫家，一步步送上门来。"便令将士隐蔽，待日军乱兵涌至阵前，方令射击。将士得令，机枪步枪横扫，手榴弹乱扔乱炸，进攻日军骤遭打击，人仰马翻，折损无数，纷纷夺路回窜。

野村见进攻失败，大怒。又令飞机轰炸，舰炮猛射，待火力准备毕，再令大队步兵冲锋。翁照垣知日军拥有炮火优势，不能力敌，令将士乘黑夜修成明壕若干，故意暴露，吸引日军炮火乱炸，却暗修隐蔽所、掩蔽部，避过日军侦察。日军进行火力准备时，将士藏身于隐蔽所、掩蔽部中，或进食、或休整、或补充弹药。待日军火力准备过后，步兵冲锋时，方进入阵地迎敌。是以敌军火力虽猛，守军折损并不多，日军步兵进攻皆被打退。接连数日，皆是如此，阵前尸积如山，多是日军官兵所遗。蔡廷锴乘势派援军四面八方而来，将野村残军困在黄浦江西岸。

日本天皇裕仁得报野村进攻闸北与吴淞要塞失败，已被困在黄浦江西岸，便召陆海军将领问计。陆海军将领又争议半日，陆军方面指责海军无能、野村不善于指挥陆军作战，致有下元旅进攻吴淞要塞区受挫，要求将上海作战指挥权移交陆军方面。海军因两任司令官皆是海军将领，均未得胜，海军陆战队已折损过半，上海作战依赖陆军为主，只得同意陆军要求。当时议定，再从本土抽调陆军第九师并辅助部队、海军舰艇、飞机若干，增援上海。又议定任第九师团长植田谦吉中将为进攻上海的日军部队第三任司令官，接替野村，统一指挥所有在上海的陆海军部队，与中国十九路军决战，务必在一周内夺占上海。

1932 年 2 月 13 日，日军第三任司令官、陆军中将植田谦吉统日军第二批增援部队，搭乘舰船进抵吴淞口外。麾下部队，计辖地面部队三万五千人枪，分为四支。第一支军是上海日侨武装，有五千人枪。第二支军是驻上海海军陆战队各营，虽屡经重创，却不断补充，仍有五千人枪；第三支军是下元熊弥少将所统陆军混成第二十四旅，虽也屡经重创，却得本土补充，仍拥一万人枪；第四支军乃是新到生力军日本陆军第九师全部，下辖步兵两旅四团，骑炮兵各一团，工兵、辎重兵各一营，计步骑工炮辎一万五千人枪。四支军合计三旅五团并九个营。又有海军野村所辖第三舰队助战，计辖七支军，共六十艘战舰，其中航空母舰二艘，舰载飞机一百架，是为加贺号、凤翔号；巡洋舰十一艘；驱逐舰三十三艘；炮舰十二艘；敷设舰一艘；海防舰一艘。

植田谦吉乘舰抵吴淞口时，正逢下元熊弥所部第九旅进攻吴淞要塞失败，被中国军队困在黄浦江岸边，背水固守。植田对图沉思，比比划划。半日，思得一计，令将部队分为六支，左一支偏师，由半数海军陆战队员组成，辅以侨民武装若干，计五千人枪，统由鲛岛大佐统领，佯攻闸北；右一支偏师，也由半数海军陆战队员组成，辅以侨民武装若干，计五千人枪，由植松海军少将统领，佯攻吴淞要塞区；却将陆军主力置于中央，下元少将统陆军第二十四混成旅一万人枪，由赵家滨西进，沿吴家宅、东塘桥轴线，直插庙行。得手后，向右卷击，包抄吴淞要塞侧背；植田亲统第九师主力一万人枪，由新公园出击，沿沈家行、跑马场轴线西进，直插江湾，再进至大场，然后向左卷击，夺占真如，包抄闸北。又派出疑兵两支，左一支疑兵，皆乘海船逆黄浦江南行，泊于龙华、南市附近，佯作在龙华、南市登陆状；右一支疑兵，也乘海船逆长江西上，在长江南岸宝山、月浦、小川沙、浏河口诸处巡弋，也佯作登陆状。又令飞机舰艇配合各支军行动。

蒋介石得报日军增兵换将，也密调中央军第五军增援上海。第五军下辖两个师，

新任命的日本中国驻屯军司令官香月清司

计为第八十七师、第八十八师，共三万人枪。八十八师以俞济时为师长，八十七师师长由张治中自兼。张治中受命后，统军到战区集中，自己先到十九路军指挥部报到。

蒋、蔡、戴诸将正商议如何应对植田廉吉的新攻势，见张治中到，大喜，一齐起身，表示欢迎。蒋光鼐道："得文白将军统军来援，我军胜利又增添了几分把握。"张治中谦道："十九路军与暴日血战半月，连胜数十阵，天下闻名。治中此来，是听命于将军，在十九路军总指挥部统一指挥下，为国家安危略尽绵薄之力。"乘间便告说第五军编制、兵力、将佐姓名。又反问军情。

蒋光鼐请戴戟介绍。戴戟指图约略介绍说：暴日因攻闸北、吴淞要塞两处失败，又令日将植田为司令官，统第九师来援。日军兵力计有植田第九师一万五千人枪、下元第二十四旅一万人枪、植松海军陆战队五千人枪、侨民武装也有五千人枪。四支军合约三万五千人枪，另有飞机一百架、战舰六十艘支援作战。又说日军分处集结，似有六路进攻模样。众人便请张治中出计。

张治中略谦虚几句，对图沉思一阵，分析道："植田虽分六路而来，其实是虚实参半，有主有从。"蔡廷锴笑对道："何为主？何为从？又何为虚？何为实？愿闻其详。"张治中问道："敌攻闸北、吴淞要塞半月未克，已知是走死棋。是故其再攻闸北、吴淞要塞两处，必是佯攻，此两路敌军不足惧。"稍顿，又道："因敌只三万五千人枪，若弃吴淞要塞与闸北不顾，全师在长江岸边或龙华、南市登陆，又嫌兵力不足。我军若掉头反攻，敌军必难立足，是以敌舰艇编队虽然左出长江南岸，右沿黄浦江逼向南市、龙华，亦是疑兵，目下不足惧。"

言及于此，望一眼众将，指点江湾、庙行一线，又析道；"只江湾、庙行，向东临近黄浦江河曲，向西掩护我军补给线，南连闸北，北接吴淞，是我军阵地核心。敌若攻占，左可卷击吴淞要塞，右可卷击闸北，必是敌军主攻方向。"言毕回望众将，见皆静默，疑道："难道我的分析有误？"话未落，众将一齐拍手大笑。张治中不解，回望蒋光鼐。蒋光鼐笑着说："我等分析半日，也判断植田必择江湾、庙行为主攻方向。文白兄只看一眼地图，便抵我议论半日。"

蒋光鼐续言道:“我等一则佩服文白兄深通谋略,不同凡响;二则印证我等判断正确。”又问应对之策。张治中道:“可以偏师虚守闸北、吴淞要塞、长江南岸诸镇并龙华、南市,却集中主力在江湾、庙行布成袋阵,如此必能破敌。”

蒋光鼐依其计。当时将战区划为两部分,以江湾跑马场、江湾、大场为东西向中央轴线。线右闸北、南市、龙华并江湾八字桥、孙家宅诸处由十九路军防守,编为右翼军,任蔡廷锴为右翼军总指挥;庙行、吴淞要塞、宝山,并长江沿岸月浦、小川沙、浏河诸镇,由第五军防守,编为左翼军,任张治中为左翼军总指挥。又令两支军务必密切配合,准备在中央阵地消灭日军主力。

张治中任为左翼军总指挥后,看过跑马场、江湾、大场以北直到吴淞间五十里地地形,又对图研究半日,见吴淞与庙行之间有一小河,名为蕴藻浜,向东注入黄浦江。小河宽不过二三十米,却水深没顶,污泥犹厚,不能徒涉,仔细计较一番,便将左翼军主力分为左右两支,以蕴藻浜为界,令俞济时率八十八师两个旅万余人枪驻防蕴藻浜以南至江湾镇二十里战线,担当正面防御,屏护庙行;亲统八十七师两个旅、万余人枪驻防蕴藻浜北至吴淞要塞区二十里战线,掩护八十八师侧翼。两支主力之外,又分出偏师,辅以义勇军若干,沿长江南岸宝山、月浦、小川沙、浏河诸镇,虚张声势,防敌乘隙登陆。另有十九路军七十八师翁照垣所统第一五六旅,已划归左翼军指挥,仍令守吴淞要塞区。却令中央军校教导总队为总预备队,往来救应各支军。

计议毕,便传令各将执行,又遍巡阵地,督促构筑工事。适有廖仲恺夫人何香凝来军中慰问,张治中陪同到前线与将士会面。何香凝见将士在泥水中打滚,日夜赶修堑壕掩体,大是感慨,信笔题诗一首,诗曰:

倭奴侵略,野心未死,既据我东北三省,又占我申江土地,叹我大好河山,今非昔比。焚毁我多少城市,惨杀我多少同胞,强奸我多少妇女,耻!你等是血性军人,怎样下得这点气!

张治中读罢,想起“九·一八”事变后,何香凝曾题五言诗,诗有“将我巾帼裳,换你征衣去”等句。知此次题诗是激励士气,赞道:“何香老这诗,比辛弃疾佳句更胜几分,真是金戈铁马,令我辈军人除为国视死如归外,再无第二途可以选择。”便令将何香凝诗印发军中,令官兵熟记,以激励斗志。

日将植田谦吉自定好六路进兵计划后,加紧准备,并不知张治中统第五军三万援兵已加入十九路军序列。2月19日下午十六时,上海城周,阴风呼号,细雨绵绵。植田谦吉照预定计划下令进攻。左右两支偏师皆由海军陆战队编成,各五千人枪,首先发动,左攻闸北,右攻吴淞要塞区。又令两支疑兵在长江、黄浦江穿梭巡航,作登陆状。

佯攻一夜,料中国军队主力已被引向闸北、吴淞要塞区,方令中央两支军出击。先是百架飞机,飞往江湾、庙行、大场三角地带狂轰滥炸,又令集中火炮百门密集轰击,眼见中国军队所据阵地已化成火海,方令第九师万人在左,第二十四旅万人在右,一齐扑向中国军队阵地。守军见敌来攻,急举枪应战。自吴淞要塞渡蕴藻浜往南,经江湾、八字桥,再到闸北,数十里战线,日夜炮声隆隆,硝烟滚滚,两军数万人混在

7月25日，日军进攻廊坊

一起，杀声日夜不绝。恶战数日，双方互有进退，战线已犬牙交错，阵前尸积如山。

日将植田猛攻数日，折损无数，仍不能实现中央突破计划，大是沮丧。正无计可施，忽有报送来，是说右翼主力下元第二十四旅前锋乘天降大雾，已突破东唐桥中国军队阵地。植田闻报，大喜，一边令下元乘胜进军，务必撕开中国军队防线，一边令其余各军继续进攻。下元占东唐桥后，统军继续向西突进，接连冲过守军数道堑壕线，进占第五军中央阵地庙行。正洋洋得意向植田报功时，忽有隆隆炮声传来，却是中国军队发射一百五十毫米重型迫击炮弹，皆在日军队列中开花。炮声未歇，两翼各一支中国军队，不知有几千几万，从大雾中如飞而至，越过沟渠，绕过池塘，南北对进，扑向日军阵中。正面中国军队也乘势反攻。三路夹击，竟将下元所部困在垓心，四面攻打。

原来，张治中见两军在吴淞至闸北之间相持，战线犬牙交错，便照拟定方案，令第八十八师故意放弃东唐桥阵地，且战且退，引诱下元统军冒进，两翼继续死守，不允日军两翼部队跟进。待下元所部进至庙行，已成孤军，却令第八十七师各旅乘大雾强渡蕴藻浜，向南截击。又约江湾方面第十九路军派军一支由江湾向北进兵。两支军对进，包抄下元所部退路。正面第八十八师乘势反攻，果围住了下元所部。

植田得报下元所部在庙行被围，大惊，急令在闸北、吴淞要塞方面转攻为守。又从第九师抽出部队救援下元第二十四旅。恶战十余阵，冲破中国军队包围线，救出下元第二十四旅。清点人枪，各部皆折去三四成。自此再不敢冒进。闸北、吴淞要塞两处，日军进攻也遭挫败。两军百里战线愈犬牙交错。植田无计可施，只得令各部退回黄浦江边，又向东京告急，再发兵救援。

日本陆军省并参谋本部得报植田所统三四万军又被十九路军打败，将信将疑。急派人打探，方知张治中统第五军增援上海。中国守军已有六万人枪，植田不知，故遭失败。为救植田，日本军部各机关又连夜开会，得天皇敕令，议定成立上海派遣军，任白川义则大将为司令官，再统两个师并辅助部队若干，赴上海参战。

第十一章

苏州城张治中含泪祭烈士
灵谷寺农工商立碑悼英雄

日本上海派遣军司令官白川义则1868年生。日本陆军士官学校第一届毕业生，参加过中日甲午战争，后入日本陆军大学深造。1925年晋为陆军大将。1927年升任内阁陆军大臣。在日本陆军中声名显赫，得天皇宠信，麾下上海派遣军，除植田谦吉所统原驻上海陆海军部队外，又辖新增援部队两师，计为陆军第十一师、第十四师，分以厚东笃太郎与松木贞亮二人为师长，皆是陆军中将。全军计十万人枪、飞机三百架、战舰一百艘、坦克战车数百辆。白川之外，又有菱刈隆大将任上海派遣军副司令官。田代皖一郎少将任参谋长。

白川受命后，便令大军启程。百余艘舰船，搭载数万援兵，并一应粮弹器械，由各港起锚，在海上会合，再向中国海岸进发。舰队浩浩荡荡，迤逦有十余里长，舰队远航一千海里来到长江口，便召诸将到座舰"妙高号"上开会。与会者除新增援部队师旅长外，已在上海部队各师旅长、舰队司令、海军陆战队司令官、驻华公使重光葵等一并与会。

白川端坐主位，待众人到齐，略一扫视会场，道："今日与会者，有大将司令官二员、中将师长与舰队司令官五员、少将十余员，已动用了我国陆海军精华，对手不过是中国区区十九路军几万草鞋兵，诸位以为是耻是荣？"便令植田谦吉介绍军情，又令重光葵介绍政治情势后，方请众人出计，如何速战速决，挽回皇军颜面。

野村思索一阵，道："我军三次总攻失败，失在低估中国军队实力。沪上地形复杂，战区狭窄，左有吴淞要塞，右有闸北街市，中央江湾、庙行一带皆是水网，河渠纵横，大部队不易展开。我纵然再把新到两个师投入江湾、庙行，或同时总攻吴淞、闸北、江湾、庙行四处，也只能与敌混战、打成平局、相持不下。正是以己之短，对敌之长，犯兵家大忌，若要取胜，须出奇兵。"

说时走向舱壁挂图，自吴淞口往南划过江湾、庙行、闸北、南市、龙华，同时道："目下中国第十九路军、第五军两支军六七万人枪，皆沿吴淞、江湾、庙行、闸北、龙华、南市，自南而北一线摆开、密集布防，我急切难攻。"稍顿，又由吴淞口向西沿长江南岸划过宝山、月浦、小川沙、浏河、茜泾，直到戚浦塘河口七丫口，道："由吴淞口沿长江西上，直到七丫口，数十里地，蒋光鼐只令少数部队并义勇军巡哨。我若兵分两路，一支军继续沿吴淞、江湾、庙行、闸北一线佯攻，拖住中国军队主力，另一支却出奇兵，利用我舰载兵机动优势，沿长江西上，在此处登陆，再包抄敌军后路，不论是东取浏河、嘉定，还是南取太仓、昆山，必能置敌于死地。那时不消我军攻击，蒋光鼐所部第十九路军并张治中部队必仿东北张学良军，望风而降，上海便唾手可得。"

众将细看，见其所指登陆点在戚浦塘与长江汇流处的七丫口，想一想，一齐拊手，连声称妙。白川略思虑一阵，疑道："戚浦塘是小河，七丫口必非良港，不知是否适于登陆？"

野村道："我早派舰探测过七丫口航道，可供大部队登陆。"稍顿，又补言道："据海军气象部门报告，今日虽是阴雨天，明日，即3月1日，是适于登陆的好天气。"

白川闻言大喜。便依其计，令兵分两路。各将得令，一齐起身离坐，各归本队，统

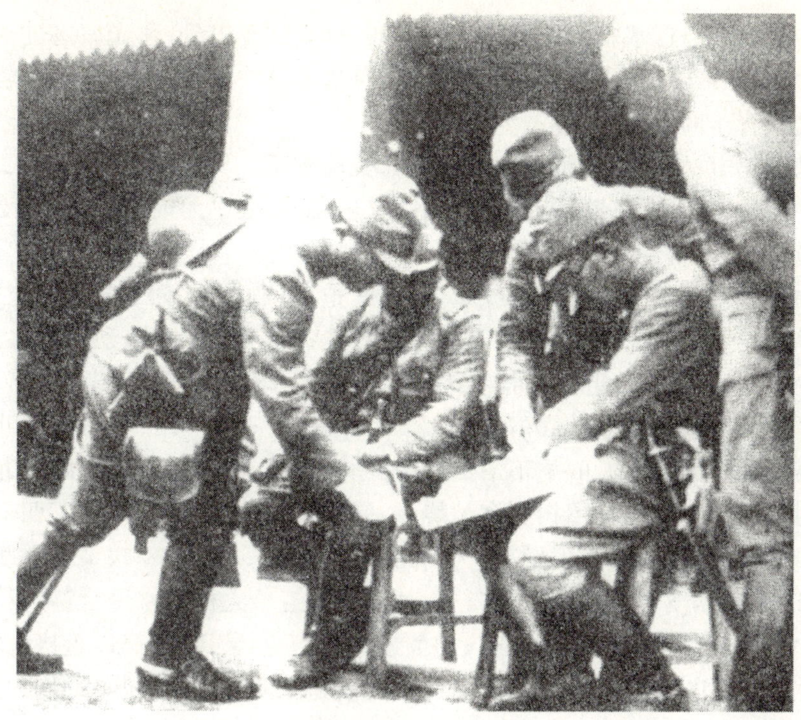

日军在天津作战的长官们

兵出战。

中国军队自 2 月 22 日庙行会战，大败日军下元第二十四混成旅以后，因日军不间断猛攻，第五军与十九路军又与敌恶战一周，阵地失而复得，得而复失，多有损坏。将士在敌优势海空火力下拼死作战，死伤极多。老兵已折去半数。虽有义勇军源源补充，究系新兵，未经训练，战斗力自然打折。这日忽有报来，是说日军又从本土增派陆军两个师并辅助部队若干，与已在上海部队合编为上海派遣军，以白川义则大将为司令官，拥十万人枪，辅以飞机三百架、战舰一百艘，欲在上海与十九路军决战。新增援部队第十一师已到吴淞口。

蒋光鼐得报，急召张治中、蔡廷锴、戴戟三将商议应对之策。戴戟道："兵来将挡，水来土掩，沪上地形复杂，沟渠纵横，利于防守。我军防守一月，已有经验。况有义勇军补充，又得后方源源运来枪械、弹药、兵员，皆可供战守。我只利用地形，据阵死守，敌军再来十万，施展不开，亦是无可奈我其何。"

张治中道："我军沿黄浦江正面阵地，自不惧敌军来攻。我所虑者，是恐敌利用舰载兵优势在我左侧后登陆，抄我后路。"说时起身，走向壁上挂图，指长江南岸七丫口道："敌若以一师部队在此登陆，不消半日，便可轻取大场、真如，或南取太仓、昆山，置我六七万将士于绝地。"

蔡廷锴想了想，对道："文白兄果然深谋远虑。"稍顿，又道："只这几日风雨交加，长江口风急浪高，敌大部队一时难以登陆。现在上官云相师已经由江阴渡江，正向战区开进，胡宗南师也在相机渡江。待这两支军抵达战区，便不怕日军在七丫口登陆。"

张治中疑道："恐远水难解近渴。"正说话时，副官送急电到，蒋光鼐接过，展开视之，却是蒋介石亲拟电文，大意是说七丫口、浏河镇十分要紧，须防日军侧后登陆，最少须以三团兵置于两处，以备万一。

蒋光鼐读罢电文，递与众将。沉思一阵，告张治中道："可调宋希濂第二六一旅三个团到田湾待机，为总预备队，若敌果在侧后登陆，不致束手无策。"张治中依计。又令各将回营备战，准备迎击白川来攻。

张治中回到军部已是3月1日凌晨。军情紧迫，不敢怠慢，便令宋希濂统二六一旅开往田湾，又令各部补充粮弹兵员，修复工事，准备迎敌。令未毕，敌军攻势已经发动。先是日军飞机，每二三十架一群，结队飞临上空，机枪横扫，炸弹乱扔。第一群刚去，第二群又到，未有间歇。

飞机轰炸时，敌野战炮、舰炮不下数百门，一齐开火，炮弹铺天盖地而来，无分前后左右，阵地皆化成火海，房屋树丛多被烧焦。堑壕毁去十之七八。炮击三四个小时，日军大队步兵由坦克、装甲车引导，分为四路，蜂拥而来。左一支军攻吴淞要塞；右一支军攻闸北；中央两支军分攻江湾、庙行。每支军各五千人枪。

张治中急令迎敌。将士先以余存火炮轰击敌军坦克、装甲车，又以重机枪远射敌大队步兵。待至近前，方以步枪、手榴弹迎战。虽有层层火力，日军仍不顾伤亡直趋阵前，竟至短兵相接，白刃格斗。自闸北到吴淞口百里地，一时硝烟蔽天，杀声、枪声、炮声震天动地。两军恶战半日，每一处堑壕、每一段沟渠、每一片小树林、坟地皆要反复争夺，阵地失而复得，得而复失，反复易手。正相持不下时，忽有报来，是说日军大队约有万人，已在戚浦塘河口七丫口登陆，正向东往第五军左侧后推进。张治中大惊，一面急报蒋光鼐，一面传令宋希濂速统所部兼程赶往七丫口迎敌。

宋希濂字荫国，湖南湘乡人，1907年生。曾在日本步兵学校学习，对日军实力、长短、战术特点皆有了解。受命抗登陆，愈知事关全军成败，责任重大。部队一到田湾，便令各部补充兵员，备足半月干粮，补齐弹药，枕戈待旦。又令全旅十一辆载重汽车保养、修理完备，加足燃料，随时准备启程。待到午后，忽接张治中电话，告说日军万人由舰艇护送沿长江西上，正在戚浦塘河口七丫口登陆，令率所部阻敌登陆。宋希濂得报，知军情火急，不容有误，急率所部第五二一团第一营四百人枪，分乘十一辆大卡车，兼程向七丫口进发。又令其余部队，徒步跟进。

车队趱程，不消一个小时已到小镇浏河。浏河镇在浏河与长江合流处，距七丫口有八十里。宋希濂正要令车队穿镇而过，忽有日机飞来轰炸，虽只四架，却贴树梢飞行，低空扫射投弹。宋希濂大急，恐汽车被炸坏，令部队下车避弹，又组织对空火力网猛烈射击，天上地下一时硝烟弥漫，弹骤如雨，眼见一架日机被击中，拖着浓浓的大烟柱栽进长江，官兵正欢呼时，回头却见车队已被日机所投炸弹击中，化成火龙。幸驾驶员机警，救出了三辆，余皆焚毁。

宋希濂无计，便令剩余三辆车回头去接后续部队。亲率前锋营徒步进军。待进浏河镇内，已十室九空，寻少数义勇军询问，方知七丫口日军登陆部队乃是日将厚东笃太郎所率日本陆军第十一师团，计辖步骑工炮两个旅、六个团并两个营，共一万六千人枪。前锋在三月一日清晨六时半登岸，正冲破军校教导总队卫戍部队阻击线，向茜泾营进兵。

宋希濂得报，暗思道：茜泾营在浏河与七丫口之间，隔两地各四十里，得之可阻敌进军，便告部属道："敌军在七丫口登陆，意在切断我两支军六七万将士归路，为全军将士存亡计，须先占茜泾营。"话毕，令将士轻装，加快前进速度。一营数百人，皆穿浏河镇而过，一路小跑，不消两小时竟越野四十里赶到茜泾营。

大队刚进南门，便见一群士兵，约有百人，皆穿草黄色军装，手端明晃晃刺刀，迎面冲过来。却是日军前锋已冲破教导总队卫戍部队防线，抢先进镇。宋希濂见状，急令将士迎敌，两军突然遭遇，不能射击，便短兵相接，用刺刀捅、手榴弹砸，甚至拳打脚踢。恶战一阵，敌军后队源源而至。宋希濂料不能敌，令军退到镇外抢占高地、控制路口。又有军校教导总队败兵，并义勇军战士，已成散兵，皆投宋希濂，也编入阵内。

刚布置毕，日军大队人马漫山遍野攻到。两军恶战，远用枪炮，近用白刃，反复肉搏，只半日时间，阵地易手十余次，阵前死伤无数。将士虽然英勇，究竟寡不敌众。一营官兵折去十之六七，弹药亦将用尽。宋希濂知难久守，令残部弃阵，交替掩护，且战且走。

黄昏时分，宋希濂率残部退回浏河镇。后队正徒步赶到，沿浏河布好阵地。让过自家残兵，待日军追到，机枪、步枪猛射，日军前锋立时人仰马翻，折损无数。入夜，日军大队赶到，围定浏河小镇，架重炮猛轰，然后令大队步兵冲阵。如此数番，浏河亦岌岌可危。正无计时，忽有令来，报说总指挥部已决定放弃上海，撤守第二线阵地。令宋希濂率所部与敌脱离接触，退守太仓。

原来，蒋光鼐得报日军第十一师在七丫口登陆成功，已占领茜泾营，正强攻浏河，策应正面日军，知腹背受敌，已难久守上海。又恐被日军包围，便与张治中、戴戟、

1931年9月18日事变爆发，日军占据沈阳城墙高处，向中国军队进攻

蔡廷锴三将商议，暗令各部乘夜黑退出正面阵地，向西撤往福山、白茆、石牌、陆家桥、昆山一线，构筑新阵地，准备持久作战。故令宋希濂率所部放弃浏河，向南进至太仓，阻敌西侵，掩护全军建立新防线。宋希濂得令，便乘夜暗将部队撤下，只虚插旗号，急进一夜，天明赶到太仓城下。又抢筑工事，准备恶战。

而蒋光鼐、蔡廷锴、张治中、戴戟四将正统将士在吴淞、江湾、庙行、闸北一线阵地与日军恶战，忽报日军第十一师部队约有万余人枪，在长江南岸小港七丫口登陆。四将虽令宋希濂率所部飞赴七丫口阻敌第十一师进兵，料不能久持，便令各部乘敌两支军合围未收拢之机，利用夜黑交替掩护，悄与日军脱离接触，带齐伤员并一应大炮、弹械，分两路从战阵中撤下来，退往预设阵地。第五军投右路沿江岸西撤百里，占领陆家桥以北石牌、白茆、福山诸镇，直抵江岸。十九路军投左路也西撤百里，占领陆家桥以南昆山、青阳港、陆家桥各镇，直抵淀山湖北岸。又令宋希濂率第二六一旅五千人枪由浏河转往太仓；孙元良率二五九旅五千人枪由庙行转往娄塘；翁照垣率所部第七十八师一五六旅五千人枪由吴淞要塞区转往嘉定，三支军合力，各据阵死守，阻敌来追，掩护全军西撤，构筑第二道新防线。

各部依令，徐徐而退，不消一日一夜，果然人不知、鬼不觉地从日军眼皮底下安全撤往新阵地。又连夜构筑新工事，皆依托河渠高地作纵深配置，待敌来攻。

却说日将白川定下两路夹攻之计，先令植田谦吉率第九师、第二十四旅并海军陆战队各营共三万人枪沿吴淞、江湾、庙行、闸北一线总攻；又令厚东笃太郎统第十一师一万六千人由七丫口登陆，再向东包抄。两支军皆依将令，先令飞机轰炸，再令大炮轰击，然后是大队步兵冲阵，各折损无数，待合拢包围圈时，才发现是白白浪费炸弹、炮弹，中国军队已全师西撤。急令衔尾追击，又在嘉定、娄塘、太仓诸处遭遇中国三支后卫部队顽强阻击，不能越雷池半步。

自1月28日开战，到3月2日中国守军撤出上海市区，日军在上海恶战月余，三易司令官，动用十万大军、百艘战舰，前后折损不下三四千人，物资损失更无以计数，只得七丫口、茜泾营、浏河、江湾、庙行、闸北、真如诸镇，占地纵横皆不过数十里。

白川得报中国守军已跳出日军包围圈，日军战绩不佳，大是沮丧。思及经一个多月苦战，日军将士皆疲，中国军队主力未受打击，后队源源而来，再战已无决胜把握。踌躇大半日，始传令日军各部就地停战，与中方议和。

3月3日，白川义则大将正式发布停战声明。声明约略说明：只要中国军队不采取敌对行为，日军可暂在原地不动，停止战斗行动。3月6日，十九路军蒋、蔡、戴诸将也发表停战布告，布告略谓：眼下国际联盟要求中日两军实行停战，我军决定接受这一要求。如日军不攻击我方，我方亦不攻击日军。

因这一停战布告，中日两军各守原防，上海战事遂告结束。统计损失，自1月28日开战，至3月2日撤守，十九路军将士阵亡2449人，负伤6343人，合8792人；第五军将士阵亡1825人，负伤3487人，合5312人，两支军伤亡总计为14104人。另有宪兵六团损失，一时未报。日军伤亡，一时无以计数，只据日军自报数字，陆海军共折损3091人。

1932年5月5日，中日两国代表在上海英国总领事馆签署《中日上海停战及日本撤军协议》，计有五款：一曰中日两国确定1932年5月5日停战，双方军队尽力在上海周围地区停止敌对行为；二曰中国军队在上海恢复常态前留驻现地；三曰日本军队撤回原防，恢复1月28日以前驻军状态；四曰日军撤退区域，由中国警察立即接管；五曰协定签字之日起，即生效力。

五款之外，又有附件，大意有三：一曰中国同意取缔抗日运动；二曰将十九路军换防，调其他军队驻上海；三曰浦东与苏州河南岸若干地区不驻扎中国正规军。

5月下旬，日本陆海军依据松沪停战协定从上海撤退完毕。第十九路军与第五军亦将撤离上海。各界商定于5月28日在苏州举行淞沪抗日阵亡将士大会。会场设在一处广场，主席台正中挂有孙中山遗像，两边摆满鲜花、翠柏、挽联、祭词。蔡廷锴、何香凝、张治中并各界名流代表皆颂祭文，内中犹以张治中所备祭文最是感人。那祭文是：

维中华民国二十一年五月二十八日，国民革命军第五军军长张治中率同全体将士，敬谨致祭于我淞沪抗日阵亡将士之灵曰：呜呼！

蠢彼岛夷，狼子野心，陷我东北，窥我沪滨。
赖我将士，挞伐用申，迭歼顽敌，固我名城。
贼来愈众，我志益坚，奋勇杀敌，以一当千。
声震陵谷，气壮河山，撼山岳易，撼我军难。
月黑庙镇，风紧江湾，剑光射斗，敌胆皆寒。
再接再励，载守载攻，追奔逐北，叶卷西风。
敌弹如雨，敌机翔空，惟我将士，猛勇精忠。
出生入死，成仁成功。洒血兮化碧，吐气兮成虹。
呜呼将士，渺矣音容！仓皇戎马，诀别无从。
梦萦回兮故垒，泪涕零兮江东。鹃啼兮声苦，花落兮飞红。
呜呼将士，上有父母，下有妻子，泉台永隔，怆怀何已！
我与君等，如兄如弟，仰事俯蓄，责在后死。
呜呼将士，从此长眠！此仇未报，衷肠若煎。
誓将北指，长驱出关，收我疆土，扫荡凶残。
执彼渠魁，槛车系还，一樽青酒，再告重泉。
呜呼将士，得其死矣，功昭党国，光耀青史。
人生草草，大地茫茫，忠贞亮节，山高水长。
呜呼将士，庶几来飨！

祭文共五节四百一十六言，以四言句为主体，先议日贼如何凶残，又述将士如何舍生忘死，以血救国，末后悼念阵亡将士，发誓报仇。全篇词真情切，暗含岳飞满江红词中气概，又有直捣黄龙、与君痛饮豪情。

吉林自卫军总司令冯占海，举起义旗，坚决与日军战斗到底

那时天正下雨，张治中颂读祭文，先是哽咽，继而嚎啕，带泪读一阵，哭一阵，读罢又哭，哭罢再读，待读罢祭文，已泣不成声，胸前尽湿，不知由多少泪水雨水和成。全场万数将士亦在风雨中立正，闻之莫不放声痛哭，一时天地同悲。

淞沪阵亡将士追悼大会散后，又有商民农工倡议，中央政府在南京灵谷寺国民革命军阵亡将士公墓中央安葬淞沪之役中128名烈士，第十九路军烈士居70名，第五军并宪兵第六团烈士居58名，以隐示“一·二八”血痕，永志不忘。又立抗日阵亡将士纪念碑两座，一座表彰第十九路军阵亡将士，一座纪念第五军阵亡将士。

又有上海商民因第五军在庙行之战中伤亡最众，战事最紧，便出资在庙行兴建无名英雄之墓一座，建墓启事中约略写道：

夫无名英雄者，有名之英雄所赖以成就也。欲中国之兴，必先自全国国民尽愿为无名英雄始。同人等愧未能亲执干戈为国民倡，然对此抱大无畏精神，示大牺牲决心，为民族争光，为国家吐气，悲壮惨烈，民国以来所绝无仅有之多数无名英雄，万不能坐视其久而湮没不闻也。爰于抵抗最久，炮火最烈，伤亡最多之庙行镇东南隅，度地营阡，表曰：“无名英雄之墓”。

未久，无名英雄墓成，立有石碑，刻有祭文，又有名流挽联，蒋介石、张学良、何应钦、冯玉祥、宋庆龄、何香凝，并一应军政大员、各界名流，皆往默哀。工人、农民、学生、士兵并一应平民，前往瞻仰者，更每日成百上千，无以计数。

第十二章

关东军攻占热河
张学良受过下野

上海战事爆发后，本庄繁以为得计，令板垣加紧在东北筹建满蒙新国家。板垣受命，遂召臧式毅、熙洽、张景惠等投日汉奸开会。议至半夜，臧式毅等手舞足蹈，提出联省自治方案。板垣等人冷眼旁观，冷哂道："关东军牺牲将士生命，是要使满蒙独立，另成新国家，与大日本帝国共存共荣，何来联省自治？"说话时，从皮包中取出一纸文件，递给臧式毅道："此乃关东军1月22日建国幕僚会议决议，你们可照此执行。"

臧式毅接过，略一浏览，见是打印文件，题为新国家建设顺序纲要，约略五条：一曰以辽、吉、黑三省主席为主组织政务委员会，商议建立新国家事宜，张景惠任政务委员长，臧式毅、熙洽、马占山为政务委员；二曰发表宣言与中央分离，宣布满蒙独立；三曰召开地方会议，派遣代表参加建国；四曰新国家国号、国旗、国都、国制；五曰政务委员会作最后决议。又要求热河、内蒙皆派代表参加建国。

臧式毅读罢，惊出一头冷汗，心道："原来关东军已对满蒙政治前途安排妥当，哄我等开会，准拟全权，只是虚名。"想到自己极力倡导联省自治，必已激怒板垣，大惧。将文件递给众人，再不开口。

众人轮流读罢文件，已是凌晨三时，皆不敢有异议。便照关东军方案，先建立东北行政委员会，张景惠任委员长，熙洽、臧式毅、汤玉麟、蒙古齐王、凌升等为委员，负责成立伪国事宜。又议定新国名为满洲国；元首称号执政；国旗为红蓝白黑满地黄五色旗；年号大同；国都长春，改称新京。又议请溥仪为执政。择时发表建国宣言，3月1日建国。

会毕，板垣与溥仪会谈。溥仪初闻将在3月1日建立"满洲国"，自己出任元首，欣喜若狂。忽见板垣从包中取出一面新制成的五色旗，转喜为怒，生气道："这是什么国家？是大清帝国吗？"

东北军第三旅旅长马占山，率部英勇抗击日军侵略

板垣不紧不慢对道:“这是东北行政委员会议定的新国家和新国旗,推阁下为新国家执政,并非大清复辟。”溥仪嚷道:“我是大清宣统帝陛下,不是阁下,不是执政。”又道:“名不正则言不顺,言不顺则事不成。大清皇帝称号不能变,请关东军重新考虑。”

板垣闻言,心中暗思道:“这人愚蠢,给一根竿他就往上爬,以为他真是满蒙的主人。”便不理睬,冷冰冰回道:“关东军既已议定,便不能更改,何去何从,阁下仔细考虑,明日再谈。”说罢也不告辞,扬长而去。

板垣去后,溥仪问计于亲随郑孝胥、罗振玉二人。二人皆自命前清遗老,不在民国为官,只追随溥仪左右,等待大清复辟。溥仪逃至旅顺后,二人亦相继投奔。见溥仪问计,便劝道:“陛下不可伤害关东军感情,否则,便与张作霖结局无二。”溥仪闻言,大是惊恐,一夜无眠。

次日,板垣又来,未待多说,溥仪便同意出任伪满洲国执政,又私与郑孝胥等近臣约定以一年为期。届时若不恢复帝制,便辞去执政。

1932年3月1日,张景惠领衔,以东北行政委员会名义发表满洲建国宣言,宣布东北脱离中华民国独立,另立“满洲国”。又派出代表前往旅顺,佯作敦请溥仪出山,任“满洲国”执政。溥仪照板垣导演,佯作不愿,如是者三。到3月8日,溥仪方由关东军官佐,并郑孝胥、罗振玉陪同,前往长春就职。

3月9日,关东军为溥仪举行就职典礼。典礼在首尹衙门举行,本庄繁、三宅、满铁总裁内田康哉、板垣并张景惠、熙洽、臧式毅、张海鹏、郑孝胥、罗振玉皆到场。典礼大厅熙熙攘攘,一时人满为患。溥仪当日穿一身西式大礼服,由人引导,糊里糊涂地登上执政宝座,左右皆是日本关东军将佐。先由张景惠、臧式毅二人献上“满洲国”执政印,又由内田康哉致祝词,再由罗振玉代读答词。皆是人学狗叫,黑白颠倒。

次日,溥仪以“满洲国”执政名义宣布主要官员名单,皆由关东军圈定,令郑孝胥任国务总理兼文教部总长;臧式毅任民政部总长兼辽宁省长;马占山任军政部总长兼黑龙江省长;熙洽任财政部总长兼吉林省长;谢介石任外交部总长;张景惠任参议府议长兼北满特别区长官;赵欣伯任立法院长;于冲汉任监察院长。

此时日本国内方面又发生了政权更迭。5月15日,一群日本少壮派军人闯进首相办公室,乱枪齐发,将首相犬养毅肉身打成蜂窝,当场倒地丧生。

犬养毅被杀后,海军大将斋藤实组阁,任荒木贞夫为陆相,海相却换成冈田海军大将。新内阁令全力支持关东军巩固“满洲国”。又从国内抽调骑兵两个旅,计为第一骑兵旅、第四骑兵旅,派往满蒙,加强关东军围剿义勇军作战。又表彰指挥关东军夺占满蒙、建立“满洲国”功绩。板垣征四郎晋为少将,任为“满洲国”执政顾问。土肥原晋升为少将,任为第九旅旅长。石原莞尔升为大佐,代表日本出席日内瓦国际裁军会议。其余关东军各级官佐亦各有升迁封赏。又调本庄繁回东京,由天皇裕仁钦定武藤信义接任关东军司令官。

武藤信义是日本陆军大将,又兼任关东厅长官、日本驻“满洲国”特命全权大使两职，权势愈重。辖下关东军，计为第二师、第二十师、第十师、第八师、第十四师，计五个整师。旅级部队有十五支，步骑工炮共十五万人枪，另有飞机、舰艇若干。武藤又令小矶国昭为参谋长、冈村宁次为副参谋长。

武藤信义到任未久便召幕僚开会，议取热河，扩大"满洲国"范围。正议时，有急报送来，说山海关日本驻军与中国军队发生冲突，战事一触即发。众人皆大喜，一齐道："山海关依山带海，是长城起点，正扼辽、冀、热三省交通咽喉，若得山海关，进可叩击北平、天津，退可保护锦州、沈阳。热河汤玉麟愈益势孤，纵然不肯归降，届时我出兵攻热，则易于反掌。是故乘势夺占山海关，可兼顾冈村、板垣二人意见，是上上之策。"

武藤遂依众人计，当时令调北宁线驻军步兵第四旅、炮兵第八团，装甲列车三列，步骑工炮四千人枪，由第四旅旅长铃木美通少将指挥，连夜向山海关进发。又令关东军飞行队、海军舰队、步兵第三旅亦各派兵助战。

山海关面临渤海，背依燕山，是古长城东端起点，素称天下第一关。锦州失陷后，张学良恐关东军夺占山海关，与天津日本驻军合兵，进窥关内华北各省，便令成立临永警备司令部，任心腹爱将、第九旅旅长何柱国为临永警备司令。辖下军队，计为东北陆军步兵第九旅、第十二旅、骑兵第三旅共三个旅，并辅以炮兵、工兵各一个营，步骑工炮合二万人枪，负责守卫山海关，掩护平津。

何柱国受任后，因见山海关正关东北五眼城至吴家岭一线高地皆被关东军控制，可居高临下以火力控制榆关；关右是渤海湾，有日本海军战舰十余艘日夜巡弋，舰炮可直射关城；关左有长城线，是自北往南筑成，其中有义院口几处关口，易被日军迂回包抄山海关后路。尤其是关口临榆县城南门外驻有日本守备队一营，可控制关城东门、南门。城内又有日本与朝鲜侨民，多为日本间谍，平时刺探军情，扰乱治安，战时便是日军内应。料山海关不能不守，又不能久守，便在临榆城内只留驻步兵两个营，计一千人枪，据守四门，以为前哨阵地。却将主力西移半日行程，依托大山，左接界岭口长城，右接北戴河海滨，背依滦河，构筑工事，一旦山海关有失，便全力据守主阵地，防止日军突入华北平原。

前后数十日，两处防线皆照计划完成。何柱国始觉安心，便令官兵枪不离手，枕戈待旦，驻守阵地，防日军突袭。又常与日本驻军交涉，以为缓兵之计。心中打定主意，能拖则拖，不能拖便战，决不允日军兵不血刃、轻轻松松叩关。

日军榆关驻军营长落合正次郎，出身将门，父亲晋为日本陆军大将，颇有名气。落合通中文，曾任日本士官学校中华学生队战术教官，又在中国陆军大学任过教官，故不但熟悉中国民情政情，且与不少中国东北军军官相识。落合因与何柱国相识，欲诱何柱国归降关东军，便常到临榆城何柱国司令部访问，言谈辞色皆十分温和，看去全无敌意。何柱国洞悉落合计谋，虚与委蛇，常斗酒斗智，却不落圈套。

这样交往几近一年。临到 11 月中，北风呼号，天降大雪，只一夜时间，长城内外皆银装素裹。落合便置一桌酒，专请何柱国赴宴。酒过数巡，落合乘机道："关东军已

1933年日军开始沿长城向关内中国军队发动攻击

得辽、吉、黑三省，建立满洲国。攻取热河、统一满洲国全境，只是迟早问题。何司令若能相时而动，脱离张学良，在辖区自治，以为满洲国与华北缓冲区，关东军愿供给一应军饷、枪械、弹药，保何司令青云直上。”何柱国佯装醉酒，东扯西拉，说些酒话，不作正面答复。席散回营，急向北平发报，告说谈话内容，判断关东军欲取热河、华北，请张学良早作应战准备。

挨至12月8日，日军突以铁甲车发炮轰击榆关城，军民死伤多人。何柱国知是落合诱惑不成，以武力威逼。便与落合交涉，又暗中加紧军事准备。自此双方时有冲突。

1933年元旦过后不久，落合统日军来攻，先架炮轰击南关。一时硝烟弥漫，砖石乱飞。炮击未停，日军官兵约有数百，抬着云梯，蜂拥而进，径扑向南关，架云梯爬城，似入无人之境。南关守军见日军炮火猛烈，皆藏身于城下掩体以保存实力。待炮击延伸，日军步兵攻来，将云梯搭上城头爬城未半时，急令官兵登上城头阵地，用集束手榴弹乱炸，将日军云梯尽皆炸翻。攻城日军骤遭打击，死伤累累，仓皇回窜。守城官兵又以机枪、步枪跟踪射击。如是者三，落合数度进攻皆被打退，折损人枪过半，只得停止进攻，等待援兵。

午后时分，东北方向尘土大起，却是日将铃木美通率所部第四旅四千人枪开到城外。日本海军舰队也将十余艘战舰调至榆关附近海面。铃木接过指挥权，问明情况，看过地形，便令步炮、野炮、舰炮一齐发射。榆关城立时弹如雨下，东南西北四门皆被炮火摧毁，城内烟火冲天而起，房舍被摧毁者十之三四。炮击未毕，铃木便令步骑分为四支，分攻四门。守军在瓦砾场中布阵，待敌攻至阵前，枪炮齐发，手榴弹乱扔，战至酣处，又发动反冲击，与日军白刃格斗。

两军恶战一日，各有死伤，榆关四门仍由中国军队控制。关东军司令官武藤信义得报进攻不利，心中暗骂铃木美通无能，以一旅之众辅以海军舰队，竟不能攻破榆关弹丸之城，便令步兵第十六旅调兵增援。

隔日，铃木得新到生力军增援，改变战术，虚攻东西北三门，集中半数主力于南门，先令炮轰，将南关城墙数百米尽皆轰垮，再令坦克冲阵，步兵跟进。恶战到午后，南关被日军夺占。铃木大喜，令军扩大突破口，向纵深发展进攻。才进城不远，街角冲出大队守军，拦中截击，将日军步兵与坦克分割开，再以汽油弹猛炸，轰隆声中，有几辆日军坦克倾刻化为火球，其余仓皇逃出城外。两军步兵又在街巷中短兵相接，白刃格斗，阵地得而复失，失而复得，反复争夺。

相持至晚，日军停止攻击，两军各据半座城池对峙。守军两营千余人枪，据榆关与数千日军恶战三日，三成战死，三成战伤，余皆疲惫，重武器已尽数毁坏，弹药亦已告罄。料榆关必失，便乘夜黑，派突击队摸进敌阵，手榴弹乱扔乱炸。待敌混乱时，连夜撤出榆关，回到主阵地，榆关遂为日军攻占。

既得榆关，武藤信义便依前议，调集兵力，计七个建制旅，辅以工兵、炮兵、飞行队、海军舰队，张海鹏、于芷山各部伪满军，步骑工炮五万人枪，分左中右三路部署，继续向热河进兵。右一支军以第六师师长坂本政右卫门中将为指挥官，辖有所属步兵第十一旅、第三十六旅，辅以骑兵第四旅，张海鹏伪军一部，步骑工炮二万人枪，在通辽集结，准备经朝阳、开鲁进兵赤峰、林西、多伦，占领热河北部；左一支军以服部兵次郎少将为指挥官，统所部混成第十四旅，步骑工炮计一万人枪，在北宁线附近绥中集结，准备渡过大凌河，经凌南侧击凌源；中路却以第八师师长西义一为将，辖步兵第四旅、第十六旅及特种兵若干，步骑工炮二万人枪，在北票集结，经叶柏寿、凌源、平泉，沿中央轴线进攻承德，夺占热河南部，威逼长城各口。又令三支军补足兵员、枪械、弹药，以 2 月 24 日为期，一齐发动，争取十日内夺取热河全境。

三支军外，又令中村馨少将统所部混成第三十三旅步骑工炮五个团一万人枪，由沈阳沿北宁线西进，接替铃木第四旅，进驻榆关，占领榆关右侧义院口、界岭口两处通道，左出右入，右出左入，佯作主力，虚攻滦河以东何柱国阵地，吸引中国军队主力，掩护主攻部队侧翼。又令其余第十师、第十四师、铁路守备队各部，也约五万人枪，屯驻辽、吉、黑三省要点，维护铁路交通、扫荡义勇军残部，必要时向热河增援。各将得令，皆统兵部署集结。

张学良得报日军占了山海关，且分兵三路会攻热河，进逼长城线。便向南京发急报，告说热河危急，请速调中央军增援，赴热河迎战关东军。隔数日，方接蒋介石回电，是说江西“剿共”战争正进入大决战阶段。华北方面除东北军外，另有商震第三十二军、庞炳勋第四十军、宋哲元第二十九军、傅作义第五十九军、孙殿英第四十一军，共四十万人枪，足堪守卫热河，与关东军一战。

张学良接到蒋介石电文，心里凉了半截。只得勉强召众将开会部署战守。先令所有华北各军混编成八个军团，计为：第一军团，辖于学忠第五十一军、何柱国第五十七军、刘多荃第一〇五师，以于学忠为总指挥；第二军团，辖商震第三十二军、庞炳勋第四十军，以商震为总指挥；第三军团，辖宋哲元第二十九军，以宋哲元为总指挥；第四军团，辖万福麟第五十三军，以万福麟为总指挥；第五军团，辖汤玉麟第五十五军，冯占海第六十三军，以汤玉麟为总指挥；第六军团，辖孙殿英第四十一军、张廷枢第一一二师，以张作相为总指挥；第七军团，辖傅作义第五十九军、李服膺第六十八师，以傅作义为总指挥；第八军团，辖肖之楚第二十六军、王以哲第六十七军、沈克一〇六师、张诚德骑一师、黄显声骑二师、王奇峰四师、李福和骑五师、白凤翔骑六师、檀自新骑十师，以杨杰为总指挥。全军计八个军团、十二个军，共四十七个师、八个独立旅，步骑工炮合四十万人。

又令组成两个方面军，第一方面军由张学良自兼总司令，下辖于学忠第一军团、商震第二军团、宋哲元第三军团；第二方面军以张作相为总司令、汤玉麟为副总司令，下辖万福麟第四军团、汤玉麟第五军团、张作相第六军团。部队整编毕，便令第一方面军、第二方面军所属各部队皆开入热河前线，准备与关东军接战，保卫热河。其余各军团，皆向平津地区集结，以为后备。诸将愤于关东军横暴，皆欲齐心协力，与关东军在热河与长城沿线决一死战。

隔日，是二月十七日。天还未亮，张学良又带一班随员离开北平，浩浩荡荡向热河省会承德进发。热河省主席汤玉麟亲率属下一应文武大员，共数十人，迎客于郊外

中国第二十九军军长宋哲元

二十里，接入承德。备下午宴，为张学良一行洗尘。宴毕，张学良召汤玉麟、张作相、孙殿英并诸将商议热河战守。张学良先问军情。汤玉麟告说关东军三支军五万人已在绥中、北票、通辽三处集中完毕，前锋已开抵热河边境，似有进攻模样。又告说山海关失陷后，关东军派人来招降，许以热河省省长兼军区司令职，且保证供应枪械粮饷，皆被拒绝。

张学良仔细听过军情介绍，道："前次'九·一八'事变，因未料及关东军会真大动干戈，夺我辽、吉、黑三省，故令诸将不抵抗，轻失三省千里之地，其咎在我。如今东四省仅存热河一省之地。数十万将士及其家属生存尽赖这点地盘。热河再失，不但难向国人交待，我东北军亦必无以为存，是故热河万不可失。"稍顿又道："日前日本陆军省发表声明，称热河系旧东北四省之一，与其他三省不可分，是'满洲国'当然一部分，且说进兵热河是其内政，他人不能干涉。这显然是为进攻热河制造舆论。印证日军调动集结情况及其在国联活动情况，关东军极可能提前行动，热河安危已在燃眉之间。"

当时令万福麟统所部第四军团在凌源设防，阻敌南路；孙殿英统所部第四十一军在开鲁、南岭、北票设防，阻敌北路；汤玉麟统所部在平泉设防，阻敌中路。令其余各部向热境运动，占领机动位置，作纵深配备。为防指挥混乱，又令将热河战区划为南北两部分，以凌南，凌原、平泉到承德的公路为中央轴线，线南各部由张学良与万福麟指挥，线北各部由张作相与汤玉麟指挥。各将应命而去。张学良连夜赶回北平。

关东军司令官武藤信义得报张学良集合华北各支军共四十万人，编为八个军团，向热河进发。又报说张学良到热河巡视，公开宣布誓保热河，迎战关东军。勃然大怒，道："我未向中国下战书，张学良却率先挑战，这是关东军的奇耻大辱。"便召集诸将开会。板垣出计道："张学良虽拥四十万军，却分为东北军、西北军、晋绥军三大系统，勾心斗角，是乌合之众，不足为虑。眼下国联四十余成员国，多数反对满洲国，不利于日本。据东京方面消息，内阁已决定与国联决裂，退出国联，只待二十四日国联大会开幕，便公开宣告。关东军可不必再考虑进攻热河有何国际反响。汤玉麟亦屡次拒绝我军劝降善意。是故依我之见，可提前发动进攻，赶在张学良四十万军集中以前，消灭热河境内东北军部队，夺占热河，再向长城各口推进。"武藤依计，当时传令各军提前发动进攻。众将领命，各回营统兵出征。

二月二十日，中路日军第八师各部首先出动，先令飞机轰炸，大炮急袭，摧毁守军工事，随后以坦克冲阵，步骑跟进。守军不敌，弃阵狂逃。第八师投大路，择小径，向热河腹地猛插猛进，连占朝阳、凌源、平泉诸城。左右两路日军亦同时发动，只数日时间，便也击败守军。左路连占白石嘴边门、沙帽山各要点；右路连占开鲁、赤峰、全宁诸镇。

汤玉麟闻报前方战况不利，恐被捕获，假说去前方督战，征集汽车队，满载财物、鸦片，悄离承德，急向长城以南逃跑。主帅一逃，各军愈士无斗志，皆弃械溃逃。

自热河通关内各大道小道挤满溃军，弹药、枪械、人马尸体遗弃一路。关东军快速部队不时插入溃军之中，又有日军飞机不时光顾，投弹扫射。溃军一日数惊，愈拥挤混乱，人马相践，死伤不计其数。只十余日，关东军便打败热境张学良前锋十万军，占领承德，夺取热河全境。日军又折转矛头向南追击，兵临长城沿线各关口。

张学良坐镇北平，得报前方兵败，汤玉麟临阵脱逃，弃守承德，心忧如焚。一面令平津地区各支军星夜向长城沿线开进，占领长城各口，掩护热河败兵退回关内休整，阻敌追兵。同时下令通缉汤玉麟，又派卫队前往承德通关内大道截击，以将其捉拿归案。不料汤主麟出身绿林，精于逃命，闻报张学良下通缉令，便弃大路，改投山僻小路，避开拦截，夜行晓宿，悄然潜回天津私宅。

热河失陷，全国舆论哗然，同声谴责，皆把矛头指向张学良。张学良无计可施，便在三月八日致电南京中央，请允辞职，辞职电略谓：自东北沦陷之后，效命行间，妄冀戴罪图功，勉求自赎。讵料热河之变，未逾旬日，失地千里。皆因学良一人诚信未孚，指挥不当。应恳迅赐命令，准免各职，以示惩儆。

蒋介石得报张学良兵败，关东军已逼向长城沿线，大惊失色。只得令各路"剿共"部队停止攻势，只身离开"剿共"前线，转汉口乘火车沿平汉线北上，到北平应付危机。行至半途，忽接张学良辞职电，从头到尾仔细读毕，一时未作答复。只电召何应钦、宋子文、黄绍竑三人到石家庄商议。中午时分，车到石家庄，三人已在站台恭候。火车略作停顿，将三人接上专车，继续北开。

三人上专车后，由侍者引导，与蒋介石见面。只略作寒暄，便问热河战事，何以只十日时间，便全师溃败，致热河沦丧？内政部长黄绍竑析道："热河兵败，主要原因是实力不敌。"蒋介石便问其详。黄绍竑道："若仅以数量而论，华北我军拥东北军、西北军、晋绥军三支军，计四十万人枪，是关东军进攻部队八倍。然我军装备落后，缺少重兵器，调动尽赖徒步，后勤供应不继，只能以师旅为单位分散部署。战端开启时，热河前线其实只十万人枪，分散在全省，互不照应。其余主力皆在长城线以南。且将帅不和，晋绥军、西北军皆不服张学良指挥，汤玉麟又临阵脱逃。反观关东军，兵力集中，指挥统一，虽分为三路，却相互呼应，合三为一。且其装备先进，天上有飞机，地上有坦克，部队调动神速，快速部队乘车骑马，一夜能进二百里。进攻时每以飞机轰炸，野炮密集射击，火力威猛，故能以一当十。"

蒋介石未加评论。沉吟一阵，方道："这是主要原因。然依你之意，应还有次要原因。"黄绍竑望一眼何应钦、宋子文二人，略一迟疑，期期艾艾道："这次要原因，我以为应归结为汉卿指挥上也有毛病。"

蒋介石闻言，忽然睁大眼睛，盯住黄绍竑，道："汉卿指挥上有何毛病，请加以详述。"黄绍竑因觉蒋介石与张学良交厚，述及张学良指挥有毛病，本是试言，回望蒋介石，似有赞许鼓励之色，便乘势进言道："张学良已染上毒瘾，骨瘦如柴，病容满面，精神颓丧，每日以注射吗啡维持精神，虽与人谈话亦不能间断。不但西北军、晋绥军不服其调度，就是其东北军内部，汤玉麟亦怀他志。张学良恐东北军团体削弱，明知汤玉麟腐败无能，不能主持热河军政要务，却迟迟不肯撤换。应敌时各军又分散部署，前锋各师旅在开鲁、朝阳、凌源、平泉各自为战，后队主力却在长城以南，各距千里，处处兵势薄弱，致为敌各个击破。”

黄绍竑说话时，蒋介石捧一杯白开水，偶尔轻呷一口，不时暗暗点头，却不发一言。待黄绍竑陈述完毕，思虑良久，方问三人道：“我已接到汉卿辞职报告，是准还是不准，一时未决，想听听三位意见。”说话时把张学良辞职电递给三人。三人相互传阅，阅毕，你看看我，我看看你，皆不吭声。

蒋介石见状，以目示黄绍竑。黄绍竑不能推辞，便试言道：“汉卿身体状况，实在是需要用心疗养。”回望蒋介石，正闭目倾听，料是赞许，便续言道：“华北晋绥军、西北军又不服其指挥。”黄绍竑的意思是应准张学良辞职。蒋介石又问何应钦，何应钦道：“热河失陷，咎在学良未及时撤换汤玉麟，此是前车之鉴。”何应钦的意思，也是同意张学良辞职要求。

一旁宋子文见状，急道：“热河失陷，汉卿固然难辞其咎，实力悬殊，却是根本。东北人重义气、认团体，眼下东北军仍有二三十万人枪，皆以汉卿为核心。汉卿若解职，恐东北军生乱，东四省人民失望。”蒋介石闻言，思虑一阵，方沉声道：“汉卿若不解职，华北各军便不能精诚团结。各军不能精诚团结，便不能抗击关东军进攻。为保卫华北五省，阻敌进兵长城以南，只能让汉卿吃亏了。”

稍顿，又望一眼宋子文，道：“至于东北军善后事宜，我自有计较。”言及于此，宋子文已知蒋介石决意解除张学良职务，便不再表示异议。四人又议论一阵细节，如何向张学良通报准其解职？张学良解职后去向？所遗东北军如何安置？由何人接替张学良主持华北军政事务？又如何部署战守、保卫华北五省、抵挡关东军进攻长城线以南地区？

计议毕，已经过午。闻得一声长笛，却是专车减速，徐徐驶进保定站。原是张学良

1937年10月9日，日军轰击历史文化名城——河北省正定城

奉召到保定接站，与蒋介石见面。蒋介石望一眼何应钦、黄绍竑，二人会意，退入后面车厢，独留宋子文与蒋介石相伴。

未过片刻，列车停稳。张学良由侍者引导，登上车厢。行军礼毕，蒋介石请张学良坐下。未待张学良开言报告热河战事，蒋介石抢先道："你的辞职电我已收到，仔细阅过，知你是出于至诚。"张学良欲待接言，蒋介石以手势止住，又道："眼下因热河失陷，国内舆论大哗，群情激愤，皆攻击你我二人。我与你情同手足，合乘一条小船，若不先下去一个暂息众怒，难免同遭灭顶之灾。是故我同意你的辞职要求。"说话时眼睛发红，忙从衣袋中掏出手帕擦拭。

张学良见状，悲声道："学良感谢委员长信任。只惜我身体不好，精神萎靡，有负委员长信任。自东北失陷，我便有引咎自辞之念。只是想统东北军杀回东北，收复失地。未料这次反攻不成，又失热河，更责无旁贷，请免我本兼各职，申张纪律，可振奋人心。我是出于至诚。"见蒋介石不住点头，又道："我所放心不下者，是东北四省，皆亡于倭贼，数十万东北军无立足之地，东北父老流离失所。日人得陇望蜀，察其动静，必乘势破关而入，进攻华北。列强各怀私心，不能指望。盼委员长能考虑全国动员，对日宣战，速调中央劲旅，会同东北军反攻热河，收复东北，则学良虽为平民，亦心甘情愿。"

蒋介石连声称是。起身道："我有过几次下野经历，对你现在的心情，很能理解。抗日问题，我自有计较。你放心出洋，疗养一段时间，多走一些地方，增长见识，以待来日东山再起。其余善后事宜，可与子文相商，他能代表我，尽量照你的意思办理。"话毕，便离开张学良，转入后面车厢。

蒋介石去后，张学良与宋子文商议去职后各项细节。当时议定，东北军余部合编保留四个军，计为第五十一军、第五十三军、第五十七军、第六十七军，分以于学忠、万福麟、何柱国、王以哲为军长。另保留若干独立部队。编余部队，皆补进各军师，使之充实。议毕，张学良自回专车。

过一刻钟，蒋介石由宋子文相陪到张学良专车回访。略作寒暄，便即告辞。张学良又送蒋介石回其专车，目送蒋介石乘专车离保定南归。

蒋介石去后，张学良自回北平，召东北军将领开会，说明辞职原因，告众将道："学良无能，致东北沦于贼寇，不但丢失父业，对不起老帅在天之灵，也令三千万东北同胞受苦，三十万将士无家可归。我今辞职，是为卧薪尝胆，以图东山再起，待时领诸军杀回东北，收复家园，告慰东北父老和老帅在天之灵。"说话时悲不成声。众将闻之，无不落泪。

张学良又泣道："现在国破家亡，倭寇又图进攻关内，盼诸位能精诚团结，和衷共济，保存东北军骨干，尤要尽力照顾随军流落关内的东北父老、学生、阵亡将士遗孤，以为今后反攻根本。"又告说经榆关、热河之战，东北军尚存二十六万人枪，令王以哲、何柱国、万福麟三支军各留三万人枪，刘多荃一〇五师留二万人枪，其余十余万人枪，皆交于学忠指挥，驻屯河北，保牢河北地盘，以供全军日用。末后又嘱诸将精诚团结，和衷共济，善自为之。这样说一阵，泣一阵，说罢又哭，哭罢再说，至夜半，方将诸事安排妥当。

张学良离北平那日，寒风呼号，春寒逼人，诸将皆来送行。张学良不勉嘱之又嘱，方洒泪与众将辞别，登车径奔上海，再由上海登轮，赴海外考察。

第十三章

西义一进攻长城线
宋哲元大战喜峰口

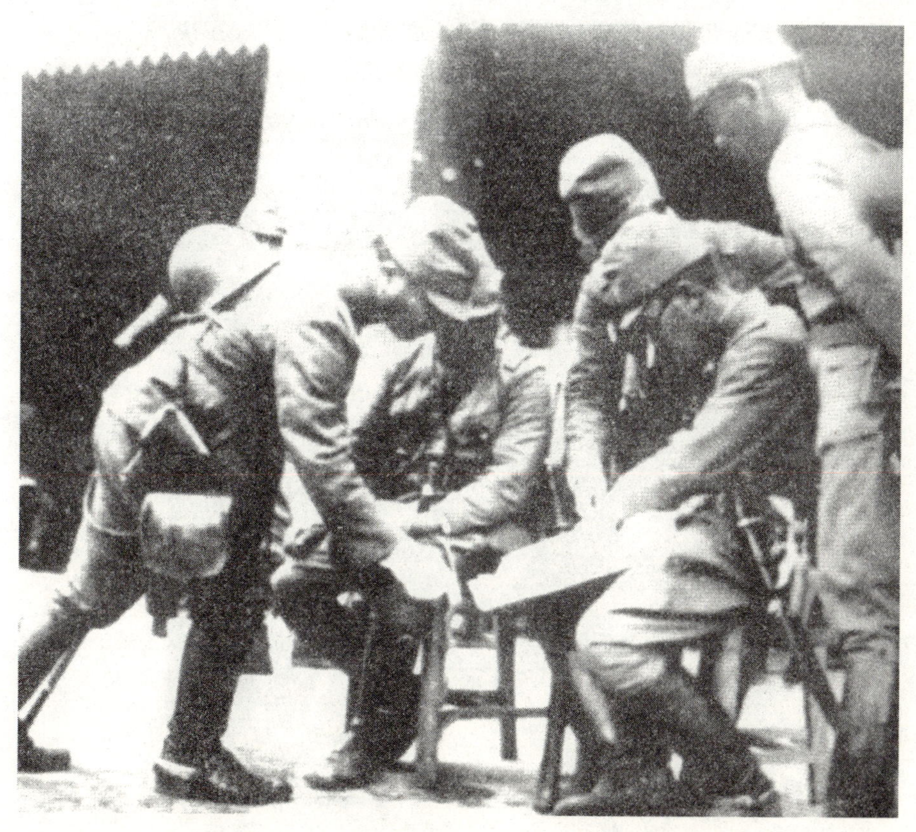

张学良解职出洋后，蒋介石令何应钦接替张学良，任国民政府北平军分会委员长。又任黄绍竑为参谋长，鲍文樾为办公厅主任。另设作战处，任徐祖诒为处长，以为牵制。

何应钦到任后，便与黄绍竑商议，将热河作战溃散部队收拢，重新整编为七个军团。第一军团以于学忠为总指挥；第二军团以商震为总指挥；第三军团以宋哲元为总指挥；第四军团以万福麟为总指挥；第六军团以张作相为总指挥；第七军团以傅作义为总指挥；第八军团以杨杰为总指挥。全军合计七个军团、十三个军，步骑工炮三十六个师、十五个旅，拥二十五万人枪。

部队整编毕，便召各军团长、军长到北平居仁堂军分会会署开会，商议战守。先由黄绍竑介绍军情。黄绍竑任军事幕僚已久，对关东军几支军兵力、指挥官姓名烂熟于心，当时手拿指挥杆，只三言两语便将军情说了个清楚明白。

原来，武藤信义统关东军得热河后，调整部署，将军队分为南北两路，进逼长城线。南一支军以第八师师长西义一中将为主将，辖第八师属下三个旅，并两个混成旅及张海鹏、刘桂堂几支伪满洲国军，步骑工炮合十万人枪，分取长城沿线独石口、古北口、喜峰口、冷口、界岭口、义院口，威逼平津；北一支军以坂本政右卫门中将为主将，辖步骑三个旅，又得伪满洲国军配合，合为五万人枪，先扫荡热河境内中国军队残余，再向西进迫察哈尔边境，威逼察省首府多伦。且以精锐组成机动支队，以为后备，必要时南下支援西义一所统南路军，在长城沿线与中国守军决战。

黄绍竑介绍军情毕，何应钦便接言道："日军虽有十万军，装备先进，却是以客犯

进犯广灵的日军通讯兵

主，以寡敌众，皆兵家大忌。我军拥七支军二十六万人枪，是日军数倍。长城各口奇峰插天，路狭坡高，易守难攻。我军若能振作士气，将士一心，充分利用地形，未必就守不住长城沿线。”

当时宣布部署，是令傅作义统所部第七军团由绥远东进，防守独石口，以傅作义自兼第五十九军为前锋，赵承绥骑一军为后队；令杨杰统第八军团防守古北口，所部王以哲第六十七军各师因在古北口以北热河境内，正与日军追兵接战，应以前队为后队，后队为前队，徐徐撤进古北口以南，加强后卫战，节节阻击追兵，掩护援兵北进。所部徐庭瑶第十七军三师一旅兼程北进，到古北口占领高山阵地，接应王以哲军撤退。萧之楚第二十六军为后队；令宋哲元第三军团防守喜峰口、马兰峪，所部第二十九军三个师为前锋，进驻关口。庞炳勋第四十军为后队，进驻滦河上游河曲地带，准备策应；令商震统第二军团各军防守冷口，所部第三十二军五个师进驻冷口正关，何柱国第五十七军驻滦河东岸策应；令万福麟统所部第四军团第五十三军防守界岭口与义院口，其中以三个师为前锋，驻守正关，其余为后队；令于学忠统第一军团所属五十一军各师，占领北宁线沿线，监视榆关，防守天津与大沽口，掩护全军侧翼。

长城沿线前锋部队，计为傅作义第五十九军守独石口；徐庭瑶第十七军守古北口；宋哲元第二十九军守喜峰口与马兰峪；商震第三十二军守冷口；万福麟第五十三军守义院口与界岭口。又令张作相统所属第六军团退往察哈尔东部，牵制关东军右侧翼，尤以孙殿英第四十一军驻防多伦，防日军进占察哈尔。

宣布部署毕，何应钦又告众将道：“长城在防务上乃是整体，相互呼应。若一处关口被敌突破，友邻便被敌迂回，致全线动摇。”当时令各军相互配合，注意联络。诸将领命，一齐回营布置。

众将已走出会议室，黄绍竑忽召回末后一将，却是宋哲元。何应钦见黄绍竑召回宋哲元，已知其意。正要发话，黄绍竑先道：“喜峰口在我军战线中央，左接古北口，右接冷口、界岭口，若被关东军突破，必牵动前线，盼明轩兄能全力防守。”又问有何困难。告说全军名义上虽拥三个师，其实只一万五千人，皆不满员，尤其装备陋劣，只百余挺重机枪，十来门山炮野炮。何应钦与黄绍竑对望一眼，道：“尚有购进捷克式轻机枪一批，可按每连二挺标准，向军械部门领取，加强守备火力。”宋哲元大喜，当时谢过，便与二人告辞。

宋哲元回营后，将军分为前中后三支，冯治安统第三十七师在前，张自忠统第三十八师居中，刘汝明统第一四三师殿后，依次向喜峰口兼程进发。疾进一夜，皆按时抵达预定战区。宋哲元令各军暂时扎营歇息，躲避日军侦察，检查枪械粮弹，准备恶战。自己一头扎进军部作战室，对图沉思，计算兵力，安排各部临战部署。

图中看喜峰口，正在遵化城东北，距城有一百一十里。喜峰口两侧，左有潘家口、龙井关，右有铁门关、董家口，五口并列，各距十五里，喜峰口居中，山势最高，关口最险。喜峰口与潘家口之间是滦河河谷，滦河源于长城以北坝上高原，自西北而东南，穿越长城；过喜峰口后，又流经遵化、迁西、迁安、卢龙、滦县、乐亭诸县，注入渤海，长有千余里。且过喜峰口后，水势浩大，在南面正与喜峰口以东长城线平行，是长城背后天然屏障，可以用兵。若失喜峰口，关东军突入长城后，便可向西绕开滦河天险，沿大道直叩平津。因这一缘故，喜峰口愈显要紧。

看罢地图，沉思半晌，宋哲元已有计较。便在电话中传令冯治安统所部第三十七师各旅进驻喜峰口，把守正关，并分兵守卫两翼龙井关、潘家口、铁门关、董家口各处偏关；令刘汝明统所部第一四三师各旅向西北方开进，防守罗文峪口；令张自忠统所部第三十八师进驻漑河桥、三屯营，作二线配置，接应喜峰口、罗文峪口前锋两支军。三支军外，又从军直属队派出偏师一支，在右翼冷口与喜峰口之间长城线巡逻，与冷口商震所部第三十二军联络。

命令发出后，宋哲元放心不下，便约齐副官，带一群卫士，骑马亲到前方巡视。于路所见尽是二十九军将士，皆以骡马、大车，载粮载弹，步兵一式灰军装，各挎枪背刀，蜂拥而进，塞满大路小路。一行择路而进，先向东驰五十里，赶到三屯营三十八师营地。视察毕，又经漑河桥，往北又飞驰六十里，抵达喜峰口第三十七师防线。且由三十七师师长冯治安陪同，登上喜峰口正关关门，查看地势。

实地看喜峰口，果与图中情景不同。见两侧奇峰壁立，各高千余公尺，怪石嵯峨，只生灌木茅草。山峰之间夹一条沙面公路，南北走向，弯弯曲曲，如长蛇盘行，由热河境内伸过来，穿过关门，往南通往漑河桥，狭处只供单车行驶。关左是滦河河谷，因深陷谷底，弯弯曲曲，只隐隐略见河面。地图上看长城，明明是东西走向，实地再看时，却由喜峰口向两翼延伸，左连潘家口，右连铁门关，皆依山梁棱线筑成，或左出右入，或右出左入，或折而南行，或转而向北，盘旋起伏，变化不定。

看罢喜峰口地形，宋哲元告二将道：“看喜峰口地势，虽两山夹峙，地势险奇，却是石头山，修工事不易。关东军炮火凶猛，又有飞机掩护，我军却无重炮，远程攻击力薄弱，皆不利防守，须灵活处置，机动作战，充分发扬我军近战夜战优势，方能持久。”又说长城处处据险设防，其实处处无防，易被迂回，若一处为敌偷袭成功，便全线皆被迂回，须派巡逻队在各口之间巡逻。

正议时，远远望见口外尘土大起，一支军人马相拥向喜峰口开过来。将士欲举枪射击，宋哲元止道，“这支军人马虽多，却不成阵势，必是东北军败退回撤。”急派人打探，果报说是万福麟所部第五十三军在热河境内与关东军混成第十四旅各部交战，大败，仓皇向喜峰口溃逃。日军快速部队，或乘汽车，或乘快马，正衔尾穷追，向喜峰口逼近。

宋哲元得报，凝思一阵，告守将第一〇九旅旅长赵登禹道：“前面山峰正锁住进关大路，可带一支军急速抢占，掩护万福麟回撤，阻敌追兵。”

赵登禹应命，急统一团士兵跑步出关，占领口外高山阵地。布阵未毕，关东军混成第十四旅前锋追兵已经进至阵前。赵登禹令放过五十三军溃兵，待追兵临近，机枪、步枪一齐猛射，手榴弹乱扔乱炸。关东军骤遭伏击，立时人仰马翻，死伤无数。

日将服部闻报大惊，约退军马，自到前沿观察。见守军在石头山上布阵，已有计

在娘子关抗击日军的中国军队

较。便令飞机轰炸，重炮轰击，又令步骑冲锋。守军据守石山，难以掘壕，尽裸露在日军炮火下，损失惨重，却不肯撤退。两军恶战，远以枪炮对射，近以手榴弹、大刀、刺刀混战，阵前硝烟滚滚，烈焰腾空，枪声、炮声、手榴弹爆炸声、呐喊声，相互交织，震动山谷。恶战一日，守军折损过半，便乘黄昏，交替掩护，撤出口外山头阵地，退回主阵地。服部占口外山头阵地后也损失惨重，知遇劲敌，便令各部休整，清点损失，只以枪炮骚扰喜峰口正关中国守军。

次日，服部亲率所部主力猛攻喜峰口正关，又分兵佯攻左右两翼各关口。皆先令飞机轰炸，重炮轰击，再令步骑冲锋。数十里长城线终日山摇地动，炮火震天。赵登禹领军守正关，敌军火力急袭时，令官兵在壕内隐蔽，待敌步骑冲锋时，方据阵迎敌，远用机枪、步枪扫射，近用大刀、手榴弹混战。恶战两日，打退敌军无数次进攻，阵前敌军人马尸体，横七竖八，无以计数。守军也折损过半。赵登禹计算损失，自知在石头山上据阵死守，必不能持久，便与两翼守军旅长王治邦、佟泽光二将议道："关东军炮火威猛，我军据石头山布阵，只两日恶战，便折损数千人。照此下去，不消旬日，全军一万五千将士必伤亡殆尽。"当时出计如此如此。二将闻计，一齐拊手称妙，便依其计。

是夜，喜峰口长城线北风呼号，雪花纷飞，夜黑如墨。赵登禹亲率所部两团将士，一律轻装短扎，只带大刀、手榴弹，乘夜黑由喜峰口左翼潘家口向日军侧后迂回，由樵夫引导，择羊肠小路，披荆斩棘，踏冰雪急进。待到午夜，正万籁俱寂时，悄然摸进日军特种兵营地，大刀乱砍，手榴弹乱炸。关东军官兵在睡梦中骤遭袭击，折去百人，余皆从梦中惊醒，自被窝中钻出，赤身裸体，摸枪应战。

两军混战，正相持不下，右方呼喊声大作，却是第一一三旅旅长佟泽光、第一一一旅旅长王治邦各率所部，也挥大刀赶到。三支军合而为一，将日军困在垓心。混战一夜，将日军大炮、坦克炸毁无数。又放火烧营，焚毁粮秣。天明凯旋而归。清点损失，三支军团营连长折损十余名，士兵伤亡过百。

服部经此夜袭，知第二十九军锐气尚存，不次于上海第十九路军，喜峰口急切难占。只得约退军马，停止强攻，每日以炮火骚扰，在口外与守军对峙。军民闻报第二十九军大刀队夜袭敌营，大获全胜，喜峰口巍然屹立，皆欢欣鼓舞。各遣慰劳团到喜峰口慰劳守军将士。

宋哲元得报赵登禹、王治邦、佟泽光三将乘雪统兵出关，间道夜袭日军营地成功，毁敌大炮、坦克若干，又杀伤敌军官兵若干。大喜，当时传令嘉奖。又嘱三将道："日军遭夜袭，必恼羞成怒，夺关以资报复，须用心防备，也防敌偷袭。"

不料数日无事，前方只报说日军在喜峰口外各山谷频繁调动，只以远程武器不分日夜射击喜峰口各处阵地，并不强攻。宋哲元大奇，便走近地图沉思，比比划划，半日，忽把目光移向罗文峪口，灵光顿开，思量道："日军强攻喜峰口不成，便用疑兵，吸引喜峰口我军主力，必是想从罗文峪突破绕攻喜峰口侧后。"又思及刘汝明第一四三师实力不足，难以久战，急摇电话，令第三十七师师长冯治安、第三十八师师长张自忠，各从所部预备队中抽调一团精锐，跑步向罗文峪口前进，支援刘汝明第一四三师。二将皆应诺。

命令刚发出，电话铃声大作。宋哲元抄起听筒，却是第一四三师师长刘汝明从罗文峪口打来。知是告急，急问详情，刘汝明便三言两语在电话中把情况说了个大概。原来，日将服部兵次郎强攻喜峰口，接连数日，未能攻破口门，又遭夜袭，损失惨重，失去攻击能力，便向西义一告急。西义一得报中路进攻喜峰口不利，便从右路抽出两团步兵，辅以炮兵、工兵、骑兵，合三千人枪，投山僻小路，间道进军，偷袭罗文峪口，以便得手后向喜峰口右侧背迂回，配合正面部队夺关。

罗文峪在遵化城北十八里，左距古北口二百里，右距喜峰口一百一十里，正在长城线往南凹处。三月十六日，日军主力源源开到，便架炮攻关，罗文峪左右十里地，弹落如雨，烟火冲天，山头树木皆被日军炮火烧毁。炮击过后，日军大队步兵、骑兵，分为无数路轮番冲锋。刘汝明统军据阵死守，恶战两日，阵地反复易手。到第三日，虽将阵地恢复，已折损过半，便打电话向军部告急。

宋哲元听罢战况报告，告说已从冯治安、张治中两支军中各抽出一支军，跑步增援，令刘汝明务必死守罗文峪，不得后退半步。未待宋哲元说完，日军又向罗文峪发动攻势。刘汝明匆匆搁下电话，亲带手枪队到阵前督战。日军全力进攻，前锋被消灭，后队又扑上来，如此恶战，阵地多处被日军突破。正危急时，友军两团援军各有二千人枪，皆跑步赶到，漫山遍野，涌上山头阵地，将日军进攻部队困在垓心。又以优势兵力与日军短兵相接，或以二敌一，或以三敌一，大刀翻飞，枪托乱砸，日军进攻部队大骇，纷纷弃枪向后狂奔。刘汝明统军追出十里之外，方收兵回营。自此日军退出罗文峪口十里之外，再不敢来攻。

日将西义一得报日军中路部队在喜峰口、罗文峪进攻受挫后，又令左路部队中村馨所统第三十三旅各部强攻冷口、界岭口、义院口，亲统右路第八师各部强攻古北口，皆未得手。便向关东军司令官武藤信义告急，请调兵增援。武藤信义得报，大惊，告众幕僚道:“听说宋哲元第二十九军是杂牌军,所部不过一万五千人,武器陈旧,全军只十多门大炮,一百来挺机枪,却能死守喜峰口与罗文峪口,挡住我两个精锐旅轮番进攻,其战斗力竟与上海第十九路军不相上下,可见中国军队尚有锐气,未可轻视。”又告说日本天皇恐引起国际纠纷,不允关东军过长城,便欲收兵。

板垣急道:“第二十九军虽是杂牌部队,武器陈旧,却是冯玉祥所部数十万西北军在中原大战失败后缩编而成,堪称军中精华,其中官长多降级使用,军长任师长、旅长,师长任旅长、团长,如冯治安、张自忠、刘汝明皆由军长降级任师长。赵登禹、黄维纲皆是由师长降级为旅长。平日因装备陈旧,愈加强练兵,将士体力过人,吃苦耐劳,尤能打山地战,故能在喜峰口与罗文峪侥幸获胜。”

稍顿,又转言道,“然其余古北口、冷口、界岭口、义院口各处守军,未必皆像宋部第二十九军一样能战。我若舍弃喜峰口,转攻其余四口,再用些谋略,策动平津两地中国反政府势力与我合作,造出一些事端,扰乱其军心,则只消攻破任意一处关口,中国守军必全线崩溃。那时我军便能直下平津,且可说是中国人邀请进兵,便不怕国际干涉,天皇陛下必再无忧虑。”

武藤闻计大喜。当时令板垣主持谋略工作;又令西义一统现有部队,继续在长城各口试攻,向中国守军施压,探寻防守薄弱处。令第六师师长坂本政右卫门中将所部第六师三个旅、关东军铁路守备队主力,并第十四师主力一部,兼程向长城沿线秘密进发,加强攻击力量,只待板垣谋略成功,再强攻长城线。

板垣受命当夜,便乔装改扮,赶赴天津,组成特务机关,与土肥原密议良久。先择段祺瑞、吴佩孚、孙传芳三人为策反对象,皆被三人回绝。尤其吴佩孚,虽坚不与蒋介石合作,亦坚不作日人傀儡,防被后人指为汉奸。

1937年7月30日,日军攻陷天津

二人无计，又策反张敬尧，现付大洋三十万元，又许以执掌未来华北军政大权，令在平津暴动，策应关东军进攻。张敬尧应诺，又议定暴动地点、规模、日期。板垣得张敬尧许诺，连夜报关东军司令官武藤信义，告说谋略成功，请再发兵全力进攻长城线。

武藤信义得报板垣谋略成功，已买通张敬尧择日在天津暴动，策应关东军进兵平津，便亲赴热河前线调整部署，对中路喜峰口方面取守势，只令服部兵次郎统第十四混成旅一个支队佯攻，拖住宋哲元第二十九军。却将三十三混成旅、关东军铁路守备队主力，第十四师一个支队、第六师所部三个旅，四支军合五万人枪，以第六师师长板本政右卫门为将，皆集中于东路，强攻冷口、界岭口、义院口；又令第八师三个旅，辅以第十四师所属一个支队，第十四混成旅所属一个支队，三支军合四万人枪，仍以西义一为将，强攻古北口。

总计东西中三支军，合约三个师、十个旅，计十万人枪。又约定只待天津张敬尧起事，便一齐破关，进占平津。又令各路伪满洲国军，约有数万人枪，以日军偏师为骨干，进攻察哈尔首府多伦，屏护关东军进攻部队侧翼。

第十四章

丢失八道楼黄杰跌足长悔恨
折兵南天门刘戡拔枪欲自戕

蒋介石得报关东军增兵增将，又策动张敬尧在平津暴动，策应关东军，大惊。急召蓝衣社负责人戴笠，令其除掉张敬尧。戴笠领命，略施小计，不出数日，果然干掉了张敬尧，断了关东军内应。

因对平津、华北放心不下，蒋介石又由南昌秘飞汉口。再乘专列，人不知、鬼不觉悄然抵达北平。又坐一辆普通轿车，穿街过巷，悄然驶抵中南海居仁堂，也不让人通报，径至北平军分会，悄与何应钦、黄绍竑商议对策。

蒋介石到时，何应钦与黄绍竑刚得报关东军又向长城沿线增兵消息，正商议调整部署，准备迎敌。忽见蒋介石未经通报，径踱进军分会办公室，大是惊讶，一齐从座上起身，行礼道："不知委员长驾到，有失迎迓。"蒋介石笑道："北平日本人密探太多，我正欲保密，故行前未作通报。"说话时伸出双手向下虚按几下，示意二人坐下。

何应钦忙让出主座，请蒋介石入座。待宾主坐定，蒋介石便问军情。黄绍竑三言两语约略介绍一番。蒋介石闻罢，走近壁上挂图，思量一阵，便回身问二人道："依二位之见，关东军意欲何为?"二人道："前次关东军三路来攻，以中路进攻喜峰口为主，不料遭第二十九军打击，未能得手。以后不断试攻，探出我东路与西路防守不如中央喜峰口方面，必是想从东西两路分别突破冷口与古北口，再向中路喜峰口侧后包抄，合围喜峰口第二十九军。"

蒋介石闻言，又问道："依二位之见，关东军会不会侵占平津二城？"二人对望一眼，一时未答。蒋介石自答道："据我情报人员侦知，关东军已派板垣、土肥原到平津活动，策动张敬尧在天津暴动，接应关东军入寇平津。关东军将主力置于长城线两端，是等待张敬尧暴动成功，便乘机突破，直入平津。"当时把戴笠所报张敬尧与板垣、土肥原相勾结的情报约略介绍一遍。

二人闻之，大惊，道："若如此，则平津、华北必危。"蒋介石道："我已令戴笠设法秘密处死张敬尧，扑灭天津暴乱于未萌之中，不日就有消息。关东军失去借力，便未必会入寇平津。"二人方觉释然。又问长城作战指导方略。蒋介石道出八字方针，是"一面交涉，一面抵抗"。又解释道："关东军若不来攻，我军切不可招惹它。关东军若来攻，须令古北口、冷口两处守军节节抗击，叫关东军知难而退。只要保住平津、华北，维持国家元气，过三年五载，待我剿灭红军，充实国力、军备，待国防局势变化，便可与关东军决战，收复失地。"二人一起称是。

入夜，又召诸将到居仁堂开会，与蒋介石见面，商议战守。令宋哲元第二十九军继续守喜峰口，以庞炳勋第四十军为后援；令徐庭瑶统第十七军在古北口方面迎敌，守卫南天门，王以哲第六十七军为后援；又令傅作义统第五十九军进驻昌平，掩护古北口通北平的公路线，一旦古北口有失，便封住平古公路；令商震统第三十二军守冷口，何柱国统第五十七军守界岭口与义院口，屏护天津。又令赵承绶统骑一军进驻独石口，替代傅作义第五十九军担任守备。又对其余各支军作出安排。

令毕，各将回营。蒋介石独留第十七军军长徐庭瑶说话。先问第十七军有多少人枪、多少重武器、是否习惯北方气候，并问及部队供给、防寒情况。又问古北口作战情

日军以中国平民百姓为活靶子肆意屠杀，这张照片是行凶的日军拍摄的

况。末后告徐庭瑶道："此次长城之战，关系平津、华北安危。敌三路军中，又以西路古北口方面对北平威胁最大。如今古北口既失，南天门便是北平门户。若南天门有失，我军便全线崩溃，那时关东军快速部队，不论骑马、乘车，皆可一天一夜进抵北平。"便令徐庭瑶不计代价，死守南天门。

徐庭瑶连声应诺。临别，蒋介石又嘱道："十九路军守淞沪、第二十九军守喜峰口，皆打出了军威，为国内外称颂，却是杂牌部队。如今国人皆说论打日本，中央军不及杂牌军，黄埔系将领不及老行伍，我为黄埔军校校长，颇觉无趣。第十七军不但是中央军系统，且主官多出身黄埔，打好南天门这一仗，不但关系平津、北平安危，也关系中央军与黄埔系将领声誉。切记告诉诸将，打一个漂亮仗，为黄埔同学争一口气，也为我这校长争点面子。"徐庭瑶闻之，又连声应诺告辞。

徐庭瑶去后，蒋介石又对大小事作些交待，便告辞何应钦、黄绍竑，离北平回南昌。

南天门阵地，左面是八道楼子，正在长城线向南转折处，因有古时所筑八座碉楼得名。楼群建在群山之巅，可俯瞰长城内外，射界开阔。右面是黄土梁，在潮河河岸，虽是秃岭光山，却正锁住潮河河谷，能控制平古公路。中央有四二一高地，左面呼应八道楼子，右面呼应黄土梁，使全阵合为整体。整个南天门阵地，横宽数十里，纵深除第一线主阵地外，背后每距数百公尺皆设预备阵地，共有六道，各筑有环形抵抗巢、散兵坑、交通壕。

第十七军军长徐庭瑶从北平开会回来，便到南天门阵地视察，由第七十三旅旅长兼第二十五师代理师长杜聿明作陪。巡视毕，见阵上各连官兵皆只有编制半数，且多带伤，便问原因，告说自驻守南天门与日军对峙以来，已历数周，其间与关东军恶战数十阵，已有二成战死，三成重伤，被送往后方医院。是故能战将士，已只编制半数，排、连、营各级主官牺牲尤多，存者已不足半数。”

徐庭瑶闻报，忧道：“关东军以西路为进攻重点，西义一麾下进攻部队，除关东军第八师属下三个旅外，又有第十四师一个支队、第十四混成旅一个支队，三支军合步骑工炮不下四万人。第二十五师恶战兼旬，已折去半数，恐难久持。”言谈中有些埋怨杜聿明不早报告军中实情。便欲令第二十五师后撤，另调生力军接防。

杜聿明也不辩解，只道：“根据侦察，敌军已在阵前集结完毕，进攻在即，换防恐已不及。”正说话时，忽听有飞机马达声从东北方向传来，急抬头，见蓝天白云间，一群红头日本飞机，约有十来架，沿山谷飞来，高度在两侧山峰以下，机翼在阳光映照下熠熠生辉，已能隐约分清座舱中的日军飞行员五官。杜聿明见情势危急，顾不得礼节，急拉徐庭瑶就近躲入防空壕。

刚隐蔽好，便传来轰轰隆隆爆炸声，是日军飞机开始投弹。日军炮群，约有百门，皆是野炮，一齐急射，数十里战线，皆被弹幕遮盖，立时烟火冲天，爆炸声震动山谷。炮击至午，阵中已落弹数千发，山头皆被削平，树木多被烧毁，堑壕多处炸塌。壕内将士，亦多有伤亡。日军步兵骑兵，漫山遍野，如潮涌来。

杜聿明不待徐庭瑶同意，唤几名卫士，强拉硬扯，把徐庭瑶送下阵地，便到前沿观阵。待日军进至壕前，方令官兵回击，皆以机枪、步枪乱射，手榴弹乱炸。日军骤遭打击，立时人仰马翻，纷纷夺路回窜。自此至夜，再不敢来攻。

入夜，徐庭瑶令杜聿明率第二十五师撤往二线阵地休整，令黄杰率第二师接防南天门。黄杰字达云，湖南长沙人。得令接防南天门，便率部跑步而进，只数小时便乘夜黑进入指定位置。杜聿明待第二师入阵，方率第二十五师残军后撤。又照条令，将阵地强点、弱点、何处是日军进攻重点、日军进攻规律，皆一一交待清楚。临别，指左翼八道楼子道：“此八座碉楼，居高临下，能俯瞰全阵，是全阵总枢纽。在我军手中，对日军固危害不大。若为日军攻占，安置远程火器，便可俯击我军阵地，须以一营精锐，日夜加意防守。”

杜聿明去后，黄杰亲到八道楼子巡视，见楼群虽然高耸，周围却是秃岭光山，路狭坡陡，寸草不生，不易伏兵，心道：“关东军皆穿大皮靴，必不能爬这陡坡险路。”便不怎么在意。又见八道楼子地势高耸，没有水源，粮弹运送不易，便只派一排人虚守，主力尽用于中央四二一高地。

次日，日将西义一又统兵攻到，仍先以飞机轮番轰炸，炮群急射，再调步骑万人，分路冲阵。黄杰率第二师各旅迎战。日军火力急袭时，守军官兵皆隐入阵内，躲避炮火，只以步哨登高瞭望。待日军步骑携枪拖炮、翻山过涧进至阵前正疲乏时，一齐翻身回战壕，各据阵位，枪炮齐发。两军混战，每日数阵，接连数日，皆是如此。阵前遗尸无数，双方伤亡惨重。

西义一连攻数日，仍未攻破南天门阵地，自思率兵征战以来，未遇此强敌，便亲到阵前侦察。见中国军队驻守高山阵地，居高临下，能以逸待劳。又工事坚固，能挡炮火，急切难攻。正苦思无计，忽见阵地中央四二一高地并东端黄土梁方面，虽然炮火连天，弹痕遍地，西端八道楼子方向却十分平静。又见八道楼子居全阵制高点，可以俯瞰四二一高地。心道："若得八道楼子，便可夺占四二一高地。若得四二一高地，便可攻破南天门。"筹思一阵，已有计较。

未久，西义一统兵进攻，先令炮火急袭，又令步骑冲阵，皆只在阵前守军火力圈以外虚张声势，并不登山。日军炮火急袭时，黄杰又令官兵避入阵内。待炮火延向后方，再令官兵翻身返回阵位，准备迎敌。官兵依命，各就战位，推弹上膛，扣紧板机。未料日军步骑进至阵前，只摇旗呐喊，并不向火力圈内冲锋。是故两军距一箭地相持，皆不进不退。

黄杰正觉奇怪，苦思不解其中原因，阵左八道楼子方向，忽然枪炮声大作，枪弹炮弹铺天盖地卷向四二一高地。黄杰急抬头西望，见八道楼子顶端已插上关东军膏药旗。十数挺重机枪，沿垛楼一线排开，枪手一式黄军装、蓝钢盔，皆是关东军官兵，正抱枪向四二一高地横扫，方知八道楼子已失。大惊。

原来，西义一见八道楼子险要，可俯瞰四二一高地，便率军虚攻四二一高地与黄土梁两处主阵地，吸引守军注意。却暗遣一将带一支军，皆换下皮鞋，一律轻装，重金收买几个小商贩带路，沿一条不为人知的密道，借山脊掩护，悄然掩至八道楼子下方。守军初时见八道楼子地势高峻，可瞰制全阵，尚加意防备。未料四二一高地与黄土梁各处终日硝烟滚滚，枪炮声惊天动地，八道楼子却冷冷清清，平安无事，便防备之心渐去。只在碉楼外略挖几处散兵坑，却不派人驻守。每日允小商贩登楼，出售烟酒花生。

这日哨兵虽隐隐觉察楼下有人影幢幢，又以为是商贩登楼，未再仔细观察。日军掩至楼下后，发一声喊，一齐登楼，守军猝不及防，尽被近射火力打死，八道楼子遂失。日军夺占八道楼子后，迅即架起十余挺重机枪，一字排开，向四二一高地横扫。

黄杰见八道楼子被日军攻占，正惶恐时，日军正面主攻部队发一声喊，一齐扑向四二一高地与黄土梁两处主阵地。守军被八道楼子日军重机枪火力瞰制，不能抬头。夹攻之下，阵地多处被日军突破。幸预备队及时赶到，不计伤亡投入战斗，在阵内与日军混战，刺刀乱捅，手榴弹乱炸，方将阵内日军逐退。

计算损失，只这一阵，便折损不下千人。黄杰由此始知杜聿明所言不虚，悔不该只派一排人防守八道楼子。跌足之余，急遣一将统一团兵力，强攻八道楼子，不计损失，务必夺回。日军稳据高处，只以重机枪火力封住八方路口。官兵轮番猛冲，第一批倒下，第二批又补上，一团人折损过半，仍不能近前。黄杰令再投入一团兵力合力进攻，又折损过半。正相持不下，正面日军又向主阵地进攻。

守军因腹背受敌，尤其受八道楼子侧射火力瞰制，全阵被动。恶战一日，虽打退日军反复冲击，勉强保住了四二一高地与黄土梁，却死伤累累。统计损失，守军存者仅及三四成，且半数挂彩。黄杰无计，只得向徐庭瑶告急。徐庭瑶恐南天门陷落，便令黄杰率第二师残部撤到后方休整。令后备第八十三师接防。

蒋介石(中)与徐州会战前敌指挥白崇禧(右)、第一预备军司令长官李宗仁在台儿庄前线

八十三师辖两个旅,计约一万人,齐装满员,皆以德国克虏伯兵工厂枪炮装备。师长刘戡字麟书,湖南桃源人。率所部接防南天门阵地后,令部队向东收缩防线,以避开八道楼子侧射火力。

刚布阵完毕,日将西义一又统兵来攻,正面佯攻四二一高地与黄土梁,却在八道楼子架起远程重炮乱射,阻止守军调动。又在高处设信号台,用旗语指示正面重炮群跟踪轰击。守军虽在山背后运动,日军重炮弹皆如长了眼睛,隔山头不期而至,尽在队列中开花。部队尚未入阵便折损无数。又有日军精锐以八道楼子火力掩护,沿主峰棱线自西而东逐个夺占山头阵地,向四二一高地卷击,接应正面主力。

刘戡本是猛将,又只二十五岁,血气方刚,见部队尚未入阵便遭重创,一时性起,便令正面拒住西义一主攻部队,亲率预备队跑步上山,向西投八道楼子方向迎击。两军混战,远以枪炮对射,近以刺刀乱捅、枪托乱砸、手榴弹乱炸,反复冲杀,自黄土梁以西数十里山谷,硝烟弥漫,枪声、炮声、马嘶人叫声,相互交织,震耳欲聋。

恶战一日,阵地得而复失,失而复得,反复易手,阵前遗尸无数。入夜,各收兵回营,仍以冷枪冷炮对射。清点损失,日军折去千人。守军损失又倍于日军。两个第一线团已损失殆尽。刘戡自思无计克制八道楼子敌军炮火,再守四二一高地,徒招损失,必不能持久,便借夜幕掩护,率军悄然后撤数里,左倚笔架山,中倚三七二高地,右倚四二五高地，重新布阵。四二一高地与黄土梁遂为日军所得。

次日，新阵地未固，西义一又统兵追踪而至。百余门大炮，一齐发射，立时山摇地动，阵地皆被浓烟烈焰笼罩，只左翼笔架山便落弹数千发，新筑堑壕尽被轰垮。又施放烟幕，掩护步骑冲阵。

刘戡见势危急，令卫生兵、炊事兵、运输兵皆携枪上阵，又亲率卫士督战。恶战一日，反复冲杀，阵前尸积如山。相持到黄昏，已有多处山头阵地易手，防线七零八落不成体系，电话机、电报机皆被炸碎。清点损失，一师万人，能战者仅存十之二三，且多带伤。思及自从戎以来，历大小数十战，未遭此损失，眼见南天门险要尽失，防线不保，自觉无颜统兵再战，一时悲愤，便摸出手枪顶住自己太阳穴。正欲扣动扳机，副职眼快，一把夺下，劝道："关东军兵力火力皆占优势，我军苦战两日，虽未能保住南天门，却已尽职尽责，保住残军，总有复仇雪恨之日。"

徐庭瑶得报第八十三师只两日时间，折去大半人枪，刘戡欲拔枪自戕，大惊失色。一面派人好言抚慰，令率第八十三师残部后撤，调回北平城休整。一面急令黄杰率第二师残部兼程开赴前线，占领磨石山、香水峪、大小新开岭，构筑新阵地，掩护第八十三师残部撤退，阻敌追兵。新阵地距南天门只一小时行程，是平古公路最后一道天险。

是夜，刘戡率所部残兵，炸毁重武器，从南天门回撤。关东军见守军阵地夜半火起，爆炸声不绝于耳，料是乘夜弃阵回撤，急衔尾追来。待到磨石山、大小新开岭、香水峪一线，正碰上黄杰第二师各旅，严阵以待。放过刘戡残军，以机枪步枪火力封住山谷，大杀一阵，击退追兵。

次日，西义一将后备投入战场，恢复进攻。第十七军三个主力师皆被打残，能战者共只数千人，且多疲惫，只李家升骑一旅因是骑兵，未曾投入战斗，便令弃马步战，投入新防线。又有萧之楚第二十六军新从后方开到，归徐庭瑶指挥，这些生力军投入战场，军心稍稳，又节节抗击，与关东军相持。

不数日，忽接北平传来命令，是要古北口方面守军皆放弃阵地，速向北平方面撤退。徐庭瑶恐传达有误，亲打电话问何应钦，告说战局发生变化，撤军是万不得已。

原来，西义一统关东军西路主力强攻南天门之际，日将坂本政右卫门统东路日军第六师各旅并第三十三混成旅、铁路守备队主力、第十四师一个支队，四支军共五万人，分作三路，猛攻冷口、界岭口、义院口。三口皆在滦河以东、喜峰口与山海关之间，各相距百里，分由商震统第三十二军、何柱国统第五十七军防守。两支军各自为战，互不配合。恶战数日，冷口先失。何柱国恐被包抄，也率第五十七军从界岭口、义院口南撤。日军占三口后，汹涌南进，连占滦河东岸迁安、抚宁、卢龙、昌黎各城，又强渡滦河，进至西岸，再折而西进，接连夺占滦县、丰润、玉田各县，向喜峰口、古北口侧后迂回。

何应钦得报，恐喜峰口、古北口方面各军被围，尤恐平津有失，便令各军弃守长城线，撤往蓟运河以南，进占通县、怀柔、顺义，一边整补，一边布阵，屏护北平。

徐庭瑶问明撤军原因，便与萧之楚合兵，令前队作后队，后队作前队，沿平古公路退至指定位置。西义一不知守军已乘夜全师南撤，次晨又发动进攻。仍先以飞机轰炸，重炮轰击，再以步骑冲锋。待冲上磨石山、大小新开岭、香水岭一线阵地，已是空无一人。方知守军已南撤一夜。急统快速部队，沿平古公路追击，令大队人马随后跟进。

待至午后，日军追至怀柔县西境牛栏山一带，远远望见前方烟尘弥漫，有大队人马匆匆南去，以为已咬住徐庭瑶军后队，大喜，便令加快进军速度。正行进时，两翼高山阵地上，忽枪炮齐发，弹如雨下，日军不防，立时人仰马翻，折损无数。正混乱时，又闻得喊声如雷，杀声震天，左右各一支军一齐从山头阵地冲下来，扑向公路。却是晋绥军名将傅作义统所部第五十九军新从昌平开到，让过自家军队，截住关东军，猛冲猛杀，将关东军前锋困在谷底公路。

第十五章

作军使徐祖诒顺义忍辱负重
受逼迫熊哲民签署唐沽协定

日将西义一在牛栏山受阻，得报是遭遇傅作义所部第五十九军，暗思道："我打承德、取古北口、夺南天门，皆是战无不胜，不料今日轻敌，被傅作义所困。"欲唤后队救援，又隔在一日行程之外。眼见被困在垓心，四面八方皆是中国军队，欲进不得，欲退不能。正无计时，东北方面，忽枪炮声大作，两支军如飞而至，冲破包围圈，杀进公路线。却是日军中路第十四混成旅前锋部队，由喜峰口南进，夺占遵化城，又与东路第六师部队合兵，继续西进至怀柔县境，闻牛栏山方向有枪炮声，赶来参战，乘势救了西义一，脱出重围。

西义一脱围未久，所部第八师主力自北而南源源开到。便合三支军之力，分兵向牛栏山猛攻。先以大炮轰击，又以坦克队冲阵，步骑随后跟进。傅作义登高而望，见日军三支军会师，后队又源源而来，步骑工炮不下万人，便令部队归阵死守，乘间反击。两军恶战，各以枪炮对射，白刃格斗，牛栏山前后左右十余里，烟火冲天，杀声不绝。

两军混战，自晨至午，自午至晚，恶战一日，两军各伤亡千人，西义一未得寸土。待到入夜，一片漆黑，傅作义欲遣精兵杀入敌阵骚扰，忽接北平军分会何应钦电话，令统军撤退。傅作义不肯，道："将士正与敌军混战，不能撤退。"何应钦又接二连三打电话强令撤退。又派人送来手令，约略是一句话：着第五十九军立即停止战斗，向高丽营附近撤退。傅作义只得乘夜黑放弃牛栏山预设阵地含恨西撤，隔日军一日行程处扎营。怀柔遂为日军攻占。

关东军司令官武藤信义得报冷口、界岭口、义院口、喜峰口、古北口五处皆被攻陷，中国军队已从长城沿线南撤，日军三路人马一齐进至长城以南，连占抚宁、昌黎、卢龙、迁安、滦县、丰润、遵化、玉田、蓟县、平谷、怀柔、三河等共十余县，大喜。欲令各军乘胜夺占平津。忽闻报西路军前锋在平古公路牛栏山一带被围，几被消灭，方知中

1938 年 10 月，武汉保卫战全面展开，这是中国军队奔赴武汉前线

国军队尚有实力。思及关东军自三月上旬进攻长城各口以来,苦战两个多月,折损不下万人,皆是军中精锐,战力早已衰竭,进占平津,并无决胜把握。正犹豫时,又有急报送来,视之,是土肥原从天津发回,告说张敬尧已被人暗杀,天津暴动计划流产。便生退意,令日本武官放话试探,如中国方面要求停战,关东军可停止进攻。

何应钦得报日本驻华武官有试探停战之意,便与众人议论对策。黄绍竑道:“关东军虽常以各种借口自食诺言,然眼下关东军经两个多月恶战,虽兵临平津,也已是大伤元气,又受内阁制约,或许愿意停战,也未为可知。”何应钦遂又派人试探,日方回复如中国方面肯派军使向关东军要求停战,便可停止进攻北平,用外交方式结束战事,否则,便武力攻城。且限于五月二十四日午夜二时前作最后答复。又说关东军要求停战程序分为三步进行,第一步,派军使到日军司令部申请停战;第二步,签订停战备忘录;第三步,正式签订停战协定。

众人听说关东军要求派军使到日军司令部申请停战,尽皆沉默。作战处处长徐祖诒道:“派军使到日军司令部申请停战,等于是向日军请降,而我军并未失败。”参谋本部厅长王伦叫道:“兵来将挡,水来土掩,关东军也非三头六臂。可速调重炮兵在中华门、天安门布阵,不管三七二十一,先炸烂东交民巷,肃清城内日军内应,再调兵回防,死守北平,与关东军分个高低。”众人皆摇头,以为计策不妥。

这样反复议论,已然夜深,离关东军所定期限只隔数小时,众人一齐回头,目视何应钦。何应钦道:“派军使赴日营申请停战,事关国威、军威,非等闲之事,须得委员长指示,方可决断。”

黄绍竑道:“委员长令我们来北平主持大计,已算是授权。况古人有云,将在外君命有所不受。我等身为军政大员,总该替国家承担些责任。不如先满足日方要求。委员长那边,我亲去解释。若委员长果然不同意,罪尽在我,甘愿受国法制裁。”

众人受黄绍竑一番话感染,尽同意派军使去日营申请停战。何应钦便依众人计。又议军使人选,众人相互推托,皆恐赴日营受辱,又恐为国人责骂,不愿为使。黄绍竑忽指军分会作战处处长徐祖治道:“将军挂少将衔,仪表堂堂,能随机应变,又是日本陆军大学毕业,精通日语,为军使最恰当。”众人一齐拊手称善。徐祖诒却沉下脸,拼命推托,黄绍竑道:“忍辱负重,乃我炎黄子孙美德。为救北平一城军民并文化古迹,受此屈辱也值。”众人也劝。徐祖诒无计,只得勉强应允。

1933年5月25日凌晨5时,天刚破晓,北平城郊仍夜黑如墨,伸手不见五指。徐祖诒一身戎装,挂好军衔,由日本驻华使馆武官引路,乘汽车离北平,经东直门向东北方疾驰一小时,抵达顺义城边一个小村镇,到关东军第八师司令部申请停战。第八师师长西义一中将代表关东军接谈。

进入营内,没有客套。西义一先以目逼视,不置一言,占尽心理优势。徐祖诒虽来申请停战,也知代表国家,尽量挺直腰杆,昂首挺胸,步态不急不徐,表情不温不躁。心战良久,西义一取出一纸停战书,令徐祖诒签字。徐祖诒从容接过,仔细阅读,见停战书共有五条,第一条说明关东军接受中国军队停战申请;第二条是划定停战线,规定中国军队退出地点;第三条规定关东军可随时派遣飞机与必要人员视察中国军队撤退情况;第四条规定正式谈判地点、程序;第五条规定中国军队诺守协议,关东军不向中国军队撤退线追击。

读罢,仔细分析,对一、二、四、五条皆无异议,独挑出第三条,以为其中含有侮辱之意,请作修改。西义一初时不允,末后见徐祖诒立场坚定、言辞有理,神态不卑不亢,说话从容不迫,不易威逼,便同意将派遣飞机与必要人员视察改为用其他方法视察。徐祖诒方在停战书上签字。

中午十二时徐祖诒完成使命,从日军大营返回北平军分会。何应钦、黄绍竑皆迎出大门,接入署内,先作些勉慰,方问详情。徐祖诒松了一口气,有虚脱之态。略歇一口气,三言两语将去顺义日营经过说了个大概。众人闻达成初步停战协议,也各暗将心放下。

随后便议选派正式代表。条件须是中将衔,也能说日语。黄绍竑略一思索,便推荐熊斌。熊斌字哲民,湖北黄安人。熊斌初时也拼命推托,连声道:“我不做李鸿章第二,不作签降书代表,以免国人骂我卖国,使祖上玷污。”黄绍竑劝道:“清廷兵败投降是为时势所逼,李鸿章签署《马关条约》是奉命而为之。观今日之势,还请阁下也勉力而为之。”众人也一齐劝道:“为早日停战,保住北平一城军民,并为国家保留元气,只得委屈阁下。”熊斌无计,只得应诺。

熊斌受任后,率团与关东军举行停战谈判。双方折冲数日,在 1933 年 5 月 31 日举行正式会谈。关东军首席代表先发制人,提交停战协定草案,称为关东军最后定案稿,不容有一字更改,且须在十一时以前答复。言辞间以战胜者自居,傲态无以形容。熊斌接过草案,仔细读罢,见满篇皆是“挑战”、“扰乱”、“施行视察”之类词句,暗含羞辱之意,便提交《中国军代表停战协定意见书》,共四点内容。冈村宁次接过熊斌所递文件,一眼未瞧,便置于桌前,拍案道:“我已说过,敝人所提协定草案乃是关东军最后定案稿,贵代表只能在十一时以前作是与否两样答复,不容有一字更改。至于有何声明,须待停战协定签字后,再作商议。”说话时,睥睨左右,言辞愈加傲慢。左右六员代表,各穿戎装,怒目而视。

相持到十时五十分,离冈村宁次所定最后签字期限只剩十分钟,熊斌思及行前何应钦与黄郛交待:停战为第一要务,无计可施,拖延无益,只得勉强在冈村宁次所提协定草案上签字,是为《塘沽停战协定》,协定共五条。

一、中国军,即撤退至延庆、昌平、高丽营、顺义、通州、香河、宝坻、林亭口、宁河、芦台所连之线以西、以南之地区。尔后不越该线而前进,又不行一切挑战扰乱之行为。

二、日本军为确认第一项之实行情形,随时用飞机及其他方法,以行视察,中国方面对之应加保护予与各种便利。

三、日本军,如确认第一项所示规定,中国军业已遵守时,即不再越该线追击。且自动归还于长城之线。

淞沪抗战中的十九路军

四、长城线以南，及第一项所示之线以北、以东地域内之治安维持，以中国警察机关任之。又警察机关不可用刺激日军感情之武力团体。

五、本协定盖印之后，发生效力，以此为证据，两代表应行记名盖印。

末后落款为：中华民国二十二年五月三十一日、昭和八年五月三十一日。又有熊斌、冈村宁次二人依次代表双方签名盖章。

午后二时，又开会讨论熊斌上午所提《中国军代表停战协定意见书》，冈村宁次宣布断难照办。熊斌死争，冈村始同意附加备忘录一份，略谓万一撤兵地域有妨碍治安之武力团体发生，而以警察力不能镇压之时，双方协议之后，再行处置。

冈村因此一诺，又向熊斌另提四项口头要求：一曰丰宁西南中国骑兵第二师，应即撤走；二曰白河附近堑壕及其他军事设备，应即撤去；三曰平津附近之中国四十师军队，应即撤往南方；四曰彻底取缔排日活动。熊斌允诺实行前三项，第四项请允向北平军分会报告后再作答复，停战谈判遂告结束。

依据《塘沽协定》，中国军队须从延庆、昌平、高丽营、顺义、通县、香河、宝坻、林亭口、宁河、芦台以北以东地区撤退，并不得再进驻。关东军退往长城线以北。自西而东，古北口、马兰峪、喜峰口、冷口、建昌营、抬头营、山海关、石门寨诸处长城关口，皆由关东军驻守。又规定山海关、古北口、喜峰口、潘家口、冷口、界岭口诸关口，允关东军设置机关处理经济、交通事务。两军之间三角地区，以长城线为底边，延庆与山海关为两底角，宁河为顶角，囊括宁河、宝坻、三河、顺义、怀柔、昌平、延庆、密云、兴隆、都山、抚宁、迁安、迁西、遵化、平谷、蓟县、玉田、丰润、卢龙、滦县、昌黎、乐亭二十二县，计数十城共一万三千平方公里土地，遂为非武装区，中国只能派驻警察管理民政，主权尽失。

第十六章

南次郎召幕僚议取华北
宋哲元受钦命固守平津

日本陆军大将武藤信义任关东军司令官不过一年，便统关东军攻取热河，在长城线进出数度，又威逼平津，迫使中国签署《塘沽协定》，不但扩大了“满洲国”辖区，且以武力使“满洲国”西界进抵长城线。又因《塘沽协定》，无异于使国民政府默认了“满洲国”的存在。日本陆军省部屡表其功。关东军幕僚亦多有捧场。武藤信义愈踌躇满志，欲图入寇关内。兵未出，却染绝症，便在 1933 年 7 月一命呜乎。

武藤信义死后，日本天皇又诏令菱刈隆大将复出，再任关东军司令官。菱刈隆到职不及一年，天皇又诏令解除菱刈隆关东军司令官职务，命陆相南次郎接任。

南次郎到任后，因板垣征四郎是中国通，又常驻东北多年，发动“九·一八”事变、建立“满洲国”、入寇热河、进犯长城，皆是头功，便依为心腹，令其任关东军副参谋长，主持谋略。

一日，南次郎召幕僚议取华北，指图分析道：“华北地区囊括冀、鲁、晋、绥、察五个省，又包括北平、天津两大都市，面积有一百零一万方公里，耕地有三亿亩，居民有七千六百二十万，皆超过我皇国本土。且其地物产丰饶，食盐与棉织业占支那全境总产量二成，小麦产量占三成，棉花与煤炭产量占五成。铁路总长度也占支那全境总数一半。此外又有漫长海岸线，蜿蜒曲折，其中多天然港湾，大者有五处，计为天津、青岛、秦皇岛、烟台、威海。若得华北，我皇国国力、国威势必倍增，我关东军将士亦必成为皇国振兴的英雄。”

言及如此，见场上鸦雀无声，又续言析道：“明治大帝遗策、陆军大将田中义一所遗奏折，亦皆主张将我皇国大陆政策分步施行，是先取朝鲜，次取满蒙、次取华北、次取支那全境。得支那后，再北攻苏俄，南取南洋，使东亚尽为我皇国所有。而今朝鲜、满蒙已为我皇国所得，大陆政策第一步、第二步皆已完成。取华北是第三步，正当其时。”

座中关东军幕僚无一不是好战分子，闻南次郎议取华北，便按捺不住疯狂，各出计策，场上一时议论纷纷。有说关东军兵精将勇，能以一当十，只消大军出动，便能势如破竹，旬日之内夺占华北五省二市；有说关东军固然能战，却只五万人枪，华北中国军队有四十万人枪，不可轻敌，须请国内再派几个师来援，再进兵华北，方有决胜把握。

众人议罢安定后方问题，又议进兵华北的军略问题，议来议去，循环重复，半日不能达成一致。南次郎令板垣出计。板垣沉默半日，正等南次郎点将，清清嗓门，环视众人一眼，方出言道：“诸位议论半日，皆担心关东军只五万人枪，实力不足以攻取华北，此是谬误，正说明诸君对关东军以寡胜众、以微不足道的代价夺占满蒙四省、建立满洲国的真谛，并未真正理解。”

板垣接着说道：“支那古时有个大军事家，名叫孙子，著有兵法十三篇，其中有一篇名曰《谋攻》，内中写明：‘故善用兵者，屈人之兵而非战也，拔人之城而非攻也，毁人之国而非久也，必以全争于天下，故兵不顿而利可全，此谋攻之法也。’关东军夺战满蒙方略，虽是独立思考结果，却与《孙子兵法》中《谋攻》不谋而合。”

1938年10月21日，广州失守，日军进犯广东各城市

众人不解关东军夺占满蒙与孙子兵法的关联，一齐问其详。板垣又析道：“满洲事变发动前，关东军只一万人，且久未参加过实战。张学良东北军有四十万人，在数量上四十倍于关东军，且其军队参加历年内战，将士皆有实战经验。军中装备虽不及关东军，却拥三百架飞机，其中不少是德国制造，新运回沈阳，甚至还未开箱组装。各种大炮有数百门，皆是德国式样，性能并不次于关东军所拥大炮。至于其军中轻武器，每连有十二挺轻机枪，皆是捷克式。团级部队有重机枪连、山炮连，其火力装备与我关东军不相上下。若两军主力对峙，我关东军纵然能胜，又岂能几乎兵不血刃，只十余日便打败其四十万军，连占三十城，百日内夺占三省之地？”

稍顿，见场中鸦雀无声，不待众人发问，又续言道：“关东军能以寡胜众、以一敌十而大获全胜夺占满蒙四省，建立起满洲国，除将士忠勇外，主要原因在于用了谋略。”

南次郎闻板垣绕来绕去，已知其意。便突然睁开眼睛盯住板垣，打断其话头，插言问道：“你的意思我已经明白，是想说关东军夺占华北五省二市，只须以智胜，不必用力取。”

板垣连声对道：“司令官明察秋毫，板垣正是此意。”南次郎道：“如何智取华北五省二市，可详述之，余者暂搁置一边。”言下有批评板垣叙话啰嗦之意。

板垣闻之，不敢再转弯抹角说话。当即，从座中走向地图，指图分析道：“华北五省二市，有百万平方公里，七千万人口，西南两面皆由黄河环绕，东面是渤海，北面与满洲国、苏联扶植的外蒙古为界，已构成一个独立的地理单元。”

一边归座一边说道：“蒋介石国民政府以广东为发祥地，其势力是随北伐军北进，越过长江、黄河，逐步向北渗透。是以蒋介石虽在名义上统一了中国，其实并未真正控制全国。其对长江以南控制较为有力，长江与黄河之间的中原地区次之，黄河以北的华北又次之。如今蒋介石在华北能指靠者只有中央军几个师、宪兵第三团、'蓝衣社'，皆在平津地区。另有河北省主席于学忠并东北军各部与蒋介石联系密切。其余山西省主席阎锡山、山东省主席韩复榘、察哈尔省主席宋哲元、绥远省主席傅作义、三十二军军长商震，皆是西北军与晋绥军系统，非蒋介石嫡系，各怀异心，只是畏惧蒋介石中央军与张学良东北军联合势力，暂隐锋芒而已，心中并未臣服。长城以北察哈尔与绥远两省，更是蒙古诸王昔日领地，如今亦是蒙汉杂居。各蒙古王公臣服清帝，仇视汉人，从未断绝摆脱汉人统治，另立蒙古国念头。我军若利用这种情势，秘派特工人员赴华北各省区，以金钱、爵禄多交结华北境内各种反国民政府中央的地方势力，尤其是交结宋哲元、阎锡山、韩复榘、商震、傅作义这些地方实力派并各蒙古王公，使之自愿与关东军合作；我再以关东军主力兵团在长城沿线活动，以为疑兵，逼蒋介石将中央军、东北军、宪兵团和'蓝衣社'诸中央势力退出华北，使阎、宋、商、傅、韩诸人并各蒙古王公失去顾忌，再策动他们组织地方自治政府，摆脱南京蒋介石政府控制，然后择机建立蒙古国、华北国，使之与满洲国同声连气。则不消二三年，便能不费一枪一弹尽得华北五省二市。"

众幕僚闻板垣计取华北之议，一齐拊手称善。南次郎闻板垣最后一番分析，不再有虑。便问及主持智取华北谋略以何人为当。板垣早胸有成竹，指土肥原道："这里有一员现成的智者，可负责主持华北谋略。"南次郎大喜。便令土肥原即刻启程，前往平津，开展对华北谋略工作。又令板垣坐镇关东军司令部，负责为土肥原开展华北谋略提供一切必要后勤帮助。末后又令关东军主力进驻长城沿线各口，以为疑兵，配合土

日军对我敌后根据地进行残酷扫荡，残杀我抗日军民

肥原在华北开展谋略工作。

此后不久，关东军对华北谋略接连取得进展。先以中国华北当局支持东北抗日义勇军为由，向中方提出三项要求：一曰要求中国从平津撤退宪兵第三团、北平军分会政治训练处及各排日团体，罢免其负责人员；二曰要求罢免于学忠河北省主席职；三曰要求于学忠所部第五十一军及中央军所属黄杰第二师、关麟征第二十五师移驻保定以南地区，禁绝国民党党部及“蓝衣社”在平津地区活动。又说若不依从，关东军将自由进出长城线，夺占平津，以武力相见。日军飞机三架五架一队，十架八架一群，飞往北平上空，甚至擦树梢低空掠过中南海居仁堂上空示威。

何应钦无计，经蒋介石同意，接受日方要求，将于学忠解职，调任陕甘川任“剿匪”总司令，所遗河北省主席一职改由民政厅长张厚琬暂代。将天津市长张延谔免职，由王克敏接任；蒋孝先免职，宪兵第三团撤出华北；第五十一军、中央军黄杰所部第二师、关麟征第二十五师，亦皆撤出华北；河北省国民党党部、天津市党部皆解散；“蓝衣社”、“励志社”、“复兴社”并国民政府中央在平津华北各秘密机关，尽皆撤走。

犹嫌不足，日本中国驻屯军司令官梅津美治郎又在1935年6月11日送来一纸备忘录，将日方要求概述为九项，逼何应钦签字为凭。何应钦虽愿接受日方要求，却不愿在备忘录上留下手迹，恐招千古骂名。商议再三，方议决以何应钦名义，用复函替代签字。复函称对六月九日酒井参谋长所提各事项均承诺之，并遵守执行。是为《何梅协定》。

《何梅协定》墨迹未干，又有《秦土协定》接踵问世。协定共十项内容：一曰中国允诺将第二十九军撤到察境长城线以南；二曰解散察境排日机构；三曰处罚责任人；四曰制止向察境移民；五曰承认日满对蒙工作，允日在察境设置特务机关；六曰支持日满开发张家口与多伦之间的公路铁路交通；七曰允日人在察境自由旅行；八曰察省招聘日人为军事政治顾问；九曰援助日本在察境修筑机场与无线电台；十曰第二十九军撤出地区，按停战区原则治理。因《秦土协定》成立，察哈尔省主权失去大半。宋哲元亦被免去察哈尔省主席职务，遗缺由秦德纯暂代。

1935年6月中日签署《何梅协定》与《秦土协定》后，华北境国民政府中央势力尽被日本借约驱除，仅维持军事委员会北平分会一个机构，亦是有名无实。日人势力在华北大盛，局势愈益危机四伏。为缓解日方压力，蒋介石依何应钦计，令调整华北各处重要人事，任宋哲元为平津卫戍司令，负责平津治安；任商震为河北省主席，兼津沽卫戍司令；任程克为天津市长；任秦德纯为北平市长，其余山西、山东、绥远三省主席职，仍由阎锡山、韩复榘、傅作义三人担任。华北局势稍稳。

未久，日本陆军省为加紧侵占华北，决定加强中国驻屯军力量，且令多田骏替代梅津美治郎，任中国驻屯军司令官。多田骏到任后，急欲推进分离华北活动，提高中国驻屯军威望。并拟与关东军合力，搞分离华北运动，建立一个“华北国”，一个“蒙古国”。

稍后，关东军与中国驻屯军先策划在长城线外建立了以德王为首的傀儡政权。

又使汉奸殷汝耕建立“冀东防共自治政府”，制订“自治政府”十四条组织大纲，设九人为委员，皆是日人走狗。殷汝耕自任为政务长官。滦榆、蓟密两区二十二县自此沦为关内小“满洲国”，实际由日人统治。

蒋介石闻报殷汝耕投靠关东军，在通县宣布成立“冀东防共自治政府”，策动滦榆蓟密两区二十二县脱离中央独立，大惊，急召行政院长汪精卫、军政部长何应钦、国民政府主席林森并诸文武大员商议对策，议定六条：一曰撤销军事委员会北平分会；二曰派何应钦任行政院驻北平长官；三曰成立冀察绥靖公署，任宋哲元为绥靖公署主任；四曰免除殷汝耕滦榆行政督察专员职务，下令通缉；五曰撤销滦榆、蓟密两区专员公署，改由河北省府直接处理两区行政；六曰令宋哲元、商震二将共同负责冀、察、平、津治安。

日本外务省得报中国政府下令通缉殷汝耕，宣称是向日本国寻衅，请收回通缉令。陆军省也训令关东军司令官南次郎、中国驻屯军司令官多田骏继续奋力推进华北“自治”运动，使华北成为大日本帝国的“华北国”。土肥原得此训令，愈有恃无恐，便访国民政府冀、察绥靖公署主任宋哲元，提出华北高强度“自治”方案，令在11月30日以前成立“华北共同防共委员会”，宣布华北五省二市“自治”。

宋哲元见土肥原所拟高强度“自治”方案，无异于使华北五省二市成为“满洲国”第二，不敢应承。南次郎便派关东军数万人枪，在长城线冷口、喜峰口、界岭口、古北口、义院口、榆关各处关口活动，以增压力。又令飞机十架八架一群，三架五架一队，不分昼夜在北平城区上空盘旋呼啸，贴树梢低空飞行。又派兵占领北平郊外丰台车站，摆出攻城姿态。

宋哲元既不敢与土肥原硬抗，又不愿仿殷汝耕公开作汉贼，每日电请南京指示，却无回音，一时无计，便通电国内外，宣布辞去冀察绥靖公署主任职务，请蒋介石早定大计。

蒋介石得报宋哲元辞职，急催何应钦赴任，以行政院驻北平最高长官名义到北平暂时应付，密嘱相机行事。何应钦得令，乘车兼程北上，十二月三日抵北平，欲与宋哲元商议，宋哲元称病，避往西山。只得召秦德纯、熊式辉、陈仪数人议论对策。陈仪出计道：“土肥原屡逼宋哲元，提出高强度‘自治’方案，是欲使宋哲元成为殷汝耕，使华北五省二市成为‘满洲国’第二。关东军又在长城沿线活动频繁，作出进逼平津的姿态，华北局势已是千钧一发。如何应付，我以为有三策可循。”

何应钦问其详。陈仪继言道：“第一策是硬策，即奋起抵抗，然以我国力，实在是九败一胜；第二策是软策，彻底投降，满足日人要求，听任日人将冀东‘自治’范围扩及华北五省二市，使华北五省二市成为‘满洲国’第二。两策皆是下策，不可以施行。”

何应钦便问第三策。陈仪对道：“第三策是不软不硬之策。”当时约略说明第三策内容，是成立冀察政务委员会，由宋哲元主持，一面代表中央处理冀察政务，一面与日人周旋。熊式辉评论道：“这第三策既可部分满足日人要求，缓其压迫，避开其武力攻击，又能多少保留中央对华北的控制权，果然是不软不硬之策。”稍顿，又议道：“只

华北敌后震惊敌胆的八路军战士

是这样一来，冀察两省未来究竟几分亲日、几分靠拢中央政府，全凭宋哲元一句话了。”

何应钦初时很欣赏第三策，闻熊式辉一番议论，不免踌躇。众人反复议论，一天一夜，也无他策，一齐回视何应钦，请作裁决。何应钦叹道：“三策之中，第一策太硬，无力为之；第二策太软，不敢为之；第三策固然是无策之策，不尽如人意，却可以暂时避免战争。”便依陈仪之计，拟成冀察政务委员会组织大纲，在十二月十八日成立冀察政务委员会，任宋哲元为冀察政务委员会委员长，兼冀察绥靖委员会主任，任宋哲元、万福麟、王揖唐、刘哲、李廷玉、贾德耀、胡毓坤、高凌蔚、王克敏、萧振瀛、秦德纯、张自忠、程克、门致中、周作民、石敬亭、冷家骏十七人为政务委员。又规定冀察政务委员会辖下省区在财政、外事、币制、人才录用诸方面，享有相当自治权。

自此冀察政务委员会对南京中央政府维持半独立状态。冀察政务委员会成立，虽未完全满足日本陆军省部、关东军、中国驻屯军关于华北五省二市自治要求，却也使华北自治进程向前大大迈进一步，因而未加反对。

第十七章

欲全面侵华东洋国三易内阁
为守土抗日廿九军调整部署

1936年2月26日凌晨，日本首都东京城上空，彤云密布，暴风雪铺天盖地，平地积雪过膝。帝国陆军近卫第一师一千四百名士兵，皆荷枪实弹，由一群皇道派少壮军官统领，分作六路，开进东京市区，扑向首相府、警视厅、陆军大臣并诸军政要员官邸，破门而入，不分青红皂白，乱枪齐发。内阁大臣斋滕实、藏相高桥是清、教育总监渡边锭太郎、首相秘书松尾皆被打死，另有多人负伤。只首相冈田启介侥幸逃脱。是为"二·二六"政变。

"二·二六"政变后，日本政府由广田弘毅组阁。广田弘毅内阁任期十个月，1937年1月总辞职，继由林铣十郎组阁。林铣十郎内阁任期一百一十九天，在六月三日辞职。始由近卫文麿组阁。此时日本已成为法西斯国家，加紧扩军备战。尤其增加驻华军力，作全面侵华准备。

先令增加关东军兵力，使拥四个师、十三个旅、五支守备队、十二个特种兵团，合十万人，令植田谦吉大将任司令官，东条英机中将为参谋长。又令特别加强中国驻屯军，任田代皖一郎中将为司令官，桥本群少将为参谋长。新组成常设步兵旅，令河边正三少将为旅长，名为一个旅，实拥一万四千人，超过一个常设师兵力。

又令改组华北境北平、通州、太原、张家口、济南、青岛诸要镇特务机关，分任松井久太郎大佐、细木繁中佐、茂川秀河少佐、大本四郎少佐、石野芳南中佐、谷狄那华雄中佐为各处特务机关长。又任今井武夫少佐为驻北平武官辅佐官。皆负责收集情报、收买汉奸、策反中国军政要员、制造混乱。

又令海军第三舰队驻扎上海，负责对华作战。另调驱逐舰分舰队两支，计为第二十七、第五驱逐舰队，分驻旅顺、马公两处军港，协助第三舰队。其余各军亦各厉兵秣马，准备随时出动，支援关东军与中国驻屯军。

又制订1937年度对华全面开战计划，规定一旦全面对华开战，便从朝鲜、"满洲"、台湾并本土四处调兵增援中国驻屯军，集中四个军十四个步兵师，并附辅助部队若干，分三路进攻，第一路两个军，辖八个师，负责华北平、津、冀、察、绥、晋、鲁五省二市作战，先占领北平、天津、张家口，后在平汉铁路与中国军主力会战，再在津浦铁路、平绥铁路方面扫荡，占领黄河以北各要地；第二路二个军，辖五个师，负责华中方面作战，一个军强攻上海，另以一军在杭州湾登陆，从侧后包抄，在上海围歼中国守军主力后，再合两支军力量进兵南京，夺占沪宁杭三角地区；第三路一个师，负责华南方面作战，相机占领福州、厦门、汕头，牵制中国军队主力，策应华北华中方面主力作战。力争速战速决，迫中国政府投降。

其余对政略如何配合军事，如何宣传，如何把握战机，海空军部队、战略部队如何配合行动，皆有详细规定。

宋哲元任冀察政务委员会委员长、主持平津冀察大政后，因见日本关东军强大，日本中国驻屯军也不断增兵，便报国民政府军政部批准，增加二十九军实力，另编新部队若干。士兵皆从北方鲁、冀、豫各省招募，身材高大，体魄雄健，吃苦耐劳，又反复训练，劈刺、骑射、拳术、行军皆无所不精。虽朔风如芒、黄沙蔽天，将士亦可负重日行

在武汉外围坚持抗战的中国军队，向进犯的日军猛烈开火

百里。

又进行抗日教育，宣传枪口不对内、宁死不做亡国奴。平常用餐，馒头上皆印“勿亡国耻”四字；会餐杀猪，每把猪化装成日本兵模样，标上“打倒日本帝国主义’’字样，再用乱刀捅死。

又设法改善装备，分三途进行：一途向中央政府申请，得拨付步枪二千支、步兵炮八门、子弹四百万发，每月补助军饷八十万元；一途筹款从国外购买，得捷克式步枪一万支、自来得手枪四百支、子弹四百万发、高射炮十二门；一途利用所辖兵工厂，加紧生产机关枪、迫击炮、掷弹筒及各种弹药。由此全军装备亦趋改善，列兵每人新式步枪一支、刺刀一把、大刀一把、手榴弹四枚；排长拥冲锋枪一支；连长拥自来得手枪一支。每班新装备榴弹枪两支。师有炮兵营、高炮连；团有八二迫击炮连、重机枪连；营有机枪连；每连新装备轻机枪六挺、掷弹筒四具。班有轻机枪；排有重机枪。其余骡马、车辆、通讯器材配备，亦是大有改善。前后只两年时间，第二十九军便拥五个师二十二个旅，步骑工炮合十万人，成为军中劲旅。

1936年6月，日军增兵华北，又策动蒙古德王成立“蒙古军政府”，进兵绥远，华北局形势骤然紧张。宋哲元久经战阵，知中日之战势难避免，便暗中调整部署，以防不测。先统一军政，令张自忠统所部第三十八师驻防天津、大沽、沧县、廊坊诸城，兼为天津市长；刘汝明统所部第一四三师驻守张家口、张北、怀来、涿鹿、蔚县，兼为察哈尔省主席；赵登禹统所部第一三二师驻防冀南大名、河间、任丘、固安各城，兼为河北省保安司令；冯治安统所部第三十七师驻防北平南苑、西苑、保定、丰台、宛平、卢沟桥，兼为河北省主席。四支军互为犄角，相互守望。其余各新编混成旅、保安旅，驻防四支主力军之间，以为羽翼。却令副军长秦德纯兼任北平市长，坐镇北平，节制全军。

又因北平东南北三面皆有日本驻军，只城西南丰台、宛平、卢沟桥有通道可供自由进出，便特别指令冯治安务必加强宛平、卢沟桥、丰台三处防务。又令成立河北省第三区行政督察专员公署，署址设宛平城内，辖宛平、大兴、通州、昌平四县，任王冷斋为公署督察专员，兼为宛平县县长。

安排毕，宋哲元又嘱诸将提高警惕，既不得屈从日人，成为汉奸，又不得主动寻衅，以致酿成战祸。末后又归结出八字方针：准备应战，却不求战。

日本中国驻屯军司令官田代皖一郎中将，参加过策划"九·一八"事变，对全面侵华犹为积极，欲仿关东军夺占"满蒙"之法夺占华北各省，以使中国驻屯军在兵力、经费并威名级别诸方面，皆能与关东军一争短长。便将中国驻屯军分为两支。一支驻天津，由驻屯军司令部亲辖；一支驻北平，旅长河边正三少将坐镇北平指挥。两支军外，又建议派出分遣队分据北宁铁路各要点，自东而西，计为榆关、秦皇岛、昌黎、滦县、唐山、塘沽、通州、丰台八处，各处分遣队兵力或者一排，或者一连，各不相等，皆依紧要程度定夺。八处之中，又以丰台分遣队驻军实力最雄厚，辖步兵一个营，附炮兵、骑兵分队各一支，步骑工炮计约二千人，以一木清直少佐为营长。

丰台在北平西南方二十公里，地当北宁、平汉、平绥三条铁路线交汇点上，一向为兵家必争之地。由丰台西去七公里，是华北大河永定河。永定河别称卢沟，河上有一石桥，始建于1189年，历三年，1192年建成，便是卢沟桥。卢沟桥长266.5米，宽8米，共十一孔石拱连接而成，每孔石拱长短不一，长者二十余米，短者十余米。桥两侧栏杆上共立281根望柱，柱顶方形莲花宝座上，雕有石狮，大石狮281只，小石狮198只，另有两只特大守桥石狮，四只望天吼，共有大小石狮485只。石狮或翘首望天，俯首观河，或闭目安坐，或欢乐嬉戏，皆栩栩如生。

卢沟古石桥虽历八百余载，屡经风雨洪水，仍巍然屹立，堪称世间奇迹。文人墨客行经此桥，常彻夜浏览。待到雄鸡唱过，凭栏而处，星稀月残，河水泛光，远山若隐若现，自是风光无限。便有"卢沟晓月"美谈。自古颂卢沟晓月名句数不胜数。只大清乾隆皇帝所吟明代杨荣《卢沟桥北上》名句，最能道出卢沟桥风光。那诗道：

河声流月漏声残，咫尺西山雾里看。

远树依稀云影浅，疏星寥落曙光寒。

又有乾隆帝亲题"卢沟晓月"四个大字，雕成石碑，立于桥头，更是一处佳景。

由卢沟桥往北一箭之地，新筑成一座大铁桥，长940米，连接平汉铁路。平汉铁路过了卢沟大铁桥，便分为三路，右一路经丰台接平津线；左一路直通北平；另有支线通往通州。由卢沟大铁桥再过去一箭之地，便是宛平县城。

宛平县城原名拱北城，城区呈长方形，东西长640米，南北宽320米。四周城墙由条石砌基。条石上砌砖，中间以黄土夹碎石填充夯实。城墙顶上再铺面砖，上下共三层。城四角筑有角台，角台上筑有角楼。城东西两侧各开一门，供行人进出。南北另筑中心台，台上建岗楼。城墙上另设兵屋、射孔、瞭望台，供守御之用。因控制卢沟铁路桥，扼住平汉、平津、平绥三大铁路线交汇点，又扼住北平西南咽喉要道，宛平城便也成为兵争之地，较丰台战略地位更显重要。

日军进驻丰台后，日本中国驻屯军参谋长桥本群便赴北平，约河边正三旅长并牟田口廉也团长一起到丰台巡军。因觉卢沟桥与宛平城位置紧要，皆换便装，利用青纱帐掩护，就近侦察地形。果见宛平城城高墙厚，控制卢沟大铁桥，以区区一座县城，扼住平汉、平津、平绥三大铁路干线。便议道："支那重心，是在华北；华北重心，是在平津。若得平津，便等于得了华北，半个支那便在我驻屯军一握之中。这一场功劳较之关东军夺占满蒙、建立满洲国，是有过之无不及。"

又议道："如今因殷汝耕宣布冀东二十二县自治；德王在察哈尔建立蒙古军政府；唐山新近又有亲日政权建立，兼之我驻屯军东起榆关，西到丰台，沿北宁线驻扎，天津城四面被围，已是孤城，只靠平津铁路，经廊坊与北平相通。北平城也是东南北三面被围，只西面凭平汉线经卢沟桥与保定相通，残留最后一口气。我若以四两拨千斤之法，或以谋略，或以少量兵力，伺机夺占宛平，控制卢沟桥，便截断了北平最后一口气。届时不费一枪一弹，平津两城便如秋叶飘零，自动落入我驻屯军之手。"

议罢，便召丰台驻军营长一木清直少佐说明计划，令其执行。

第十八章

欲取卢沟牟田口兵出丰台
守土有责金振中奋起宛平

日本中国驻屯军第一团第三营营长一木清直少佐统所部进驻丰台后，每与中国驻军冲突。

一日，第二十九军几个士兵在铁路边牧马，忽一列火车呼啸而至，军马受惊狂奔，有一匹马闯进日军营房。中国士兵追踪而至，请日军放还，日军不但不肯放还军马，反聚众殴伤中国士兵。

隔日，一名朝鲜浪人借日军威势，闯入第二十九军兵营，声称二十九军马厩是其私产，要求其退出。官兵以为此事无中生有，离谱过甚，未予理睬。朝鲜侨民竟拔刀动武，又召来日军士兵相助，引起群殴，各有伤亡。

又隔日，第二十九军一支部队外出演习，整队归营，在路口与日军一连狭路相逢，各不让道。日军官兵出语伤人，道："皇军大大的，支那兵小小的。"第二十九军官兵报以冷嘲，并回敬道："中国兵大大的，东洋兵小小的。"日军又纵马闯入中国军队队形内，乱践乱踏，第二十九军士兵便以枪托击马。中国军队部队长出阵与日军交涉，却被日军扣留。又弹上膛，刀出鞘，包围中国军队，欲强行缴械。双方大部队得报，各派兵增援。包围与反包围，层层叠叠，相持一夜。

如此冲突，隔三五日便发生一次。二十九军士兵虽憎恨倭贼霸道，对峙时毫无惧色，不肯相让，高层却宁愿妥协退让，避免正面冲突。故每次争端，皆以二十九军让步告终。饶是如此，日军官兵并不满足。一木清直也以为第二十九军官兵斗志旺盛，抗日情绪浓烈，尚不知日本皇军威严，每有伺机惩戒之意。

这日，一木清直得桥本群、河边正三、牟田口三人口令，虽语意不甚明朗，却知是令对二十九军采取更严厉态度。若机会适当，便设法夺占宛平城与卢沟桥，进一步加强中国驻屯军战略地位，造成四面围困北平态势。思虑半日，便召来属下第八连连长清水节郎大尉，令率队举行夜间演习，以回龙庙与大瓦窑为冲击出发地，以

中国第二十九军在卢沟桥抗击日军的进攻

宛平城与卢沟桥为突击目标，演练内容是利用夜幕接敌，黎明夺城。

清水节郎恐引起纠纷。一木清直却道：“我正要引起纠纷。”又详析道：“天津被我军四面包围，北平为我军三面包围。平津对外交通联络全凭西南面平汉铁路维持。我若得了卢沟桥与宛平城，等于四面围住平津，则二城不战而下。若得平津二城，华北亦指日可下。这一场功劳，可比当年板垣、土肥原二位将军智夺满洲。”清水节郎恍然若悟，便允诺依计。

七月七日上午，清水节郎大尉统所部第八连二百人枪向卢沟桥进发。待到宛平城外、回龙庙附近永定河堤时，已是午后。便令士兵休息用餐。又打探地形，见永定河因届夏季，河水暴涨，浪涛滚滚，挟泥带沙擦宛平城西流去。宛平城与回龙庙、大瓦窑之间正是平汉线与北宁线交轨点。宛平城东有一高地，名曰沙岗，距宛平城与回龙庙各约千米，在平汉线与北宁线夹角之间，能俯瞰宛平城。岗上有简易工事，料是中国军队修筑，却无人驻守。心道：“若得沙岗，居高临下架起重机枪，便可压制宛平城城防火力。”又令副职与城内守军联络，假说欲过河到长辛店方面演习，请开城借道，却被守军严辞拒绝。

清水节郎见计未成，令士兵照演习计划分为两支，一支假定为中国军队，负责防守；另一支进攻。分派毕，各依计划赶修野战工事。

待工事完成，正暮云四合，夜幕降临。清水节郎抬腕看表，时已届七点三十分，便令演习开始。攻方日军借青纱帐掩护，分为尖兵、中军、后卫三支，翻滚跳跃，由回龙庙出击，向大瓦窑假定敌军阵地冲击。待到近前，大瓦窑方面假想敌阵地机枪步枪齐发，皆是演习用空包弹，劈劈啪啪，十分热闹。

相持多时，各有得失。清水节郎又抬腕看表，已届夜十点三十分，第一阶段训练已告结束。下一阶段应该演习越过铁路线，利用夜色掩护，接近宛平城。便派传令兵速传令各排长并假想敌司令，演习暂停，整队集合。那时夜色正浓，伸手不见五指，只永定河水在夜暗中微微泛起幽光，不时有金鲤跃水的声响。

不消片刻，队伍集合毕，清点人数，缺一名士兵，名叫志村菊次郎。便急向丰台一木清直少佐报告。又令各排四下搜寻。正乱时，失踪士兵自动归队。清水节郎又抬腕看表，十一点不到。志村菊次郎失踪时间前后只二十分钟。便问缘由。告说小解，与大部队失去联络。清水节郎恐有闪失，便令停止演习，撤离现场，将部队带到西五里店青纱帐中隐蔽待机。

西五里店也在平汉线与平津线夹角处，西距沙岗一千米，距宛平城东门二千米。部队刚到西五里店，正碰上营部联络官。告说一木清直少佐得报有士兵失踪后，亲统全营主力，步骑工炮，计约千人，已离丰台兵营，正全速向宛平城前进。令清水节郎所部停止演习，准备对中国军队作战。又告说一木少佐已将情况向北平牟田口廉也大佐报告。

清水节郎闻告，急问道：“牟田口大佐如何说？”那联络官转述牟田口廉也的命令道：“牟田口大佐同意一木少佐统营主力立即出动，占领沙岗附近地区，待天亮再与宛平城中国驻军营长交涉。”清水节郎得令，大喜。

未久，一木清直统第三营主力赶到西五里店，与清水节郎所部会合。略问些情况，便将部队散开，乘夜黑分占回龙庙、大瓦窑、沙岗各要点，三面围住宛平县城与卢沟桥。

第二十九军派驻宛平守城守桥的部队乃是第三十七师第一一〇旅第二一九团所属第三营，以金振中为营长，师长、旅长、团长分别为冯治安、何基沣、吉星文。

金振中接防卢沟桥与宛平城防务前，曾询问师长冯治安道：“现在日军昼夜寻衅，若其进一步恃强夺城占桥，当如何处置？”冯治安对道：“我军处境两难，既要本南京中央政府指示办事，又要保全现时本军阵地。平津乃我国著名古都，又是政治、经济、文化中心，若处置不当，失去平津，不但将失去平津二城提供的财税收益，失去一大笔军饷来源，且会遭举国唾骂，使我军无法生存。是故宛平城与卢沟桥俱不可失，失则平津不保。然又要设法推迟与日军正面冲突，推迟越久越好，望好自为之。”金振中会意，道：“振中当依师长训示，一不惹事，二不怕事。若日军恃强硬取硬夺，必统军与城与桥共存亡，以维护本军荣誉，报答全国同胞。”

第三营守城部队名为一营，其实辖步兵四个连，轻、重迫击炮各一个连，重机枪一连，计辖七个连并辅助部队若干，共一千四百人，实力与一个团相当。金振中受命后，令所部分为四支。步兵第九连、轻迫击炮连、重机枪连为一支，负责守城，驻防宛平城内。其中轻迫击炮连部署在东门，正对沙岗；重机枪连分据城东南、东北两角，封锁城外通道；步兵连分散部署在城头，据守四方城墙。重迫击炮连与步兵第十一连为一支，负责守卫铁路桥。其中步兵连驻防桥东，重迫击炮连驻守桥西。步兵第十二连为一支，在城西南面占领有利地形，构筑野战工事，支援守城部队。步兵第十连为一支，驻守石桥西首西大王庙内，为全营预备队。

七月七日午后，金振中在宛平城头远远望见日军大队人马不顾雨后泥泞，到宛平城边一千米处扎住，准备演习。又提出要经城区借道去长辛店演习，皆不同寻常。心生警惕，便一口拒绝日军要求。又亲换上便服，带着一把铁锹，伪装成筑河堤工事状，出城打探，见日军工事皆按实战标准构筑，以宛平城并卢沟铁路桥为攻击目标。又见有战车结队隆隆驶来，暗思道：“看日军今日阵势，或者真是演习，或者是借演习之名抢占地形，乘势攻城夺桥，也未可知。”便赶紧回城，传令各连官兵，加倍警惕，枪不离手，衣不解甲，作好应战准备。自己亲守营部掌握情况，调度指挥。

挨至午夜，电话铃声骤响，金振中急拿起话筒，却是第二十九军副军长兼北平市市长秦德纯从北平城内打来，告说日人称一演习士兵失踪，又闻城内有枪声数响，惊扰了日军演习部队，要求派军进宛平城搜查。便告道：“这是日人借口，欲不战而夺我宛平城，控制卢沟桥，切断我平汉路。”当时不待秦德纯探问，便在电话中将日军如何在七日下午要求借道经宛平城到长辛店演习被拒绝；如何在宛平城外一千米距离内构筑实战工事，举行夜间演习，以攻击宛平城与卢沟铁桥为演习内容；如何把战车结队开到宛平城附近；又如何乱喊乱叫，机枪小炮乱响了半夜，约略说了个大概。末后

中国守军在检查缴获的日军武器

告说自七日下午，见日军来势不善，早令东西城门紧闭，断绝城内外交通，日军士兵纵然失踪，必不可能入城。又告说士兵子弹皆严格控制数量，未得命令，亦不会乱射。便请示机宜，问日军倘若恃强攻城攻桥，当如何应对。

秦德纯沉吟半晌，分析道："照以往经验，大凡日方挑起事端时，必有所准备。先提出谈判，漫天要价，若我们屈让便罢，若不屈让，便以武力威逼讹诈，然后动枪动炮。看此番日方所为，既意在宛平城与卢沟桥，我方便不能屈让，这是一条基本原则。"末后又转言详析道："宛平城与卢沟桥虽小，却扼住平汉线与平津线，是平津两城对外唯一联络孔道，若有闪失，平津便不能保。故须死保卢沟桥与宛平城。日军虽一兵一卒，亦断不允入城上桥半步。若日军悍然强攻，宛平城与卢沟桥便是我二十九军最后墓庐，全军将士须以血肉相拼，纵然寸地尺土，亦断不允轻让日人。"

金振中本是喜峰口抗日英雄。调驻宛平城虽只数月，眼见日人在城外耀武扬威，隔三差五来一场昼夜演习，乱枪乱炮齐发，搅得满城不宁，却只能忍气吞声，佯作不见不闻，心中早升起一把无名火。闻秦德纯命令干脆强硬，为历年绝无仅有，大受鼓舞，当时连声应诺。便令将士将东西两门皆以沙包垒住，城内家家户户门窗皆以棉被封住，以避流弹。又令将士登城守卫，动员百姓，不分男女老幼，运送粮草弹药，修筑工事，帮助迎战日军。

八日清晨，日军忽然发炮攻城。迫击炮抵近射击，将东门城楼炸毁大半。大队日军步兵大呼小叫，借青纱帐掩护，向城门冲击。城西北回龙庙方向也是枪声大作，另一支日军正偷袭回龙庙，进攻卢沟铁路桥。

金振中登高而望，已有计较。派出传令兵偷出西门，速到卢沟铁路桥，令守桥将士依计而行。布置毕，大队日军正到东门外。金振中急令将士开火。自己手起一枪，打倒了敌阵中一员带刀指挥官。将士得令，机枪、步枪齐发，手榴弹扔进青纱帐。日军自“九·一八”以来接连轻胜中国军队，占据大片土地，未将中国军队视为对手，进攻时大摇大摆，不意突遭打击，人仰马翻。进攻部队伤亡惨重，余皆借青纱帐掩护，逃回本阵。幸另一支日军夺占了回龙庙，占领了卢沟铁路桥以东永定河堤，多少挽回一些颜面。

牟田口得报进攻受挫，日军进攻部队折损无数，心中恼怒，骂一木清直无能。令调整部署，退守待援。又向河边旅长告急，请派兵增援。然后亲统丰台日军余部并本团主力，浩浩荡荡杀奔宛平，与一木合兵，准备再攻。

第十九章

恐陷泥塘石原建议不扩大
欲夺华北杉山出计广动员

一木清直统兵第一次进攻宛平失败后，牟田口向河边正三告急。河边正三又转报天津。中国驻屯军司令官田代皖一郎中将心脏病复发，诸事由参谋长桥本群全权处理。桥本便令从天津向宛平调兵，令河边攻夺宛平城。河边又转令牟田口，且为牟田口增拨步兵一营、炮兵一营、坦克兵一连、工兵一部，向宛平增援。又亲到丰台督战。

牟田口新得增援，以为宛平与卢沟桥唾手可得，统日军发起第二次总攻。先集中大小炮百门、轻重机枪百挺，瞄准城区乱轰乱射。城内弹如雨下，烟火冲天。火力急袭毕，便令坦克冲阵，装甲车导引，步骑跟进，向城门冲锋。金振中仍照前例，日军轰城时，令将士隐蔽，只留瞭望哨在城头观察。待对方火力急袭完毕、步骑冲锋时，一齐登上城头，占领阵地。先以集束手榴弹投掷，专炸日军坦克、装甲车，再以步枪点射日军军官，轻重机枪火力交叉扫射日军散兵线。恶战半日，双方各有伤亡，宛平城岿然不动。

至夜，秦德纯令何基沣统第一一〇旅主力分从长辛店、八宝山增援宛平，侧击日军阵地。正要得手，日军援兵也匆匆赶到，两支军在北平到宛平之间数十里地混战，烟火照亮半边天际。枪炮声、喊杀声此伏彼起，一夜不息。

金振中在宛平城东门城楼，遥见永定河东岸烟火冲天，又见日军在宛平城外赶修工事，心道："困守孤城，不是长久之计，须想办法出击，抢占主动。"又恐兵力不足，攻守两失。正无计时，永定河西岸一支军远远开到，却是师长冯治安知宛平城危急，调冀北保安旅一个营增援，虽只四个连，皆是生力军。金振中大喜，便调整部署，令新到部队守城，却乘夜暗将城内原守军撤到城外重新整编，组成突击队，各在脖子上围白毛巾为识别标志。

待到黎明，金振中先集中两个炮兵连与机枪连，泼风般隔河猛扫永定河东岸河堤日军阵地。火力急袭未毕，便亲统两个主力步兵连沿卢沟铁路桥摸至东岸，发一声喊，一齐冲进日军阵地，大刀乱砍，刺刀乱捅，手榴弹乱扔。日军刚遭炮火袭击，阵形正乱，骤遭遇中国步兵冲击，愈混乱不堪，一时死伤无数。欲组织顽抗，背后枪声又起，却是原守卫回龙庙的第十一连，昨天奉金振中令弃守回龙庙、隐入青纱帐。听到夜间回龙庙方向枪声又起，知是主力反攻，便乘势从青纱帐中冲出。日军遭到夹击，纷纷弃阵，夺路溃逃。回龙庙并卢沟铁路桥东岸河堤尽为金振中收复。

金振中又一马当先，统军穷追日军败兵，不意侧后飞来一枚手榴弹，轰然一声巨响，竟将左腿炸飞。意欲爬起再战，近处又飞来一发手枪子弹，自左耳旁钻进，右耳下穿出，立时血流如注。幸得一群士兵赶到，击退日军伏兵，将金振中抢回本阵。遂停止追击。自此两军援兵皆源源而来，以宛平城为战线中央，彼此恶战，战线犬牙交错，枪炮声日夜不息。又各派代表谈判交涉，掩护军事行动。

卢沟桥事变消息传到东京后，日本陆相杉山元急召陆军省与参谋本部官员开会，商议应对之策。参谋本部作战部长石原莞尔抢先发言，说道："日本未来最大威胁是苏联不是中国。故须从现在起，按对苏作战要求，致力于扩充陆军军备，开发满洲，

日军于1938年5月11日起对徐州发动总攻击

兴建大工业，力争三五年内形成对苏联国力军力优势。因这一缘故，我以为眼下不宜引发对华战争。此应为我国军事战略的第一条原则。”

言及于此，扫视一眼会场，发现有赞成者亦有反对者，只杉山元闭目凝思，看不出是何立场。便又补言析道：“卢沟桥虽是一座小桥，宛平城虽不过是弹丸之城，然是平津通往中国内省的咽喉要道，得失关系全局，中国第二十九军必全力争夺。是故稍有不慎，便牵一发而动全身，因争夺卢沟桥而引发中日全面战争，将我军拖入泥坑，以致影响对苏战备。因此，我主张我军应设法就地解决卢沟桥纷争，切不可任事态扩大，以致引发中日全面战争。”

石原话毕归座，便有战争指导课课长河边虎四郎、主任参谋堀场一雄、军务课课长柴山兼四郎等人纷纷附议，表示赞成。彬山元欲待发话，有译电人员送来急电，交给杉山元。杉山元读罢，面有喜色。原是关东军司令官植田谦吉大将与朝鲜军司令官小矶国昭大将分别从东北、朝鲜发来，皆以为苏联方面并无动静，不必担心苏联威胁。可乘卢沟桥纠纷造成的机会，对冀察平津给予一击，实现帝国对华北各项要求。且报说关东军与朝鲜军十余万将士皆厉兵秣马，随时准备进兵平津冀察，支援中国驻屯军与第二十九军会战。便令梅津当众宣读。

众人听过植田谦吉与小矶国昭两位大将代表关东军与朝鲜军发来的电报，料杉山元已有计较，便一齐转头望杉山元，听候命令。杉山元从座中起身，扫视会场一周，方沉声道：“自去年以来，支那反日之风大盛。此次卢沟桥事件爆发，正好乘机出兵，治一治支那人。”言及于此，稍顿一顿，又续言道：“是故我的意见是，急向内阁提议，请天皇陛下下诏，先从关东军抽两个旅，从朝鲜军抽一个师，并入中国驻屯军序列。再从国内动员三个步兵师，加上中国驻屯军河边旅，消灭第二十九军，夺占平津华北。”

石原听到此，忙从座中起身，急道：“恐陷入长期战争。请陆相三思。”

杉山元道：“我集中四师三旅十万人，辅以航空兵、坦克兵、海军，只在华北境内作战，速战速决，虽不能认为以刀威胁便能解决问题，然充其量亦只需一次保定会战，便能击溃二十九军，一个月内结束战事，完成占领平津华北计划，决不会陷入持久战泥坑。”

石原又道：“若苏联乘机出兵，又如之奈何？”

杉山元对道：“植田与小矶两位司令官已有分析，算定苏联不会干预，我相信他们的分析。打击支那人的抗日气焰，正当其时。”

石原欲待再辩，杉山元挥挥手，道：“我意已决，请石原君勿再多虑。”言下颇不耐烦。

石原叹道：“只怕日本从此将陷入持久战的中国泥坑，耗尽帝国最后一滴血。到时我等必死无葬身之地。”杉山元不理，当时宣布散会。诸幕僚鱼贯离场，为出兵中国制订动员计划，准备粮弹枪械。

随后，日本内阁依杉山元意见议定四项对策，一曰下达第五十六号临参命，令关东军司令官植田谦吉速调关东军精锐独立混成第一旅、第十一旅两支军并关东军飞行集团，连运华北；二曰令朝鲜军司令官小矶国昭调朝鲜军精锐第二十师由陆路运往华北；三曰从国内动员陆军三个师，空军十八个中队，经陆海两路运往华北；四曰调香月清司中将接替田代皖一郎，任为中国驻屯军司令官。

又规定以上各支军进至平津华北后，皆编入中国驻屯军序列，由香月清司大将统一指挥，在平津华北与宋哲元第二十九军会战，速战速决，实现帝国对华北的目标。

香月清司受任后，急欲在侵华活动中建功扬名。走马赴任，先请幕僚报告卢事近日演变，又问军情变化。桥本群指图介绍道：“宋哲元第二十九军拥步骑兵五个师，计为步兵第三十七师、第三十八师、第一三二师、第一四三师，分以冯治安、张自忠、赵登禹、刘汝明四将任师长，每师各辖四个旅。骑兵师长是郑大章。另有一个骑兵旅、一个特务旅、二个保安旅，步骑合二十二个旅约十万人枪。五师二十二旅中，以冯治安第三十七师反日情绪最强，此次

1937年7月25日出版的保卫卢沟桥剧本

卢沟桥事件中肇事部队金振中营、吉星文团、何基沣旅，皆属第三十七师。且有报告，称何基沣与中共北平地下组织常有往来，疑是中共党员何旅有赤化嫌疑。又以张自忠第三十八师实力最强，装备最好。第三十七师与三十八师是第二十九军基本部队。以我观之，第二十九军训练与战斗力在中国二百万军队中皆居上乘。其一军实力，约相当于寻常中国军三个军。”

稍顿，回望香月清司一眼，又继续介绍道：“经这几日混战，第二十九军调整部署，战线已有很大变动。如今第二十九军仍以刘汝明第一四三师守察哈尔，驻防张家口、张北、怀柔、涿鹿各城；赵登禹第一三二师却由冀南大名、河间、任丘一带星夜兼程，向北平靠拢。第二十九军主力皆已沿平津两城并平津铁路沿线集结驻防。其中冯治安第三十七师分驻北苑、西苑、宛平与卢沟桥。对丰台及苑平城外我牟田口团形成合围之势。张自忠第三十八师分驻天津、大沽口、廊坊、沧县，一部驻南苑。赵登禹第一三二师正向南苑运动，支援第三十八师。郑大章骑兵师在各处机动。若论态势是外线运动，对丰台、北平、天津呈包围姿态，且居于可随时切断平津交通线的有利位置。”

介绍完第二十九军兵力、部署、位置，又介绍日本中国驻屯军情况。约略说明，中国驻屯军计约万人，只及第二十九军十分之一。河边旅主力已开到北平西南丰台与宛平之间，与冯治安第三十七师对峙，战线犬牙交错。其余部队分驻平津铁路沿线通州、塘沽、滦县、昌黎、秦皇岛、山海关并平津两城，多则一营，少则一排，零零散散，在态势上被中国军队包围，十分不利。尤介绍说北平城内日军因增援卢沟桥前线，只有百人，却负担保护使馆区与数千侨民，危机四伏。

问罢诸般情况，香月清司清清嗓门方开言说话。先介绍内阁决议，约略说明内阁已同意军部要求，决定从关东军调二个旅、朝鲜军调一个师，国内先动员三个师，另附飞机十八个中队，辅以其他部队，计十余万人，一齐纳入中国驻屯军编成内，准备与第二十九军会战，消灭第二十九军，夺占平津，实现日本对华北的各项要求。并说天皇已下敕令准奏。

众幕僚得知日本国内动员消息，皆议论纷纷。河边正三道：“自我统军进驻平津以来，第二十九军自恃人多，常不把我军放在眼中，竟梦想与我皇军平起平坐，这口恶气我一直堵塞在心头。幸陛下英明，令国内动员，又派关东军、朝鲜军来援，我正好利用机会夺占平津，出这口恶气。”便请允连夜统所部夺占宛平与卢沟桥，切断平汉铁路，完成对平津包围。

香月清司道：“眼下我中国驻屯军在平津部队只一万人，又分散部署。第二十九军兵员十倍于我，又处在外线地位，对我军取包围姿态，不主动分割包围我军，已是大幸。若我此时主动进攻，决无胜算，且等待数日。待朝鲜军第二十师，关东军独立混成第一旅、第十一旅开到，有胜算把握时，再议进攻不迟。”

河边急道：“如此要等到何时？恐战机稍纵即逝。”香月清司不答，却回头问田中隆吉道：“关东军入关部队何时能进入战区？”田中隆吉道：“关东军司令官植田谦吉大将很重视此次卢沟桥事变,决以关东军十万将士为贵军后盾。前锋第一混成旅与第十一混成旅分由酒井镐次、铃木重康二将为旅长,正兼程向南进发。”稍顿,又补言道:“预计两支军可在七月十九日前进入平津战区指定位置,完成战斗准备。”朝鲜军代表也告说朝鲜军所派第二十师已渡过鸭绿江,车运山海关,也可在七月十九日前进入阵地。

香月清司闻报大喜。回头告河边正三道:“阁下想出心中恶气,这我能理解,请候数日,待关东军、朝鲜军支援部队进入平津,再令阁下为先锋,夺占宛平与卢沟桥,如何?”河边只得应诺而退。

香月清司又清清嗓门,扫视会场一周,宣布将令。先是令河边统中国驻屯军主力在丰台与宛平之间布阵,准备进攻宛平与卢沟桥;又令桥本群组织力量,设法进入北平城内保护侨民;末后传令朝鲜军川岸文三郎中将统所部第二十师加快进军速度,在天津、唐山、山海关集结;酒井镐次少将统关东军独立混成第一旅,经喜峰口向北平城北急进,在顺义集结;铃木重康中将统关东军第十一混成旅,由古北口南进,在高丽营集结。待三支军会齐,再依情势分路进攻北苑、西苑、南苑、廊坊、通州,击败第二十九军主力,相机夺占平津两城。又约定七月十九日以前完成一切军事准备。当时会散,诸将鱼贯离开会场。

第二十章

剖析时局周恩来宏论牯岭
声言抗战蒋介石庐山谈话

七月八日，正是小暑，江南暑热难当。蒋介石在庐山消暑，住在牯岭海慧寺别墅，正精研国民政府1937年度国防作战计划。陈布雷忽入室，报说中共代表周恩来应邀与国民政府代表谈判红军改编问题，已上庐山，在门外候见。

原来，1936年12月发生了西安事变。中共为促成国共合作抗日局面，促成西安事变和平解决，与国民党达成合作抗日的协议。然而在红军改编问题上一直未达成协议。至七月七日卢沟桥爆发战事，中共见时局危急，又派周恩来兼程到庐山亲与蒋介石会谈，以求消除分歧，达成共识。

周恩来蒋介石二人略事寒暄，便屏退从人，转议正题。周恩来先出言问蒋介石是否收到中共为卢沟桥事件发往庐山的电报。蒋介石颔首道："不但收到贵党发给我的电报，就是贵党发给宋哲元的电报并致全国民众的通电，我也一并读过。"

原来，日军进攻卢沟桥，第二十九军奋起抵抗的消息传出后，中共在七月八日接连发出三封长电。第一封通电全国，是以中共中央名义致全国各报馆、各团体、各军队、国民党、国民政府、军事委员会并全国同胞，分析时局，说明日军进攻卢沟桥是打响了全面侵华的第一枪，并惊呼平津危急！华北危急！中华民族危急！惊呼三个危急后，又呼吁三条：一曰宋哲元将军立刻动员二十九军开赴前线应战；二曰南京中央政府切实援助第二十九军，发扬抗战民气，立即动员海陆空三军应战；三曰全国人民全力支援抗战。

又提出六大口号：一曰武装保卫平津，保卫华北！二曰不让帝国主义占领中国寸土！三曰为保卫国土流最后一滴血！四曰全国同胞、政府、军队精诚团结，筑成民族统一战线的坚固长城抵抗日贼侵略！五曰国共两党亲密合作，抵抗日寇的新进攻！六曰驱逐日寇出中国！

1937年秋，日军狂妄地开进五台山名刹

第二封长电是以红军将领毛泽东、朱德、彭德怀、贺龙、林彪、刘伯承、徐向前七将名义，代表红军三个方面军致蒋介石。约略说明：日贼进攻卢沟桥，是其侵华既定步骤；平津是华北重镇，万不容再有疏失，恳请蒋介石严令第二十九军奋勇抵抗，并依国民党五届三中全会精神，实行全国总动员，御侮抗战，保卫平津华北，收复失地。末后代表红军将士迫切陈词，屏营待命，愿由蒋介石领导,为国效命,驰骋疆场。电文题头是"庐山蒋委员长钧鉴"。结尾是毛、朱、彭、贺、林、刘、徐红军七将领签名。

第三封电文也是以毛、朱、彭、贺、林、刘、徐红军七将领名义,代表红军三个方面军致第二十九军宋哲元、张自忠、刘汝明、冯治安四将,约略说明:日寇进攻,全国震愤;卢沟桥之役,二十九军英勇抵抗,举国盛赞,愿为后盾。呼吁第二十九军诸将策励全军,为保卫平津华北,与日贼血战到底。末后表示,红军将士皆义愤填膺,准备随时出动,追随第二十九军将士,与日贼决一死战。电文题头是北平宋明轩先生、天津张自忠先生、张家口刘汝明先生、保定冯治安先生勋鉴。结尾也是毛、朱、彭、贺、林、刘、徐红军七将领鉴名。

三封电文,合约一千五百言,洋洋洒洒,词意恳切,字字若金玉相切,落地有声,壮士断腕、共渡易水赴国难之豪情,溢于字里行间。

周恩来听蒋介石说已读过中共中央并红军七将领分致蒋介石及宋、张、刘、冯军四将并全国同胞的三封电报,察其颜色,有欣慰赞许之态,便乘势问有何感想。蒋介石也不推辞,道:"贵党贵军人才济济,对时局分析,一向有高论。"言及于此,又赞道:"贵党中央与红军七将领三封电文在卢事爆发当日发出,断定日贼进攻卢沟桥乃是全面侵华第一枪,对我颇有启迪,我极是赞成。文电中惊呼三个危急,提出三条呼吁,又提出六大口号,不但文采横溢,似是毛泽东大手笔,且富于鼓动,于造成全国抗战舆论,大是裨益。"

稍顿,回视周恩来,见正凝神谛听,又续言赞道:"尤其难得者,是贵党、贵军能主动摒弃党派成见,表示屏营待命,在国府中央领导下,随时准备效命疆场,很令人鼓舞。有贵党贵军真诚合作,我对抗战胜利又平添了几分信心。"末后又补言道:"我也注意到贵军七将在电文中称国府为中央政府,尊我为委员长,表示服从我领导,且辞意恳切。我以为这不只是我个人的荣誉,更体现贵党贵军识大体,知大义,置民族利益于至高至上,正符合我中华民族五千年文化传统。"

蒋介石这一番话,又叙又议,皆是对中共中央与红军七将领七月八日三封电文的赞赏,尤对电文中惊呼三个危急、提出三条呼吁并六大口号,印象深刻,且多能颂出,周恩来知其是认真读过,并非随口应酬。心中欣喜,当时谢过,谦虚一番。便转题问蒋介石如何看卢沟桥战事及日寇企图。

蒋介石不答,却转言道:"当年在黄埔办军校时,我是校长,你是政治部主任,曾为我部下。我一向知你文武兼资,深通兵略。后来你我分手,你策动南昌暴动,闹苏维埃运动,创建红军。尤在江西期间,你出任红军总政委,领导红军以陋劣装备与我恶战数十阵,虽是对手,生死相搏,我却愈信你已得孙吴兵法精要。眼下日寇入侵,国势危殆,我身为委员长,负领导全国抗战重责,凡事未必能计较周全。正想听听你这位红军战略家的高论。请试分析倭贼企图,助我决断。皆为民族国家计,你也不必客气。"

周恩来问卢沟桥战事及日寇企图,已有发表意见、坚定蒋介石抗战决心之意。见蒋介石请其发表见解，正求之不得。又思及国共血战十年，成见甚深，若直截了当地说明卢沟桥事变是日本全面侵华的第一枪，蒋介石必不相信，须如此分析方能令其不疑。便说道："若论卢沟桥战事并日贼企图，须撇下卢沟桥战事本身，先看世界大势。"

蒋介石听这一句开场白，便心道："果然是战略家气派，出语不凡，视角奇特。"暗中颔首，请详述。

周恩来察言观色，知说中了蒋介石心曲，接言析道："第一次世界大战前，世界上有英吉利、法兰西、美利坚、德意志、俄罗斯、意大利、奥匈并日本八强并立。经过四年大战，奥匈解体，德意志惨败，俄罗斯发生革命，建立苏联新国家，奉行社会主义制度。1919年，英、法、美、日、意诸战胜国在法京巴黎开会，处置战败国德、奥两国。德国受到惩处，日本、意大利亦获利不多，战后便形成凡尔赛华盛顿体制，由美、英、法三强操纵。德、日、意三强却十分不满。自1919年巴黎和会以来，奉行法西斯政制，积蓄力量，扩军备战，一心要冲破凡尔赛华盛顿体制，与美、英、法决战，重新瓜分世界。

德、意两国，意欲在欧洲、北非、中近东，尤其是环地中海并西欧大陆称霸。日本意欲夺占中国、东南亚资源区并苏联远东地区，在东亚太平洋地区称雄。故现在已形成新两大集团对立局面。一方是日、德、意法西斯国家，一心打破现状；一方是美、英、法民主国家，一心维持现状，保持第一次世界大战以来所获既得利益。如今两集团整军备战，结盟拉帮，新的世界大战已日益临近。"

言及于此，饮一口凉茶，又续言析道："两集团之外，另有苏联，因奉行社会主义政制，支援世界革命，1919年又被排斥于巴黎和平会议以外，既与德、日、意法西斯国家对立，又对美、英、法资本主义国家不满。已是两大集团之外的第三支独立力量。"

稍顿，归结道："是故今日世界大势，是德、日、意、美、英、法、苏七强三方争锋，日、德、意与美、英、法两集团对立，苏联暂处于中立旁观位置。日、德、意眼下虽结成反共产国际盟约，议定共与苏联为敌，其实是明修栈道，暗渡陈仓，意在打出反苏旗号，掩盖备战活动，麻痹美、英、法斗志。以恩来观之，日、德、意既决心争霸世界，与美、英、法矛盾便有全方位性质，不能调和，两大集团必然爆发战争。我敢断言，三年之内，必然爆发新的世界大战。"

蒋介石也一直坚信德、日、意与英、美、法必有一战，尤其坚信日苏、日美必有一战，只对其中因果关系，未如周恩来一样丝丝入扣、认识透彻。且因拘泥于儒家经史子集古典范文模式，虽时有解说，总有辞不达意，不甚明确之感。不若周恩来叙述，深入浅出，言简意赅，三言两语，便画龙点睛，把一团乱麻样的复杂理论问题说个清楚明白。心下钦佩，边听边不住颔首称是。待周恩来叙到高潮，断言三年之内，必然爆发新世界大战时，不禁拊手喝彩，插言赞道："恩来高见，我亦一向认为新世界大战不久即将爆发。"

周恩来闻蒋介石出语称赞，笑一笑，接言议道："委员长前年在贵党五全大会上的外交报告，今年在三中全会上的演说，并此前历次有关中日关系，世界大势分析的讲话、著述，我都仔细拜读研究过，知委员长早已看出日、德、意与美、英、法、苏必有一战。尤其是断定日苏、日美必有一战。恩来深为委员长战略家眼光折服。我今日这番叙述，其中受委员长历次讲话著述启迪处颇多。”

周恩来顿一顿，忽然转言道：“然我在研读委员长演说著述后，也以为委员长的一贯观点中亦有不妥之处。”

蒋介石初闻周恩来赞赏其有战略家眼光，自称得益于其历次著述演说处颇多，满心欢喜。正要谦逊几句，忽听周恩来又说其观点中有不妥之处，略怔一怔，便转言请周恩来详述。

毛泽东在抗日军政大学作《论持久战》报告

周恩来直言分析道：“委员长虽然以为新世界大战必然爆发，日苏、日美必有一战，却又以为日本在对苏联、美国开战，打败苏、美两国以前，必不敢全面进攻中国。此一见解显是受主观愿望左右，只说明委员长极不情愿看到中国受日本全面进攻，却不符合实际情况。须知日人行事，自有其计划，不会顾及委员长愿不愿意。故委员长后一看法，并不妥当。”周恩来还想说蒋介石断定日本在打败美、苏两国前，必不会先全面进攻中国，是为“攘外安内”政策寻找理论根据。恐影响关系，便刹住话头，欲言又止。

蒋介石有所察觉，也不说破。正凝思时，周恩来又分析道：“委员长观点的另一不妥之处，是过分寄希望于国联并美、英、法的威慑作用，总以为国联与美、英、法不会坐视日本灭亡中国，日本慑于国联与美、英、法威力，不敢轻易全面进攻中国。把中国的命运寄之于‘国联’与美、英、法，致有‘九·一八’事变不抵抗主义发生，白白丢失东北四省之地。”

蒋介石听周恩来提及“九·一八”事变丢失东北四省旧事，又提及不抵抗主义，知是暗中责备不战而失东北，脸上不免红一阵、白一阵，有些挂不住。便捧起几上水杯佯作饮水，以便掩饰。周恩来明察秋毫，暗笑一笑。也捧起水杯浅呷几口，便掉转话头。

此时晚霞辉映，夜色已降。蒋介石便请周恩来用便餐。周恩来也不客气。随蒋介石入餐室。小餐桌上摆四菜一汤，一盘鄱阳湖产金鲤，乃蒋夫人宋美龄亲手烹制。其余几样，有大幕山特产野菇、大洪山特产木耳，并海慧寺和尚自种的时鲜青菜。汤是山鸡汤，乃侍卫就近处山林中猎来。另附一小碟泡菜，却是蒋介石元配夫人毛氏亲手泡制，遣人自溪口送来。虽说不上豪奢，却清新可口。

蒋介石请周恩来坐客席，自己坐主席相陪。周恩来先尝碟中泡菜，清脆开胃，余香满口，连声称赞。蒋介石平日虽不苟言笑，因周恩来赞菜好，也展颜欢笑。二人边用饭边说些闲话，是当年黄埔共事时轶闻并黄埔学生去向之类。

席散后，二人重分宾主坐定，接着夜谈。蒋介石重引前题。道："料日中、日美、日苏必有一战，且料新世界大战即将爆发，你我皆有共识。然日中之战与日美苏之战并世界大战是何关系，愿听你详加分析，以启迪心智，帮助决策。"

周恩来成竹在胸，对道："委员长一向以为日本未击败苏、美两国前，必不会全面进攻中国。我的看法却与委员长相反。"蒋介石便问其详。

周恩来详析道："日本虽想称霸东亚太平洋，其实力却有限，与野心极不相称。"见蒋介石有疑惑之色，便屈指算道："据我了解，日本有金属工厂六千家、机器业工厂九千家、化工厂四千家、大兵工厂四千家。一年能产钢六百万吨、汽车一万辆、船舶四十万吨。其兵工厂一年能生产步枪十万支、火炮五百门、坦克五百辆、飞机一千五百架、军舰五万吨，皆是我国十倍百倍。再论军队，其国居民一亿，陆军常设师虽只十七个师三十八万人，却拥预备役兵约七十四万、后备役兵约八十七万，第一补充兵近一百五十八万，第二补充兵约九十万，五项合计近四百五十万，仅战斗兵便有近二百万。日军装备，陆军一个师辖步兵二旅四团，并辖炮兵、骑兵、工兵、辎重兵各一团，另附特种兵若干，拥兵员二万一千九百四十五人、战马五千八百四十九匹、步骑枪九千四百七十六支、轻机枪五百四十一挺、重机枪一百零四挺、火炮一百零八门、掷弹筒五百七十六支、战车二十四辆、机动车五百二十八辆。陆军之外，另拥海军舰艇九十万吨，空军飞机二千七百架。其国力军力，较我国自然占绝大优势。"

言及于此，看一眼蒋介石，见正用心谛听，便转言析道："然以日本国力军力与美国、苏联相比，又是小巫见大巫，不及其十一。"

当时列举数字，将美国、苏联国力军力描述一遍。然后接言说道："是故我以为日本在征服中国、得中国富源、补充其国力军力以前，不会贸然与苏联、美国开战。此亦与田中奏折意旨相同，先征服中国，再征服世界，已是日本既定国策。"

稍顿，又析道："委员长从世界联盟大战的观点看中日战争，以为中日战争是新世界大战的组成部分、中日战争结局须依世界大战结局而定，此是真知灼见，恩来极是赞成。然日本未征服中国，就不会对苏、美开战。德、意未征服北非、东非、中欧、巴尔干诸小国，就不会对英、法开战。故此次新世界大战，必有一个由局部战争走向全局战争的过程。中日战争便是这一局部，也是前奏。眼下苏联与英、法、美虽面对共同威胁，却因社会制度不同，相互推诿，不肯合作。英、法、美想推动德、日、意先进攻苏联。苏联惧怕德、日东西夹攻，也想推动其先进攻英、法、美。故日本进攻中国时，苏联与英、法、美一定有一个坐山观虎斗的过程，决不会引火烧身，为拯救中国而对日本宣战。在世界联盟战争爆发前，必有一个中国对日单独作战的艰难阶段。若只指望联盟战争爆发，不凭自己力量独立与日作战，则未待世界联盟战争爆发，我国便已亡国。那时再谈世界联盟战争，便不再有意义。”

周恩来话毕，便捧起茶杯浅呷。蒋介石将周恩来分析思虑一阵，心道：“这人真是聪明机智绝顶。我问卢沟桥事件与日本企图，他对卢沟桥事件只字未提，只谈世界大势，却使我茅塞顿开，明白日本进攻卢沟桥是全面侵华的前奏。日本全面侵华，又是新世界大战的前奏。此一见解，比之于布雷又高明一层。”

心中着实钦佩，正要发话，听得周恩来又开言议道：“此次卢事爆发后，国内有人以为是日军前线部队越权采取的局部行动，并非日本陆军中央机构与内阁的战略决策。又以为日本国内有扩大派与不扩大派之分，若我忍辱屈让，可助日本不扩大派居上风，避免全面战争。此可谓糊涂至极。须知日本扩大派与不扩大派，皆主张灭亡中国，只对时机与方式选择有所区别。‘九·一八事变’证明，若扩大派有机会侵华成功，不扩大派马上跟上来，追认扩大派的行动。故再区分其扩大派与不扩大派分歧，或分析卢事是其前线官兵擅自采取的局部行动或中枢机关的战略行动，确实意义不大。若误信其不扩大派施放和平烟幕，不作战守准备，必贻误军机，届时后悔莫及。”

话说到此处，蒋介石对日本进攻卢沟桥是其全面侵华第一枪之说也不再怀疑。周恩来察言观色，知火候已到，方直言析道：“卢沟桥乃是平津通向中央政府辖区的唯一门户，日本若能以文取之，便发动和平交涉。若文取不行，便使用武力。总之是志在必得。我若任其占领卢沟桥与宛平，则平津必失；平津若失，华北便不保。看最近七十年日本行止，即使其占了华北，也不会止步，还必然要继续进攻华中、华南。故我党反复分析后才得出结论，断定日军进攻卢沟桥乃是其全面进攻我国的第一枪，委员长对此一定要有清醒认识，断不可被日本和谈烟幕迷惑，务必早定全面抗战决心。”

蒋介石连声道：“我一定动员全国抗战，决不再对日人妥协，你尽可以放心。”此时夜深。周恩来见蒋介石已表示决心抗战，心中欢喜，便起身告辞。蒋介石亲送到门外。临别时执周恩来手道：“夫人美龄自上次在西安见过你以后，一直在我面前盛赞你思维敏捷，文武兼资，是当世奇才。又问我何以这样优秀的人才却投到共产党一边，我如何回复？”

又叹道：“你我当年若不分手，中国会是一个什么局面？”周恩来笑对道：“如今日寇入侵，你我不是共赴国难、又走到一起来了？”蒋介石闻之，展颜而笑。二人当时互道珍重，相辞而别。

周恩来去后，蒋介石精神振奋，全无睡意，竟破例未按时作息。独坐书房，将周恩来话语并中日关系大势思虑一番，对抗战已有新的认识。连夜令向广西李宗仁、白崇禧，四川刘湘、新疆盛世才、绥远傅作义、山西阎锡山、山东韩复榘并各行营主任发电，说明时局，表示抗日决心，令各处作好战守准备，候命开赴抗日前线。令何应钦在南京召集幕僚，制订战守计划。又电召李宗仁速到庐山，共商抗日大计。又令宋哲元死守卢沟桥与宛平，准备抗战，不得对日妥协，且表示必以全国力量为后盾。隔日，各

1937年9月13日，大同失陷，日军骑兵进入大同

处回电相继收到，皆表示服从中央命令，同德一心，连夜整编军队，以期尽早开赴抗日前线，共御外侮。蒋介石得报大喜，便乘时发表长篇谈话，动员全国抗战。谈话共分五段，计二千字。

先简述中国对外政策宗旨，约略说明中华民族酷爱和平，国民政府奉行和平外交政策，内求自存，外求共荣，致力于国家经济建设，然若面临国家存亡最后关头，必下决心牺牲到底、抗战到底，争取最后胜利，决不妄想苟安。

次说明卢沟桥事件发生前，日寇曾要求扩大塘沽协定范围、扩大冀东伪组织、驱逐第二十九军、撤换宋哲元。故卢事发生非偶发事件，乃日贼蓄意施为，意在封住平津门户，为夺占华北平津冀察准备条件。且说若任卢沟桥沦于日贼之手，北平便成为沈阳第二。北平若成为沈阳第二，南京便将接踵成为北平第二。卢沟桥得失关系整个国家安危。日寇若攻卢沟桥，便是中华民族最后关头。

又说明中国虽是弱国，却拥有五千年历史，负有祖宗先民所遗留责任，若与强寇妥协，放弃尺寸土地，便是中华民族的千古罪人。再说明中国政府和平解决卢事危机的四项立场，一曰任何解决，皆不得侵害中国主权与领土完整。二曰冀察行政组织，不容任何不合法之改变。三曰中央政府所派地方官员，如冀察政务委员会委员长宋哲元职务，不得任人撤换。四曰第二十九军驻区不受任何约束。且说卢事如何解决，中日是战是和，关键不在中国如何，而在于日本政府如何、日本军队如何。

末后归结全篇谈话，说明中国人民希望和平，而不求苟安；准备应战，而决不求战。又号召全国人民明了局势，效忠国家，举国一致，准备自卫。若战端一开，便地无分南北，年无分老幼，无论何人，皆有守土抗战之责任，皆应抱定牺牲一切之决心，誓死保国保种。

整个谈话语意坚定，用词决断，明确号召举国抗日。谈话毕，便将谈话经广播播往全国，又打印成册，送达军民手中。

第二十一章

决心开战贼香月新提七要求
部署迎敌宋哲元大遣六支军

宋哲元在乐陵得报日军进攻卢沟桥后，急离开乐陵，回北平返任。专列抵天津时已是七月十一日下午六时三十分，阴云四合，夜雨将至。一行进至市政府，天已黑定。宋哲元屏退从人，独留张自忠密谈。先问了军情、二十九军官兵士气、谈判交涉情况，张自忠一一作答。宋哲元说道："卢沟桥虽小，却控制平汉铁路，乃是平津门户、华北锁钥，得失关系我第二十九军十万将士安危。故从我第二十九军存亡计，万不可失。"张自忠道："依我观来，日军虽调关东军、朝鲜军增援平津中国驻屯军，国内也在动员，其实并无侵占卢沟桥与平津的总体计划。卢沟桥事变有可能是其前线士兵无端寻衅所致，若我处置得当，作适当让步，极有希望大事化小、局部解决，避免酿成平津华北大战。"

宋哲元见张自忠分析正对心曲，连连点头。未待张自忠话落，便连声道："若能避开平津华北大战，和平解决，逃过一劫，乃是我第二十九军十万将士得先人赐福，自然最好。"便令张自忠负责与日人交涉，说明只要不涉及领土主权问题，不失卢沟桥、宛平与平津，其余尽可相机让步，以求平息战祸。张自忠连声应诺。正要离去，宋哲元又补言道："日人一向诡计多端。虽与日人谈判，军事上却要外松内紧，一刻也不可大意。须作好军事应变准备。"当时提出四字方针："避战备战"，令颁发全军将士。又详解道："避战者，皆因敌强我弱，非万不得已时，不得放弃和平努力，决不允主动向日人求战。备战者，是要作好战斗准备，以防届时措手不及。日人若先进攻，便就地自卫还击。"张自忠闻四字方针，连声称赞，也一一应诺。

大屠杀中日军竟进行杀人比赛，刽子手野田岩(右)，向井敏明(左)分别屠杀105人与106人

自此张自忠代表第二十九军与中国驻屯军代表松井谈判,反复交涉,皆不能成议。七月十三日,日将香月清司命松井向张自忠提交香月七要求:一曰彻底镇压共产党的策动;二曰罢免排日要人;三曰撤除冀察中央系统各机关;四曰撤除“蓝衣社”、“CC团”诸排日团体;五曰取缔排日言论、运动并宣传机关;六曰取缔学校军队的排日教育;七曰北平警备交由保安队负责,城内不得驻扎军队。且又说明,若在七月十九日前不接受七项要求,便以武力相见。

十六日,关东军与朝鲜军各师旅皆进入平津。战区日军计拥一师三旅,有五万人,形成优势。宋哲元仔细权衡,告张自忠道:“香月七要求固然苛刻,却未涉及交割宛平、卢沟桥问题。只北平城防交保安队负责一项有碍主权。然北平是文化古城,不宜用兵,城防是由保安队负责抑或是正规军负责,军事上并无本质差别。故为避战计,香月七要求似可考虑接受。”便令张自忠通知松井,大体接受香月七要求,执行细节可再作商议。

七月十八日,田代皖一郎病死,宋哲元亲赴天津海光寺中国驻屯军司令部参加田代葬礼,以示礼貌。又祝贺香月清司任军司令官。香月以为宋哲元是借葬礼之名赴日营作非正式道歉,便也说了些中日共存共荣之类的漂亮话。

宋哲元刚离开,香月清司忽接到东京陆军省与参谋本部来电,令中国驻屯军以七月十九日为最后期限,再向中国提出四项要求:一曰宋哲元正式道歉;二曰罢免三十七师师长冯治安;三曰撤退八宝山附近中国军队;四曰宋哲元在协议书上签字保证。又说若期满得不到答复,便讨伐第二十九军。

香月得参谋本部命令,大是惊讶。心道:“军部要求虽只四项,却比我七项要求苛刻得多,等于是最后通牒,完全不给宋哲元一丝情面。”又看时间,思道:“从收到军部电报到七月十九日最后期限,只二十四个小时间隔,如何来得及交涉?”

心中这样想,便派人向东京有关部门打探。方知参谋本部已制订《对华作战要领》与《在华北使用兵力时对华战争指导要纲》两份文件,规定发动对华作战分两期进行。第一期用二个月时间,先集中中国驻屯军、关东军铃木旅与酒井旅、朝鲜军川岸师,合四支军之力扫荡平津地区,将第二十九军赶往永定河西南地区,夺占平津。再由国内增兵,进攻石家庄、德州一线阵地,消灭中央军增援部队,夺占华北;第二期用三四个月时间,以充足兵力进攻华中、华南各省,与中央军决战,推翻南京政权,侵占中国全境。

七月十七日,内阁五相会议批准参谋本部计划,且令加速国内动员,以第五、第六、第十师为基干,附以辅助部队,合二十万零九千人,军马五万四千匹。且又通告国民政府,发出两条通牒:一曰国民政府中央立即停止一切挑衅言论与行动;二曰国民政府中央不得妨碍中国驻屯军与第二十九军现地谈判。且也限于七月十九日前回复。

香月清司弄清诸般情形,心知东京陆军省部与内阁已达成共识,决心以武力消灭第二十九军,先夺占华北,再相机入侵华中、华南。全面进攻中国的战争等于已经发动。提出四项苛刻要求，又只给二十四个小时交涉时间，显是故意刁难第二十九军，令其既不能、也没有时间接受四项要求。然后便把战争责任推给二十九军，争取宣传上的好处。恐宋哲元宁愿忍辱屈让，再接受军部四要求，便将陆军省部通牒又在手上扣押几个小时，至晚方交松井，令送达第二十九军谈判代表。果被拒绝。便在十九日夜十时发表声明，宣布自七月二十日零时开始，日军中国驻屯军将采取自由行动。

香月清司又召诸将议论战守，先传达陆军省部命令与内阁决议，分析平津军情，便令川岸、河边、铃木、酒井四将各统一支军合取平津。

宋哲元访过香月清司后，便在十九日晨乘火车离开天津，驶往北平。喘息未定，张自忠便已赶到，递交一纸文件，却是松井转送来日本陆军省部四项新要求，限当日回答。宋哲元读罢，怒道："日人出尔反尔，言而无信。我刚接受香月七要求，松井又送来参谋本部四要求，显然是借谈判掩护军事调动，无一丝诚意。"便令张自忠断然拒绝。

当夜，得报中国驻屯军已发表声明，宣布自二十日零时起自由行动，心知日军进攻已成定局，再作交涉，不论如何妥协，亦是枉然。又读蒋介石七月十七日庐山谈话，其中对日交涉四原则皆是对香月七要求的严词拒绝。又得蒋介石迭电，皆严令积极备战，不得妥协。且令先发制人夺占东交民巷日本使馆区。尤其得报蒋介石向第二十九军紧急拨运子弹三百万发，皆已抢运到第二十九军驻地。知蒋介石全力支持第二十九军抵抗，是出于至诚，并非虚言。心中稍安。

便令停止对日交涉。又召诸将开会，部署战守。令将四个步兵师分为六支应战：第一支军，以何基沣为将，统所部第三十七师第一一〇旅、附山炮兵一营，夜袭丰台，争取一击成功，解除宛平威胁，保障平汉路；第二支军，是以冯治安为将，统第三十七师其余部队进攻通县，掩护何基沣进攻丰台；第三支军，以张自忠为将，统第三十八师进攻天津海光寺日军中国驻屯军司令部，打乱日军中枢机关。且分兵控制廊坊，切断平津间日军联络；第四支军，以张维藩为将，且命其为北平城防司令，统城防部队守卫北平；第五支军，以刘汝明为将，统所部第一四三师各旅向南口出击，进攻昌平、密云、高丽营，切断古北口通北平大路，威胁酒井、铃木二支日军后路；第六支军，以赵登禹为将，且临时任命赵登禹为南苑卫戍司令官，统所部第一三二师并南苑驻防部队死守南苑，掩护北平城防，与日军决战。

六支军部署毕，又派副将星夜赶赴保定，催请孙连仲诸将速统中央军北上助战。又令将军部由南苑迁往城内中南海怀仁堂。

会刚散，宋哲元正静思应对之策，恐有不妥之处。忽报日本驻北平特务机关长松井久太郎与今井武夫二人求见。沉吟片刻，便令召入。一见面，松井单刀直入，催问宋哲元何时能依香月七要求撤退北平城内第二十九军驻军？宋哲元佯作沉吟，半日，方不紧不慢、一字一顿回应道："尚未拟出撤兵计划。"又道："撤退城内驻军，恐在一个月以后了。"

松井怔一怔，又道："只须你下一道命令，城内驻军当日便可撤退完毕，何以要一个月时间？"宋哲元又慢吞吞出语对道："时当盛夏，暑热难当，须等天气凉爽一些才可考虑撤军问题。"松井知道宋哲元态度已转向强硬，显是以天气太热作搪塞。不禁大怒，厉声道："贵军已答复我方香月司令官七项要求，同意撤退北平城内驻军，将城防移交保安队，如何言而无信、擅自毁约？"

宋哲元闻言，仍从容不迫，慢吞吞对道："我方虽准备接受香月七要求，贵军又节外生枝，另外提出参谋部四要求，是贵军毁约在先，将我第二十九军十万将士逼上绝路，须怪不得我。"声调虽然平缓，却带出第二十九军十万将士一语，已是软中带硬、不甘示弱之意。

松井无计，威胁道："既然如此，阁下须负一切后果。"宋哲元又慢吞吞回道："贵军已在十九日夜发表声明，宣布自二十日零时起自由行动。既然如此，我只有用中国古先哲的办法了。"松井问道："什么办法？"宋哲元一字一声道："兵来将挡，水来土掩。"松井无言以对，偕今井武夫怒冲冲而去。

香月清司中将遣松井与今井二人访宋哲元，本是希望以武力逼宋哲元不战而弃北平。因计未成，怒骂宋哲元道："这是敬酒不吃吃罚酒。"便传令诸将作好战斗准备。又召令第二十师师长川岸中将先派两支军，一占廊坊，确保平津交通线；一进北平城，保护使馆区和侨民。皆为总攻偷作准备。诸将得令，依计而行。

廊坊在北平、天津之间，由第三十八师第一一三旅第二二六团团长崔振伦率部守卫。崔振伦见廊坊无险可守，便将基干部队三个营十二个连并团部迫击炮连、重机枪连、特务连分成五支军，环绕廊坊火车站，作向心部署。一支军据路北；一支军据路南；第三支军与第四支军分在车站东西两侧青纱帐中构阵。却将追击炮连隐入车站货栈内；重机枪连抢占制高点，皆瞄住车站。团部带特务连机动。又令送走随军眷属；

中国军队在喜峰口大败日军

用旧枕木、麻包筑成街垒，堵塞街口、隔开车站与镇区；房顶上垒起各类掩体，布下暗哨；机关枪、迫击炮皆测定射击目标，暗中作好标记。又组成便衣队，夹带技术工人，借青纱帐掩护，准备必要时拆除铁路路轨。

七月二十五日，有急报送来，说有一列日本运兵车载运数百日军，开进廊坊车站，分成三四群，每群三五十人，荷枪实弹，面对各街口守军筑垒阵地，也掘壕筑垒。

见日军筑工事，营连长接踵要求允许开火。崔振伦也出计道："若不尽快出击，待日军工事筑成，廊坊必失。"刘振三道："且待一时。"便又派人交涉，请日军停止构筑工事。日军军官回道："若守军让出营房，供站内日本军驻宿，便停修工事。"正交涉时，忽闻枪声爆起。先是一声枪响，转眼便闻四面八方一齐回应，枪声、炮声、喊杀声相互交织，响成了一锅粥，也不知是哪一方先开第一枪。崔振伦到前沿阵地。问及接战始末，报说前沿有个叫王春山的列兵，约齐五挺轻机枪枪手，未待命令，一齐先敌开火。又有一个姓蒋的排长，隐蔽在一民房房顶，闻得机枪声，便将预先备下的集束手榴弹，每束五枚，共是五束，老猿投桃般扔进房跟下日军阵地。

这时，枪炮声愈急。二人透过瞭望孔观察，见将士据住四面八方制高点，几百支捷克式步枪、几十挺轻重机枪，一齐瞄住站内交叉齐射，手榴弹、迫击炮弹也在站内接踵爆炸。偌大一个车站，浓烟滚滚，烈焰冲天，日军被压在站内，人仰马翻，死伤无数。残军据住站台，负隅顽抗，等候天津方面派兵救援。两军遂隔站对射，打成僵局。

廊坊激战正酣，北平广安门又起战事。日军二十六辆大卡车满载官兵，成一字长蛇阵，大摇大摆开进。前锋刚进城，后队还在城外。守门将一声号令，城门突被关闭，日军车队立时被截为两截。守城将士依托房顶、街垒、门窗，瞄准日军入城车队，机枪步枪横扫，手榴弹乱扔。日军骤遭攻击，乱成一团。城外的进不来，城内的出不去，首尾不能相顾，折损无数，只得分头逃窜。

日军驻丰台部队远远听到广安门方向炮声隆隆，又见浓烟滚滚，直冲云霄，正欲出动救应，忽有迫击炮弹雨点般落进兵营，在前后左右开花。又闻军号嘀哒，杀声震天，中国军队分从四面八方潮水般扑向丰台。日军大乱，顾不得救援广安门方面，赶紧结成环阵，阻挡中国军队攻击。

香月清司闻报日军在廊坊、广安门、丰台三处同时遭到中国第二十九军打击，损失惨重。大怒，急令各军出击。川岸二十师、河边旅合攻南苑；酒井旅攻宛平；铃木旅攻西苑通州。然后合四支军之力夺占北平。又令航空兵各中队配合作战。

宋哲元在司令部坐镇，忽得蒋介石急电，告说中央正采办百万军半年军粮、数百万加仑汽油；各兵工厂、仓库正向内地迁移；各部、院、会已准备迁内地办公。令宋哲元作好迎战日军进攻的准备。宋哲元读罢蒋介石电报，与秦德纯略议一阵，知中日大战即将全面爆发，第二十九军惟有全力迎战一途。便令将士准备接战。又令连夜起草一纸通电。通电略谓：

哲元自奉命负冀察军政之责，两年来以爱护和平为宗旨，在国土主权不受损失之原则下，本中央旨意，处理一切，以谋华北地方之安宁，此国人所共谅，亦中日两民族所深切认识者也。

不幸于本月七日夜，日军突向我卢沟桥驻军袭击，我军守土有责，不得不正当防御；十一日双方协议撤兵，恢复和平，不料于二十一日炮击我宛平县城、长辛店驻军，于二十五日夜突向我廊坊驻军猛烈进攻，继以飞机大炮肆行轰炸，于二十六日晚，又袭击我广安门驻军。二十七日早三时，又围攻我通县驻军，进逼北平。似此日日增兵，处处挑衅，我军为自卫守土计，除尽力防卫、听候中央解决外，谨将经过事实，掬诚奉闻，国家存亡，千钧一发。伏乞赐教，是所企祷。

七月二十八日凌晨，天色阴沉，乌云四布。日军飞机约有数百架呼啸升空，十架八架一群，三架五架一队，分头飞往南苑、西苑、北苑、八宝山、宛平、廊坊，远至保定、长辛店并各处中国军队阵地，盘旋俯冲，轰炸扫射。北平周围数百里爆炸声惊天动地，一时硝烟弥漫，人叫马嘶。

日军各路部队依计各以坦克、装甲车导引，冲出营房，分路扑向廊坊、通州、西苑、苑平、南苑、北苑各指定目标。宋哲元急令第二十九军将士迎战。两军十余万人，或攻或守，各以枪炮对阵，远用机枪、步枪乱扫乱射，近用刺刀手榴弹，短兵相接，白刃格斗，陷入全线混战。

二十九军将士虽然英勇，予日军沉重打击，血肉之躯终究难与敌飞机坦克持久抗衡。南苑、通州、廊坊、西苑、北苑、丰台皆陷于敌手，赵登禹、佟麟阁二将皆战死阵中。宋哲元得报中日两军在南苑恶战，南苑易手，守军折损过半，赵登禹、佟麟阁二将战死，伤心不已。哭道："折我左右臂矣！折我左右臂矣！"稍待，快报接二连三送到，通州、廊坊、北苑、西苑、丰台各处战斗尽皆失利。日军各路部队正向北平四门逼近。料北平一马平川，无险可守，便召诸将议论对策。诸将或主守、或主撤，皆无定论。正无计时，忽得蒋介石密电，是令宋哲元移驻保定，收容败军，准备再战。

宋哲元读罢蒋介石密电，沉思一阵，告众将道："从大局着眼，我须依蒋委员长命移驻保定。然平津是我第二十九军将士根基，如今虽迫不得已遗弃，仍有诸多利益需要照顾。须得一人暂留平津，与日人周旋。"说时以目视第三十八师师长张自忠。

张自忠知宋哲元之意，是希望自己留驻平津，只不便直接说出口，便道："军长如认为自忠适于留下来与日人周旋，便请下令。"

话已至此，宋哲元便直言道："我正是此意，只怕你不愿受命。"又道："我军十万将士分散在平津铁路数百里战线上，首尾不能相顾，兼之南苑新败，丰台、西苑皆失，人心浮动，极易被日人打散消灭。你在北平相机与日人周旋，争取缓一周时间，以便我能收容溃散部队，皆调至保定整顿，并相机处理一些善后事宜。"末后叹道："只这样一来，有些委屈你。"

张自忠当时从座中起立，昂然道："委员长既以为我适于担当此任，是对我的信任。为国家民族计，为第二十九军十万将士脱离险境，个人毁誉，我在所不计。"便表示受命。宋哲元大喜。当时写下手谕，令张自忠代理冀察政务委员会委员长、北平绥靖主任兼北平市长，留守平津，与日人周旋。又令第三十九旅旅长阮玄武统所部留驻

我军在青纱帐里准备伏击敌人

北平，负责治安，协助张自忠。

令毕，宋哲元、秦德纯并诸将统兵转赴保定。张自忠送至西直门外。众人依依不舍，相对而泣。张自忠叹道：“只这一别，你们将成为民族英雄，我张自忠怕要背上汉奸骂名，成为千古罪人了。”宋哲元无言以对。一旁秦德纯宽慰道：“战争刚刚开始，来日方长。大凡一个人是爱国还是卖国，须盖棺定论。只要你誓死救国，终有云开日出、得国人谅解的日子。况有军长与我等十万将士作证。盼好自为之。”张自忠不再多言，与众人一一握手，黯然作别。

眼见众人向西进入城外青纱帐，张自忠方回西安门外椅子胡同四号私寓。闭目沉思一阵，召来卫队，告道：“我奉命留驻平津，与日人周旋，是不得已而为之。你等不必在此相陪，可速去保定，跟宋军长杀敌。”便留下六七人，令其余副将、卫士皆出西直门，追赶大队。

第二十九军主力撤走后，日军跟进，平津遂为日军侵占。

第二十二章

同心御侮红军改编八路军
部署大战老蒋就任大元帅

卢沟桥事变前，红军改编谈判已历数月，仍无结果。因中日战争全面爆发，急需用兵，蒋介石便急召国民政府方面谈判代表康泽问讯。康泽告说谈判拖延皆因红军方面要求所部编三师六旅十二团，再合编为路军，设一个总指挥部。且不愿国府方面派副职人员、政工干部及各师参谋长。

蒋介石思虑一阵道："眼下日本已发动全面进攻，国势危急，不必再在细节上多计较。"便令康泽接受中共方面条件，允红军编为三师六旅十二团，合组为国民革命军第八路军，开赴山西战场。又令取消由国府方面向中共新编部队派驻副职人员、政工干部及各师参谋长的计划。只向八路军总部并各师派驻联络参谋。又召见派驻八路军的国府联络参谋，说明其任务：一曰传达中央德意，使八路军感奋；二曰随时了解八路军活动，若有异动，设法制止；倘发生异动，未及时报告中央，便是渎职。

因国共双方努力，两党代表很快达成红军改编协议，在八月二十二日正式颁布。依照协议，所有北方红军，改编为国民革命军第八路军，任朱德为总指挥，彭德怀为副总指挥，叶剑英为参谋长，左权为副参谋长，任弼时为政治部主任，邓小平为政治部副主任。下辖三个师，计为一一五师、一二〇师、一二九师，分以林彪、贺龙、刘伯承三将为师长；以聂荣臻、肖克、徐向前三将为副师长；以周昆、周士第、倪志亮三将为参谋长；以罗荣桓、关向应、张浩三将为政治部主任。

八路军三个主力师中，林彪第一一五师由红一方面军所属第一军团、第十五军团、陕南七十四师三支军编成，合一万五千五百人枪，下辖两个旅，以陈光、徐海东二将为旅长；贺龙第一二〇师由红二方面军所属第二军团、第六军团、陕北红军第二十七军、第二十八军、独立第一师、独立第二师、总部特务团、赤水警卫营八支军编成，合一万四千人，下辖两个旅，分以张宗逊、陈伯钧二将为旅长；刘伯承第一二九师由红四方面军所属第四军、第三十一军、陕北红军第二十九军、第三十军、第十五军团骑兵团、陕甘宁红军四个独立团共九支军编成，合一万三千人，下辖两个旅，分以王宏坤、陈赓为旅长。全军合三师六旅十二团，共四万六千人枪。

又在陕甘宁边区设八路军后方留守处，以肖劲光为主任。又在南京、上海、西安、太原、武汉、长沙、桂林、重庆、成都、贵阳、迪化、兰州、香港、南宁、韶关、洛阳、豫北、陇东各中心城市设八路军办事处十八处。

未久，国共双方又达成新协议，是将南方湘、赣、浙、粤、闽、鄂、豫、皖八省十四区红军游击队改编为国民革命军新编第四军，任叶挺为军长，项英为副军长，张云逸为参谋长，周子昆为副参谋长，袁国平为政治部主任，邓子恢为政治部副主任。军下辖四个支队，计为第一支队，辖二个团，合二千三百人枪，任陈毅为司令员，傅秋涛为副司令员；第二支队辖二个团，合一千八百人枪，任张鼎丞为司令员，粟裕为副司令员；第三支队辖二个团，合二千一百人枪，任张云逸兼司令员，谭震林为副司令员；第四支队辖四个团，合三千一百人枪，任高敬亭为司令员。全军计辖四个支队十个团，合一万零三百人枪。

且又在桂林、南昌、武汉、重庆、西安、福州、上海、金寨、上饶、温州、平江、竹沟、

晋察冀军区司令员聂荣臻慰问参战部队

都昌各地设有办事处、通讯处、留守处，负责接送往来人员、代办物资、搜集情报。八路军、新四军编成后，立即开赴抗日前线。

卢沟桥事变爆发后，因蒋介石尚在庐山，南京方面军政要务尽由军政部长何应钦暂代。何应钦感责任重大，独力难支，思得一计，是于每晚九时召各军事机关首长、主要幕僚到私宅召开智囊会议，讨论对日方略、部署，包括新兵器使用、弹药检讨、燃料粮秣储存、部队运输调动、日方动态、战术特点、战略意图。果然集思广益，奇谋迭出。

蒋介石回南京后，以为这办法不错，备加赞赏。平津失陷后，蒋介石仍令何应钦召智囊会议，商议对日作战方策，尤令认真考虑华北作战。何应钦依命而行，讨论出一计，便来求见蒋介石，指图报告道："平津乃四战之地，除东北方向有北宁线经山海关可通东北外，另在东南方向有津浦线过黄河通鲁、苏；西南方向有平汉线过黄河通豫、鄂；西北方向有平绥线经南口、张家口通察、绥、晋三省。三条铁路线相较，又以平汉线、平津线通中原腹地并华东各省，最是要紧。日军必全力沿平汉线与平津线南侵，寻我军会战。故须以平汉线、平津线为主战场，调重兵加意防守保定、沧州一线阵地；再在彰德、济南布置第二道防线；在洛阳、郑州、开封、徐州、淮阴布置第三道防线。"

又说平绥线南口、张家口是平津后门，屏护察、绥、晋三省，也须派得力将领统精锐独立固守。若日军沿平汉线、平津线南侵，便由南口出击，侧攻日军后背，呼应正面会战。

蒋介石仔细听过何应钦报告，赞道："果然好计。"又补言道："如此一来，日军若不能占领南口、控制平绥线，便不敢贸然沿平汉线与津浦线南攻。日军若先攻南口，夺占平绥线，我平汉线与平津线两路军可同时进兵平津，使敌首尾不能相顾。"

当时依其计，议定宋哲元统第一集团军防守津浦线正面阵地；刘峙统第二集团军防守平汉线正面阵地；又令成立第七集团军，以傅作义为总司令，刘汝明为副总司令，负责防守平绥线正面阵地。因觉南口能控制平绥路进出通道，又挡住平津后门，备加关心，道："须得一得力将领统一支精锐，加意防守南口。未知何人能当此任？"

何应钦道："傅作义三十五军守绥远，刘汝明六十八军守张家口，皆面对德化、多伦，须防止关东军自北而南偷袭。只汤恩伯所部第十三军在绥、晋边境机动，可令汤恩伯为将，统第十三军守南口，令刘汝明、傅作义相助。"蒋介石大喜，道："果以汤恩伯守南口最妥。"便传见汤恩伯。

时汤恩伯因汇报军情正在南京。闻蒋介石相召，即时赶到。蒋介石便请何应钦向汤恩伯说明南口形势，令率部死守。汤恩伯得令欲行，蒋介石又嘱道："南口虽小，关系华北作战全局，务必与刘汝明、傅作义二将协力死守南口八至十日。"当时委任汤恩伯为第七集团军前敌总指挥，又许另派部队增援。汤恩伯领命后辞别蒋介石，飞回绥远，统第十三军进驻南口，构筑工事，准备恶战。

汤恩伯去后，蒋介石告何应钦道："平津日军眼下只一师三旅。其第五、第六、第十师尚在途中，一时不能投入战斗。有汤恩伯统十三军守南口，香月清司旬日内必不敢南犯，保定、沧州我军第一道防线暂时无忧。"便于八月七日在南京召集文武大员举行国防会议，商讨对日战略。何应钦、唐生智、陈调元、冯玉祥、阎锡山、汪精卫、程潜皆与会。红军将领朱德、周恩来、叶剑英也应邀与会。

会议先由蒋介石以国防会议议长身份致开幕词；后由参谋总长程潜说明会议宗旨；又由何应钦报告卢事经过及处置情况；再由各方面汇报防空、国防工事、重工业建设诸般情况。末后讨论战守大计。众人议论纷纷，各出奇谋。红军将领周恩来、朱德、叶剑英皆代表红军发表了精彩意见。

未久，国民政府依国防会议精神，参照1937年度国防作战计划，拟成《战争指导方案》并《作战指导计划》两份文件，又议定成立大本营，以军事委员会为大本营统帅部，推蒋介石为陆海空军大元帅，程潜为参谋总长，白崇禧为副参谋总长，领导全国抗战。

又颁布全军战斗序列，将全国划分为五大战区，计为：第一战区，以蒋介石为司令长官，下辖第一、第二、第十四集团军，分以宋哲元、刘峙、卫立煌三将为集团军总司令，三支军拥步骑工炮三个军团、十一个军，计为庞炳勋第三军团、孙连仲第一军团、刘茂恩第十三军团、宋哲元第五十九军、冯治安第七十七军、万福麟第五十三军、吴克仁第六十七军、郑大章骑三军、关麟征第五十二军、商震第三十二军、曾万钟第三军、李默庵第十四军、檀自新骑四军、马占山挺进军，合三十六师、七个旅、四个团，负责平汉、津浦两线正面主战场作战；

第二战区，以阎锡山为司令长官，下辖第六集团军、第七集团军、预备军，分以杨爱源、傅作义、阎锡山为总司令，三支军拥步骑工炮九个军，计为孙楚第三十三军、杨澄源第三十四军、傅作义第三十五军、李服膺第六十一军、刘汝明第六十八军、高桂滋第十七军、汤恩伯第十三军、王靖国第十九军，赵承绶骑一军，合十三师、十六旅、四个团，负责晋、绥、察侧背辅战场作战；

第三战区，以冯玉祥为司令长官，下辖第八集团军、第九集团军、第十集团军、第十五集团军，分以张发奎、张治中、刘建绪、陈诚四将为总司令，四支军拥步骑工炮七个军，计为阮肇昌第六十九军、陶广第二十八军、李觉第七十军、罗卓英第十八军、霍揆彰第五十四军、刘和鼎第三十九军、谷正伦首都警卫军，合拥十八个师、六个旅、三个团，负责苏、浙地区作战；

第四战区，以何应钦为司令长官，余汉谋为副司令长官，下辖蒋鼎文第四集团军、余汉谋第十二集团军，两支军拥步骑工炮六个军，计为李延年第二军、张达第六十二军、张瑞贵第六十三军、李汉魂第六十四军、李振球第六十五军、叶肇第六十六军，合拥十三师、三个旅，负责闽、粤地区对海作战；

第五战区，蒋介石兼司令长官，韩复榘为副司令长官，下辖韩复榘第三集团军、顾祝同第五集团军、两支军拥步骑工炮一个军团、八个军，计为上官云相第十一军团、孙桐萱第十二军、谷良民第五十六军、曹福林第五十五军、于学忠第五十一军、黄杰第八军、胡宗南第一军、萧之楚第二十六军，缪澄流统第五十七军，合拥二十个师、一个旅、一个团，负责山东地区作战。

五大战区以外，又成立四支预备军，计为第一预备军，以李宗仁为司令长官，白崇禧兼副司令长官，下辖三个军团，计为廖磊第七军团、夏威第八军团、李品仙第九军团，拥步骑工炮十个师，皆由桂军组成，驻屯广西；

第二预备军，以刘湘为司令长官，邓锡侯为副司令长官，辖二个军团、七个军，计为邓锡侯第四军团、刘文辉第五军团、王缵绪第四十四军、潘文华第二十三军、唐式遵第二十一军、郭勋祺第七十一军、许绍宗第七十二军、李家钰第四十七军、孙震第四十一军，合拥步骑工炮二十三个师、八个旅，皆由川军编成，驻屯四川；

民兵架起土炮，准备打击进犯的敌人

第三预备军，以龙云为司令长官，薛岳为副司令长官，下辖一个军团、三个军，计为杨森第六军团、郝梦龄第九军、周浑元第三十六军、卢汉第六十军，合拥步骑工炮八个师，六个旅，驻屯黔滇；

第四预备军，以何成濬为司令长官，徐源泉为副司令长官，下辖五个军团，九个军，计为徐源泉第二军团，王东原第七十三军团、谭道源第十军团、张钫第十二军团、冯钦哉第十四军团、俞济时第七十四军、郭汝栋第四十三军、毛秉文第三十七军、万耀煌第二十五军、樊松甫第四十六军、吴奇伟第四军、周碞七十五军、陶峙岳第七十六军、刘多荃第四十九军。合拥步骑工炮二十五个师、三个旅，驻屯湘、鄂、豫、皖、赣、陕各省区。

四支军皆为总预备队，准备开赴前线增援。又有宁夏、甘肃、青海三省马家军，合编为第十七集团军，以马鸿逵为总司令，下辖三个师，计为第一六八师、第一〇〇师、骑五师，分以马鸿逵、马步芳、马步青三将为师长。也是预备队，分驻甘宁青三省。又有红军各支军，编成第十八集团军，以朱德为总司令，下辖三个师，分以林彪、贺龙、刘伯承三将为师长。预定开入山西，纳入第二战区序列，参加华北会战。

五个战区第一线部队合拥十四个集团军，直辖四个军团，四十二个军，合步骑工炮一百二十个师；四支预备军并各后备部队下辖十一个军团，十九个军，合步骑工炮八十个师。前锋后备合约三百个师。另以蒋介石兼任空军总司令、陈绍宽任海军总司令、谷正伦兼首都防空司令。

各支军中，又以第一战区与第二战区是重点，合拥六个集团军，是为宋哲元第一集团军、刘峙第二集团军、卫立煌第十四集团军、杨爱源第六集团军、傅作义第七集团军、朱德第十八集团军，下辖三个军团、一个路军、二十二个军，合五十三个师、二十一个旅，计约六十万人，分驻于汉、平津、平绥三大铁路沿线，准备与日军会战华北。

第二十三章

进兵绥察贼板垣一马当先
扼守南口汤恩伯初立军功

日本中国驻屯军夺占平津后数日，日军新增援部队，计为步兵第五、第六、第十师，每师拥步兵二个旅四个团、骑兵炮兵各一个团、工兵辎重兵各一个营，并附特种兵、战车兵若干，合二万一千九百四十五人，战马五千八百四十九匹，长短枪九千四百七十六支、轻机枪五百四十一挺、重机枪一百〇四挺，重炮一百〇八门、战车二十四辆、机动车五百二十八辆、马车五百五十五辆，分以板垣征四郎中将、谷寿夫中将、矶谷廉介中将为师长，一齐抵达平津占领区，纳入日本中国驻屯军编成。中国驻屯军实力倍增，连同先到部队，计拥四个师又三个旅共十一个旅合十五万人，拥飞机三百架、战车二百辆、轻重机枪三千挺、火炮一千门、马车机动车各三千辆、战马三万匹。日本中国驻屯军司令官香月清司中将便在天津海光寺驻屯军司令部召师旅长开会，部署新进攻。

会议伊始，先由参谋长桥本群总结前一阶段作战。约略说明日本中国驻屯军自七月二十八日全线总攻，当日占北平，三十日得天津，只三日时间，便击败宋哲元第二十九军十万军，夺占平、津二城并附属地区。日军累计战死一百二十七人，负伤三百四十八人，大获全胜。又介绍军情，先说明己方兵力、态势、各师旅位置。再介绍中国军队兵力、态势，有多少军、师、旅，以谁为将、驻扎何地，装备、火力、战力、士气如何。

约略说明，华北境内中国军队合拥六个集团军，下辖三个军团、一个路军、二十二个军，合五十三个师、二十一个旅，计约六十万人，划为两大战区，分驻平汉、平津、平绥三大铁路干线，当路扎营。又指图详细说明中国三支军具体部署，刘峙统第二集团军守平汉线，辖下拥孙连仲第一军团、关麟征第五十二军、商震第三十二军、曾万钟第三军、刘茂恩第十三军团、檀自新骑四军，合十九个师、二个旅，皆以保定为中心布阵；宋哲元统第一集团军守平津线，辖下拥宋哲元自兼第五十九军、冯治安第七十七军、万福麟第五十三军、吴克仁第六十七军、庞炳勋第四十军团、刘多荃第四十九军、郑大章骑三军，合十六个师，皆以沧州为中心布阵；傅作义统第七集团军守平绥线，辖下拥傅作义自兼第三十五军、李服膺第六十一军、刘汝明第六十八军、高桂滋第十七军、汤恩伯第十三军，合七个师九个旅。

三支军外，又有卫立煌统第十四集团军，下辖李默庵第十四军、马占山挺进军，合四个师二个旅，在北平以西山地机动。其余各集团军皆在二线布防，接应前军。末后说明日本国内已内定再动员四个师增援中国驻屯军、进行华北会战，消灭华北境内中国军队，占据华北全境要地，以期根本解决华北问题。

军情议论毕，便请诸将出计。板垣析道："华北冀、察、绥、晋、鲁五省并平津二城，南倚黄河，东临渤海，北接长城，独以西部山西高原，表里山河，最宜用兵，乃是华北五省二市总枢纽。若得山西，便东俯平汉线，西望陕甘宁，往南过风陵渡，或西进潼关，直下长安，或东取宛洛，进占荆襄，皆可尽占主动，进退由我。"

言及于此，扫视会场一圈，如鹰视狼顾，复续言析道："反观平津，虽说东北有北宁线，西北有平绥线，西南有平汉线，东南有津浦线，交通四达，是四战之地，同时又

晋察冀八路军主力部队在反扫荡战斗中主动出击

四面来风，八面受敌。由平津而南，平汉、平津两路沿线地区，固然沃野千里，一马平川，利我机械化部队活动，夺之甚易。然若不占山西，我军愈往南前进，侧翼便愈受山西高地威胁。如今蒋介石在平汉、平津、平绥三线各摆一个集团军。又在平西山地暗伏卫立煌集团军，且令汤恩伯部数万精锐扼守南口。山西另有阎锡山主力，既可出晋北，沿平绥线支援南口，又可沿晋南，沿正太线侧击平汉路。皆引而不发。其中布置，暗含杀机，已尽得华北地利。”

稍顿，回见香月清司听得入神，便下结论道：“眼下我军处在内线，四面受敌。若沿平汉、平津两线南下沧保线，进行保定会战，汤恩伯必由南口东进，与卫立煌部队合力，进攻平津，攻我军侧背。”又出计道：“我以为，眼下之计是先令主力暂驻独流镇、长辛店一线固守。却遣一支精兵强袭南口，赶走汤恩伯，再沿平绥线西进察绥，击溃傅作义第七集团军，相机夺占山西高原，控制华北高地。那时，本土增援部队开到，再进行保定会战，可保万无一失。”

香月清司正举棋不定，参谋送来一纸电文，展开急视，却是关东军司令官植田谦吉发来，告说关东军认为绥察蒙古军政府一直受傅作义威胁，希望中国驻屯军能尽早沿平绥路进兵，夺占南口、张家口、归绥各城，解除蒙古军政府所受威胁。又告说关东军已组成察哈尔兵团，以参谋长东条英机为将，正在多伦集结待机，必要时可随时支援中国驻屯军扫荡平绥路。

香月清司得到植田谦吉电报，已有计较。问板垣道：“以板垣君计算，我军若先攻平绥线，夺取南口与张家口，需多少兵力、多长时间？”板垣屈指算道：“有一个师又一个旅部队，三日可取南口，十日可击溃傅作义军，控制平绥线。”

香月清司大喜。便定计暂在平汉线与平津线方面取守势,令板垣统所部第五师,辅以关东军铃木重康所部第十一旅团,先沿平绥路进攻,以十日为期,务必夺占南口,控制平绥线。

当时会散。板垣依香月清司命令,令铃木重康统所部第十一旅为前锋,却亲统所部第五师主力为后队,两支军合三个旅十个团,步骑工炮三万五千人,飞机一百架、战车二百辆、大炮三百门、机动车八百辆、马车一千辆、军马八千匹,连夜沿平绥线西进,杀奔南口。

汤恩伯告辞蒋介石后,便离开南京兼程返回绥远平地泉第十三军驻地。收拢部队,准备赴战。又与绥远省主席、第七集团军总司令兼第三十五军军长傅作义,察哈尔省主席、第七集团军副总司令兼第六十八军军长刘汝明,商议如何贯彻蒋介石指示,守卫平绥线。

正议时,快报接二连三送来,日本中国驻屯军司令官香月清司遣板垣征四郎为将,统日军第五师并关东军铃木重康第十一旅,由平津地区沿平绥线西进,前锋铃木重康第十一旅距南口只一日行程。又报说关东军已组成察哈尔兵团,以关东军参谋长东条英机为将,下辖独立混成第一、第二、第十五旅和堤支队、大泉支队,分以酒井镐次少将、本多政材少将、篠原诚一郎少将、堤不夹贵中佐、大泉基少佐五人为司令官,计三旅十二团,步骑工炮五万人、飞机十四个中队,在热察边境重镇多伦集结,伺机配合板垣部队,自北而南夹击张家口与绥东各城。

三将计算兵力,平绥路第七集团军辖下军队,计拥第三十五、第六、第六十八、第十七、第十三军和骑一军,分以傅作义、李服膺、刘汝明、高桂滋、汤恩伯、赵承绶六人为军长,六个军合拥十一个师、九个旅,另附集团军直属部队一个师、三个旅,全军合为十二个师、十二个旅,计十二万人。便将军分为三支,刘汝明统所部第六十八军守卫张家口;傅作义统所部第三十五军、赵承绶骑一军、李服膺第六军守绥东。两支军合战关东军察哈尔兵团,掩护南口主阵地侧翼。汤恩伯却以第七集团军前敌总指挥资格,指挥本部第十三军、高桂滋第十七军、附山炮兵第二十七团,三支军合四万五千人,山炮一百二十门、骡马五千匹,扼守南口正面阵地,迎战板垣部队。其余部队为预备队,置于机动位置,随时增援前线。

议毕,汤恩伯赶回部队,一面令守南口第一线各师沿平绥路东进,乘火车兼程开赴战地,一面对图沉思。见南口在北平西北方向,距北平一日行程。自南口往北十公里,是明十三陵墓址,山势绵延高耸,正是军都山主脉。往南十公里,是妙峰山,乃西山余脉。自南口往西北沿平绥线行十八公里,经青龙桥,便是八达岭长城,一路皆两山夹峙。自八达岭长城再沿平绥线行三百里,便是察哈尔省城张家口,其间有延庆、怀来、宣化数城,各距一日行程。

再细看南口附近军事地形,左倚十三陵,右倚妙峰山,前有龙虎台高地,背后有居庸关,皆两山夹峙、壁立千仞,扼住平绥路咽喉,易守难攻。由南口北去,依次又有得胜口、宁强堡、赤城、龙关诸处要隘重镇;由南口南去,依次有黄老院、钧明湖、禾子洞、仙人洞、骡子圈、横岭、沙锅铺、镇边、十八家诸处要隘重镇，其间耸立笔架山、大广坨、凤凰山等十余座山峰，皆标高千余米，又以大广坨峰最高，标高一千六百三十五点七米。再南行半日行程，便是永定河上游桑干河。

又仔细计算双方兵力火力，便依兵法，令高桂滋统所部两个师占领宁强堡、赤城、龙关诸关隘要镇，依山势关隘布阵，掩护南口左侧后；令王仲廉统所部第八十九师占领龙虎台、得胜口、南口正面阵地，左接高桂滋部队。却令王万龄统第四师驻守第二线阵地，为全军预备队。自统前敌指挥部机关进驻怀来，就近指挥。

王仲廉受命率军扼守南口正面主阵地，知处全军核心位置，责任重大。便换成便服，乔装旅客，搭乘平绥路旅客列车，先部队半日行程，亲到南口侦察实际地形。见南口位于军都山与西山主峰之间，前有龙虎台，后有居庸关，左有得胜口，右有钓明湖，比图上所见又险要几分。又见两边高山，怪石嶙峋，筑垒困难，仔细计较，将军分为四支，一个团守得胜口；一个团守南口正关；一个团占领居庸关；一个团向钓明湖方向警戒，为机动部队。又令各团作二线配置，前沿部署四分之一部队守阵，主力四分之三隐于阵后，避敌炮火；又令炮兵占据阵地；又加派一个加强连，占据龙虎台高地，为南口前哨。部署毕，各团一齐进入阵地，垒石成堆，麻袋填土，连夜赶筑工事。

八月八日天明，工事初成，日将铃木重康统军攻到。先出动红头飞机，三五架一群，七八架一队，高飞轰炸，低俯扫射，瞄准南口、得胜口、龙虎台、居庸关诸处阵地，乱轰乱射。飞机轰炸未毕，炮兵接踵射击，是以山炮轰第一线、野炮轰第二线、铁道重炮轰第三线，三类炮不下百门，一齐发炮，立时弹幕如云，铺天盖地，阵前硝烟四起，碎石乱飞，五步外不见人踪，工事尽被炸毁。

火力急袭过后，日军便令步骑冲锋。幸王仲廉有见识，只令四分之一部队守山头阵地，损失不大。见敌步骑攻到，将士从隐蔽处钻出来，登上山脊棱线，发一声喊，一齐架起机枪、步枪乱射，待敌冲至阵前，又猛掷手榴弹。日军猝不及防，死伤无数，落荒而退。

日将铃木重康所统关东军第十一混成旅，是将一师部队抽出一个步兵旅留驻东北，以其余部队混编而成，名为一旅，实际拥两个步兵团、一个骑兵团、一个野炮团、一个山炮团，另附工兵、辎重兵各一支，计拥步骑工炮五个团，一万五千人，等于大半个师，炮兵火力尤超过寻常步兵师。见强攻不成，铃木大怒，心道："不信三日内攻不下南口。"观阵良久，思得一计。

午后，日军再攻，先以山炮野炮各十余门点射诸处阵地。炮轰毕，令派出小部队，三五个一群，交替掩护，向山头冲锋，声势逼人。将士见日军炮击停止，又要冲出隐蔽地，爬上山头棱线迎敌。王仲廉在阵前冷眼旁观，听出铃木只用三成火炮射击，又有红头飞机在远处盘旋待机，告诸将道："此是疑兵，诱我大部队登上棱线，再令飞机轰炸，其余七成火炮突袭，使我措手不及。"便令大部队继续隐伏。

日军小部队爬到山腰，见中国军队并不出击，便不再向上攀登，只在原地大呼

停在上海码头的侵华日军一艘驱逐舰

小叫，举枪乱射。王仲廉令挑出神枪手，瞄准日军，东放一枪，西放一枪，皆弹无虚发。无多时，山腰日军折损半数。余皆恐惧，一齐返身回撤。未到山下，灌木丛中忽钻出中国士兵，三五个对付一个，抱头捉腿，生擒活拿。却是王仲廉暗遣善擒拿格斗战士，沿秘道潜至山下，暗中截断日军归路。待其回撤，一齐冲出，日军散兵不防，皆被俘获。

铃木重康在远处观战，先见守军不受诱惑，已有八分恼火。又见诱兵在山腰遭守军神枪手点射折去半数，恼怒增至十分。及见余兵皆在山脚下被擒，已恼之十二分。再按捺不住，也不管守军是否暴露目标，又令飞机乱炸，重炮齐轰，再令大队步骑冲锋。王仲廉不慌不忙，见出击时机已到，方令将士再爬上棱线迎战。如是者恶战三日，一日数阵，阵前尸横遍野，铃木重康仍不能前进一步。

板垣征四郎闻报铃木重康统所部五个团屡攻不利，折损无数。三日之期已过，仍不能夺占南口，暗骂铃木重康无能，折了关东军威名。便令撤往后方补充休整，亲统所部第五师来攻。却改变战术，虚攻得胜口、南口，集中七成火炮，猛轰龙虎台，又令大队步兵冲锋。反复冲杀一整天，炸毁龙虎台工事，守军折去大半。至黄昏，龙虎台为板垣攻占。

王仲廉见板垣统兵亲来，佯攻得胜口、南口，集中进攻龙虎台，暗叫不妙。欲遣军救援，又被封住通道。待到黄昏，眼见龙虎台易手，心道："龙虎台虽小，却是全阵制高点，得之可瞰制日军进攻部队，失之便全阵受制于敌，南口也迟早必失。"挨至天黑，伸手不见五指，急遣一将，带一连步兵，皆穿胶底鞋，轻装短打，乘夜黑摸上山头，发一声喊，一齐冲入敌营，刺刀乱捅，手榴弹乱炸。日军恶战一日，始得龙虎台，放胆安卧，却不防中国兵夜袭，乱成一团，立时死伤无数，余皆连滚带爬，返回本阵。

次日天亮，板垣又统兵进攻，复夺龙虎台。王仲廉待入夜又遣兵偷袭。如是者循环往复，龙虎台日间被板垣攻占，夜间又被王仲廉夺回，失而复得，得而复失，反复争夺,反复易手,山头皆被削平数尺,阵地早已面目全非。

板垣见强攻龙虎台不成,便转移兵力,依次抢攻得胜口、宁强堡、赤城、龙关诸要隘,寻找突破口,皆被高桂滋所部第十七军击退,折损无数。正无计时,铃木重康献计道:"自南口往南,西山方面皆是崇山峻岭,道路难行,支那军必不防,可遣精兵间道偷袭,绕至南口背后,必能获胜。"

板垣大喜。自带第五师主力继续日夜叩关攻打南口、龙虎台、得胜口、宁强堡、赤城、龙关,却令铃木重康统所部第十一混成旅翻山越岭绕攻钓明湖,从南面包抄南口。

消息报至怀来,汤恩伯大惊,自思道:"钓明湖北距南口只半日行程,若被日军绕过,南口、居庸关、八达岭皆不能保,必全线遗退。"适逢阎锡山遣朱怀冰统山西民军第九十四师来南口助战,汤恩伯便令抽出两团,交吴绍周指挥,组成支队,再附以工兵、炮兵若干,开往钓明湖阻击。吴绍周,贵州人,黄埔军校毕业,在军中任职多年,新任为第十三军参谋长。得令守钓明湖,屏护南口南翼,统军兼程疾进,夜半赶至钓明湖。刚筑成简易阵地,铃木已经攻到。两军各以枪炮对射,恶战一日,相持不下。

铃木见钓明湖两山夹峙,利守不利攻,偷袭未成,强攻又急切难破,便留一支军虚攻。统大队又向南绕行,自北而南,依次进攻黄老院、仙人洞、横岭城、镇边城各山口,择地突破。汤恩伯得报,急遣王万龄所部第四师分守各山口,依次阻击。自此战线以南口为枢纽,向南北延伸,北起龙关、赤城,中经得胜口、龙虎台,再往南经钓明湖、黄老院、仙人洞、横岭城、镇边城,绵延有数十里。两支军对阵,十余万人日夜厮杀,数十里山谷硝烟弥漫,枪炮声、喊杀声惊天动地,阵地反复易手。

恶战到第十二日,日军仍寸地未得。清点人马,已死伤数千。板垣自思道:"支那军据住各山口,尽得地利,战局若再拖延,皇军还将受损失,况三日取南口之期早过,话说难收。"便孤注一掷,令集中全部预备队三千人枪,遣一将统领,绕过镇边城,沿桑干河北岸作深远迂回。

汤恩伯统军守南口十余日,反复恶战,各师皆折去四五成。虽有朱怀冰统第九十四师来援,亦是杯水车薪。所有工兵、辎重兵、炊事兵并卫队,尽皆补入战斗师。得报板垣又遣军偷越镇边城,沿桑干河北岸作深远迂回,心道:"若不阻止,日军绕过镇边后,可直下怀来、延庆,再如何守南口?"心中大急,却无兵可派,便令收缩防线,撤退龙虎台、南口守军,重新划分防区,集中兵力固守得胜口、居庸关、镇边城。

日将板垣征四郎统兵强攻南口,十余日无功,折损数千人马,恼羞成怒。便孤注一掷,遣后备三千人绕过镇边城,沿桑干河北岸西进,迂回汤恩伯军全线。汤恩伯急向蒋介石求援。蒋介石令卫立煌统所部第十四集团军由平西山地兼程北进,侧击板垣迂回部队。傅作义却遣陈长捷统一个师又三个旅车运南口,抢先赶到。汤恩伯大喜。正要调用援兵,又得急电,告说关东军察哈尔兵团南攻张家口,须将陈长捷援军抽出一半,原车西返,只留陈长捷第七十二师并独七旅交汤恩伯指挥。汤恩伯先是欢喜,次转惊诧,便问详情,方知关东军集中二个混成旅猛攻张家口,守将刘汝明不能敌,向傅作义紧急呼救,傅作义只得将已运到南口战区的两个旅调回,救援张家口。

汤恩伯空欢喜一场。及至了解到张家口战局危殆,知时势所致,责怪无益,便就汤下面,急令陈长捷统所部第七十二师并独七旅到镇边接防,遏制板垣迂回部队。又令其余龙关、赤城、宁强堡、得胜口、八达岭、居庸关、钓明湖、黄老院、仙人洞、横岭城十处守军,各据阵死守待援。

战至八月二十六日,忽有急报送来,张家口已经失陷,刘汝明第六十八军已投西南方向退往山西蔚县。关东军察哈尔兵团左路占领独石口后,直扑龙关、赤城、宁强堡正面,与板垣部队配合强攻。守军战线多处被日军渗透,急呼叫卫立煌,请速统所部第十四集团军北援,却如泥牛入海,杳无音讯。派参谋人员前往联络,方知天降暴雨,河水猛涨,泛滥成灾,卫立煌所部援军被阻在桑干河南岸,无法渡河。

汤恩伯知大势已去,道:“自八月八日统军接战,以二个军六个师一个旅,合六万人,与日军精锐数万交锋,杀敌数千,自折五成人枪。死守南口阵地十八日,早超过蒋介石八至十日之限期。虽不能全胜,却也尽力而为,对得起国人。若非张家口失守、卫立煌援军不到,南口阵地还可扼守若干时日。”心中这样想,便令各支军毁掉重武器,带好伤员,轻装短打,撤出阵地,乘夜透过日军间隙,向桑干河南岸突围,到山西代县集中。

中国军队追击平江日军

守军一退，板垣部队跟踪进兵，与关东军察哈尔兵团会师。张家口以东宣化、怀来、延庆并龙关、赤城、得胜口、八达岭、宁强堡、黄老院、钓明湖、仙人洞、横岭城，再往南直到桑干河北岸地区诸险关要镇，皆为日军夺占。

日军占领平绥路各城后，日将寺内寿一令日军分为四支。右一支军，以东条英机为将，统关东军察哈尔兵团所属四个旅二个支队合五万人，由张家口沿平绥路西段西进，发展攻势，相机夺占绥远全境、山西北部，牵制山西境内中国第二战区各支军；左一支军，以西尾寿造为将，统所部华北方面第二军所属三个师一个旅，由天津出击，渡过独流河，沿津浦路南攻，夺取沧州，再分为两支，一支继续南下，相机渡黄河夺占山东，一支西进，侧击平汉路；右一支偏师，以板垣征四郎为将，由平绥路东段宣化、怀来集结地出击，投晋冀两省边界南下，向右威慑山西侧翼，呼应关东军察哈尔兵团夺占绥远晋北，向左侧击平汉路西侧；却令香月清司为将，统所部第一军各师，辅以方面军直属各师旅，由北平出击，渡过永定河，沿平汉线南下，在保定地区与中国军队决战，务消灭刘峙第二集团军主力。

又规定四路之中，以平汉线为决战战场，西尾寿造左军、板垣偏师皆须向平汉线作向心运动，配合香月清司在保定地区合围刘峙所部。又令作战线暂划在石家庄向东到津浦线重镇德州以北地区。以两个月为期，速战速决，结束华北战事。众将领命，一齐应诺，各回营统兵，依计进攻。

东条英机中将奉命西攻绥远晋北，正求之不得。未待其余各路军出击，便乘新得张家口余威，一马当先，令关东军察哈尔兵团各支军并李守信所部伪蒙军九个骑兵师，号称十万人，由张家口拔营启程，沿平绥路向西推进。一日连下数城，兼程百里。九月六日，已到晋北要隘天镇城下。

却说天镇地当晋、察、绥三省边界交会点，西南通大同，西北通平地泉，东北通张家口，三城分为晋、绥、察三省要镇。天镇若失，晋北门户洞开，绥远亦失去屏障。阎锡山恐天镇有失，急令李服膺统所部第六十一军驻天镇死守，嘱道："晋绥是我基业，尤以山西为根本。天镇当外长城线要冲，又扼住平绥线。天镇若失，晋绥门户洞开，日军西可攻取平地泉卓资山，亦可由左云、右玉出杀虎口，然后直下包头；南可夺占大同，再绕过雁门关侧背，南下应州、代州、忻口，然后直下太原，那时晋绥全失，我等皆死无葬身之地。务必加意小心，全力死守，等候增援。"

李服膺当时口头答应阎锡山，许诺死战，却惊恐于日军威势，只派一团兵孤守天镇，统主力不战而逃。东条英机令关东军察哈尔兵团前锋二个旅，辅以李守信伪蒙军九个师，四面围住天镇，日夜架炮攻打。恶战五日，在九月十一日夺占天镇。而后长驱直入，不战得大同。又连下丰镇、阳高、兴和、聚乐堡、周石庄，皆是晋北要镇。太原由是震动，一日数惊。

阎锡山闻报李服膺阳奉阴违，临阵脱逃，怒不可遏，电召李服膺相见。李服膺自信与阎锡山交厚，不以为意，应召来见。甫一见面，阎锡山怒斥道："我令你死守天镇，何以只派一团虚守，自己不战而退？致大同、阳高、丰镇、兴和数日内尽失。主将怯战，又何以服众？”便令侍卫将其拘捕。

第六集团军总司令杨爱源等，皆是五台派，与李服膺交厚，皆来说情。阎锡山正犹豫时，副职送来一纸电文，却是蒋介石自南京发来，令将李服膺枪决，以振军心。阎锡山读罢将介石来电，不再犹豫，告李服膺道：“非大赏不能奖有功，非大罚不能惩有罪，我今要死保山西，须借你一颗头鼓舞三军士气，九泉之下不要怪我。”遂召来战区执法总监张培梅，令照蒋介石电示，依军法判处李服膺死刑，十月三日执行。因这一判决，军心士气复振。

第二十四章

占德州矶谷廉介逞凶津浦线
攻保定香月清司分兵平汉路

日本关东军察哈尔兵团西出张家口，袭占天镇、丰镇、大同并晋北诸镇之日，日将板垣征四郎也统日军右偏师第五师各旅，连同附属部队三万人，由平绥线东段宣化、怀来各城出发，分三路兼程南下，皆以飞机轰炸开路，坦克战车冲阵，步骑密集跟进。数日间，连下冀、察、晋边境地区十余城，进二百里，向南渡过桑干河，逼向蔚县。

蔚县在冀晋两省边界交会处，北距桑干河、东距小五台山、西距恒山、南距五台山，各约百里。周围密布有阳原、广灵、浑源、灵丘、涞源数城并紫荆关、平型关、倒马关、下关、马头关、后子口、茹越口、九宫口、蟒石口、金水口、福山口、隘门口、押车口共十余处关口，皆是古今雄关天险，掩护进出晋、察、冀三省通道。

傅作义、汤恩伯、刘汝明三将闻报板垣第五师进逼蔚县，恐失去山西屏障，商定刘汝明统所部第六十八军死守蔚县，阻遏板垣进兵。刘汝明因见板垣势大，飞机坦克疯狂，不敢迎敌，率部向南急走。汤恩伯得报，大惊，所部第十三军在南口恶战十八日，人困马乏，各师所存人枪，皆不及五成，刚退到桑干河南岸稍歇，亦难迎敌。便令第十七军军长高桂滋统一支军救援。援军未到，蔚县已被板垣攻占。

此时日军右军主力东条英机所统关东军察哈尔兵团已夺天镇，又乘势夺了大同、丰镇、阳高、兴和、聚乐堡、周石庄诸重镇，晋北门户洞开。加上蔚县又失，山西省城震动，一日数惊。幸板垣得蔚县后，奉命折而向东南，穿越太行山，走倒马关、紫荆关、隘门关诸关向平汉线转进，呼应香月清司第一军参加保定会战。太原只是虚惊。汤恩伯入晋通路因被板垣部队切断，只得投山僻小路，避开敌锋，转往平汉线，整补待机。

东条英机得晋北各城后，又将军分为三支，左一支军向南，以大同为中心，以为疑兵，威逼山西腹地；右一支军向北，出丰镇，沿平绥线，直奔平地泉；却以中路军西出大同，经左云、右玉，由杀虎口越过外长城线，取直线急攻绥远西部，在平地泉以西

八路军在向日军进攻

百里处会齐右支军，再沿平绥线西段西进，连下归绥以西各城。十月十六日，又得平绥线西端点包头，完全控制千里平绥线，占领绥、察全境，威逼大西北陕、甘、宁、青、新五省。

第二战区司令长官阎锡山急将重兵调往晋北堵口，又向蒋介石呼救。蒋介石恐大西北五省有失，四川后方不保，亦十万火急，分从各处调来援军，分成八支。八支军是：邓宝珊所统二个师、一个旅；樊松甫所统二个师、二个旅；马彪所统骑一师；马鸿逵所统二个师、四个旅；孔令恂所统三个师；马步青、马步芳、杨得亮所统各一个师。八支军合十三个师又七个旅，步骑工炮合十余万人，分驻陕北、榆林、靖边、石嘴山、定远营、宁夏、定边、居延、酒泉、张掖、民权、武威、兰州并呼都克、苏汗都克各城，依大漠、黄河天险布阵，屏护大西北，阻敌西侵。大西北军情稍缓。

日军左路军辖下部队，拥三个师一个旅，合十万人，统由第二军军长西尾寿造中将指挥，分为两支。矶谷廉介所属第十师二个旅居左；中岛今朝吾与下元熊弥所属第十六师、第一〇八师二个师四个旅居右；重炮旅配合。九月十一日一齐出击，连占津浦线北部马厂、青县、兴济、静海、独流镇、唐官屯、大城、姚官屯十余城，九月二十四日，又占领沧州。而后继续分兵，左路第十师继续沿津浦线南下，直趋德州。右路第十六师、第一〇八师折转矛头转向西南，逆子牙河而进，从东面侧击平汉线，配合中路第一军，合战中国第二集团军各部。

德州在冀、鲁两省边界，属山东省管辖。守将韩复榘字向方，河北霸县人，任山东省主席、第五战区副司令长官，兼第三集团军总司令，辖下军队计拥七个师、一个旅，并附守备部队若干，合十余万人，受冯玉祥指挥。冯玉祥令韩复榘统所部第三集团军接防津浦路正面，尤令速派二个师加意防守德州。

韩复榘依令，遣孙桐萱第十二军守德州，令第十二军第八十一师师长展书堂统所部先行，后队跟进。展书堂受命后，统所部前锋第二四三旅先到德州。打探军情，得报日军前锋以钢甲列车开路，占沧州后，连下南皮、泊头、东光、吴桥，进至鲁境第一站桑园车站，距德州只半日行程。便派一个团守城，其余部队占领铁路两侧野战阵地，掘深壕据守。壕宽三丈，深一丈五。等待数日，未见日军来攻，大奇，料是日军兵力不足、等待后援，召来属下旅长运其昌，依计而行。

是夜，月黑风高，伸手不见五指。八十一师一队精壮计有千人，由各营连挑选组成，皆体健个高，气力沉雄，能奔善攀，以第四八六团团长赵廷璧为将，饱餐酹酒，趁夜色掩护，投山僻小路向北疾进。待到午夜，暴雨将至，夜色愈浓，大队疾进三十里，正到桑园车站日军营地。发一声喊，分无数小股一齐切入，机枪步枪横扫，手榴弹乱扔乱炸。

日军未加提防，待被喊杀声、枪击声、手榴弹爆炸声惊醒，已折损无数。急从床上爬起，摸枪赤脚迎战，已被中国军队摸入营内，敌对两支军混在一起，一时难分敌友。中国军队有心夜袭，皆暗中佩有夜间识别标志，多带大刀、短枪、手榴弹，适于夜间近身肉搏，白刃格斗。尤其将士有西北军传统，精于夜战劈刺，日军如何能敌，桑园日军营地一时烟突火燎，人喊马叫，尸体横陈，乱七八糟。日军钢甲列车一辆被缴获，余皆被炸毁。缠战到拂晓，赵廷璧恐吴桥日军大队增援，令吹号收兵回营。又令将所获日军钢甲列车开回德州。于路回望桑园敌营，大火冲天，一夜未熄。

日军第十师师长矶谷廉介在沧州大营，得报桑园日军遭夜袭，前锋损失惨重，几辆钢甲列车皆被炸毁，一辆被中国军队开走。攻城军品半数被毁。大怒。亲统第十师主力由沧州南下。到桑园后，将军分为三支，中央一支军沿铁路线正面强攻德州，其余两支军分从德州左右两侧绕道而南。

十月三日，日军中路前锋已到德州城下。矶谷便令攻城。先是飞机飞临德州狂轰滥炸，再集中野炮、山炮、铁道重炮一齐乱射。立时炮声隆隆，震动数十里地，城内燃起冲天大火。方令坦克、装甲车冲锋，步骑跟进。德州守将运其昌奉命守城，见日军来势凶猛，观阵良久，告将士道："日军所恃者是坦克和装甲车，只消如此，便可破敌。"令组成突击小组，借瓦砾藏身，隐于日军坦克装甲车通路上，待日军坦克装甲车靠近，猛从街角冲出，先用手榴弹炸，未成；又用集束手榴弹炸，也未成；复给重迫击炮弹安装顶火帽，隐于高处猛向日军坦克装甲车砸去，闻得爆炸声惊天动地，烟火起处，日军坦克、装甲车皆被炸烂。如此反复，日军第一日进攻数次皆被打退。

第二日如法炮制，又打退日军数次进攻。到了十月五日，虽只守城三日，因日军炮火猛烈，德州城四门皆破。城墙皆被轰垮，城内房舍店铺多数毁于炮火，满城皆是瓦砾堆。数千守城将士已折去十之六七。适有急报送到，告说日军东西两支军已绕过德州，东一支分占盐山、乐陵、阳新、惠民、济阳各城；西一支分占高塘、禹城、监邑各城，在德州背后会师。德州四路皆敌，已是孤城，通济南的铁路线也被切断，再守无益。运其昌思之再三，令将士毁掉重武器，只带随身枪弹并带齐伤残病员，乘夜色悄然撤退，钻过日军包围圈空隙，向南归队。德州遂失。

矶谷廉介得德州后，又继续南进，渡过徒骇河，陈兵黄河北岸，集结兵员兵器，准备抢渡黄河，进攻津浦路南段。

平汉线方面，中国第二集团军司令长官刘峙令在永定河往南到保定之间布置三道防线。第一道防线，西起房山、周口店，中经琉璃河跨平汉线，东达码头镇、固安、永清，东西长一百二十里，令孙连仲为将，统所部第一军团，辅以檀自新骑十师，负守卫之责；第二道防线，西起易县，中经涞水、高碑店，也跨平汉线，东抵霸州，东西长也是一百二十里，令曾万钟统所部第三军负守卫之责；第三道防线，西起满城，中经保定，东到新安镇，横跨铁路，东西长约百里。

日军中路部队，不但拥香月清司辖下第一军三个师、二个重炮旅，又有日军华北方面军直属部队一个师、河边旅并其余直属部队为后备，再加上右偏师板垣第五师，左路第二军辖下二个师，皆受命分从东西两面迂回保定。是以日军中路部队实拥七个师、三个旅，步骑工炮计约二十万人，占华北方面军兵力半数以上。

香月清司急欲建功，将军分为三支，土肥原统所部第十四师居右；谷寿夫统所部第六师居左，分从平汉线两侧包抄高碑店，切断第一线中国守军后路。却以川岸文三

冀中军区司令员吕正操在五一反扫荡前线

郎所统第二十师为中路主攻，沿平汉线正面突击。三支军合力，先消灭中国第一线守军，再向保定发展进攻。其余部队为预备队，准备迎击卫立煌所统机动部队。

九月十四日，日军各支军一齐发动进攻。皆先出动飞机，不分前方后方，猛烈轰炸中国守军堑壕、火力点、城镇、后方兵站、运输车辆、行军纵队；又令炮群射击，也是以山炮、追击炮轰击第一线，野炮轰第二线，铁道重炮轰第三线。自房山经琉璃河到固安、永清间百余里战线，一时炮声隆隆，烟尘滚滚。火力急袭完毕，大队日军步骑兵，分成无数路，一齐渡过永定河，扑向中国守军第一线阵地。

平汉线第一道防线中国守将孙连仲，河北雄县人，所辖第一线防卫部队，除所部第二十六路军三个师一个旅外，另有裴昌会第四十七师、檀自新骑十师配属作战。便将军分为三支，令张金照统第三十师守房山；冯安邦统第二十七师守琉璃河；池峰城统第三十一师守明顶山；裴昌会统第四十七师守固安；张华堂、檀自新所部为后备，负责往来救应各军。又嘱各将道："我军战线前后左右皆是平原，无险可守，只几个小高地，再就是青纱帐，故利于日军坦克战车活动，此战关键是据守各高地，阻敌坦克活动。须依计而行，方能获胜。"

刚布阵毕，三路日军已经攻到。孙连仲督令将士死守，因见日军飞机低飞扫射轰炸，坦克战车横冲直撞，皆气焰嚣张，便令将士以排枪、机枪集中对空乱射。又派出精干战士组成突击队，多带集束手榴弹，利用青纱帐掩护，隐于日军坦克战车通道咽喉地，伺机将集束手榴弹塞入日军坦克战车履带，或将其诱入歧路。再利用近战火力优势，待日军步骑大队冲至阵前，机枪步枪横扫，手榴弹乱扔乱炸。偶得机会，也令发动反冲击，与日军短兵相接，缠战肉搏。

如此恶战，每日或数阵，或十数阵，阵前尸积如山，到处是燃烧的车辆、军械、被服。阵地因日军日夜轰击，早七零八落，残破不堪。正思如何重新组织防御、迎战日军进攻时，忽有急报送来，是说日将土肥原与谷寿夫各带所部一师数万人，冲过守军侧翼阵地，分从东西两路向守军背后咽喉重镇高碑店包抄过来。

孙连仲恐被切断归路，又见将士恶战数日，已折损半数，余皆疲惫，弹药也供应不继。料琉璃河第一线阵地不能久守，便乘敌东西两路包抄部队合拢前，统军急退往第二道防线。又带动卫立煌第十四集团军也一齐向南撤退。川岸不知守军已悄悄撤走，又令全力猛攻，仍是飞机轰炸，大炮轰击，步骑冲锋。待耗费无数弹药冲上守军阵地，发现只是虚插旗号，守军已退走半日。

川岸大怒，令机械化部队乘机动车辆沿铁路、公路穷追。趱程半日进至易县、涞水、高碑店一线，见前面尘土飞扬，人叫马嘶，以为咬住中国军队后队，大喜。令展开队形，发起冲击，忽迎面射来一阵弹雨，杂以手榴弹、迫击炮弹爆炸声，却是曾万钟统所部第三军驻守第二道防线，见日军衔尾追赶孙连仲军，便暗派出一支军隐伏于来路高碑店附近。放过孙连仲军，待日军追至近前，突然开火。一时东边枪响，西边弹炸，南边冒烟，北边起火。日军未及提防，在弹雨中人仰马翻，折损无数。青纱帐中，喊杀声不绝，正不知有多少中国伏兵。

日将川岸在高碑店附近遇伏，空折一阵，约退前军，正思谋如何破阵时，忽又见左右两翼尘头大起，各一支军杀到。川岸大惊，以为又遭伏击，急令将士占领阵地，架枪架炮，准备迎敌。正要射击，有联络官飞跑而来制止，告说是土肥原、谷寿夫二将分统左右两支包抄部队开到。仔细观察，果见皆打太阳膏药旗，且拥坦克战车，便将一颗悬起的心放下。又额手称庆，庆幸未贸然射击，自相残杀。

三将合兵后议论一阵，以为中国军队新败，必无战意。便分左中右三路并力猛攻曾万钟第二道防线，尤集中力量猛攻高碑店。恶战两日，高碑店弹丸小镇，落弹数千发，早成废墟。守军折去大半，不能抵挡日军步骑反复冲击，只得撤退。高碑店一失，全线动摇。曾万钟统残军弃守第二道防线，匆匆撤往保定。土肥原、谷寿夫、川岸文三郎三将又统军向保定追击。

平汉路北段第三道防线以保定为核心阵地，左接满城，右接新安，皆倚漕河布阵。自保定往南到正定、石家庄二百五十里，虽有顺平、清苑、望都、定州、新乐诸城，却因至冀中大平原腹地，千里沃野，一望无际，愈利于日军机械化部队活动，再无险可守。是以保定第三道防线便成为屏护冀中大平原的最后一道屏障。

蒋介石得报琉璃河第一道防线、高碑店第二道防线在一周内相继失守，孙连仲、曾万钟两支军失利。恐再失保定防线，严令刘峙务必死守保定防线。刘峙依令执行，调整部署，令关麟征统第五十二军守保定；调赵寿山、冯钦哉两支军守满城；又令孙连仲、曾万钟两支残军一并投入防守。另有中央重炮兵一个旅也参加防御，皆是新式德造卜福斯山炮，机械化牵行，半自动开闩，射速快，射程远。也可调整装药，弯曲弹道打近处死角目标。总计五支军，合十余万人。

布阵毕，川岸、土肥原、谷寿夫各统日军一个师攻到。左攻满城，右攻新安，中取保定。双方二十万军你来我往，捉对厮杀。守军新式炮兵大显神威。恶战两日，正相持不下，忽有急报送来，是说日将板垣统所部第五师三万人，出蔚县、走广灵、经涞源，穿越太行山横向隘口倒马关、隘门口，分数路向保定西南侧后包抄过来；又有日将中岛与下元二人分统所部第十六师、第一〇八师，逆子牙河南进，走霸州、下任丘，向保定东南侧后包抄过来。两支军距保定皆只两日行程。将士闻之，全线震动。

刘峙算计兵力对比，日军三支军合拢，有七八个师二十万人，倍于守军，保定防线已不可守。恐被俘获，率先退往石家庄。主帅一退，将士愈失去斗志，纷纷弃阵南撤。只关麟征因得蒋介石三令五申，统所部第五十二军殿后，据守保定，挡敌追兵，至二十三日夜止。保定遂于九月二十四日失陷。

败军失去指挥，日夜向南狂奔。途中又有唐河、大沙河、磁河挡道，皆河阔水深流急，桥梁多被炸断，将士争相徒涉。河中流沙皆被激活，人马被陷，淹死无数。日军机械化步兵、骑兵，乘车骑马投大路穷追，日进百里。飞机更是不分日夜追袭，乱炸乱射。败军遭袭，愈风声鹤唳，枪械、弹药、被服、营帐、车辆、辎重遗弃一路。待退到石家庄时，已是官不知兵，兵不知官，溃不成军。十余万人马，早折损过半。各部重武器大半丢光。正定、石家庄以北数百里皆为日军轻占。

寺内寿一得报香月清司虽夺占了保定，却未能照计划聚歼中国军队重兵集团，勃然大怒，也不管把作战线限于石家庄以北的最初规定，令香月清司统第一军衔尾穷追中国军队，向石家庄进逼。又令第二军所属第十六师、第一〇八师向石家庄东面迂回。尤恐兵力不足，又令方面军直属第一〇九师也投入平汉路正面作战。合三支军，计拥六个步兵师，另辖三个重炮旅，合二十万人，飞机三百架、战车三百辆、大炮五百门，再在石家庄组织会战，实现聚歼中国重兵集团的计划。

各将得令，统军日夜兼程，沿平汉线向南推进。正面四个师，计为谷寿夫第六师、土肥原第十四师、川岸文三郎第二十师、山冈厚重第一〇九师，齐头并进。只十余日，便连续越过唐河、大沙河、磁河，占领满城、保定、高阳、清苑、顺平、望都、唐县、定州、曲阳、安国、行唐、灵寿、平山各城，进至滹沱河北岸。再分出第二十师猛攻井陉；集中其余三个师，由第十四师师长土肥原统一指挥，直扑正定与石家庄。迂回部队两个师，分由中岛今朝吾与下元熊弥二将统领，连占任丘、河间、献县、饶阳、肃宁、安平、深泽、无极各城，从东面逼近石家庄，距城只二日行程。

第一战区新任司令官程潜分析过军情与保定兵败原因，又看过正定与石家庄附近地形，与幕僚议过，已有计较。令各部皆沿滹沱河南岸布防，阻敌渡河。又将守河军队分为四支，中央一支军以商震为将，统所部第二十集团军各师，辅以战区直属第十七、第四十七师、骑十师，合五个师二个旅，守卫正定与石家庄正面阵地；左一支军以卫立煌为将，统所部第十四集团军各师，并战区直属第三军各师、第二十七、第八十五、第八十九、第一七七师，合九个师，守卫平汉线以西至井陉之间河岸，监视正太路，防敌由正太路西进，策应山西作战；右一支军以宋哲元为将，统所部第一集团军所属四个军合十一个师，在平汉铁路以东机动，屏护石家庄东侧，阻住敌包抄部队，

战士们背着缴获的武器及物资胜利归来

伺机反攻。孙连仲第二集团军、汤恩伯第二十军团并其余部队皆置于后方机动位置，作为预备队。

又见正定城虽孤悬滹沱河以北地区，正面有磁河、大沙河掩护，城西北、西南、正南、东南，皆因滹沱河环大半个城而行，也形成水屏，虽背水为阵，却四面环水，利于防守。便令商震从第二十集团军中抽出两支军，计为宋肯堂第一四一师、鲍刚第四十六旅，以宋肯堂为将，合守正定城，迟滞敌军进攻速度。又令中央重炮旅支援守城。

部署已毕，日军大队已沿平汉铁路推进至正定城外。当即架炮轰城，待城内火起，步骑兵由坦克战车导引扑向各门。宋肯堂急令将士迎敌，重炮旅隔滹沱河乱轰日军攻城部队。此时日军其余部队也沿滹沱河北岸展开，与守河部队接火。两支军数十万人马隔河对战，弹幕如雨，沿河数十里，杀声、枪炮声不绝于耳。

恶战数日，日军折损无数，虽将正定城城门摧毁，仍不能进城渡河。东路日军前锋部队闻报正定方面已经打响，兼程西进。宋哲元急统所部挡住。正要围歼，日军后队主力赶到，反将宋哲元部困在垓心。宋哲元急退。日军乘势猛进，插向石家庄背后。程潜急令正定守城部队渡滹沱河南撤。正定遂失。

正定一失，石家庄正面门户洞开。守军恐被包围，争先恐后弃阵向南撤退。土肥原统日军第十四师为前锋，乘势渡过滹沱河，占领石家庄，向南日夜追赶。十余日间，连占铁路沿线元氏、栾城、赞皇、高邑、临城、柏乡、内丘、任县、邢台、沙河、永年、邯郸、磁县诸城，一气南进四百里。十月十九日，又南渡漳河，突入河南省境。正要向安阳继续退进，迎面射来弹雨，却是关麟征统所部第五十二军二个师如飞而至，截住日军渡河部队，猛冲猛杀，将日军前锋赶回漳河北岸。

第二十五章

救友军朱彭统军渡黄河
撄贼锋林贺率师出晋北

红军改编之际，中共中央驻地已迁往陕北重镇延安。中央革命军事委员会主席毛泽东迁驻延安杨家岭窑洞办公。窑洞依山就坡掘成，是陕北民居式样，成本既低，又冬暖夏凉。洞内陈设十分简陋，只一张大办公桌，一张行军床，一把靠背椅。壁上挂有华北军用地形图，图中又以山西目标最醒目。

山西因衣山带河，自成地理单元，只晋北晋东有山谷峡道供内外交通。晋北方面，历代兵家依山筑长城，修成内外两道长城线，分由各关口控制，外长城线约在晋绥边境。内长城线西起偏关，中经雁门关，东到平型关。晋北纵横数百里，自西而东，计有偏关、雁门关、平型关、倒马关、下关、紫荆关，又有杀虎口、鹅毛口、阳方口、茹越口、峨口、忻口、团城口、马兰口、峪口、北娄口等关口。诸关口中，晋北以雁门关、平型关、阳方口、忻口、茹越口最紧要。晋东方面，有娘子关、九龙关、马岭关、龙泉关、六岭关、西关、岔口、独自口、井陉，又以娘子关、井陉两处最紧要。故山西全境，关口不计其数。古有三十六关、七十二口，合一百〇八关口之说。若控制晋北雁门关、平型关、茹越口、忻口和晋东方面娘子关、井陉，便尽得山西地利，进可攻，退易守，百战不殆。是故山西历代为兵家必争之地。

毛泽东仔细研究过华北地图，尤其精研过山西地形后，对八路军出兵方向、作战方略已成竹在胸。适在八月二十二日，国共两党达成有关红军改编为八路军的最后协议。华北方面，日军沿平绥路西进，猛攻南口，张家口接二连三告急。津浦路与平汉路方面，日军也跃跃欲试。日军后援部队更从陆海两路向战区集中。华北大战在即。

蒋介石商请八路军出榆林、走河套，到绥远御敌。毛泽东回告道：“八路军长于游击战，宜开赴山西前线作战，方能发挥所长。”蒋介石遂同意八路军开赴山西，且按战

在华北敌后战场上的八路军总司令朱德

区序列列为第十八集团军，以朱德、彭德怀分任正、副总司令，纳入第二战区，由第二战区司令长官阎锡山指挥。

八月二十二日，毛泽东择洛川县冯家村为会址，举行政治局扩大会议。洛川在延安以南，距延安二百里，是陕甘宁边区南缘。因当时八路军各部皆驻扎西安附近，在洛川之南，故洛川适在延安与军队驻地之间，便于集中。与会人员计有毛泽东、周恩来、朱德、彭德怀、张闻天、林彪、博古、凯丰、张浩、聂荣臻、刘伯承、徐向前、贺龙、林伯渠、徐海东、肖劲光、张国焘等，共二十二人。中共中央办公厅主任李富春负责记录。

会议先由毛泽东作报告，约略是分析时局与国共关系；又由周恩来、张闻天作报告，说明形势与任务；又拟订《抗日救国十大纲领》，讨论通过政治报告，题为《关于目前形势与党的任务的决议》。末后由毛泽东作总结报告。约略说明，日寇调兵遣将，志在夺取山西华北。国民党虽有数十万重兵分驻平汉线、津浦线、平绥线，然日军训练有素，又拥装备优势，力量对比悬殊，数十日内，华北必失。又说山西四面环山，只晋北、晋东有几处关口可供通行，易守难攻，又是阎锡山老窝，阎锡山或能拼力抵抗若干时日，亦不能持久。又说山西表里山河，东太行、西吕梁、北恒岳、南中条，是华北高地，且物产丰饶。日军虽能占领山西，亦只能占领点与线，却不能占领周围大山。八路军可依托四面大山，相机开展游击战争，扩大武装，组织群众，在山西并华北建立根据地，迎接抗日战争胜利。当时议定八路军留一部分人马留守陕甘宁边区。三个主力师由朱德、彭德怀二将统领，抢渡黄河，开赴山西战区。

会议程序紧凑，气氛热烈，连开四日，八月二十五日方散。会毕，众人各按职守，依议而行。朱德、彭德怀、林彪、聂荣臻、贺龙、徐向前、刘伯承诸将往南，回部队统兵出征；毛泽东、张闻天、博古、林伯渠、肖劲光等人向北，返回延安，负责留守陕甘宁边区后方。周恩来因要到山西作统战工作，也随诸将南行。

晋北门户大同，不但位当平绥线重要位置，且是同蒲路起点。同蒲路从大同开始铺轨，往南经山阴、朔州、阳方口、宁武、原平，忻口、阳曲、太原，再沿汾河河谷而下，经榆次、太谷、祁县、平遥、介休、灵石、霍州、洪洞、临汾、襄汾、侯马、闻喜、运城、永州，直达黄河渡口风陵渡，长一千余里，纵贯山西全境。同蒲路不但北经大同与平绥线接轨，南经风陵渡过黄河可接陇海路，且在中间站太原另筑有横向铁路支线，向东经寿阳、阳泉、井陉，穿过太行山，直达正定，连接平汉线。

大同一失，晋北门户洞开，日军沿同蒲路南下，可直接冲向太原。关东军察哈尔兵团进攻天镇时，第二战区司令长官阎锡山一边令李服膺死守天镇，一面从各处调兵大同，准备组织会战，确保大同。未料大军未到，天镇已失。接踵是大同在九月十三日失陷，是故阎锡山怒极，令斩李服膺，以泄心头之愤。

关东军察哈尔兵团得大同后，偏师继续沿平绥线西进，进兵包头。却以主力部队独立混成第一、第二、第十五旅、堤支队、大泉支队、萱岛支队，分以酒井镐次少将、关龟治少将、篠原诚一郎少将、堤不夹贵中佐、大泉基少佐、萱山鸟高大佐六人为指挥官。六支军合步兵八个团、骑兵二个团、炮兵三个团，其余工兵、辎重兵、战车兵各一个团，辅以装甲汽车队、机关枪部队并特种兵若干，步骑工炮约五万人，由大同沿津浦铁路南进，直扑内长城线咽喉通道阳方口。又分兵进攻雁门关、茹越口，并虚攻内长城线其余各口。

板垣第五师进至平汉线保定附近后，又由平汉线转平绥线，车运至怀来、张家口，沿原道再进兵晋东北，夺占蔚县、广灵、浑源、灵丘，欲夺占平型关、繁峙、团城口，绕攻雁门关，与关东军察哈尔兵团合力，共取忻口、太原，夺占山西全境。板垣第五师下辖步兵十六个营、重炮九十五门、战车兵一个团，另附特种兵若干，步骑工炮合约三万人，连同察哈尔兵团主力，入晋日军合拥八万人，号称十万。两支军由板垣统一指挥作战。

第二战区司令长官阎锡山坐镇太原，得报日将板垣统所部第五师并关东军察哈尔兵团六支军，步骑工炮合五个旅十万人，分为两路，一路沿同蒲路正面而下，一路由晋东北蔚县、广灵、浑源、灵丘大道，向侧翼包抄，皆扑向内长城线各口。大惊，急召诸将开会。诸将得报晋北、晋东北门户洞开，日军十万分两路蜂拥而来，尽皆相顾失色。半日无人发表意见。

阎锡山无计，作色欲怒，忽侍从副官进来，告说第十八集团军正、副总司令兼八路军正、副总指挥朱德、彭德怀二将已到，候在门外。

原来，当洛川会议散后，朱德、彭德怀依照洛川会议精神仔细部署，将八路军三个师分为前中后三支。林彪、聂荣臻二将统八路军第一一五师为前锋，择八月三十一日誓师启程，经陕西韩城，渡黄河，由汾河河口上岸，至侯马乘火车沿同蒲路北上，向战区开进。贺龙、肖克二将，统八路军第一二〇师居中，在九月三日渡黄河，随后跟进。却令刘伯承、徐向前二将统八路军第一二九师为后队，稍晚渡河，视战局发展再决定入晋作战区域。

八路军各部队皆是红军老部队改编而成，将士久经战火考验，越磨越砺，越淬越锋。各级指挥官皆由红军高级将领降级担任，师长多为红军方面军、军团总指挥担任；旅长多由红军军长、军团长担任；团长多由红军师长担任。营连长中半数以上任过红军团长，是以纪律严明。将士又知是开赴前线抗日，愈士气高昂。或乘车，或步行，夜行晓宿，日夜兼程，不消十余日，前锋与中军两个主力师早开抵晋东北内长城线附近原平、灵丘各县，利用崇山峻岭掩护，隐蔽待机。朱德、彭德怀二将便赶到第二战区司令部，面见阎锡山，既是与战区长官见面，也是商议军机：如何保卫山西、八路军如何部署、如何配合兄弟部队作战。

阎锡山闻报朱、彭二将赶到，面有喜色，亲迎至门外，略作寒暄，便迎入会议室。二将因问山西战局，阎锡山一一告知。

朱彭二将听阎锡山分析罢军情，又问如何部署破敌。阎锡山心道："若照实回答，告说诸将无一人能出计，是灭我晋军威风，空教二将轻视。"便支吾道："正作商议，二将赶到。"又道："二位智计百出，曾统红军十余万军，屡次以寡胜众，军中颇有盛名，愿听二位出计。"

与会诸将皆久闻朱、彭二将会打仗，也想看二人如何出计破敌。一齐侧耳倾听，场上一时鸦雀无声。

为粉碎日军的扫荡，八路军总司令朱德、副总司令彭德怀来到太行山

朱、彭二将见会场情势，知不能推辞，况二将于入晋之前已精研山西地理，所有山川河流、雄关险道，何处利攻？何处可守？何处适于设伏？何处适于偷营？皆有心得。入晋以后，又不断了解军情变化，与沿途国民党军将士攀谈，了解日军火力情况、战术特点，对破敌之计早胸有成竹。未加思索，便轮流出言分析战局，约略说明：日军左右两支军，合七八万人枪，皆是日军精锐，无分高下。然日军右路部队沿同蒲路正面南下，沿途有阳方口、雁门关、茹越口诸处关口挡道，皆是天险，一夫当关，万夫莫开，只消派出精兵加意防守，日军急切难破。只晋东北方面，虽有平型关、团城口、繁峙诸处关口挡住大道，也是天险，然恒山、五台山夹角地带尚有诸多岔道、小道，易为日军迂回。是故日军左路第五师对太原威胁最大。须以重兵集团加意防守平型关方面，防第五师团突入，绕过阳方口、茹越口、雁门关，接应右军突破。当时又出破敌之法。

诸将初见朱、彭二将一身土气，出言缓慢，略有些轻慢。闻二将这一段分析，说理透彻，丝丝入扣，没有一字废话，只三言两语便点破战局关键，拨开迷团，又出却敌之计。敬佩之情油然而生。皆暗思道：“果是百战百胜名将，精通谋略阵法，并非浪得虚名。”

阎锡山得二将献计，也喜上眉梢，一丝忧愁尽去。当下依二人计，调整部署，令急调精锐防守同蒲路正面各关口，挡敌右路军进攻。将主力移往平型关西南内长城线附近，依险设防，挡住日军第五师正面冲击。却令朱、彭二将转令八路军各师，深入平型关、雁门关外，攻击日军第五师侧翼，断其后方联络线。正面各支军一律配合八路军各师，前后夹击，合战板垣第五师。

部署已毕，各将皆散，回营统兵。阎锡山送朱、彭二将出门，嘱道：“日军此来，志在太原、忻口，必有恶战。若能消灭板垣第五师，自是大幸。若不能消灭板垣第五师，将其挡在内长城线以外旬日，亦可保证我争取时机，在忻口、太原设防，与板垣决战。二位若能将板垣第五师阻在平型关外若干时日，便是头功。”朱、彭二将点头答应后告辞。

二将回营后商议一阵，召来林彪、贺龙二将，将计议转告二人，令林彪统第一一五师去平型关附近待机；贺龙统一二〇师到雁门关附近待机。临行，朱德嘱二将道："此去平型关、雁门关，乃是我八路军成军以来首次与日贼交锋，务必打好，也显得共产党主张抗日、八路军为抗日先锋，并非浪得虚名。”

彭德怀也嘱道："今日对手是日军精锐，其装备、训练水平、作战素质皆非当年国民党军队可比，须相机行事，灵活机动。”

二将去后，朱、彭二人议论一阵，思及山西战局千变万化，只靠林、贺二支军不足以应变。便急电刘伯承，令调所部第一二九师尽快入晋参战。

林彪原名林育蓉，湖北黄冈人。林彪打仗，以善于包抄、善打运动战著称，精于战术应用，尤善用奇兵偷袭、包抄敌后，在敌军密集队形中包抄围歼一股。故作战风格与彭德怀迥异，有互补之效。所统八路军第一一五师，拥一万五千五百人，下辖三四三旅、三四四旅，分以陈光、徐海东二将为旅长。

林彪受命后，与副师长聂荣臻、参谋长周昆商议半日，便集合队伍，分前中后三队鱼贯向平型关战区进发。

平型关在五台山北麓，是山西境内长城线东段主要关口，东通灵丘，西通繁峙，北通浑源，南通阜平，距四地各一日行程，正当五台山与恒山两山谷道总口，扼住晋东北通晋中腹地交通要津。林、聂二将统八路军一一五师大队万余人，投山僻小路，夜行晓宿，日进百里。时值深秋，秋雨绵绵，又是塞外，将士皆穿夏装，赤脚草鞋，无防雨设备，沿山路疾进，辛苦异常。因念杀敌报国，士气高涨，并无怨言。一路行经五台山与恒山两峪地，穿越龙泉关，趱程数日，早到平型关前。急埋锅造饭，隐蔽扎营，布置阵位，检查枪械弹药，蓄锐待战。又放出侦骑，四处打探日军动静。

林彪身为主帅，带诸将到平型关高处实地察勘地势。见平型关西接团城口，东接东长城，关门两山夹峙，扼住东西交通。关东有两列山丘，各有十来峰，峰峰相倚，前后相接，如九龟下海。关门附近，北有东跑池、西跑池、辛庄、老爷庙几处高地；南有白崖台、石灰沟几处高地。两列山丘之间是一条急造军用公路，从东北方向灵丘县城延伸过来，经东河南村、韩家湾、蔡家峪、小寨村、关沟几处小村，穿过平型关，通往繁峙。公路自东河南村起，开始进入两山谷道，如落入沟底。待到蔡家峪，距平型关正关十余里处，已是谷道中段，两侧山峰壁立，皆高数十丈，将公路夹在沟底。十余里路，其宽只能单车单向行驶，不能会车。

看罢地势，林彪心中已有计较。正与诸将商议时，侦骑飞驰来报，告说日军大队约有千人，汽车、大车混杂，合有数百辆，日进百里。前锋已过灵丘，自东而西，正投公路向平型关开来。林彪得报，大喜。告众将道："日军自华北开战已来，东路在津浦线上打沧州；中路在平汉线上攻保定；西路在同浦路上抢阳方口。数十日内，连占北平、天津、马厂、青县、房山、固安、易县、涞水、高碑店、兴济、良乡、南口、怀来、宣化、延庆、居庸关、横城，沿平汉线、津浦线、平绥线乱冲乱撞，又夺晋省大同、天镇、蔚县、广灵、灵丘，打开晋北门户，已得大小百余城，正骄狂气十足。只大摇大摆、日进百里，便可为证，此正利我设伏。”

当时传令，将军分为四支：第一支军，以第六八五团正、副团长杨得志、邓华二人为将，统所部二千人占领老爷庙两侧高地，截敌先头；第二支军，以第六八七团正、副团长张绍东、韩振纪二人为将，统所部二千人占领蔡家峪、韩家湾两侧高地，断敌归路；第三支军，以第六八六团正、副团长李天佑、杨勇二人为将，统所部二千人占领战线中央小寨村两侧高地，待前锋后队发动，打敌中军；第四支军，以六八八团正、副团长陈锦秀、田守尧二人为将，统所部二千人进驻白崖台，为全军后备，往来救应各支军。犹恐胜算不足，又遣出第五支军，是以独立团团长杨成武为将，统所部独立团并师属骑兵营，合三千人，在蔚县、灵丘、涞源之间哨探，伺机阻敌后援。

分派已毕，又将开火时机、接敌原则，仔细嘱托一番。各将得令，各统所部进入指定阵地，筑好工事，隐蔽待敌。

来敌乃是日军第二十一旅，以坂本顺少将为旅长，属板垣第五师统辖。该旅装备精良，训练有素，自侵华以来，攻南口、夺延庆、取蔚县、占涞源、转战平汉线、侧击保定，一直为板垣第五师前锋，焰气正盛。日将板垣因见右路关东军察哈尔兵团六支军五万人马沿同蒲路南侵，被阻于内长城线西段阳方口、茹越口、雁门关各关口，迭攻不克，旷日持久，便令坂本统所部第二十一旅袭攻平型关，以便绕至雁门关、阳方口右侧后，接应右路关东军察哈尔兵团突破内长城线西段各关口。

坂本率所部一支军，计约一千余人，分乘汽车、大车，共数百辆，满载全师军需物资，投大路向平型关方向急进。待大队进至平型关前，正是九月二十五日午前，比预定行军日程提前一天到达。自东河南村起，虽见西进路上两山夹峙，有一夫当关之险，并不加意防备。只照平常行军序列，头前派三个尖兵成三角战斗队形开路；尖兵后面，跟随尖兵排；尖兵排后面，跟随尖兵连。而后是车辆辎重，迤迤逦逦绵延十余里，塞满一路。辎重后面是全军后卫。

日军尖兵初进谷道恐遭伏击，还保持几分警惕，依照战斗行军规定，一边行进，一边不时向两边山头开枪侦察。偶尔也停在路边，支起掷弹筒，乱轰几炮，漫无目标。除惊动山鸟、野兔乱飞乱蹿外，山谷空鸣，再无一丝动静。料中国军队慑于日军威势，必已望风崩溃，愈加放胆进兵。由东河南村进山口，无事；前行数里，进入韩家湾，又无事；再行数里，进至蔡家峪，已进谷道中点，仍无事。便经蔡家峪，过小寨村，抵老爷庙，皆无事。

大队随后跟进，人马车炮成单列纵队，迤迤逦逦，成长蛇阵绵延十余里，把一条谷道挤得水泄不通。前锋进至关沟，距平型关关门只一箭之地，后队也过了蔡家峪。正得意时，忽然枪声大作，震动山谷。两侧高山阵地上，八路军第一一五师三支伏兵一齐出击，机枪、步枪一齐开火，炮弹、手榴弹密如冰雹，砸进谷道日军行军纵队。

坚持华北敌后抗战的八路军战士

日军前不能进,后不能退,左右皆是峭壁,又有伏兵乱枪猛射。千余人马,挤在山间谷道,上天无路,入地无门,人马相挤,乱成一团,死伤不计其数。林、聂二将见势,令三支伏兵向谷道冲锋,预备队也如飞赶来参战。一时军号四起,杀声震天。四支军合力,由两侧山头向地俯冲,皆势不可挡,将日军行军纵队截为无数截。当时两军阵前肉搏,白刃格斗,混在一处,竟至拳打脚踢。十余里山谷,大刀翻飞,手榴弹轰鸣,人喊马叫,烟突火燎,杀声不绝。日军自侵华以来如何见过这种阵势,一时胆寒,纷纷丢盔卸甲,择路突围。林、聂统军乘势追赶一程,大获全胜。回见十余里山谷,人马尸体横陈,汽车、大车、枪械、物资、被服、营帐皆生烟带火,塞满一路。

清点战果,只半日恶战,便歼敌千余,击毁日军汽车百余辆、大车二百余辆,缴获九二步兵炮一门、炮弹二千发、步枪千余支、战马五十四。其余弹药、被服并一应辎重皆堆积如山。只军大衣便有数万件,供八路军全军将士每人发一件,尚有余裕。获得抗战以来的第一大胜利,打击了日军嚣张气焰,鼓舞了全国的民心士气。

捷报传出,举国欢腾。各界各军发往延安总部的祝捷贺电、贺信不下百余件。国民政府军事委员会委员长兼陆海空军总司令、大本营大元帅蒋介石也在九月二十六日致电朱、彭二将祝贺。电文略谓:“二十五日一战,歼寇如麻,足证官兵用命,深堪嘉慰。尚希益励所部,继续努力。”

第二十六章

守忻口阎锡山大兴四路兵
战原平姜玉贞洒尽一腔血

板垣在平型关受挫后，便调整部署，绕过平型关正面，派轻装部队投山僻小路绕至茹越口侧背，大队步骑随前锋跟进，十月二十九日进占大营、繁峙，又接应关东军察哈尔兵团左路偏师，突破雁门关。两支军会师，控制内长城线各关口，进占代县，与板垣第五师并力，合取宁武、崞县、原平、忻口、太原。

阎锡山得报，心中不安，便召第二战区前敌总司令兼第十四集团军总司令卫立煌商议应对之策。正议时，侍从报说中共代表周恩来到。二人闻报，不期然对视一眼，各有喜色，一齐道："周恩来是红军最高指挥官之一，精通政略、谋略，又通兵法，一向智计百出。此时来太原，正好出计助我守晋北。"便同时离座起身，迎至门外。三人见面后，周恩来赞道："阎长官率山西军民抗战，将日军十万师拒之于内长城线以外数十日，尤其赏罚分明，重处天镇败将李服膺以振军心士气，足证阎长官抗日志坚，恩来十分钦佩。"说话时不时以目视卫立煌，意思是说也钦佩卫立煌统兵救援山西，转战千里，只因当阎锡山面，未便点破。卫立煌会意，微有感激之色。

阎锡山闻周恩来赞语，心中受用，说了一些谦虚的话，又用粗话骂了几句日本人不自量力，胆敢入寇山西，方转言赞道："内长城线能多守若干时日，多亏林彪、聂荣臻二将统八路军一一五师大战平型关，挫贼锋芒。"又赞道："阎某自清末从军，参加铁血丈夫团起，历任军职，见过多少将军，多少军队，惟有八路军分合随心，聚散无常，将士用命，纪律严明，守若磐石，攻若狂风，战术灵活机动，能以一当十，以寡胜众，最能打仗。我国军队二百余师，若皆如八路军一样能攻善守，如何能让小鬼子穷凶极恶，入寇山西半步。阎某看过林、聂二将大战平型关的战报，对八路军战力、战法、抗日决心，实在是钦佩不已。"周恩来也谦虚一番。

此后，周恩来提及军情，是说板垣既统军两路来攻，威逼同蒲路沿线宁武、崞县、原平、忻口、太原各城，问阎锡山如何部署战守。阎锡山望一眼卫立煌，回告周恩来道："久闻周先生精通政略、兵略，能攻善守，正要请先生出计。"

周恩来问阎锡山道："未知晋境我军兵力有多少？"阎锡山心中有数，未加思索，屈指算道："晋境第二战区辖下部队，眼下有四支军，计为第六集团军、第七集团军、第十四集团军、第十八集团军，合拥十三个军、二十四个师又十三个旅，计约二十万人。"稍顿，又补言道："另有孙连仲第一军团、汤恩伯第二十军团可支援山西作战。西北军冯钦哉第十四军团、川军邓锡侯第二十二集团军正准备渡黄河开入晋南。四支军合约八个军、十五个师又一个旅、三个团，也约二十万人。"

周恩来思虑一阵，方对阎锡山、卫立煌二人道："山西为华北高地，不但本身是宝，且东瞰平汉线，往西南过了风陵渡便是大西北、大西南门户西安。敌不论是攻是守，都须夺占山西。我方若守住山西，进可侧击平汉路日军侧翼，守可屏护西北西南。是故依敌我双方战略，在山西会战势在难免。"

稍顿，饮一口茶水，回望阎、卫二人，见正凝神倾听，又续言道："今板垣分两路来攻。两路敌军虽号称十万之众，辅以飞机重炮，却远道而来，客犯险地，补给不便，处处犯兵家大忌。晋北多山，左有管涔山、芦芽山、宁武山、吕梁山、云中山；右有恒山、

忻口前线中国军队炮兵阵地

五台山、系舟山、太行山；同蒲路沿汾河河谷而下，正穿过诸山交会处，山连山，岭接岭，雄关隘路，无以计数。左从阳方口往南有宁武，右从雁门关往南有崞县。两路在原平会合。再往南依次有忻口、忻县、青龙镇各城掩护太原。诸关之中，又以忻口左倚云中山，右倚五台山，扼住五路总口，最是紧要，又易守难攻。如今我在太原以北、内长城线阳方口至平型关以南二三百里地，有四个集团军合二十万人，足堪一战。只须遣偏师死据阳方口、宁武、崞县、原平各城，据险节节抗击，稍挫日军气焰，争取十余日时间。且多派小股部队深入晋北，利用山地开展游击战，攻敌侧背，断敌补给，令其疲于奔命。却将主力尽调往忻口，倚忻口天险，分左中右三路布防，中路凹进，左右两路前伸，布成袋阵。诱敌钻进袋中，再合拢两翼，收紧袋口，必能全胜。”

顿一顿，觉意犹未尽，又补言道：“那时任日军有多少飞机重炮，也难炸平太行山。”

阎、卫二人闻周恩来计，一齐说好。周恩来接着说道：“晋北有四支军二十万人，据天险在忻口设防，板垣难从正面突破，然太原安全仍有一忧。”

阎锡山不觉一怔，未解其意，便问其详。周恩来不答，起身走向壁上一幅山西地图，指图沉声告道：“太原往东，沿正太路东去三百里，经榆次、寿阳、阳泉各城，便是娘子关。过了娘子关，再东去一日行程，便是石家庄。眼下日军正猛攻石家庄。以恩来观之，石家庄旬日之内必失。那时日军派一支偏师，只消一个步兵师，甚至更少，沿正太路西进，穿过娘子关，从侧后迂回太原，可朝发夕至，不但忻口防线与太原不保，且晋北我二十万大军必被日军前后夹击，片甲不留。”

稍顿，又补言道：“我来太原以前，我党领袖毛泽东分析山西战局，认为防守太原，确保山西，关键有三条。”卫立煌接言问哪三条，周恩来对道：“其一是确保忻口防线；其二是开展敌后游击战，破坏日军补给线。此两点我先已有所表述。”又道：“第三条关键，就是要确保东路娘子关万无一失。”

卫立煌闻言，暗暗颔首赞同。阎锡山颇不以为然，笑道：“贵党领袖毛先生所忧虽然有理，然石家庄方面，第一战区辖下有商震、宋哲元、孙连仲、汤恩伯四支军，合三十余师，二十余万人。纵然不能久守石家庄，亦足堪一战。我料日军占石家庄总在十日以后，且其占领石家庄后，顾忌我军侧击，必不敢分兵沿正太路西进。”

周恩来沉声对道：“阎长官若这样分析娘子关方面形势，太原迟早必失。”卫立煌知周恩来如此说，必有成算，便插言请作详解。周恩来详析道：“平汉路日军除正面四个师外，侧翼子牙河方面另有二个师，连同三个直属炮兵旅并特种兵，合有二十万人，占华北日军半数。不但能在旬日内取石家庄，且兵力雄厚。占石家庄后，不论是沿平汉线南下邯郸，逼向黄河渡口，还是沿正太路西进娘子关，进逼太原，包抄忻口防线，抑或是两处同时用兵，皆游刃有余。若此时低估日军实力，失了娘子关，纵然守住忻口防线，也保不住太原。”话毕，便捧杯饮茶，边饮边观二人反应。

阎锡山听完周恩来这番分析，呆了半响，方恍然若悟。心中对周恩来洞察战略全局，把平汉路作战与同蒲路作战视为一个整体，看出正太路与娘子关的战略地位，分析言简意赅，丝丝入扣，愈是叹服。已转向接受周恩来关于守住娘子关对保卫太原有关键意义的看法。便出言探问道：“贵军第十八集团军辖下刘伯承第一二九师，未知何时能过黄河？”

周恩来知阎锡山是想调八路军一二九师守娘子关，便对道：“刘伯承统第一二九师已在九月三十日离开陕西富县，正向韩城芒川渡口进发。预计可在十月五日前后渡黄河进入晋境。”又补言道：“然第一二九师不过万人，装备皆是轻武器，全师重机枪只二十九挺，火炮只有六门迫击炮，只适于在侧翼游击，配合守关。正面守关，须调其他装备好一些的部队。”

阎锡山被周恩来一语说中心思，暗赞周恩来机敏，也知其所言皆是实情。便不提调刘伯承第一二九师守娘子关的话。转言道：“西北军冯钦哉所部第十四军团、川军邓锡侯所部第二十二集团军正向晋南兼程进发。两支军合拥四个军八个师又三个团。我令冯钦哉、邓锡侯二将率所部守娘子关，如何？”

卫立煌补言道：“必要时还可请委员长从平汉路调第一战区部队用于娘子关方面。”周恩来道：“如此最好。”又道：“我可通报朱、彭二将，请将刘伯承第一二九师转用于娘子关方面，开展游击战，配合正面部队守卫娘子关。”阎锡山大喜，尽依周恩来计。当下三人又议一阵细节。

因说话投机，不觉夜深。周恩来告辞。阎、卫二人送至门外，握手言别。恐路上不安全，阎锡山又调派座车，令送周恩来回八路军驻太原办事处下榻。

周恩来去后，阎锡山思量周恩来计策，反反复复，兴奋一夜。越思越觉周恩来算无遗策，深通兵略，堪比孙、吴、诸葛，愈决心在忻口与板垣会战。次晨起来，急召诸将到战区司令部开会，布置战守。与会者计有各集团军总司令、各军军长，第十八集团军正、副总司令朱德、彭德怀二将一并与会。令将四个集团军打散部署，分为左中右三支新编集团军。左集团军以杨爱源为总司令，统三个师、一个旅，合三万人，守卫黑峪村至阳方口一线阵地，掩护同浦路正面。右集团军以朱德为总司令，统四支军合四万人，右倚五台山，占领五台山北麓罗圈沟、军马厂、翠岩峰、挂月峰至峨口、峪口一线阵地，掩护同蒲路右翼。中央集团军以卫立煌为总司令，统八支军合十四个师、二个旅，另附四个炮兵团、一个战防炮营，计十万人，在忻口正关并两翼蔡家岗、南怀化、大白水一线占领阵地，准备与日军主力决战。

三大集团军外另成立预备集团军，以傅作义为总司令，下辖骑一军、骑二军、第三十四、第三十五、第六十一军、独一旅、第六十六师，分以赵承绶、何柱国、杨澄源、傅作义、陈长捷、陈庆华、杜春沂七人为将。七支军合四个师，八个旅，另附炮兵二个团，计约八万人，为全军后备，负责往来救应。

众将散后，阎锡山独留朱德、彭德怀二将，道："断敌补给线，是忻口会战胜利关键。我观第二战区数十师大军中，独第十八集团军几个师有此虎口拔牙的特殊本领。若能适时切断日军补给线，打乱日军部署调动，其功不可估量。盼能叮嘱林、贺两位师长，务必协力同心，多敲掉日本人一支运输队，忻口正面就多一分胜算。"

朱彭二将与会前，已从周恩来处知道阎锡山在忻口组织会战是真心要与板垣所部日军拼杀。且忻口会战部署多依周恩来筹谋。便未加思索，一齐应诺。当时辞别阎锡山，回营统兵出征。

送走诸将，阎锡山想起周恩来有关娘子关得失是忻口战役能否成功的三大关键之一的说法。思虑一番，又传令第十四军团总司令冯钦哉、第二十二集团军总司令邓锡侯二将并八路军第一二九师师长刘伯承，速向娘子关方面运动，沿正太路占领阵地，守卫娘子关，掩护忻口主阵地右侧后，保证忻口会战胜利进行。

日将板垣突破内长城线后，便在代县集结部队，收容后队。代县在五台山主脉与内长城线之间，南距原平、西距宁武、东距茹越口，各约一日行程，左一条公路由雁门关穿过内长城线，北通大同；右一条公路由茹越口、平型关穿过内长城线，沿五台山北麓，经繁峙、大营、灵丘、广灵、蔚县，往东北方向直通张家口。两条公路在代县会合后，再往南经崞县通原平。

板垣统日军在代县略休整数日，探得阎锡山集中第二战区主力，步骑工炮计四支军共二十六师又十个旅合二十五万人，在忻口布防，又以王靖国、马延守、姜玉贞三将统军分守崞县、宁武、原平三城，欲与日军会战，心道："我自九月十一日得天镇，已苦战数周，晋军望风而逃，不能全歼，正要诱其决战。"

适有战报送来，酒井镐次统关东军察哈尔兵团第一混成旅连日猛攻，已攻破阳方口，正向宁武进兵。又对图思道："代县、宁武、原平三城，各距一日行程，图中几何

被120师击毁的日军汽车

图形正呈一等边三角形，三城分据一个顶点。宁武与原平有同蒲路相通，只隔轩岗一城；代县与原平有大同公路相通，只隔崞县一城。左右两支军合力，原平指日可下。得了原平，便占据了五路总口，可直叩忻口，实现决战计划。”

算计已毕，便分出三支军，第一支军以酒井镐次为将，统关东军第一混成旅，进攻宁武、轩岗，消灭马守延守军；第二支军以本多政材为将，统关东军第二混成旅，进攻崞县，消灭王靖国守军；第三支军以篠原诚一郎为将，统关东军第十五混成旅，绕过崞县，投小路进兵，袭占原平，消灭姜玉贞守军。三支军各一万人，各有飞机炮队助战。又令以十月四日为期，三支军一齐发动，克日攻取宁武、崞县、原平三城。

十月四日，日军经反复恶战，始得崞县。又衔尾穷追败兵，沿大路扑向原平。原平守将姜玉贞，山东菏泽人，所部第一九六旅是军中甲种旅，辖三个团，齐装满员，共五千人。奉守原平，以十月四日为首日，须守原平七日，到十日止。未料大队急行军刚进原平，未及喘息，日军第十五混成旅前锋投山僻小路，掩至城外，发动偷袭，立时枪声大作。姜玉贞统军返身迎战，击退敌军，便令将士连夜赶筑城防工事，准备来日恶战。

自此以后数日，日将篠原诚一郎每日统兵来攻，皆先令飞机轰炸，次令重炮齐射，然后令步骑冲锋，皆被姜玉贞统军据险打退。到十月九日，距守城期限只剩最后一日，篠原照例来攻。两军正隔城相持时，姜玉贞远远望见东北方面尘头大起，嘈嘈杂杂，有一支人马沿大同公路开到。却是王靖国守军，丢了崞县，败回原平。败军背后，日本追兵跟踪而至。姜玉贞恐日军乘机夺城，不敢开城门迎接败兵，只得放自家败兵绕城而走，再以机枪火力截住追兵。战事正酣，西北方面也尘头大起，又有一支人马沿同蒲路开到，这一回却是宁武方面守军，丢了宁武轩岗，也向原平败退。

姜玉贞依前法再放过自家败兵，以城头火力截住追兵，掩护轩岗败兵退走。日军三支军会合于原平城下，飞机、坦克、战车、重炮皆集中一处使用，威势备增。三支军并力，四面围死原平。先是上百架飞机轮番轰炸，次以上百门重炮乱轰乱射。城内硝烟滚滚，火光冲天，满城房舍、店铺皆被炸毁，四面城墙屡遭重炮反复轰击，早成平地。日军坦克战车以百计数，导引大队步骑兵分从四面涌入。西门先破，日军冲入。五千守军，恶战已十日，七八成战死，余皆带伤。

姜玉贞思及离守城最后期限尚有一日，统军死战不退，与敌在瓦砾堆中追逐厮杀，反复冲杀，反复肉搏，逐巷逐院争夺，枪炮声、呼杀声日夜不绝。又恶战一日，阵前敌尸无以计数。到了十日夜，西门北门皆被攻破，城区大部已陷敌手。姜玉贞退守城区西南角，清点残军，仅存二百人，且枪皆残缺、人皆带伤。思及刚好守到十日，正完成七日约期，将士稍有笑意。姜玉贞令乘夜黑掘地道突围。

待地道掘成，天已大亮。残军从地道突出，刚一露头，已被日军发觉，枪炮齐发，弹如雨下。姜玉贞先被炮弹击中左腿，血流不止，染红一路。挣扎突围，又连中数弹，饮恨而亡。一旅五千人，最后生还者不及百人。原平遂失。

第二十七章

偏师抢头功贼篠原折兵滹沱河
主将夜闯阵郝梦龄战死南怀化

忻口在原平与太原之间，北距原平五十里，南距太原一百五十里，东倚五台山，西倚云中山。滹沱河从两山之间流过，河床陡峭，水深流急。同蒲路并大同通太原的公路，顺河岸而下，也自北而南辟中穿过忻口。忻口正口所在地两山夹峙，峭壁千仞，如同两扇大门，锁住南北交通。滹沱河流至忻口，河床尤其狭窄，东西宽不过里许。河谷中央还有一座形似小岛的高地，名叫南怀化，制高点标高一千二百公尺。

南怀化如同一道门栓，正拴死左右两山大门，封住忻口正口，控制忻口，须先控制南怀化。南怀化往南另有一个小高地，名曰红沟，距南怀化一箭之地，也封住河谷，可为南怀化预备阵地。南怀化左去十里，有大白水、南峪两处高地，自云中山伸出；右去十里，是龙王堂，也是高地，自五台山伸出，分别屏护忻口正口两翼。自大白水、南峪、龙王堂再向左右伸展，便是云中山、五台山主脉，奇峰插天，飞鸟难逾。是故守住了南怀化、红沟、大白水、南峪、龙王堂几处阵地，便封住了忻口；封住了忻口，太原便万无一失。

卫立煌闻日军向忻口攻来，亲到忻口实地侦察地形。果见忻口两山夹峙，有一夫当关之险，心中暗喜。便依忻口地势，将中央集团军守忻口部队再分为左、中、右三个兵团。

左兵团以第十四军军长李默庵为将，下辖五个师，防守南峪、大白水诸阵地，掩护忻口左翼；右兵团以第十五军军长刘茂恩为将，下辖三个军，防守龙王堂一线阵地，掩护忻口右翼；中央兵团以第九军军长郝梦龄为将，下辖四个师，五个旅，驻守南怀化阵地，防守忻口正口，连接左右两翼。又在红沟设置二线阵地，以防万一。

日本军官在前线

板垣得原平、崞县、宁武三城后，令将大队分为左右两支，右一支军以篠原诚一郎为将，统所部混成第十五旅步骑工炮辎六个团，辅以堤支队并机关枪兵、装甲汽车兵、战车兵、重炮兵、飞机若干，合二万人，沿滹沱河谷西岸进攻；自统左一支军，下辖所部第五师步兵二个旅四个团、骑炮工辎各一个团，合八个团，辅以萱岛支队步兵一个团，也辅以战车兵、重炮兵、飞机若干，合四万人，沿滹沱河东岸进攻。

其余部队，计本多政材所统第二混成旅、酒井镐次所统第一混成旅、大泉基少佐所统大泉支队，三支军合为二万人，为全军后备，负责掩护后方交通线、机场、兵站，并广布疑兵，虚张声势，策应左右两路主攻部队。

十月十三日，日军左右两支军进至忻口正口面前。板垣便令攻击。先出动数十架飞机，飞临忻口上空，瞄准中国守军阵地，低空俯射，高空轰炸。又动用重炮，共数十门，皆是一五〇毫米榴弹炮、加农炮、重迫击炮，一齐发射。忻口落弹如雨，数十里山谷，一时硝烟滚滚，烈焰腾空，爆炸声震天动地。火力急袭未毕，日军大队步骑皆以坦克战车开路，摇旗呐喊，沿滹沱河两岸，呼啸而进，扑向守军阵地。

日军左右两支军中，又以右军冲击速度最快。篠原诚一郎自恃是关东军劲旅，统右军猛冲猛进，欲抢头功。卫立煌见敌来攻，亲临前线，登高而望，遥见日军飞机轰炸，重炮齐射，耗弹无数，火力虽然凶猛，却漫无目标。守军防线皆构筑隐秘，料损失不大。又见日军火力急袭后，大队步骑兵蜂拥而进，状若入无人之境。自思道："板垣不作战场侦察，未先探明我军火力点，便令飞机乱炸，重炮乱轰，大队步骑乱冲，是猪羊钻进屠夫门，一步步自寻死路。正应了骄兵必败古训，却不知我军工事火力点皆依崖构筑，破坏不易。"

心中暗喜，便令迎战。日军火力急袭时，守军将士因与日军屡屡交锋，知日军火力凶猛，便依防御战条例皆隐于阵内，只派瞭望哨观阵。待敌火力准备已毕，步骑冲锋时，一齐反身归阵，据壕举枪，推弹上膛，择目标瞄准，心中默颂阿拉伯数字，目测目标距离。待敌步骑大队涌至阵前，机枪横扫，步枪点射，手榴弹乱炸。

日军以为守军皆被炸死炸昏，余者必弃阵而走，一点也不防备。待冲至阵前，迎面射来枪弹密如爆豆，立时人仰马翻，折损无数。余者纷纷循原路回窜，不意两侧又遭机枪火力夹射。路边高崖上，集束手榴弹带烟冒火垂直砸下来，在乱军中开花。却是将士预先将成箱手榴弹搬上峭壁高崖，结集成束，暗伏掷弹手，待敌溃逃时，将集束手榴弹拉开弦，往人堆中扔。日军经反复打击，又折一阵，战场遗尸无数，狼狈回归本阵。

篠原清点损失，片刻之间，右军前锋便折去千人。便到板垣营帐请罪。却见板垣并无进攻受挫之态。便问左军第五师损失，告说折损数十人。篠原不信。板垣笑而不理，反问右军损失。篠原垂头丧气，遮遮掩掩告道："折损近千人。"

正要请罪。板垣却道："右军损失千人，怪不得阁下，此是试攻，损失在所难免。"未待篠原插言，又详析道："忻口左倚五台山，右倚云中山，两侧皆是峭壁，夹峙一条狭道，步步是险，处处皆可倚峭壁布阵，若不牺牲一些人马，诱敌全力以赴，暴露全部火力点，飞机再多，重炮再多，就算炮弹炸弹填平滹沱河，也未必能摧毁其暗设在峭壁上的火力点。贵部虽牺牲千人，却探明了敌军火力点位置和防线配备，也是一功。”

篠原闻板垣这番话，恍然大悟。始知板垣有意约束左军虚攻，任右军冒进，牺牲右军探明虚实，故右军第十五旅折损千人，左军第五师只折数十人。心道：“试攻便折我千余精锐，这代价未免太大。”便暗恨板垣奸诈诡谲。

篠原这番心思，板垣尽收眼底，如何不知？只一笑置之，并不说破，接言正色道：“适才我在阵前观察，见阁下所统右军冲至崖前，除受正面南怀化高地火力阻击外，主要是两侧高崖火力交叉夹射所至。”稍顿，又析道：“以我观来，忻口两侧大山，如两扇大门锁住同蒲路。南怀化居滹沱河谷中央，恰如一道门栓，是守军主阵地。得了南怀化等于得门栓，便可自由开关忻口大门。南怀化背后又有一二〇〇高地，居高临下，瞰制河谷，是全阵枢纽点。敌军两侧高崖阵地虽不怕飞机轰炸，重炮亦难摧毁，步兵更无法攀援仰攻，南怀化高地却不难夺占，只是须冒侧射火力强攻，多付些代价。”

言及于此，又顿一顿，转言道：“然我军若得了南怀化，便占了主动。那时敌军必舍弃两侧阵地，全力反攻南怀化，南怀化必成为敌军绞肉机。两侧高崖阵地便不攻自破，忻口克日可得。”

篠原闻板垣这番分析，已然折服，先前憎恨之意不觉减了几分。便请允统右军主攻南怀化，报一箭之仇。板垣大喜，允其所请。又从左队抽出精锐若干补充右队，总攻南怀化。

南怀化正面主阵地，由郝梦龄所部第九军第五十四师防守。第五十四师是一九三五年调整师，齐装满员，新调来山西助战，以刘家麒为师长。刘家麒奉命守南怀化主阵地，不敢懈怠。督将士依山布阵，日夜赶修工事。阵刚布成，日军前锋攻到，刘家麒统军应战，又得两侧高崖阵地火力支援，大挫日将篠原所统关东军部队，先胜一阵。

将士正欢庆胜利，枪炮声又起。日军飞机，约有数十架，密如飞蝗，一齐飞往南怀化阵地轰炸。机腹舱门开处，重磅炸弹雨点般砸向阵地。轰炸过后，又有百门重炮也瞄准南怀化阵地一齐急射。重炮轰过，又有飞机来炸。如此反复轮换，炸过又轰，轰过又炸，只半日时间，南怀化一隅之地落弹无数，山头皆被削平，树木尽被烧毁。满山新土碎石，积已盈尺，如被犁头深翻过一遍。堑壕、火力点，皆被摧毁。一师守军，折去十之五六。

炮轰过后，日军大队约有五六千人，由坦克战车导引，如潮涌至。刘家麒统残军迎战，如何能敌?虽击毁了前锋几辆装甲车，后队又铺天盖地而来。沿河阵地尽失。两侧高崖阵地守军正要以侧射火力支援，又被板垣调曲射炮队拼命压制。刘家麒统残军且战且退，南怀化东北高地尽失。

正危急时，两翼河滩各有一支军杀到。却是郝梦龄见刘家麒势危，从高桂滋第十七军调出二个团。卫立煌也见势危，从李默庵第十四军调出一个师。两支军各约数千人，分从左右两路赶来救援，一齐杀到，冲上南怀化主峰，救了刘家麒。截住日军进攻部队冲杀。板垣见势，也从后队调兵增援南怀化。两军各有万余人，短兵相接，白刃格

白洋淀的水上游击队——雁翎队

斗，混在一处缠斗。

恶斗半日，各死伤数千。至黄昏红日西沉，皆已疲惫，方各自收兵暂歇。日军占了南怀化东北高地，中国守军仍在南怀化西南高地掘壕据守。两军隔坡对峙，战线犬牙交错，相互包围。

是夜，星月皆无，四野漆黑。郝梦龄思道："我军只有轻兵器，长于近战夜袭、短兵相接。若不乘夜黑偷袭将日军赶走，收回南怀化东北高地，待天明日军援军开到，南怀化必尽沦敌手。"便调二个旅，以董其武为将，夜袭日军所据东北高地。待到天明，中国军队夜间袭占了南怀化东北高地一角，回看己方西南高地，也有日军太阳旗晃动，却是日军也分兵发动夜袭，占了南怀化西南高地一角。两军阵地愈犬牙交错。自此两支军在南怀化一隅之地混战，反复冲杀，反复肉博，反复进退，喊杀声日夜不绝。阵地反复易手，已不知几度。阵前尸横遍野，无分敌我，不能插足。

日将板垣见南怀化久攻不下，敌对两军混在一处缠战肉搏，分不清两军阵线。几番欲以飞机重炮提供火力支援，又恐伤及己方军队。心道："我军之长，在于兵精将勇，火力威猛，且能隔阵轰击。支那军却在数量上占优势，后备源源不绝。今陷在南怀化一隅之地，与支那军混战肉搏，以一千日军换一千支那军，拼持久消耗是舍己之长、拼敌之长，乃用兵大忌。"

思之良久，生出一计。急调后备精锐数千，以坦克战车约数十辆导引，大摇大摆向南怀化猛插猛进，佯作增援状。待到阵前，突然转向，再投南疾进，一直插向南怀化背后一二〇〇高地。守军猝不及防，阵门大开。日军大队乘势一拥而上，一气夺了一二〇〇高地。又利用高地阵势，架起轻重机枪，居高临下从背后俯射南怀化中国守军。守军腹背受敌，死伤无数，余者无处隐身，只得仓皇撤退。南怀化遂在十月十五日为板垣攻占。

卫立煌闻报南怀化与一二〇〇高地被日军攻占，大惊失色，亲到忻口督战。严令郝梦龄发动夜袭，夺回一二〇〇高地与南怀化。阎锡山也从太原传令，夺回一二〇〇高地者赏大洋五十万元。郝梦龄知南怀化与一二〇〇高地虽小，却是忻口防线总枢纽，得失关系全局。便调中军所属第二十一师、独二旅、独五旅、新编第四旅，四支军合五个旅，计约二万人，分以李仙洲、方克猷、郑廷珍、于镇河四人为将，分四路夜袭南怀化，约齐十六日零时一齐发动。又令郑廷珍统所部独五旅主攻一二〇〇高地。

是夜，北风呼号，细雨蒙蒙，伸手不见五指。将士皆轻装短打，分途掩至南怀化日军阵地。发一声喊，一齐冲进日军阵地，连夺几个高地，与日军混在一处。大刀横飞，刺刀乱捅，手榴弹乱炸。枪炮声、喊杀声惊天动地，火光照亮十余里山谷。两军混战一夜，三路皆有进展，独郑廷珍独五旅进展不大。日军稳据一二〇〇高地，轻重机枪居高临下，俯射中国军队进兵通道。前队苦战告急，后队却无法冲过日军火力封锁线。

郝梦龄在中军大急，亲到独五旅督战。适有第五十四师师长刘家麒在身边助阵，劝道："军长乃是主帅，不可冒险。"郝梦龄道："一二〇〇高地是河谷阵地中央制高点，俯瞰四面河谷。若不尽快攻占，待到天明视界明朗时，日军凭瞰射火力不但能阻止我后队增援，且前锋想回撤亦是不能，必全军覆没。"又慨然道："瓦罐不离井口破，将军只在阵前亡，为打鬼子而死，也值了。"便不顾刘家麒劝阻，径奔向一二〇〇高地，寻找独五旅。刘家麒劝阻不住，只得相跟而进。几个卫士也提枪急追，左右护卫。夜暗中冲过几个山头，待找到独五旅阵地，方知郑廷珍身先士卒，统军冲阵，与敌肉搏，混战中中弹，早牺牲多时。将士被日军火力压制，前不能进，后不能退，已折损过半。

此时已届黎明，黑夜将尽，山头已显轮廓。郝梦龄收拢第五旅将士，欲在天亮前组织最后进攻。迎面一阵子弹射来，密如爆豆。却是日军察觉到动静，以重机枪横扫，郝梦龄、刘家麒各中数弹，双双阵亡。三员主将接踵战死，军心动摇，纷纷回撤。日军乘势以机枪火力截击，又派步兵衔尾追杀。中国军队群龙无首，各部失去协调，互不照应，人马相拥，折损极多。待天明清点损失，各旅或折损二三成，或折损四五成，共死伤数千人。幸卫士忠诚，拼死抢回了郝梦龄、刘家麒、郑廷珍三将尸身。

三将阵亡消息传出，举国悲怆。国民政府颁令褒扬三将，追授郝梦龄陆军上将衔；追授刘家麒、郑廷珍二将陆军中将衔。又令将郝梦龄灵柩运回武汉公祭。十月二十四日，郝梦龄灵柩运抵武汉，迎灵民众以千以万计数，莫不哀泣低号。适有负责办丧事官员拿出郝梦龄赴忻口战场前留给子女的遗嘱，当众宣读，遗嘱略谓：

"此次北上抗日，抱定牺牲决心。万一阵亡，你们要听母亲调教，孝顺祖母老大人。至于你等上学费用，为父虽无余钱遗留，将来抗日胜利，料国家可送你等进遗族学校。"

末后落款，说遗嘱留赠"慧英、慧兰、荫楠、荫槐、荫森五儿女"。

众人见此遗嘱，愈加悲切，不觉泪洒衣襟，哭成一团。当时武汉全市下半旗志哀，举行国葬。礼毕，将郝梦龄遗体择地葬于武昌卓刀泉山北麓。林木掩映，泉水相伴，正对忻口方向。

第二十八章

节节阻击黄绍竑奉守娘子关
步步紧逼贼寺内增兵取太原

卫立煌调军反攻南怀化与一二〇〇高地未成，反折去郝梦龄、刘家麒、郑廷珍三将并数千人枪，心中悲愤。又召诸将开会，议重新组织突击队，再反攻南怀化与一二〇〇高地，夺回主动权，为郝、刘、郑三将报仇。众将皆表示赞成。

卫立煌正要依议分派部队，忽一将从座中起身，出言反对道："南怀化与一二〇〇高地，虽被认为是忻口门栓、全阵枢纽，扼住忻口南北狭道。得之固然最好，今既失去，亦非不可替代，不必总在反攻南怀化与一二〇〇高地上做文章。"众人回视，却是新任第六十一军军长陈长捷。

卫立煌听其话音，话中有话，似另有计策，便请陈长捷详述。陈长捷续言道："南怀化与一二〇〇高地皆在滹沱河谷中央，四面空旷，不易接近。日军既占领此二处，必据险死守。我白天反攻，日军只消以机枪火力截住通道，多派飞机乱炸河滩，便可阻住。夜间反攻，兵力少不易奏效。兵力多又因战场狭窄施展不开，夜黑中不辨东南西北，人马相拥，混在一处，必自相残杀。此次反攻失败，折去郝、刘、郑三将，便是证明。若吊死在一棵树上，只在反攻南怀化与一二〇〇高地上做文章，是使南怀化与一二〇〇高地成为绞肉机，徒耗我有生力量，正中板垣奸计。"

诸将闻这话，一齐反对，道："若不收回南怀化与一二〇〇高地，忻口门户洞开，敌乘势直下太原，又如何当之？"陈长捷闻问，离座走向壁上挂图，指图从容对道："南怀化往南，约在步枪射程之外，另有一小高地，名曰红沟，也在河谷中央，扼住通道，是我军预备阵地。今南怀化与一二〇〇高地虽失，若扼住红沟高地，日军仍不能通过。"

卫立煌便依其计，放弃反攻南怀化与一二〇〇高地的计划，令陈长捷接替郝梦龄，任中央兵团指挥官，统军死守红沟，据住正面，封死日军南进通道；又令左右两兵团据住大白水、龙王堂两处高山阵地，尤以大白水为守备重点，务必死守。又令左、中、右三支军相互配合，相互支援。

日将板垣征四郎夺占南怀化与一二〇〇高地后，以为南怀化与一二〇〇高地是忻口全阵枢纽，中国军队必不计代价反攻。便用守株待兔之法，死守南怀化与一二〇〇高地，待中国军队攻到，利用空中优势，射杀中国军队有生力量。未料接连数日，中国军队并不向南怀化与一二〇〇高地出击。板垣计未成，空耗数日，方知守株待兔之计被卫立煌识破，不禁也对卫立煌生出几分钦佩。只得恢复进攻。当时召来诸将，令察哈尔兵团三个旅长各统所部，每旅万余人，分为左、中、右三路，左攻龙王堂，右攻大白水，中攻红沟。又令三路军以中路为主攻方向，堤支队、萱岛支队、大泉支队三支军尽配属中路。却自统第五师各旅为后队，往来救应各路军。

隔日，三路日军果一齐发动。皆未待天明，便出动飞机轰炸；炸未毕，又令炮兵急射。眼见守军阵地尘土、碎石、树木残枝乱飞乱撞，烟火冲天而起，方令坦克战车冲阵，步骑跟进。卫立煌见日军分三路来攻，且以中路部队最凶，急令李默庵、陈长捷、刘茂恩三将迎战。又将预备队尽投入中路，加强红沟防线。双方十余万人，远以枪炮对射，近以手榴弹炸，再近时，便短兵相接，白刃格斗，甚至拳打脚踢，手掐牙咬，在阵

新四军某部在苏北全歼日寇一个加强中队后，战士在缴获品前留影

中乱翻乱滚。

似此恶战，日夜不歇，每日或数阵，或十数阵，炮声、枪声、飞机呼啸声、人喊马叫声，相互交织，震动数十里山谷。忻口周围十余里地，硝烟弥漫，陈尸无数。尤其是正面红沟与南怀化之间的谷地，长宽里许范围，尸体横七竖八，或是穿黄军装的日本兵，或是穿灰军装的中国兵，皆穿膛破肚，肢断体残，相互混杂，不及掩埋，恶臭熏天，塞满通路。两军攻防进退皆只能踏尸通行。

混战十余日，两军反复冲杀，反复进退，阵地反复易手，各折损无数。中国守军人多，又据险扼要，有居高临下之利，死战不退，始终固守红沟、大白水、龙王堂三处阵地。日军人少，虽有火器优势，却处在仰攻地位，每日死伤千人，十余日下来，又折兵万余，元气大伤，却寸地未得。后方辎重赶运不及，粮弹不继，攻击力锐减，正应了再而衰、三而竭之说。板垣无计，只得暂缓攻势，等待增援。两军又隔阵对峙，陷入僵持状态。

黄绍竑当日被蒋介石任为第二战区副司令长官后，便将湖北省政府主席一职任人代理，又辞去大本营作战部部长职，急如星火，兼程赶往山西省城太原。此时阎锡山正部署忻口大战。忻口前线左、中、右三支军安排已毕。便与黄绍竑商议，令守娘子关。

娘子关守军合四个整军辖九个整师并一个整旅，约七万人。另有邓锡侯所部川军第二十二集团军二个整军辖三个整师并一个团，已到晋南。六支军总计有十三个师十万人之众。

黄绍竑到娘子关前线，便展开地图，仔细研究娘子关地形。见娘子关南北两面，高崖壁立，各高千余米，中间一条狭道，宽处约里许，狭处只供车辆单向行驶。正关扼住谷道最狭处。关外谷口一箭之地有一高山，名曰雪花山，屏护关门。过雪花山行五十里，是井陉车站。过井陉五十里，便是石家庄。关后西去，狭道蜿蜒曲折，七弯八拐，西通阳泉、寿阳，距两地直线距离依次为五十里、一百里，曲线加倍。

看过地图，黄绍竑心道："娘子关地势高耸，有一夫当关之险。我有五支军十万人，要守正关不难，只是须防日军轻装步兵投两侧山僻小路迂回。"便令将大军分为三支，赵寿山统所部第十七师为中军，占领雪花山，据守娘子关新关，拒敌正面。又以偏师据守井陉车站，掩护全军展开。冯钦哉统所部第十四军团二个师为左军，据守娘子关以北到六岭关之间各点，以六岭关为重点，防日军迂回娘子关左侧后。曾万钟统所部第三军二个师为右军，据守娘子关旧关迤南，直至九龙关各点，以旧关为重点，阻敌夺占新关，策应赵寿山中军。犹恐有失，又将险情电告阎锡山，请速调孙连仲第一军团二个军由榆次展开，为娘子关守军后备，往来接应各军。又令刘伯承统八路军第一二九师主力速开往七亘村、黄崖底一带，掩护昔阳大道，侧击日军进攻部队；令川将邓锡侯速统所部第二十二集团军车运榆次，转正太路，赶赴娘子关参战。传令毕，便将司令部移至磨河滩。地在下盘石车站附近，依山带河，筑有双口窑洞，是国防工事中预留的指挥部，东距新关三十里。

赵寿山统军赶到娘子关，依黄绍竑将令，派一支军守井陉，大队分据雪花山与新关关门，扼要构筑工事。工事未成，日军前锋已攻到井陉，皆是便衣，约有数百，尾随难民，企图一举袭占井陉车站，却被守军发觉。一阵乱射，便衣队折损无数，尽仓皇回窜。

川岸文三郎闻报便衣队袭攻井陉受挫，大怒，改令第三十九旅旅长高木义人少将为前锋，统所部二个团，辅以骑工炮辎，计约万人，强攻井陉。高木得令，在十月十一日亲统前锋军进到井陉城外，三面围住，先令飞机轮番轰炸，又令架炮乱轰，将井陉车站夷为平地，方令坦克战车冲阵，大队步骑跟进。守军在瓦砾堆中抵抗，与敌逐街逐巷争夺，死战不退。阵前遗尸无数。恶战两日一夜，至十二日黄昏，守军折去大半。后方赵寿山派人通报，雪花山诸处阵地已成。残军方奉令撤出，井陉遂失。

高木得井陉后，略歇一夜，收容部队，补足弹械，便令十三日急攻雪花山与娘子关新关。天未明，日军飞机便来轰炸，又以火炮急袭，见山头火起，大队步骑分为两支蜂拥而进，偏师攻关门，主力攻雪花山。待冲到守军阵前，迎面机枪火力泼风般扫过来，又有无数手榴弹在队列中开花，立时人仰马翻，死伤无数。

原来，赵寿山因参加过漕河之战，知日军火力凶猛，便令将士依崖掘深壕，伐来合抱铁木、榆木覆顶，再铺上泥土碎石，盖好伪装。日军火力急袭时，将士隐入壕内。待火力延伸、步骑冲锋时，一齐奔向射击位置，机枪步枪齐射，手榴弹乱炸乱扔，打退日军进攻，先胜一阵。

高木进攻失败，复令飞机轰炸，大炮急袭，步骑冲阵。每日自晨至晚，进攻数阵。十余里山谷，烟火遮天蔽日，喊杀声、枪炮声、飞机马达声，日夜不绝。连攻数日，阵前遗尸无数，仍未攻占雪花山与关门。心中惊愕，派人打探，方知守山部队是第十七师，源出西北军，以善守闻名。守将赵寿山，曾随杨虎城据西安，在重围中守城八个月。便转移攻势，先分兵向右侧张家井、西板山、曹庄、六岭关诸关口试攻，正撞上冯钦哉守军。

日将高木试攻娘子关左翼未成，又佯攻雪花山。主力南移，试攻旧关。旧关由第三军防守。守将曾万钟，见日军连日猛攻雪花山中央阵地，旧关数日无事，有些大意。不料日军骤然转移兵力，未先发炮，便以主力袭攻旧关，措手不及。旧关并关前阵地长生口皆失。曾万钟急统所部反攻旧关，赵寿山为配合旧关反攻，也由雪花山出击，反攻长生口。

日军得旧关后，以偏师占住关门高地，居高临下，挡住曾万钟第三军反攻。后队由川岸指挥，源源开到，走旧关故道，向西长驱直入，竟冲至磨河滩黄绍竑司令部前。黄绍竑身边只卫队二百人，轻机枪九挺，难以对敌。正危急时，左右各一支军赶到，左军计约一个旅四千人，以侯镜如为将，右军计约一个团二千人，以李振西为将。侯镜如，河南永城人，1902年生，黄埔军校一期毕业，曾任各级军职，新任为旅长，隶属于孙连仲第一军团。李振西陕西人，黄埔军校六期毕业，所部一个团乃是陕军第三十八军教导团，为第十七师后援。将士多由青年学生、下级军官组成，其中共产党员为数不少，故名为一个团，因士气高昂，能当一个旅用。

二将见日军大队涌至磨河滩司令部前，绕向娘子关新关背后。未待黄绍竑下令，各据大路两侧山头阵地，封住缺口，死战不退。混战一日，侯镜如部折损过半，李振西部折去十之六七。两支军皆被打残，眼见阵地难保，封口又将被突破，正西方忽尘头大起，一支军沿山谷飞奔而来，却是孙连仲统所部第一军团主力赶到，接过防务，重新封住缺口，与敌相持。

新关方面，赵寿山反攻长生口未成，却被日军乘势夺走了雪花山。所部第十七师前后已折去六七成人马，只余二千人。只得收缩防线，退入新关，据住驴岭，依险节节

在湘北地区，中国军队与日军展开血战

设防，阻敌沿铁路线长驱直入。

日将川岸统军苦战兼旬，虽得了旧关、雪花山、长山口诸关口，却在驴岭、磨河滩受阻。部队因连续作战，损失惨重，将士皆疲。中国军队据险死守，后队源源而来。要再向西突进，已十分困难。急将战况报告寺内寿一，请派兵增援。寺内寿一先得报板垣在忻口受阻，又得报川岸在娘子关受阻，思及津浦线与平汉线方面，日军进展顺利；津浦路方面，矶谷廉介第十师在十月五日占了德州，已进至黄河北岸；平汉路方面，土肥原第十四师占领邯郸，已在十月十九日渡过漳河，向安阳进兵。只山西作战陷入僵局，决心全力以赴，便调三支军支援山西作战。

第一支军，是将山冈厚重所部第一〇九师主力编成昔阳支队，步骑工炮计约万余人，以第三十一旅旅长谷藤长英为将，归川岸统一指挥，由平汉线重镇赞皇直接西进，袭占九龙关，投大道经七亘村、黄崖底、大寨、昔阳，仰攻阳泉，从南面迂回娘子关；第二支军，是下元熊弥所统第一〇八师，以所部第一〇四旅旅长苫米地四楼为先锋，在获鹿、微水镇一带广布疑兵，伺机进攻龙泉关，插向太原与忻口之间；第三支军，是从机动部队中抽出若干团营，组成增援队，计约二万人，由平汉线转平绥线，再沿公路车运忻口，加强板垣部队。又令板垣与川岸二将恢复在忻口与娘子关两处攻势。

日军五支部队，合四个师辖十一个旅并附属部队若干，合在十五万人以上。皆以太原为最后目标，作向心攻击。又令克日会齐太原，在太原与中国军队决战。意欲消灭晋境中国军队主力，解决华北战局。

第二十九章

重叠设伏刘伯承大战七亘村
孤军突围傅作义失陷太原城

八路军第一二九师下辖二个旅，计为第三八五旅、第三八六旅，分以王宏坤、陈赓二人为旅长。另辖教导团、特务营、炮兵营、工兵营、骑兵营、辎重营，全师合一万三千人。第一一五师、第一二〇师两支军开入山西后，第一二九师接踵也在十月六日由陕西韩城、芝川镇渡过黄河，开入晋境。因炮兵营、辎重营、特务营、工兵营并一个建制团留守陕甘宁边区后方，过河部队计三个建制团，合九千三百六十七人、马步枪四千一百三十六支、机关枪一百二十二挺、手枪六百三十二支、冲锋枪七十五支、迫击炮六门。

一二九师装备虽然简陋，将士皆由红军改编过来，抗日志坚，士气高昂。过黄河后，便夜行晓宿，向战区开进。沿途百姓皆扶老携幼，箪食壶浆，夹道迎送。阎锡山又拨来火车，满载大米、白面、棉衣、棉鞋，并若干枪弹器械，补充一二九师。

部队过了侯马，奉命到晋东助守娘子关。黄绍竑初欲令一二九师守正关，刘伯承告说一二九师装备陋劣，可以游击战打敌偏师、辎重，扰敌交通线。黄绍竑依计，转令一二九师在九龙关以西、旧关以南侧鱼镇、七亘村、黄崖底、大寨村、苇泽关、核桃园、长生口诸处游击，广布疑兵，封住昔阳大道，掩护娘子关南翼，防敌包抄。

刘伯承受命后，统所部折而向东，分成前、中、后数支，投山僻小路，夤夜疾进。不消一日，便抵达娘子关东南约五十里、晋冀边境上的一处小村落。刘伯承命大队休息，补充粮弹，只带几个参谋人员并警卫若干，登高而望。见小村南北皆山，各向左右延伸，一峰接一峰。两山之间夹一条沙面公路。路两边皆有土坎，高约十余米，杂草灌木丛生，可伏千军万马。告众人道："此处灌木丛生，两山夹峙，公路辟中而过，乃是天然的一等战场。"便问村名。参谋告说叫七亘村，属山西平定县。

刘伯承令展开地图，找到七亘村位置。上果见七亘村东通九龙关；西通平定城；南经黄崖底通昔阳；北经马山村、东石门、长生口可通娘子关。再取出三角板，量得七亘村距四地或半日行程，或一日行程。与四地皆有大路相通。

正思量时，忽闻一阵枪声从东面传来。刘伯承抬头东视，见东面山头上人影幢幢。一群日本兵，约十余人，用刺刀挑着日本膏药旗，向这边奔来，同时不断举枪乱射，大声吵嚷。刘伯承告众人道："此是日军前锋哨探，盲目射击，并未发觉我们。"又道："日军尖兵既已出现，附近必有日军大队开到。"便带众人隐蔽退下，派精干人员四出侦探。

至晚，果有报来，是说七亘村东北方面有一小镇，名侧鱼镇，已有日军大队开到，车仗、骡马、辎重塞满大街小巷，皆打日军第二十师旗号。刘伯承得报，喜道："此是川岸第二十师辎重部队，来日必经七亘村，投大路去平定，为日军前锋赶运粮弹被服。"连夜召来一将，年纪不过三十来岁，瘦瘦高高，戴一副眼镜，看去十分精干。却是第一二九师属下第三八六旅旅长陈赓。只三言两语便把军情、地形说个大概，令陈赓依计施行。

陈赓得令，回到营地，令将士擦枪备弹，检查器械，养足精神。一更造饭，四更启程，投山僻小路急进。五更天色未明，已疾进二十里，抵达七亘村预设战场。两战斗团分为南北两支，各据公路一侧高坎，在投弹距离内钻进草丛灌木，架枪架炮，瞄准公路中心线，隐蔽待机。

大反攻中八路军活跃在天津地区大平原上

又过一个更次，东方红霞灿灿，旭日将升未升，天地间雾气蒸腾，灰蒙蒙一色。东北方向忽隐隐有声响传来，人喊马叫，车轮滚滚。派人打探，回报说侧鱼镇日军辎重部队已经出动，正向部队设伏区开来。陈赓得报大喜，心道："刘师长真是孙、吴新生，孔明再世，算定了侧鱼镇日军今晨必经七亘村，投大路去平定。"

正思时，东方红日已跃出地平线，雾气渐渐消散。透过迷雾，果见日军大队前呼后拥而来。头前依例是一个尖兵连，分乘几辆汽车开路，皆全副武装，钢盔铮铮发亮。车头上各架一挺歪把子轻机枪，张牙舞爪。尖兵连后面，是辎重队，汽车、大车混杂，皆以百计数，迤迤逦逦，塞满公路，绵延有好几里长。辎重队后尾是后卫部队，也有一个连，亦全副武装。

原来，日将川岸因前锋已冲到磨河滩，料平定克日可下。又因前锋连日恶战，弹药告罄，频频告急，便令辎重队冒险抄近道，以十月二十五日为期，由侧鱼镇经七亘村投大路径开平定，克日赶到，接济前锋。却未料被刘伯承算定，正在七亘村设阵待机。

陈赓见日军辎重队果如刘伯承判断，乖乖由七亘村过路，便隐在高处仔细观察，待日军前卫连刚通过伏击区，中间车队骡马尽进入伏兵枪炮射程，后卫尚在伏击区外跟进时，令传令兵照预约暗号连打三发红色信号弹，传令开火。将士在草丛灌木中隐伏至晨，早按捺不住，见信号弹升起，分从公路两边开火，日军辎重队骤遭攻击，皆措手不及。头前几辆汽车首先中弹起火。适西北风起，风助火势，火燃风狂，大火自西而东蔓延，汽车大车尽起火燃烧。火龙自西而东，蜿蜒起伏，长有数里。骡群驮马，挣脱驭手，乱窜乱蹦。

日军阵形愈乱，枪林弹雨中折损无数。前队后卫急来相救，又被陈赓遣军截住厮杀。将士乘势出击，雾气中千军万马皆平端带刺步枪，钻出草丛灌木，冲下土坎，如飞奔向公路中央，与残敌短兵相接，左冲右突，一齐叫杀。日军辎重队经反复攻击，先在交叉火力下折去三四成，又在短兵相接中折去四五成，余者十不及一，早失去抵抗意志，纷纷从雾气中钻出包围圈，夺路逃回侧鱼镇。所遗车仗、骡马、物资、枪械、弹药，漫山遍野皆是。

陈赓见日军残部逃遁，令向侧鱼镇方向追赶一程，截住后队再杀一阵，午后方收兵。清点战果，计得骡马三百匹，枪械数百支，汽车大车百余辆。大火中又抢出干粮、被服、罐头、弹药、无线电器材并一应军需物资，堆积如山。公路沿线，日军遗尸三百余具。

附近民众闻八路军得胜，奔走向告，皆来帮助救治伤员，抢运战利品，打扫战场。忙碌一天一夜，方将战利品抢运完毕。

刘伯承坐镇师部，得报七亘村设伏成功，歼敌数百，残敌又逃回侧鱼镇。对图沉思半日，令陈赓统军再在七亘村原阵地设伏待机。有将士不解，疑道："孙子兵法要诀，讲究攻敌无备，出敌不意。日军辎重队刚在七亘村遇伏受创，必生警惕，绕道而行，岂肯再走七亘村路线，重蹈覆辙？"

独陈赓知刘伯承用意，解道："日军前锋苦战兼旬，粮食弹药皆已告罄，急待补充。日将川岸令其辎重队克日赶往平定，是死任务，不允延搁。自侧鱼镇通平定，以七亘村路线最近。舍此皆是崇山峻岭，骡马车仗难行。"又析道："日将以为我军既在七亘村打过一次伏击，必不肯重复老套路，再在七亘村守株待兔、二次设伏。我偏在七亘村二次设伏，以拙为巧，正合孙子兵法要诀，收攻敌无备、出敌不意之功。"将士皆叹服刘伯承已通孙子兵法精要，能推陈出新，举一反三。又叹服诸将之中，只陈赓最知刘伯承。

陈赓依计而行，统兵又夤夜出发，到七亘村原阵地设伏待机。十月二十七日，一日无事。待到十月二十八日晨，雾气中又传来车马声，日军辎重队又从侧鱼镇涌进七亘村设伏区。陈赓依照前法，令将士截两头，打中间，猛冲猛杀一阵，又毙敌百余，得战马数十匹，缴获车仗辎重无数。日军辎重队经两度打击，方知刘伯承用兵如神，再不敢走七亘村路线。

七亘村重叠设伏新胜，又有捷报接二连三送到，第一二九师其余部队奉刘伯承命令在长生口、东石门、马山口诸处设伏，亦各有斩获。未久，得报日军新编成昔阳支队，由日将谷藤长英为将，由九龙关投昔阳大道，抄袭阳泉。娘子关军情又紧。刘伯承未待黄绍竑传令，统所部兼程急进，赶到昔阳城东要地黄崖底，据险设伏，截住日军昔阳支队前锋，猛冲猛杀。

恶战一日，毙敌三百，得战马三百匹。适有第一一五师因娘子关告急，奉调千里驰援，也到了昔阳附近，在广阳依险设伏，截住另一支日军，拦头截尾，只一日时间，杀敌千余，缴枪三百，得骡马七百匹。两支军互为犄角，在昔阳大道频频出击，左杀一阵，右杀一阵，使日军昔阳支队受阻于途，寸步难行。

日军昔阳支队在七亘村受八路军第一二九师打击后，日将谷藤长英再不敢纵兵冒进。此时日军第二十师在娘子关驴岭、磨河滩一线受阻，也无进展。川岸严令谷藤长英不计代价，尽早抢占平定、阳泉两城，与二十师合击驴岭与磨河滩。

日将寺内寿一也从北平发电，约略说明，山西战局重心，是以板垣第五师突破忻口，直下太原；板垣第五师若要实现忻口突破，又须川岸第二十师突破娘子关，侧击太原，接应板垣部队；川岸第二十师若要突破娘子关，又须昔阳支队尽快夺占阳泉、平定二城。因板垣第五师受阻于忻口，川岸第二十师受阻于娘子关，皆寸步难行，是故昔阳支队克日夺占阳泉、平定，便成为打开山西战局的关键。也令谷藤长英加快进军速度。又调来炮队特种兵若干助战。谷藤长英连得两纸电令，不敢不进，又不敢冒进。正为难时，有副将曾在开战前伪装成行商到娘子关旅行，实地侦察过娘子关周围地形，便出谋划策。谷藤长英依计，沿昔阳大道前后左右各山僻小路，广布疑兵，虚张声势，却统主力轻装疾进，突过一二九师游击区，占了昔阳，又继续北进。

娘子关正面守军恐被包抄，军心动摇，纷纷后撤。川岸统日军第二十师乘势突破驴岭、磨河滩诸处防线，十月二十九日占了平定，三十日占了阳泉，与昔阳支队会师，再沿正太路向寿阳推进。黄绍竑令孙连仲、曾万钟、赵寿山、冯钦哉四将合兵，重新布阵。四将皆报部队已被打残，失去控制。败兵数万，皆丢光重武器，官不知兵，兵不知官，拥在一处，夺路向西狂奔。日军衔尾穷追，枪声起处，败军愈乱，人马自相践踏，折损无数。

阎锡山得报娘子关失守，日军川岸部队在十月三十日占了阳泉，与昔阳支队合兵，沿正太路向西猛进，叩攻寿阳，威逼榆次，从东面逼向太原城郊。大惊，急召诸将到太原绥靖公署会议厅商议对策，将军分为三支。卫立煌统忻口守军向南撤回太原北郊，分左中右三个兵团布防，阻击板垣部队南侵。右兵团以刘茂恩为将，辖二个军，防守太原北郊东段防线；左兵团以李默庵为将，统一个军又三个师，防守太原北郊西段防线；中央兵团以王靖国为将，统四个军又三个师，守太原北郊中央防线。娘子关败军并邓锡侯川军第二十二集团军，统由黄绍竑指挥，沿正太路节节阻击川岸部队，掩护太原东郊；任傅作义为太原警备司令，统三个旅、五个团并特种兵若干，死守太原。

三支军之外，又令朱、彭统八路军各师广布疑兵，配合太原作战。又有汤恩伯第十三军奉调山西助战，令向太原南郊运动，为各军后备部队。又议定战区长官部撤出太原，移往交城。计议毕，阎锡山又扼要说明太原作战要旨，是利用太原四郊既设阵地，依城野战，阻敌进兵，待后续兵团抵达。当时会散，各将回营统兵，依计而行。阎锡山带战区长官部人员离城撤往交城。

卫立煌当夜回到忻口前线，依令统军撤离忻口，退守太原北郊。立足未稳，背后枪声骤起，却是板垣探得忻口守军已退，跟踪南追而来。正太路方面，日军突破川军防线，十一月二日占了寿阳，又长驱直入，占了太原东郊。正乱时，又有报来，说日将下元熊弥统日军第一〇八师冲过龙泉关，也向太原东郊推进。张家口方面，日军运兵汽车约有数百辆，皆满载兵员向太原增援。前队已过了雁门关与平型关。

一时谣言四起，军心动摇，将士皆失去斗志，未待令下，纷纷弃阵，绕过太原城，向西向南投山僻小路撤走。日将板垣与川岸乘势统军猛进，在太原城外会师，占领太原四郊，四面围城。先发檄文敦促傅作义投降，被傅作义断然拒绝。板垣便令攻城，先以百架重轰炸机轮番轰炸，又调几百门重炮乱轰，太原城房舍店铺皆成瓦砾。日军步骑大队蜂拥而来，叩门攻打。

城内守军，名为三个旅五个团，其实只有二十个营，且分属不同部队，众心不一，调度不易。日军火力急袭时，守军因见四郊野战部队皆已撤走，不愿与城共亡，纷纷掘城而出，散去半数。余者死战，数日下来，又折去半数。

战至十一月八日晨，四门皆破，日军步骑大队已涌入城内。傅作义统残军恶战不退，与敌逐巷争夺。眼见又将日军逐出城外，重新封住四门，忽有日军空降部队，在城区中心降落，虽然不多，却占据要津，四面袭击。城防动摇。城外日军重新进攻，里应外合，又大破四门，冲入城内。傅作义统残军节节抗击，走东城，转南城。又恶战一日，至晚清点残军，只余二千人，其中半数带伤，余皆疲惫，且弹药多已用尽。再战无益，便乘夜黑掘城而出，由城南杀开一条血路，冲出日军重围，向西南沿吕梁山谷地急走，追赶大队。太原遂在十一月八日夜为日军攻占。

日军得太原后，乘势向南沿同蒲路追击败军，扩张战果。适有汤恩伯第十三军前锋赶到，沿同蒲路节节抗击阻击追兵，掩护败军南撤。板垣统军再攻，又得了交城、祁县、平遥数城。此时汤恩伯所部大队赶到，又得其他生力军相助，在平遥以南洪镇、韩侯岭、兑九岭一线依险布阵，方将日军前锋遏住。忻口会战始告结束。

总计忻口会战，自 1937 年 10 月初日军攻崞县、宁武、原平各城始，到太原、交城、祁县、平遥失陷止，中国军队共投入十八个军辖三十七个整师又十个整旅、十个整团，合二十余万人，与日军第五师、第二十师、第一〇八师、第一〇九师、关东军察哈尔兵团、大泉支队、萱岛支队、堤支队，八支军合十余万人，恶战近四十日，虽失陷太原，却杀敌二万有余。自折兵力倍于日军。战况惨烈，前所未见。

第三十章

走榆社刘伯承论游击精要
访延安卫立煌求抗日真经

太原失陷后，国民党军队退往晋南，日军占领晋中、晋东、晋北各处点线。朱德、彭德怀二将依毛泽东指示，召八路军各正副师长开会，议道："敌进我进，与敌游击周旋，正是我军所长。今日军虽占领华北境晋、冀、绥、察、平、津各省区，得北平、天津、大同、张家口、石家庄、太原各中心城市，控制了津浦、平汉、平绥、同蒲、正太诸线。然日军只三五十万人，又要守护要点，又要保护交通线，又要提防中国军队正面反攻突击，必兵力不足，首尾不能兼顾，正利我军发挥所长，深入敌后，发动民众，扩大武装，建立抗日根据地，以为持久之计。"众将欣然。

当时令聂荣臻统第一一五师一部占晋东北，以五台山、恒山为依托，进兵冀察边境，创立晋察冀抗日根据地；贺龙统第一二〇师占晋西北，以管涔山、大青山为依托，进兵察绥，建立晋绥抗日根据地；令刘伯承统第一二九师占晋东南，以太行山、太岳山为依托，进兵冀豫鲁，创立晋冀鲁豫抗日根据地；林彪统八路军一一五师主力占据晋西，以吕梁山为依托，择时创建晋西南抗日根据地。又令恢复军中政治委员和政治部制度，以聂荣臻、关向应、张浩三将分任一一五师、一二〇师、一二九师政治委员。又规定各师以下，可按教导旅、新编旅、暂编旅、补充旅四种番号扩编部队，皆从第一旅编起，能编多少编多少，只不成立新师。新编部队自筹给养装备，编成即报延安中央军委和八路军总部备案，不必事先请示，更不要向国民党军政机关报告。各将得令，各回营地，统兵依计而行。

自此四支军分据管涔山、大青山、五台山、恒山、太行山、太岳山、吕梁山，各据山西一角，互为犄角，正与黄河西岸延安八路军留守兵团隔河呼应，逐鹿华北。未久，四支军各占数十要镇，建成诸多抗日根据地，拥居民皆以百万计数。各师人枪皆成倍增长。及至年末，八路军总兵力已增至八万人枪。朱、彭二将又乘势再出一支军，以第一

新四军战士在局部反攻作战中

一五师政治部主任罗荣桓为将，渡黄河，出山东，创建山东抗日根据地。

国民革命军第二十军团总指挥汤恩伯率所部第十三军在 1937 年 10 月入晋作战后，因闻八路军第 129 师师长刘伯承能战，两支军又驻地相邻，常与刘伯承电话联系。刘伯承统第 129 师初到娘子关附近待机时，所部一个团扎营未稳，在七亘村附近骤遭日军夜袭，措手不及，受到损失，一时失去联络。汤恩伯得报，打电话给刘伯承，半真半假道："我们几万人都顶不住日军进攻，你们只一旅兵，撒在百里战线上如何能敌？还是回撤为妥，只怕游击战对付不了日本人。"

刘伯承对道："游击战行不行，且待一时再议。"未久，刘伯承先在七亘村重叠设伏，连挫日军辎重部队；又在黄崖底伏击昔阳支队，大获全胜；第一一五师也在广阳设伏，杀敌千人。汤恩伯得报，始对八路军游击战术刮目相看，愈钦佩刘伯承。

太原失守后，汤恩伯统第十三军据守洪镇、韩侯岭、兑九岭一线阵地，以榆社为中心据点，与日军对峙。战局稍稳，汤恩伯便打电话约刘伯承到榆社一晤。刘伯承告副职道："汤恩伯虽是日本士官学校毕业，却得蒋介石信任，其实是黄埔系中央军将领中首要人物，能影响蒋介石。其人虽曾统军在江西、陕甘与红军作战，却也统军守南口、守漳河、守韩侯岭，屡与日军恶战，算得国民党百万军中抗日战将。与其联络，可推动其与八路军合作，坚持山西抗战。"便带随员若干，轻装简从，又依统战原则，携带礼品若干，赴榆社汤恩伯司令部访问。

榆社在太行山以西，西距平遥、北距榆次、南距长治、东距涉县各约一百二十里。汤恩伯闻刘伯承来访，亲迎至营门。

二人坐定后议论忻口会战失败原因。汤恩伯将忻口会战功败垂成原因归之于黄绍竑未守住娘子关，道："若黄绍竑奋力守住娘子关，待我援军赶到，与忻口守军合力，必可消灭板垣第五师于滹沱河谷。"

刘伯承却以为娘子关失守虽是忻口会战失败原因，却非关键。汤恩伯因问其详。刘伯承对道："娘子关失守，自然是忻口防线崩溃的原因之一。忻口会战未曾打响，我党领袖毛泽东、周恩来便建议阎锡山注意娘子关防务。未料阎锡山以为石家庄可支持若干时日，日军一时不敢侧击娘子关。守关部队迟迟未派，乃至发现日将川岸统兵沿正太路攻娘子关，再派兵防守，已嫌稍迟。防线未固，日军前锋已到，娘子关自然难以久守。"

汤恩伯笑道："刘师长这番分析，岂非已印证了我的看法？"刘伯承不答，却转言继续分析，道："然忻口会战失败的真正原因，却是阎锡山、卫立煌二人过于迷恋正规阵地战。"言于此，顿一顿，略饮一口茶水，详析道："中央军、晋军皆受过山地防御战训练，装备也较八路军强。然与日军相比，又相差甚远。敌强我弱，是势之所在。山西固然衣山带河，处处天险，然除忻口、娘子关两大门户外，仍有多处隘道可以通行。就算忻口能守，娘子关不被攻破，日军还可绕攻龙泉关、六岭关、九龙关，甚至绕攻更南边的马岭关、东阳关，抄袭迂回。我军兵力虽众，究竟有限，终不能守住每一处隘口。是故忻口失守是势之必然。"

汤恩伯闻言，道：“照刘师长之言，是不该守忻口了？”刘伯承对道：“也尽非此意。”又道：“忻口守一阵，遏制日军攻势，煞一煞板垣气焰，掩护后方展开，也有其必要。我对忻口阵亡的郝、刘、郑诸将极是崇敬。”稍顿，又转言道；“然当初阎、卫二人若依我党代表周恩来计，多派部队在晋北、晋西北内外长城线活动，开展游击战，攻击日军交通线。板垣孤军深入忻口，必势穷力竭，成瓮中之鳖。”

汤恩伯疑道：“不是有八路军在敌后开展游击战，破袭日军交通线吗？”刘伯承又对道：“虽然如此，八路军只三个师，每师不过万人，装备简陋，控制了雁门关、平型关，就不能控制阳方口、茹越口；切断了日军公路交通，就不能切断其铁路交通。若再增加几师游击部队，情形就大不一样。忻口纵然不能久守，亦可再支持若干时日。”汤恩伯闻之，大笑道：“刘师长绕来绕去，总离不开游击战本题。”刘伯承也笑。

接着，汤恩伯又说道：“我见贵军装备简陋，枪支多是陈货，每枪带弹不过十发，机枪火炮更少，却能在七亘村、黄崖底、广阳、阳明堡、雁门关、平型关连战皆捷，重创日军精锐，大是钦佩。却不知贵军战术有何深奥之处，特邀刘师长来榆社当面请教，盼能赐告。”

刘伯承对道：“我军战术从无秘密可言，只有三个字，便是‘游击战’。”汤恩伯又大笑。刘伯承正色道：“‘游击战’三字，听来简单，其实内藏精要，精深博大，变化无穷。探本求源，南宋岳家军抗金，便采用了游击战术。19世纪拿破仑侵俄，俄将库图佐夫为打败拿破仑，广泛采用游击战术，方战胜拿破仑五十万大军，更为欧美史家公认。是故游击战并非共产党、八路军独创，其实古今中外皆有先例可循。归根结底，游击战乃是弱军对付强敌的致胜法宝。”

言及于此，回视汤恩伯，见侧耳倾听，却神色茫然，料是对泛论游击战不甚明白，便转言举例道：“今日我来榆社，所乘白马缴自日军，个高体大，疾行如飞，行至中途，忽乱蹦乱跳，不能控制。回视之，却见马腹有几只黄蜂，正狠咬猛刺，只得下马驱走黄蜂。白马方安定下来。又行一程，闻得路旁有黄蜂嗡嗡叫，白马不待加鞭，便奋起四蹄，没命狂奔。”

汤恩伯大笑，道：“我已明白，你是把日军比作白马，游击队比作黄蜂，黄蜂虽小，却灵活机动，能迫使白马乱蹦乱跳，落荒而逃。”刘伯承也笑。乘势又举一例道：“四川成都有一坡路，坡陡路狭，一只狼在坡路旁静坐。忽一大汉推一手推车上坡，待到半坡，狼从路旁冲出，狠咬大汉的屁股，那大汉既不能放下手推车逃跑，就只能乖乖地让狼吃去一块肉。”汤恩伯闻狼的故事，愈大笑不止，又道：“刘师长是把狼的战术比作游击战么？”

刘伯承笑而首肯，接言道：“狼的战术堪称高明之至。今日军拥有飞机、坦克，火器凶猛，我以血肉之躯硬抗，决无胜算。惟用狼的战法，采用游击战，配合正规战，一次咬日军一块肉，积小胜为大胜，方可得最后胜利。”

二人你问我答，你答我问，茶换过数度，不觉间已红日西沉，暮鸦晚归，夜幕已至。汤恩伯就便宴请刘伯承。

115 师在平型关的机枪阵地

二人餐毕，已月上枝头。又换过茶点，挑灯夜谈。汤恩伯接前话问道：“刘师长曾论及游击战精深博大，变化无穷。你我难得一会，愿闻其详。”

刘伯承略作思索，整理思路，便出言叙道：“所谓游击战，是使用小部队，少则一人数人成伍，多则十人百人成队。可以是正规军，亦可以是民众武装，亦可以是二者混编。专袭击敌军散兵小股，破坏其交通线，攻击其辎重队。行动时，须时分时合，机敏灵动，忽东忽西，出没无常。尤要发挥两条腿的功能，大踏步进退。既要会行军，又要会宿营，更要会战斗。”

又将游击战要领归结为四点：一曰政治主张要公开明确，军事行动要诡密。前者为发动群众，后者使敌防不胜防；二曰游与击兼顾，以游掩护自己弱点，寻找敌军弱点。以击发挥己方长处，避开敌军长处；三曰八面撒网，宽大机动，创造寻找敌军弱点，攻击其弱点，掌握主动权；四曰组织游击集团，攻击时秘密而迅疾，速战速决，打完就走。若无胜算，便须避战。打得赢就打，打不赢就走。末后又挑出第四点展开，把游击队袭击活动分为三种，一曰袭击；二曰伏击；三曰急袭。

汤伯恩是头一回听人如此系统讲解游击战术，听得十分投入，对游击战精要已明白了几分。末后闻刘伯承把游击队袭击活动分为袭击、伏击、急袭三种，又有些茫然，暗思道：“袭击、伏击、急袭，字眼相近，如何有许多区别？”便请详解。

刘伯承便举例解道：“袭击是敌在静态时，我主动攻击；伏击是敌在动态时，我择险要在敌通道上设伏待机。前者可以陈锡联统军夜袭阳明堡为例；后者可以七亘村重叠设伏为例。”

汤恩伯军人出身，又受过正规军校教育，一点即通，当下恍然若悟。未待刘伯承再析，接言道："急袭是敌我都动时，不期而遇，便先发制人，打完就走。"刘伯承笑道："汤将军解得最妥，也通游击战精要。"

汤恩伯笑道："听刘将军一席话，受益匪浅，有感而发。"二人谈话渐至夜深。刘伯承便起身告辞。临别，从随员手中取出随带的日军指挥刀、钢盔、军大衣各一件，皆是从战利品中精选出来，送予汤恩伯。汤恩伯接过礼品，大是欢喜。当时重重谢过。许诺回赠一二九师机关枪、步枪、子弹、手榴弹各若干。刘伯承也谢过。

此时警卫员牵过刘伯承座骑，月光映照下，果然全身雪白，神骏异常。汤恩伯若有所思道："被黄蜂叮过的大约是这匹白马了？"边说边上前，欲抚马鬃。那白马赶紧避开，汤恩伯抚了个空。刘伯承大笑，道："这马认生呢！"笑声中翻身上马，道一声再见，扬鞭绝尘而去。随员亦纷纷跃马跟上。汤恩伯以目相送，月光下不见白马踪影，感慨一番，方返身回营歇息。

1938年2月，日将寺内寿一为消灭晋南中国军队、扫荡晋东南八路军根据地，调四个师十万人，由太原出发，沿汾河河谷南下，向晋南猛进。阎锡山得报，便在临时省会临汾召开军事会议，商议战守，议定将晋南军队分为东、南、西、北四路，南路军以卫立煌为总司令，下辖十五个师又一个旅；东路军以朱德为将，下辖八个师又一个旅；北路军以傅作义为将，下辖十三个师又九个旅；西路军以杨爱源为将，下辖九个师又十个旅。四支军合拥步骑工炮四十五个师又二十一个旅，由卫立煌以第二战区副司令长官兼前敌总司令名义统一节制。卫立煌令南路军沿洪镇、韩侯岭、兑九岭一线据阵死守，挡敌正面，其余各军据守两翼，掩护南路军翼侧安全。

南路军各师刚进入阵地，日军前锋已经攻到，每日以飞机轰炸、重炮乱射、步骑冲阵。守军据险防守，死战不退。恶战十余日，日军仍无进展。此时平汉路日军土肥原第十四师已冲过漳河，进至安阳城外。晋东南门户大开。寺内为打开晋南战局，又调新锐部队，由平汉线重镇邯郸西进，一举夺占晋东南门户东阳关。然后马不停蹄，经黎城、潞城、长治折向西南，直奔同蒲路南端点渡口重镇风陵渡，切断中国军队退路。

韩侯岭防线中国守军因被敌迂回，腹背受敌，纷纷弃阵，溃不成军，抢渡汾河，向晋西南中条山逃跑。沿汾河河谷而下，大路小路皆被堵塞，漫山遍野皆是败军遗留的枪枝、弹药、火炮、车辆、营帐、被服。正面日军乘势冲过韩侯岭，衔尾穷追，轻骑日进百里。日军飞机也跟踪追炸，枪炮响处，败军愈乱，炸死、踩死、淹死者不计其数，待退到中条山，早折损过半。晋南三十城并山西临时省会临汾皆被日军攻占。

韩侯岭防线解体时，卫立煌统第二战区前敌司令部机关与大队失散，身边只数百战斗兵警卫。一路且战且走，向南急退，欲抢渡汾河，追赶大队。待至汾河岸边，汾河各桥早被日军飞机炸毁，日军飞机三五成群，日夜沿河翻飞，封锁渡口。卫立煌率队沿河而下，行至一处小镇，镇名石楼。日军大队人马忽然掩至，乱枪齐发，猛冲过来。卫立煌急统司令部人员迎战，皆是轻武器，如何能敌？正危急时，忽一支军开到，却是第十八集团军副总指挥彭德怀统兵路过，见卫立煌势危，急向日军侧翼猛袭。日军不备，阵形大乱，循来路落荒而逃。彭德怀也不追赶，只与卫立煌相会。

二人见面，卫立煌先谢八路军相救之德，然后问东路军情形。彭德怀是东路军副将，熟悉情形，便一一相告。原来，东路军被日军迂回后，朱、彭二将指挥各师利用山势地形，昼伏夜行，投日军空隙穿插，皆安全摆脱日军包围。卫立煌闻报，叹道："南、北、西三路军共三十余师几二十万人马，皆折损过半，独东路军能安全退过汾河。二位不愧是红军名将，久经战阵，能攻善守，果然用兵如神。"

彭德怀谦虚一番，便问卫立煌行程。卫立煌告说要过汾河去收容部队。彭德怀道："汾河诸桥尽被炸毁，日军飞机又日夜封锁轰炸，日军轻骑沿河追袭，日进二百里。卫长官渡汾河南下，不若西渡黄河，经延安，绕道西安，再折回中条山稳当。"

卫立煌又谢过。彭德怀与卫立煌告辞，自回八路军野战部队。卫立煌塞了一包合肥咸板鸭、六安瓜片茶给彭德怀。送出一程，二人惜别。

彭德怀去后，卫立煌自思一回，便传令大队再寻机抢渡汾河。尝试数度，皆未成功，反折去半数人枪。转进至永和县城，又遇日机数十架突飞而至，低飞乱炸，把城区炸成瓦砾。卫立煌被埋进瓦砾堆，险些丧命。时有机要秘书赵荣声是中共秘密党员，平日为卫立煌倚重。见卫立煌进退两难，乘机进言道："敌机突飞而至，必是卫长官已露行藏，料日军必从地面追袭。不若依彭将军之计，权且避开敌锋，渡黄河，走陕北，也可顺路到延安一访，看情况再说。"

卫立煌觉得有理，便依赵荣声议。当时令发出三封电报，一告军事委员会；一告西安行营；一告延安。然后带一行人折而向西，夜行晓宿，避开日机追炸，疾进至黄河

八路军东渡黄河后，迅速向华北敌后挺进

岸边，找来几只民船，渡至西岸延水关，又乘车沿土路直奔延安。

卫立煌一行不消半日早到延安近郊。见大幅欢迎标语，张贴至城外三十里，皆是“加强国共合作”、“团结御侮”、“欢迎卫副长官来延安考察”等等。皆用红绿彩纸大书而成。待至城门，八路军留守处早有人来接迎。城内更是张灯结彩，人山人海，皆呼欢迎口号。

卫立煌见八路军盛迎，十分感动。便依礼节，先访毛泽东。

见面后，毛泽东对卫立煌统兵死守忻口二十余日，杀敌二万，着实赞赏了一番。卫立煌起身谢过。随后卫立煌便请毛泽东分析中日战争前景。

毛泽东侃侃而谈，先分析战略，约略说明，中日之战必是一场持久战，非三五年所能结束。卫立煌因问原因。毛泽东详析道：“若论中日之战缘何是持久战？原因概者有四，一者，日本是强国，我国是弱国。单以工业生产而论，日本一年工业总产值有60亿美元，中国只十多亿美元。日本一年产钢600万吨，中国只几十万吨。再论军工生产，日本一年能生产一万辆汽车、几千架飞机、几十万吨舰船；我国皆是空白，除能生产轻武器外，凡重武器，包括飞机、坦克、战舰、火炮、汽车，皆不能生产。再论现有装备，日军有战舰190万吨，我军只11万吨；日军有飞机2700架，我军只600架。日军一师拥兵21945人，拥轻重机关枪645挺、火炮108门、战车24辆、机动车528辆；我军一师，虽有10923人，人员为日军半数，却只装备机关枪328挺、火炮46门，且是虚数。其余装备皆无。是故无论是工业生产、军工生产，抑或是部队装备，日军皆占数倍或十数倍、甚至百倍优势。现代战争，不能不论物资。是以战争初期，因敌占物资优势，必占上风。

二者，日军是小国，我国是大国。以国土人口为例，日本国土只37万平方公里，且资源不多；我国国土计约千万平方公里，资源丰富。日本人口只7000万，我国有4.5亿，前者我为日本三十倍，后者我为日本七倍。因国土辽阔，有回旋余地，利弱军作战；因人口众多，便兵多枪多，不怕初战失败。反推日本，人口兵员有限，矿业资源有限，以几十万军或百万军临我中华大国，只如沧海投粟，初则逞凶，久之便势衰力竭，无疑是自取败亡之道。是以无论日军初期如何疯狂，终究不能占我全境，灭我泱泱中华。”

言及于此，回望卫立煌，见听得入神，又接着分析道：“三者，我守土卫国，能同仇敌忾。国共两党不计十年血海深仇共御外侮是一例；此次中央军、晋绥军、八路军合力守忻口，前后呼应，与日军精锐板垣第五师及关东军察哈尔兵团恶战一月，是第二例；川将刘湘、潘文华、邓锡侯，桂将李宗仁、白崇禧并各处地方实力派，皆放弃对中央政府成见，纷纷请缨抗日，出兵开赴前线。尤其是不远千里，赤足草鞋，单衣踏霜援晋，是第三例。

四者，是各国皆支持我国作战。就以此次忻口之战为例，日军在忻口进攻受阻，关东军主力十余万近在咫尺，不敢倾力来援，是恐苏联红军出东北；又以日本海军为例，虽拥190万吨战舰，二十倍于我国，也不能倾力来犯，因须留其舰队主力与英美决战。我国却无顾虑，可倾全力与日本一国作战。”

析罢四个原因，又总结道：“因有其二、其三、其四共三端，日本必不能灭亡我国，我国必能取得最后胜利；因有其一，我国亦不能速胜日本。是以中日战争是个持久之局。”然后又补言道：“不但是持久之局，且就战争发展进程而言，势必分为三个阶段，第一是日本战略进攻阶段；第二是中日战略相持阶段；第三是中国战略反攻阶段。”

毛泽东分析时，卫立煌一直凝神倾听，不时首肯。末后闻毛泽东总结出抗日战争进程三阶段演变论，沉思一阵，不甚明白，又问其详。毛泽东又析道：“因敌强我弱，战争初期，日军攻城掠地，势不可挡，是其战略进攻阶段；然其初期进攻过后，战线拉长，后方不稳，须分兵防守点线，无力再攻。我军抵抗加强，但亦无力反攻，便进入战略相持阶段；相持期间，双方力量发生消长变化。我国是大国，人多兵多，资源丰富，不怕长期作战。日本是小国，资源有限，且四面树敌。久之，便经不起消耗。那时苏联、美国、英国皆参加对日作战，日军八方受困，四面楚歌，我乘势反攻，便可全胜，是为战略反攻阶段。”

卫立煌听后，十分钦佩，赞道：“蒋委员长展望中日战争前景时，曾有以空间换时间，以时间争取胜利之说。虽也是持久战之意，却没有毛先生这番分析透彻，令人信服。”

毛泽东笑道：“蒋先生以空间换时间，以时间争取胜利之说，的确含有持久战思想成分。却失之于表态不明确，有些闪烁其词，说明蒋先生对持久战理论既相信，又不完全相信。说穿了，蒋先生心里仍有速胜思想，尤其是寄希望于欧战爆发，美、英、苏尽早对日开战。身为统帅，掌握军机，战略思想不明确，于国于军，并非幸事。”

卫立煌虽心中信服毛泽东这番分析，却对蒋介石有感恩思想，不愿议论蒋介石不妥之处。又调过话头，转请分析山西战局。毛泽东将一切尽收眼底，却不点破，便接着对道：“山西是华北高地，衣山带河，素有三十六关、七十二口之说。不但俯瞰华北，且屏护秦川。日军若得山西高地，再渡黄河，过潼关、取西安，走剑门关入川，然后由四川或顺长江东下，或经黔、滇、桂通海，便势如登高泼水，将我国所有繁华省份分割个七零八落，再难抵挡。是以争夺山西，乃是目下战局关键。如今山西点线虽失，晋南高地中条山尚由我军控制，晋省东南、西北尚有八路军各据一角。若非如此，若山西全境为日军控制，必举国危殆。”

卫立煌闻言恍然，愈钦佩毛泽东高瞻远瞩，有战略大家眼光，分析时又娓娓道来，丝丝入扣，由浅及深，通俗易懂，言谈中没有一字废话。便由衷叹道：“毛先生一席话，比之当年诸葛亮隆中对，又何止精辟十倍。”言下有相见恨晚之意。

毛泽东也回赞道：“卫将军战平西、守保定、援山西、救忻口，又御敌晋南，战功卓著，海内外何人不知？眼下又统兵守中条山，扼住战局关键，责任之重，尤胜过当年关云长守荆州。”言罢，二人相视，哈哈大笑。

第三十一章

先机制敌张治中出计攻上海
扩散战场蒋介石重兵调华东

"七七"事变发生后,接踵又有平津失陷,日军猛攻南口之役,中日两国高层又把视线转向上海。蒋介石料日军迟早必在上海发动进攻,急召京沪警备司令张治中到南京城面晤,询问京沪杭方面历年战备情况,请出攻守方略。正议时,忽侍者来报,告说军委会副总参谋长白崇禧到。张治中喜道:"人称白崇禧乃当世小诸葛,最善用兵,此来正好,不如先听听小诸葛的意见。"蒋介石笑而不答。便令请白崇禧入室。

白崇禧字健生,广西桂林人,任军事委员会副参谋总长,兼军训部长。入室未待坐定,张治中抢先道:"适才委员长以上海战守事宜相询,我正愁如何回答方妥,便报健公到了门外,正应了一句话,叫做说曹操,曹操到。"蒋介石接言道:"须改一字,叫做要曹操,曹操到。"张治中也接言道:"这一字改得好。"三人大笑。

笑罢,张治中正色道:"健公深通兵略,已得孙吴兵法精要,在军中向有小诸葛之称,就请出一计解我之危难,如何?"白崇禧笑道:"文白兄出身保定军校,又与委员长一起创办黄埔军校,战略战术皆精。尤其是民国二十一年统第五军大战淞沪,与十九路军蔡、蒋、戴诸将齐名,杀败日将白川义则十万兵,威震海内外。近年任京沪警备司令,三年修成吴福、锡澄两道国防线,沤心沥血,对淞沪战守计划只怕早成竹在胸,何需我白某人不自量力、班门弄斧?"说话时以目视蒋介石。

张治中欲再谦让,蒋介石插言道:"眼下情势紧迫,须争分夺秒,早定对日战守方略。你二人不必再谦让。"又道:"文白兄在京沪经略多年,熟悉情况,先谈最妥。"稍顿,望一眼白崇禧,又补言道:"文白兄谈完,健生兄再作补充,如何?"

蒋介石既已发话,张治中便不再谦让,当时出言道:"回顾战史,我国对付日本向来有两种形式,第一种形式,是他打我,我不还手,如民国十七年日军攻济南,民国二十年日军占东北;第二种形式,是他打我,打痛了,我被动还手,如民国二十一年'一·二八'淞沪之役、民国二十二年长城之役。"蒋介石、白崇禧听张治中分析,频频颔首。

未待张治中话落,白崇禧插言道:"听文白兄之话音,除前述两种形式外,对付日本似还有第三种形式。何不一并说出来?"

张治中望一眼蒋介石,笑道:"我这第三种形式,眼下还未实践过,就是我判断日本必来打我,便择有利战场,未待其攻到,先发制人,首先打他,争取战役主动。这叫先下手为强。"稍顿,又补言道:"我以为眼下在淞沪地区对付日本,应采取第三种形式。"

张治中言罢,回望蒋介石,见其正捧一杯白开水,默然沉思,从表情上看不出是可是否。便起身自泡一杯茶,回到座中,再望蒋介石,见其仍在默然沉思。正不知是否再说下去时,一旁白崇禧发话道:"文白兄既提出第三种形式,必已作过通盘考虑,不如和盘托出,再详细计较。"

张治中得白崇禧怂恿,不再犹豫,又接着说道:"眼下华北日军,除河边旅、关东军各旅、朝鲜军第二十师外,又从其本土调来五个师,总计已有十余旅十余万人。上海方面,日本海军陆战队本有三千人,近日从汉口调回一千八百人,又从佐世保增援

日军在上海使用毒气

二千人，再加上动员在乡军人、武装日本浪人，总计已不下九千人。自卢事发生以来，上海日军已在各通衢哨所增兵增将，各要点皆筑起街垒，各屋顶已架起高射炮，又日夜举行街市战演习。长江沿岸日侨二万九千人已陆续撤退。”

稍顿，饮一口茶水，又析道：“以我推断，此次日本必在上海再挑起战端，掩护其在华北的行动。故日本再攻上海已是箭在弦上。反观我军，太湖左岸已修成吴福、锡澄两线；太湖右岸已形成乍嘉、海嘉两线；上海市区有两个保安团，警察部队亦约两团；京沪线上有孙元良八十八师、王敬久八十七师、钟松独二旅；沪杭线另有张发奎所部。若依托太湖，占住现有国防线，待敌来攻，或可守一时。然日军攻城重炮多，我军防线纵然坚固，亦难持久挡敌重炮火力，吴福、锡澄各线迟早必被攻破，是故专守防御并非上策。眼下之计，若以四五个调整师，辅以攻城重炮兵若干团，再以空军飞机助战，抢在日军后援赶到前，先敌动手，先把上海日军陆战队彻底剿灭，使敌失去陆上凭借。再利用太湖周围港湾湖汊和现有国防工事节节抗击日军后援部队，虽不敢说全胜，最少也可死守上海三个月，使日军不能全力用兵于华北。”

蒋、白二人闻计，皆表同意，又议一阵细节。蒋介石便令将京沪线沿线并已在上海各师旅合编为第九集团军，任张治中为集团军总司令，统军速向上海市区进发，以为前锋，准备攻夺上海；又令沪杭线各师旅合编为第八集团军，任张发奎为总司令，沿杭州湾与浦东布防，掩护张治中第九集团军侧翼；又令白崇禧速与军政部部长兼军委会参谋总长何应钦合力，速将各处中央军主力并湘、鄂、桂、粤、黔、滇、川、陕各省军队兼程调往京沪杭地区，准备与日军展开决战。并令京沪线转为战时运输体制，速向战区调运囤积粮秣、被服、武器、弹械。

张治中既已下决心在上海先敌动手，便秘作准备，令麾下各师旅厉兵秣马，备足粮弹，秘密沿京沪线向上海市郊运动，作战守准备。又令后续部队亦尽快向上海开进。又令配属空军各飞行大队亦进驻前线机场，配合行动。安排已毕，忽又思及虹桥机场守备力量不足，召来一将，令其加强机场防务。那将姓钟名松，广东阳山人，黄埔军校第二期毕业，曾任过黄杰第二师属下独立旅旅长，参加过"一·二八"之役。所部新改编为第二独立旅，纳入第九集团军编成，归张治中指挥。

钟松得令以后，将军分为两支，每支一个团，将士皆换成保安团官兵制服。一支开往虹口飞机场，加强机场警卫。一支进驻松江，扎于停战线附近，随时应付紧急情况。

上海虹桥机场在吴淞江以南、公共租界以西，是淞沪警备司令部防守重点，一旦开战，亦必成为日军重点争夺目标。钟松所部独二旅将士奉命化装进入上海市区，防卫虹桥机场。因知责任重大，将士日夜巡逻，机场门卫皆加双岗。

日本海军驻上海特别陆战队司令官大川内传七少将，风闻中国军队在上海密修工事，又遣正规军伪装保安团进驻上海市区各要点，将信将疑。密派人到各处打探，或被封锁消息，或被中国方面擒获，皆收获甚微。这日忽得报有中国正规军伪装成保安团，由停战线以外进驻虹桥机场。因觉虹桥机场重要，一旦开战，日军得之，可给日本舰载飞机增加一个替代着陆场，攻击力因之倍增。便层层转达，派军曹大山勇夫带一士兵前往打探虚实。大山勇夫受命后，乘一辆军用摩托车在八月九日来到虹桥机场，先环机场绕行一周，见门卫皆穿保安团制服，虽戒备森严，却不能证明中国方面违背《淞沪停战协定》，已把正规军开进虹桥机场。欲再试探，便装醉酒，驾驶摩托车全速直冲机场大门。

门卫恰是改扮成保安团的独二旅士兵，见大山勇夫骄横，目中无人，怒不可遏，便举枪截击。也是大山勇夫恶贯满盈，那士兵抵近射击，一枪中的，大山勇夫当场毙命。另一日兵名斋藤要藏也被打死。

警备司令部得报，急与上海市长俞鸿钧商议。思得一计，是找两名死囚犯换上保安团士兵服装，当场打死在机场门口，与大山勇夫并斋藤要藏尸体对应。方通知日本方面。

日本方面得报，乘势以大山毙命为借口，派其驻上海总领事冈田到上海市政府会见市长俞鸿钧，提出两项要求：一曰要求中国方面撤退上海保安部队；二曰要求中国方面撤除上海城区一切防御设施，如沙袋、铁丝网、战壕等。上海日军最高指挥官、日本海军第三舰队司令官长谷川清中将，急令从佐世保增调战舰二十艘、运输舰五艘开赴上海；又令尽快武装上海日侨，充实海军陆战队实力；又令海军陆战队调整部署，在各前沿街区厚集兵力、火力，作好临战准备。日本陆军省与参谋本部也在八月十二日召开紧急会议，议调陆军第三师、第十一师、野战重炮兵第五旅，三支军合计五万人，编组成上海派遣军，以陆军大将松井石根为司令官，即刻补充枪械粮弹，准备登船，赴上海支援上海日军海军陆战队。

张治中得报大山事件经过，知日本方面必不肯善罢甘休。便依蒋介石旨意，照先发制人计划，令俞鸿钧虚与冈田周旋，告说上海城区防御工事早经撤除，至撤退保安团一项，断不可应允。其余一概不理；又令征集商轮铁驳，皆载水泥砖石，排成一线，凿沉于黄浦江十六铺码头附近，堵死黄浦江航道，防止日本海军舰艇沿黄浦江上下调动、威胁南京市；却将第九集团军辖下前锋部队分为五支。

第一支军，以王敬久为将，统所部八十七师二个旅进至吴淞口与市中心区；第二支军，以孙元良为将，统所部第八十八师二个旅进至北站与江湾；第三支军，以钟松为将，统所部独二旅进至南翔；第四支军，以刘和鼎为将，统所部第五十六师并江苏省属保安部队二个团，驻防长江口岸边，镇守宝山、太仓、川沙口各镇，掩护中军翼侧；第五支军，以彭盂缉为将，统所部炮十团，皆是汽车牵引一百五十毫米口径重炮，抵近布阵，为步兵提供火力支援。五支军合三个师一个旅三个团，连同原驻上海保安警察部队，计约八万人。五支军外，又令后队速向淞沪前线输送；令空军各大队进入临战状态。

日军驻沪部队见中国军队涌进上海市区，便于八月十三日上午九时先发制人，以舰炮猛轰闸北中国军队集结地，令一支军由天通庵、横浜路，越过宝山路，向宝山路八字桥冲锋，以收突袭之效。幸中国军队有备在先，见日军攻到，纷纷推倒围墙、掩蔽物，从各隐蔽工事截击，将日军打退。“八·一三”淞沪战斗遂告打响。

八月十四日晨，张治中见谈判破裂，日军又进攻在先，再无妨碍，便令各军出击。先是空军飞机，计约六十架，清一色美制霍克战斗机与雪腊克超低空攻击机，编成三个大队，分从京、沪、杭各处机场起飞，飞临战区，猛炸长江口与黄浦江各区日舰，重伤日本海军第三舰队旗舰“出云号”巡洋舰。又猛炸岸上日军阵地。空军炸过，又令炮队各按战前标定射击诸元一齐射击。大队步兵分为左右两路，从各街口扑向虹口、杨树浦各处日军阵地，合围江湾路日军司令部。

右前锋第八十八师第二六四旅，以黄梅兴为将，一军当先，连破日军数处街垒阵地，占领日军中心阵地“爱国女校”，距日军司令部只千余米。日军不支，以特制厚钢板为盾，沿江湾路节节后退，一路遗尸无数。残部仓皇撤往公共租界，逃避攻击。黄梅兴部占了江湾路。见残敌逃往公共租界，追兵不能进入。正思量转移兵力时，忽从黄浦江敌舰射来一串重磅炮弹，轰然炸裂，黄梅兴腹部中弹，肠胃裸露，当场牺牲。一并牺牲者，不下数十人。

此后数日，张治中几番欲重新组织进攻，皆被蒋介石电令阻止。盖因美、英、法、意各国又派代表调停，以致有误战机。日军乘休战之期，又调来援军，补充残部，整理工事，准备再战。中国方面，也将后队第三十六师、第九十八师、独二旅三支军，分以宋希濂、夏楚中、钟松三人为将，调入战场，支援一线部队。张治中因后队赶到，进攻力量加强，便召诸将开会，告道：“日军阵地背靠黄浦江，自杨树浦转汇山码头，沿吴淞路、北四川路到江湾路，成一字长蛇阵。江湾路日军司令部是其头，杨树浦是其尾，汇山码头是其腰。宜在腰部选择一要点突破，以斩其腰，使其首尾不能相顾。”

日军攻占上海

便令将军分为左中右三路：左路以王敬久为将，统所部第八十七师主攻杨树浦，拖住日军蛇阵之尾；右路以孙元良为将，统所部第八十八师主攻江湾路与虹口公园日军司令部，按住日军蛇阵之头；宋希濂统所部第三十六师为中路，沿虬江路冲至汇山码头，直达黄浦江岸，切断日军首尾联系，再各个歼灭。

又令其余各师旅皆配属三路主攻部队，协助进攻。二十日夜，三路部队一齐发起进攻，各先集中轻炮重炮猛烈射击，步兵乘势冲锋，逐街逐巷推进。日军工事多以钢骨水泥筑成，外覆沙包，皆能阻挡轻炮火力直瞄轰击。又在高楼顶上架设重机枪，封锁各处通道。两军对垒，战至天明，各路中国军队皆有进展。中路宋希濂部以坦克连开路，一直冲到汇山码头，进抵黄浦江岸，将城区日军拦腰截为两段。

第三十二章

罗店受阻贼松井请调救兵
南翔反攻白崇禧牺牲桂军

日将松井石根得报中国军队猛攻杨树浦、虹口诸处，日本海军特别陆战队处境危急，便令舰队全速驶向长江口，支援海军陆战队。先令舰载机一百零五架分别从三艘航空母舰起飞，飞往南京、杭州各地轰炸，压制中国空军。又令战舰五十艘抵近江岸，以舰炮齐射，压制中国岸防火力。然后将救援部队分左右两路：左路以第三师师长藤田进为将，统所部第三师计二旅八团，步骑工炮二万人，由小汽艇运至黄浦江吴淞铁路码头登陆；右路以第十一师师长山室宗武为将，统所部第十一师计二旅八团，步骑工炮也约二万人，在长江口南岸川沙口登陆。令两支军登陆后，抢攻宝山、月浦，在罗店会师，再向南推进，切断京沪铁路，与海军陆战队呼应，合围张治中第九集团军于上海城区。

八月二十三日拂晓，两路日军乘夜黑一齐登岸。中国守岸部队第五十六师主力皆已调往上海市区参战。所余部队多为老弱病残，难以抵挡。只得利用河湖港汊节节阻击，逐次退向腹地。

蒋介石得知日本方面新组成上海派遣军紧急开赴上海，分头在吴淞铁路码头、狮子林、川沙口诸处登陆，向罗店包抄。大惊，便催调各处大军急速开赴上海，迎战松井石根。又令划分战区，包括江南京沪杭地区皆归第三战区统辖。战区正、副司令长官分由冯玉祥、顾祝同二人担任。战区以下部队重新编组为三个集团军，计为第八、第九、第十五集团军，分别以张发奎、张治中、陈诚三人为集团军总司令。

第八集团军辖陶广第二十八军、李松山第五十五师、张銮基独四十五旅、蔡忠笏炮二旅，四支军合拥步骑工炮三个师二个旅四万人；第九集团军辖孙元良第八十八师、王敬久第八十七师、宋希濂第三十六师、钟松第六十一师、阮肇昌第五十七师、吉章简上海保安总团，六支军共六万人；第十五集团军辖胡宗南第一军、罗卓英第十八军、霍揆彰第五十四军、吴奇伟第四军、叶肇第六十六军、刘和鼎第三十九军、俞济时第七十四军，七支军合拥步骑工炮二十二个师一个旅，计二十万人。

总计三个集团军共辖三十个师三个旅，约三十万人。又将三个集团军分为左、中、右三路：第八集团军为右路军，防守沪杭线并杭州湾沿岸，掩护战线右翼，防敌在杭州湾登陆；第九集团军为中路军，继续进攻市区日本海军陆战队；第十五集团军为左路军，占领浏河镇、罗店、月浦、宝山一线沿江阵地，迎战日军登陆部队。

日本上海派遣军司令官松井石根一向骄横，瞧不起中国军队。初受任时，将军分为两路，令第三师在川沙口登陆，第十一师在吴淞铁路码头登陆，然后合取罗店，截断中国军队退路，再与上海海军特别陆战队呼应，夹击中国军队，以速战速决，夺取上海。未料两路军进攻皆受挫折。

右翼川沙口方面，山室宗武第十一师先在江岸遭刘和鼎第五十六师节节阻击。待进至罗店近郊，又迎头遇上罗卓英所统第十八军各师。山室宗武令强攻罗店，每日凌晨开始，日军飞机以百架次计，分从陆上机场和航空母舰甲板起飞，到罗店周围狂轰滥炸。又令山炮、野炮、榴炮、舰炮一齐轰击。眼见罗店周围数十里地大火漫天，浓烟蔽日，方令大队步兵以团、营为单位，由坦克战车引导，向中国守军阵地冲击。

日军向南京进发

中国军队却据阵扼守，死战不退，入夜更派轻兵奇袭。恶战十余日，罗店反复易手，已有四五度。常是昼间，日军依仗飞机、舰炮火力凶猛，将罗店夺走；夜间，中国军队又利用夜幕掩护，潜至日军营地，以轻兵器夜袭，与日军混战肉搏，杀退日军，将罗店夺回。

山室宗武见日军每日损失不下千人，十余日下来，二万人早已折损过半。尤其是中级军官，因穿马靴、披绶带、挂指挥刀，常是中国狙击兵重点打击对象，死伤更重。再看阵前，积尸如山，流血成河，料中国军队死伤必倍于日军。罗卓英第十八军若以二个师二万人计算，早已被全军消灭了好几回，却不知如何还能维持战力不衰。心中恐惧顿生，只得频向松井石根告急，请发援兵，助攻罗店。

左翼日军第三师在吴淞铁路码头登陆后，奉令西攻罗店，协同第十一师作战。未料遭遇中国军队侧击，尤以宝山中国守军并温藻滨附近野战阵地上王敬久第八十七师、宋希濂第三十六师对日军第三师两翼威胁最大。日将藤田进无计，只得缓攻罗店，分兵向南防御，挡住王敬久、宋希濂两军。集中主力，每日晨起飞机轰炸，舰炮齐射，步兵冲阵，猛攻宝山。

宝山守将姚子青率所部一个加强营约五百人，利用城垣死守，与日军周旋十余日，前后打退日军数十次冲锋。战至九月五日，弹尽粮绝，宝山城早成废墟。一营将士已折去九成，其余也尽带伤。藤田进见久攻不下，恼羞成怒，召来数十艘战舰，瞄住宝山废城，继续乱轰，炸得砖石乱飞，烟尘蔽日，方令大队步兵作最后冲锋。此时姚子青营将士尽数殉城，阵中已无人防守。宝山遂为日军攻占。藤田虽得宝山，十余日间亦折去万人，损失过半，无力再向罗店前进，呼应山室宗武第十一师。也只得向松井石根告急，请调兵增援。

松井石根得到山室宗武与藤田进二将告急电，又得报日本海军上海特别陆战队被中国第九集团军主力压在黄浦江边。三支日军各据一地，皆被中国军队困住，且各折损过半，大惊。始知以现有日军残师断难击败中国军队，夺占上海。只得急报东京，请派兵救援。东京日本陆军省部得报日军进攻上海受挫，只得令国内紧急动员，新编成步兵第九、第十三、第一〇一师，各辖步骑工炮二旅八团，分别以吉住良辅、荻州立兵、伊东政喜三人为师长，开赴上海，纳入上海派遣军编成，参加淞沪作战。又令华北方面军司令官寺内寿一节制华北日军进攻范围，从后备中抽调十个步兵营并炮兵、工兵、特种兵若干，调往上海，支援上海派遣军。并令台湾军派出一个旅级支队，以重藤为将，也派往上海。

经几处增援，上海派遣军已拥五个建制师，连同附属部队、海空军，计达二十万人，拥战舰一百三十艘、飞机三百架、坦克三百辆、重炮一千门。松井得到增援，信心又增。便调整部署，令军分四路：山室宗武率第十一师继续攻罗店；藤田进第三师拖住宋希濂、王敬久两支劲旅；海军陆战队司令官大川内传七率所部陆战队官兵继续据守杨树浦、虹口市区阵地，拖住孙元良第八十八师。亲统三个主力师总攻大场，务求中央突破，割断中国军队防线，然后向左右卷击。又令其余部队作后备。

蒋介石得报日本增兵上海，日军陆海空三军进攻上海兵力达二十万，心中暗喜，告众将道："日军中我诱敌之计，将重兵移至上海华东，在华北必不能再有作为，是取败之道。"传令中央政府驻川、黔、陕、甘、豫、鄂、浙、湘、闽、赣后方省区各师，各挑老兵四至六个营，一月内送往淞沪前线，缺额就地招募训练补充。各独立旅依例挑老兵二至三个营，也在一月内送往淞沪前线。又令各省主席速抽调省防军，兼程开往淞沪前线。其余粮秣被服，亦各规定征调任务。

又令整编前线部队，调整指挥体系，自任第三战区司令长官，任顾祝同为副司令长官。补足已在前线的三个集团军。新调来四个集团军，统编为五支军：第一支军，是右翼军，以张发奎为总司令，辖第八、第十集团军，分以张发奎、刘建绪为集团军总司令，合拥一个整军、十一个整师、六个整旅；第二支军，是中央作战军，以朱绍良为总司令，辖第九、第二十一集团军，分以朱绍良、廖磊为集团军总司令，合拥一个军团、七个整军、二十个整师、二个独立旅；第三支军，是左翼作战军，以陈诚为总司令，辖第十九、第十五集团军，合拥二个军团、十二个整军、二十二个整师、一个独立旅；第四支军，是江防军，以刘兴为总司令，辖一个军团、一个整军、六个整师、两支要塞部队；第五支军，是总预备队，拥一个集团军、二个军团、一个整军、九个整师。

总计五支军合拥步骑工炮七个集团军、六个军团、二十二个整军、六十八个整师、九个独立旅，另附炮兵十个团。若将步兵旅折合成师，总计有七十三个师，共七十万人。又依据敌情，令张发奎统右翼军继续沿沪杭线部署，向杭州湾方面警戒，掩护全军右翼；朱绍良统中央作战军，负责上海市区与黄浦江下游左岸作战；刘兴统江防军据守长江沿岸镇江、江阴各要塞并岸防阵地，防敌作深远登陆迂回；陈诚统左翼军驻守大场至浏河口各处要点，阻敌主力南侵。预备队往来救应各支军。

安排已毕，各将正要照令而行，日军新锐各师已经登岸，发动进攻。上海周围数十里，日夜炮声隆隆，火光冲天。日军飞机来来往往，布满天空。双方百万大军，在上海城郊一隅之地交锋。战线犬牙交错，每一条堑壕、每一道河渠、每一个村落，皆要反复轰击、反复争夺。其中又以江湾、罗店、刘行、陈行、广福、大场、江湾、施相公庙诸处阵地，争夺最为激烈。少则反复易手数次，多则十余次，阵前陈尸无数，日晒雨淋，恶臭熏天。双方每日伤亡数各以千计。中国军队虽然占有数量优势，将士勇猛，不怕牺牲，终因火力装备不及日军，渐转劣势，战线逐次向南向西缓缓推移。

蒋介石得报前线战事转趋不利，便带军委会副参谋长白崇禧亲到苏州第三战区司令部，与顾祝同共商应对之策。顾祝同接住，报告军情毕，议道："如今作战重点已转至大场与南翔间，战况惨烈。我军虽密集防守，因敌舰炮与航空火力猛烈，仍伤亡严重。一个调整师开上去，只三五日便被打残，只得大量补充后备兵，或干脆从前线撤回整补。"

白崇禧出计道："如今廖磊统桂军第二十一集团军新到，不如投入进攻。若能破阵，截断日军战线，可以扭转被动局面，争取全胜。"

蒋介石依白崇禧计，以廖磊所部第二十一集团军为核心，附以其他部队，沿战线中央南翔、真如之间，分三路出击。第一路以韦云淞第四十八军为主，辖第一七三、第一七四、第一七六师，分以贺维珍、王赞斌、区寿年为师长，由黄港北侯宅、谈家头向蕴藻浜进击，扫荡蕴藻浜南岸之敌，进出于唐家桥、田都之线；第二路以叶肇第十六军为主，辖第一五九、第一六〇师，分以叶肇、谭邃为师长，由赵家宅向东进攻，进出杨家宅、徐宅之线；第三路以夏楚中第九十八师为主，由广福南侧北攻，进出于孙家头至张家宅之线。又令已在前线各师，各编成一至三支突击队，分向当面之敌进攻，牵制日军，掩护反击部队。又令各反攻部队在十月十九日黄昏以前作好准备，待入夜一齐发起进攻。

中国军队追击平江日军

十月十九日夜，阴云四合，不见星月，只远处火光，星星点点。偶有枪炮声传来，显出战争正在进行。待到午夜，夜幕正沉，自浏河口经罗店到大场、江湾数十里阵地，突然枪声大作。中国军队乘夜全线出击。中央阵地南翔、真如之间，桂军六个师，皆戴钢盔，一军当先，如飞跃出堑壕、丛林，扑向日军阵地，叫杀声惊天动地。

大队约摸推进二千米，夺占了日军第一线阵地。正高兴时，日军集中百余门野战炮，又得海岸舰炮相助，一阵齐射。炮弹铺天盖地而来，遍地开花。桂军新得日军阵地，不及隐蔽，炸死炸伤甚众。原来，日将松井石根因见上海久攻不下，两军进入僵持状态，与日军速战速决思想不合，便在大场、真如一线厚集兵力，准备在二十日发动突击，谋求中央突破，未料被中国军队抢先一日得手。日军虽丢了第一线阵地，却正好集中炮兵火力反击桂军进攻，反败为胜。

桂军将士久经战阵，长于进攻，又乡土情重。官兵之间多为乡邻，夜间进攻时虽折损无数，愈激起复仇斗志。二十日天色未明，便又架起枪炮，向日军阵地冲杀。日军亦调兵反击。双方数十万军来回厮杀，草丛中、河沟里、大路旁，横七竖八，积尸无数，分不清是敌是友。

恶战至第四日，桂军各师已折损过半，单是旅长就牺牲了三员。团、营长牺牲大半。将士仍视死如归，奋勇冲阵。日将松井石根在座舰上以望远镜窥望战场，见桂军迎着日军炮火冲锋，毫无惧意，暗中胆寒，指岸问左右道："那些穿黄军装、戴钢盔的支那兵，从何而来？"左右告说是桂军。松井石根叹道："果然是小诸葛调教的部队，不同寻常。"传令诸将，日后见到桂军部队须加意小心。又见桂军勇猛，已楔入日军阵地，与日军混在一处肉搏，舰炮不能发射实弹，便令各舰一齐发射烟幕弹，掩护阵中日军。

各舰依令，几排烟幕弹射到岸上，阵前立时黑烟滚滚，咫尺不见人影。桂军未见过烟幕弹，以为是日军放毒，大惧，纷纷掉头回撤。人马相践，淹死、踩死无数。日军官兵乘势衔尾追赶尽得失地。又集中主力猛攻大场。

大场守军是湘军第十八师，恶战数日，阵地大部被毁，人马已折去半数。见日军大队蜂拥而进，残军不敌，弃阵而散。大场遂在十月二十六日为日军攻占。第十八师师长姓朱名耀华，深知大场是全阵枢纽。大场一失，全线动摇，自己身为守将，难辞其咎，便拔出腰中佩枪，推弹上膛，对准自己太阳穴扣响了板机。待众人闻枪声回救时，朱耀华已血浴全身，气绝而亡。

第三十三章

掩护全军谢晋元扼守孤楼
敬献国旗杨惠敏夜泅污河

第三战区副司令长官顾祝同得报桂军反攻受挫，折损过半。第十八师丢了大场，师长朱耀华自戕殉国。日军占大场后，又分为两路向左右卷击，分头包抄中国左翼军与中央军侧后。欲待组织力量反攻大场，堵塞防线漏洞，因桂军受损，各处守军亦损失严重，全线与日军缠战，无法抽调机动兵力，便报蒋介石批准，令各师利用夜暗，交替掩护，撤出浏河口、罗店、大场、庙行、江湾、闸北一线，退到苏州河南岸，占领预备阵地，准备持久抗敌。

各军依令，暗与日军脱离接触。只一夜时间，皆带齐伤员、重装备移往新阵地。日军自进攻淞沪以来前后两个多月，日夜恶战。只十月二十六日夜，未见中国军队发动夜袭，颇觉新奇。待天明发动新攻势，飞机炸过，大炮轰过，再令步兵冲锋，并不见中国军队回击。及至占领守军堑壕，已空无一人，只残留些破枪烂械、臭鞋烂衣，方知中国军队已乘夜南撤。便分兵十数支衔尾追击。诸路皆顺，只市区一路，追至四行仓库，却遭阻击，折损无数。

四行仓库位于苏州河北岸北西藏路西侧，乃是金城、盐业、中南、大陆四大银行设在上海市区的货栈。四行仓库门前沿苏州河是光复路，渡苏州河到南岸，是公共租界。左前方是垃圾桥。苏州河宽约百余米，水道淤塞，河水不深，污乱不堪。乃是八十八师司令部。

大场失陷后，顾祝同在十月二十六日清晨打电话给第八十八师师长孙元良，约略说明，因大场失陷，阵门大开，闸北侧翼受敌，须调整态势，收缩战线，向南向西撤退。虑及国联将在十一月初开会，接受中国控告日本侵略，蒋介石要求第八十八师为后卫，留守闸北，与日军周旋，尽量在上海市区持久坚持，争取友邦及国联支持。

孙元良得令，思虑一回，告道："可用一个加强营守一两处坚固据点，牺牲不大，政略效果也是一样。"顾祝同依计，令调派一个加强营在闸北择地坚持。孙元良搁下电话后，思虑一阵，召来二将，一将姓谢，名晋元，字中民，广东蕉岭人；另一将姓杨，名瑞符，天津人。令二人守四行仓库，迟滞日军。

谢、杨二人受命后，因见时机紧迫，不允延误，略商量几句，便收拢部队，总计四个连又一个排共四百五十四人，陆续开进四行仓库。连夜征集炊具、木材、食料、水缸并一用防御用具。又察看地形，部署战守，抢筑工事。

工事初成，便闻近处枪炮声骤起。一士兵飞步来报，告说日军已占领蒙古路、北站大楼，正从东、西、北三面向四行仓库方向搜索进击，警戒部队正沿街阻击，且战且退。过午，警戒部队退入四行仓库楼内。大队日军，以刺刀挑着膏药旗，沿街追来。谢晋元令官兵沉着应战，将日军放至近距，喝令一声，一齐开枪开炮。又亲抱过一挺重机枪，泼风般扫向日军大队。又有楼顶伏兵，居高临下，将集束手榴弹、迫击炮弹接二连三投向日军人堆。

日军进至大街空旷处，骤遭攻击，欲进不能，欲退不得，暴露在守军交叉火力网下，无处藏身，立时人仰马翻，折损无数。正无计时，见路旁有几处现成筑垒工事，不但可以隐身，且有射孔，正对准四行仓库，一些日军官兵，便从马路上连翻带滚钻进

截击日军的中国军队

工事。谢晋元见状，大喜，令士兵拉引线，各工事内布下的集束手榴弹一齐爆炸。轰隆声中，工事顶盖被掀上天。藏身于内的日军官兵，皆被炸死，残肢断体随滚滚黑烟冲天而起，散落在树枝上、马路边并苏州河污水中。

日军经此打击，仓皇而退。苏州河对面公共租界内挤满了各色皮肤的人群，隔河观战。眼见中国军队稳据四行仓库，狠揍日本军，皆欢呼雀跃，呐喊助威。有爱国民众从租界内打电话到四行仓库，告说军情变化；或以黑板写上白粉笔字，挂在苏州河对面，正对四行仓库大楼，写明日军官兵多少、枪炮多少，在何处集结，有无进攻模样。又有胆大者，隔河送来慰问袋，内装罐头、医药、香烟、水果、奶粉、饼干、面包、糖果并一应食品。

有新闻记者冒险过苏州河到四行仓库采访，非要见谢晋元。谢晋元无奈，只得会见。因问起四行仓库守军究竟几何。谢晋元自思："若论实数，连同迫击炮排一起，守军不过一个加强营共四百五十四人。却不能说明，以免暴露实力。"便夸张道："守军计一个团，约略八百人。"说话时，远远望见对面楼顶上有日军活动，谢晋元抄起一支步枪，推弹上膛，单眼吊线，略瞄一瞄，一扣板机，一名日军军官应声翻倒。记者见之，叹服不已，连夜离开四行仓库，赶写报道，称谢晋元如何神勇，弹无虚发；四行仓库有八百孤军，孤守危楼，皆能以一当十。自此便有"八百孤军"守四行之说。更有人编成赞歌一首，歌名为《歌八百壮士》，歌词写道：

"中国不会亡，中国不会亡，你看那民族英雄谢团长；中国一定强，中国一定强，你看那八百壮士孤军奋守东战场；四面都是炮火，四面都是豺狼，宁愿死，不退让；宁愿死，不投降，我们的国旗在炮火中飘荡！飘荡！

八百壮士一条心，十万强敌不敢挡，我们的行动有力，我们的志气豪壮。同胞们起来！同胞们起来！快快赶上那战场，拿八百壮士做榜样，中国不会亡！中国不会亡！中国不会亡。"

将士受到鼓励，愈士气高昂，奋不顾身。第一日，便接连打退日军四次进攻。楼外各马路上，塞满日军所遗尸体、车仗、枪械、头盔并一应军需品。

“八·一三”淞沪抗战期间，有一支童子军，皆是中国少年男女，年不足二十。自开战始，便与正规军并肩作战，钻枪林，过弹雨，出生入死，帮助运弹药、送军粮、抬伤兵、救病员，活跃在各条战线。有童子军杨惠敏，得知谢晋元率八百孤军坚守四行仓库，死战不退，备受鼓舞。遥见四行仓库大楼弹痕累累，烟尘弥漫，大楼东、北、西三方各建筑物上，皆插有日本太阳旗，南面公共租界内，又隔河插有英国米字旗，独四行仓库大楼顶上空空荡荡，心有所感，生出一计。

回到住处后，杨惠敏准备了一面青天白日满地红大国旗，当内衣紧缠在身上，再罩上童子军制服，乘夜黑悄悄避开租界英国哨兵，溜至苏州河边。顾不得河水腐臭，亦不管日军机枪火力封锁，偷渡过河，越过马路，沿铁丝网缺口，爬进四行仓库院内，再从后窗翻入。

谢晋元亲到窗口接住，展开杨惠敏送来的大幅国旗，令人找来两根竹竿，绑接成旗杆。待到曙光初现，下令在楼顶升旗。此时天色微明，日军隔阵察觉动静，枪炮乱射。谢晋元令士兵对射，压制日军火力，掩护杨惠敏过河。杨惠敏乘时飞步冲过马路，跃下苏州河，潜入污水，游至对岸，方摆脱死神。

天亮后，旭日初升，苏州河畔挤满了中国人，纷纷隔河向四行仓库楼顶的国旗致礼欢呼。又隔河高唱《歌八百壮士》。日军愈怒，调来飞机狂炸，集中重炮猛轰，又令大队步兵继续从东、北、西三面轮番冲锋，依然不能得手。谢晋元与杨瑞符率官兵扼楼死守，机动灵活，专攻击日军步兵大队。恶战至十月三十一日，已接连打退日军十余次围攻，毙敌数百，我军死伤不及日军一成。

谢晋元正乘时鼓励官兵死守四行仓库，战至最后一兵一卒，忽接到师部参谋长张柏亭电话指示，令率四行孤军，速撤离四行仓库，渡苏州河进入公共租界，到沪西归队。十月三十一日夜半，夜空漆黑，远方街灯惨淡。谢晋元令各连官兵连同伤号，共三百九十八人，全副武装，带齐枪械弹药、工作器具，伤员先行；谢晋元率机枪连、第一连居中；杨瑞符率第二、第三连殿后；另从第一连抽出一个排，附重机枪一挺，负责收容。

官兵利用夜暗和地形地物掩护，出四行仓库大楼，经西藏路，过垃圾桥，渡苏州河，朝公共租界相跟而进。斯马莱特全副披挂，亲立于垃圾桥头，指挥英军掩护四行孤军撤退。大队刚过一半，国庆路日军大功率探照灯一齐打开，扫瞄过来，苏州河两岸明亮如昼，四挺日军重机枪一字排开，一阵扫射。顿时弹如雨下，锁住通道。官兵隐伏不及，伤亡多人。正危急时，斯马莱特令桥头堡中的英军架起小钢炮，瞄准日军阵地一阵猛射，将日军探照灯打灭，重机枪打哑。谢晋元也令机枪连就地架枪掩护。后队抢住时机，一拥过桥。到午夜二时，收容部队携带国旗及突围时新添的伤号，也冲过日军火力封锁线，进入公共租界。

中国军队主力因大场失陷，主动弃守浏河口、罗店、大场、庙行、江湾、闸北一线阵地，退守苏州河南岸预设阵地。新阵地东起公共租界，西沿沪西造币厂，向西经真如、江桥，转西北至小南翔，折向东北至广福镇、登桥镇，与浏河成一垂直线。各部皆依次后撤，退而不乱。日军各师，苦战数十日，皆被打残，少则折去三四成，多则折去五六成，早已疲惫。勉强获胜，尾追中国军队，进至苏州河北岸，遭到中国军队依阵阻击。任松井石根如何三令五申，再不能前进半步。

松井石根无计可施，只得亲拟报告，如实说明形势。报告约略是说：自“八·一三”上海开战，日本军两度增兵。第一次增调两个野战师，第二次增调三个野战师，连同附属部队，计二十万人。中国军队却调来六十八个整师、九个整旅，共七十万人。其中胡宗南第一军、罗卓英第十八军并最早在上海作战的宋希濂第三十六师、王敬久第八十七师、孙元良第八十八师，皆是中国军队精华。又说明中国军队在淞沪战场上装备、战术皆有改观，不同于“满洲”事变、长城之役，说明中国军队士气旺盛，整连、整营、整团殉国战例，可信口举出。每一个据点、每一条战壕、每一个村落，皆要反复轰击，反复争夺。纵然堑壕被毁，村落街区化为废墟，阵前积尸成山，中国兵仍死战不退。其中特别举出罗卓英率第十八军守罗店，四进四出；姚子青营守宝山，全营殉城，无一生还；谢晋元孤军守四行仓库，掩护全军西撤几例。

分析完中国军队情况，松井石根又在报告中分析日军情形，批评日军官兵打仗过于依赖炮火，参谋人员事先对中国军队战力估计不足，逐次增兵。以为上海不适宜重炮、坦克作战，至前线部队重炮配备不足，尤其是炮弹供应不足，每日每炮只允发弹三十发。因诸多失误，致日本军在上海动用陆海空二十万人、半数战舰，苦战七十余日，折损四五万人，仍未能围歼中国军队。报告用意，虽是为自己进攻受挫解释原因，却也披露了中国军队今非昔比的事实。末后说明上海是国际视听所在，若不能速战速决，尽快消灭中国军队重兵集团，对日本军威国威大是不利。因而请东京陆军省部再调援军，支持上海派遣军，摆脱上海的持久僵持局面。

东京日本陆军省与参谋部接到松井石根请援报告，急与海军军令部商议。又报首相近卫文麿同意，天皇裕仁敕准，议定抽调陆军第六、第十八、第一一四师，从华北方面军板垣第五师抽调一个旅编成国崎支队，分以谷寿夫、牛岛贞雄、末松茂治、国崎登为将，另附以两个后备步兵团、一个重炮旅及山炮兵、工兵、架桥材料兵若干，合约十万人，编为陆军第十军，任柳川平助中将为司令官，田边盛武少将为参谋长，开往上海。并令海军第四舰队司令官丰田富武中将率一百艘舰船，负责运送。另派重炮兵第六旅、中岛今朝吾第十六师及山炮兵、重炮兵、坦克兵各两个营，加入上海派遣军序列。

为方便指挥，令将上海派遣军与第十军合编为华中方面军，任松井石根为华中方面军司令官。上海派遣军司令官职务，改由朝香宫鸠彦亲王担任。松井石根新任为华中方面军司令官，急欲打开上海战局，便令第十军在淞沪阵地南面杭州湾登陆，侧击中国军队，包抄苏州河防线中国重兵集团，将其合围在上海以西、太湖以东，一举解决战局。

中国军队开赴前线，反攻安庆，阻止日军西犯

1937年11月4日夜半，杭州湾海面风平浪静。天上不见星月，天地陆海之间，尽漆黑一团。日军第十军前锋在杭洲弯登陆，只一次冲锋，便打垮守军，夺占了金山卫。大队随后跟进，分两路向内陆推进。牛岛贞雄率第十八师向左，沿沪杭铁路西进嘉定，扑向乍嘉线；谷寿夫率第六师及国崎支队向右，抢渡黄浦江，进兵松江，威逼昆山。

蒋介石得报十万日军在杭州湾登陆成功，正分兵西取嘉定，北取松江，抄袭淞沪前线中国军队后路，军心浮动。急令各部队分为两路，一路沿京沪线退往吴福国防线，一路沿沪杭线退往乍嘉线，各据吴福线与乍嘉线节节抗击日军攻势。各部队自“八·一三”以来，怀着必胜信念，在淞沪战场与日军鏖战，几近百日，皆被打残，早已疲惫。初闻日军在杭州湾登陆，渡过黄浦江上游，侵占松江，向侧后抄袭，已自惊恐。及至撤退令下，以为败局已定，士气顿解，纷纷弃重后撤，生恐被日军包围。数十万军争道，把经太湖北岸通南京的铁路、公路，挤得水泄不通，早把各部队交替掩护，依次撤退的命令置之脑后。

松井石根得报中国军队夺路西撤，大队追赶不及，便令各师派出轻装步兵，组成追袭队，以连、排为单位，间道兼程追袭。在中国军队西撤途中，东放几枪，西射几炮，广布疑兵。中国军队疑为被日军包围，混乱愈甚，竟官兵分离，人马相拥，踩死淹死者甚多。退到吴福线，各甲长、保长早随村民逃难，无影无踪。因找不到甲长、保长取钥匙，无法打开各工事铁门，虽有现成国防工事，亦是徒然。只得不战而弃吴福国防线，继续西撤。到锡澄国防线，亦复如此。

蒋介石闻大军撤退混乱如此，无法遏止，只得顺其自然，令各部队以军、师、旅为单位，分散向浙、皖、赣三省山地突围。又临时安排掩护部队。京沪线方面，令江阴要塞部队死守江阴，阻遏日军沿京沪线西进；沪杭线方面，令新到京沪杭三角地区的刘湘第二十三集团军六个川军师，会同桂军第七师，进驻广德，阻遏日军由太湖南岸绕攻。

第三十四章

攻南京贼松井兵分九路
大屠城谷寿夫遗臭万年

十一月十二日，日军占领上海全城。松井石根统日军各师尾追中国军队，又乘势进至苏嘉线，占领昆山、苏州、常熟、莫城各要镇。又一路向西追击，连占江阴、常州、无锡、宜兴、泗安、广德各城，控制太湖西岸，打开了进军南京的北、中、南三大通道。中国守军主力，在淞沪战场与日军鏖兵百日，虽逃脱日军大包围，却已极度疲劳。各师、旅少则折去二三成，多则折去七八成，重武器大多丢光，已无反攻能力。

松井石根大将分析军情，传令集中八个整师，二十万人，并得海军第一、第三遣外舰队数十艘战舰相助，分九路总攻南京。计为陆上八路，分为左、右两翼，以吴江、宜兴、溧阳、溧水一线为左右翼分界。

左翼四路军由第十军部队分别编成，合三师一旅，并附属特种兵，步骑工炮合十万人，统由第十军军长柳川平助指挥。右翼四路合五个师，并附属特种兵，步骑工炮合十万人，统归上海派遣军司令官朝香宫鸠彦亲王指挥。陆路八支军外，另有海军战舰数十艘，逆江西进，派登陆兵到处登岸，进逼南京江面，是为第九路。又令各路军夤夜进兵，克日会齐南京。

蒋介石得报日军分九路会攻南京，便召诸将开会商议对策。众将皆沉默，军令部作战厅长刘斐见众人皆不开言，便打破沉默，开门见山道："我个人意见，不主张像守上海一样，拼力守南京。"蒋介石闻言，略怔一怔，便请说明理由。

刘斐不慌不忙析道："首先从地形上看，南京由长江弯曲环抱，地形上背水，日军可从陆地西攻芜湖，切断长江补给线；也可由江阴渡江，沿江西攻浦口，切断津浦线；还可挟其舰队，冲击镇江、江宁要塞，驻泊下关江面，炮击南京城区，对南京形成立体包围。"

1938年10月，武汉保卫战全面展开。这是中国军队奔赴武汉前线

言及于此，回望众人，多有赞许之色，又续言道："其次，日军眼下已占江阴、常州、无锡、宜兴、泗安、广德，控制了京沪铁路、京杭国道，其机械化部队和重装备可通过长江、京沪线、京杭国道运送。日军九路部队取大包围态势夹向南京，水陆并进，地空配合，两翼包抄，中央突破，气焰正盛，难与争锋。"

稍顿，又分析道："反观我军，集中七十余师，几占野战军半数，在上海及太湖周围与日军苦战百日，各师皆折过半，又在混乱中长途退却，部队极度疲惫，士气低落。若不在深远后方作较长时间整顿补充，难以恢复战斗力。而华北方面，我军在津浦线、平汉线、平绥线、同浦线、正太线节节后退，忻口、娘子关、太原、石家庄、德州皆已失守，亦十分被动。短期内难有强大生力军支援南京守城部队，是故此时若以大军死守南京，比如按原计划以五军十五师守南京，不但不能久守，反会折去一支生力军，不利持久抗战。"言罢，顿一顿，又补言道："是故我不主张死守南京。"

蒋介石听刘斐一番分析，未置可否，转请诸将发表意见。白崇禧、何应钦皆以为刘斐所言有理，表示不赞成防守南京。徐永昌、钱大钧也接踵表态，附和刘斐意见。

蒋介石见不但刘、何、白皆不主张死守南京，徐、钱二人亦持同样主张，皆不对心意，沉吟一阵，疑道："南京是我国首都，又是总理陵寝所在，关系我国威望、国际观瞻。如不守自弃，如何向国际、国内交待？"

刘斐道："委员长既从政略看，不能完全不守南京，也可作些象征性防守，作适当抵抗就主动后撤，不必牺牲实力，争一城一地得失。"蒋介石又问以多少兵力为妥。刘斐估算一阵，道："有十二个团即够，最多不要超过十八个团。"又问诸将意见，皆说以十余团兵力，作象征性防守已足。蒋介石又沉吟一阵，道："再商量吧！"

散会后，蒋介石独自在办公室沉思，逢唐生智来访，便邀唐生智出外观看山景。唐生智一旁察言观色，见蒋介石一言不发，试言询道："委员长似有心事？"蒋介石沉吟一阵，叹道："松井石根分九路合攻南京。我身为一国首长，统百万大军，却不能守南京，心中惭愧！"

唐生智闻言，略怔一怔，道："古人曾言，兵来将挡，水来土掩，日军虽有二十万，分九路来攻，大不了一拼，像守上海一样，再守南京三个月，那时南京纵然失陷，我等已经尽力，也算对得起先总理在天之灵了。"

蒋介石闻唐生智这番话，慷慨激昂，心想："难得孟潇虽过天命之年，尚有这份豪情。"便出言赞道："要是诸将皆有孟公这番豪情，不怕日人不退。"又补言道："来日开会，议迎敌方策，孟公不妨以此言告诸将，如何？"唐生智应诺。

隔日又召开军事会议，议南京战守。唐生智果然叫道："南京是我国首都，为国际观瞻所系，又是故总理陵寝所在。若不拼力死守，不但长敌威风，且我等文臣武将，死后又有何面目去九泉之下，与故总理相见？"

蒋介石乘势道："孟公意见，很值得研究研究。"这简单一句，无异是正式表态，要死守南京。又问谁可以守南京，半日，无一人答话。蒋介石激道："如无人守南京，我当率军亲守。"唐生智道："何用委员长自己守南京？"又道："派一个军长或总司令，比如谷正伦，或是前方退回的某个将领，带几个军即可。”蒋介石摆手道：“那不行，他们资历太浅。”见众人仍不发表意见，只得补言道：“再商量吧！”又宣布散会。

会毕，众人鱼贯离去。蒋介石独留下唐生智，邀其再登紫金山，视察教导总队阵地。指漫山遍野工事，道：“南京衣山带水，战略上虽不宜久守，战术上却因有乌龙山、幕府山、红山、紫金山、牛首山屏护正面，成环形配置，若储足粮弹、指挥得力，应能守一阵子。”唐生智肯首。

蒋介石又道：“文武大员中，只你我二人主守南京，是故守南京之任，非你即我。要就是你留守，要就是我留守。”蒋介石这番话，无异于逼唐生智表态。唐生智闻蒋介石这话，怔一怔，道：“你是委员长，要指挥全局，如何能守南京一城？”又道：“委员长既如此说，还是我留下吧！”蒋介石乘势补问一句，道：“有把握否？”唐生智慨然道：“别的不敢说，我能做到的只八个字。”蒋介石问哪八个字，唐生智对道：“临危不乱，临难不苟。”蒋介石大喜，道：“身为主帅，有此八字指导南京守城，足矣！”

次日，第三次开会。蒋介石宣布调重兵死守南京，成立南京卫戍司令部，任唐生智为南京卫戍司令长官，全盘负责南京守城。又任罗卓英、刘兴二人为副司令长官，周斓为参谋长，佘念慈为副参谋长，协助唐生智。守城部队计为九支军、十三个整师、三个整旅、七个整团，计十五万人。众将知此是最后决策，不再出言反对，只刘斐暗叹道：“以十五万军背水为阵，孤注一掷，实在不值。”当时会散。

唐生智受命守南京后，按前后两线部署大军，第一线是复廓阵地，共配置五支军，计为徐源泉第二军团、邓龙光第八十三军、叶肇第六十六军、俞济时第七十四军、孙元良第七十二军，其中徐源泉率所部第二军团两个师守卫龙潭镇，左倚长江，据住栖霞山，遮断京沪铁路，为全军左翼；邓龙光率所部第八十三军二个师守伏牛山，策应龙潭守军；叶肇第六十六军两个师守银凤山，据住汤水，控制京杭国道；俞济时第七十四军两个师守牛首山，据住淳化镇；孙元良第七十二军一个师守金头山，据住板桥。五支军九个师计八万人，左右呼应，战线长一百五十里。

第二线是城垣防线，共配置四支军，按左、中、右部署。左翼以宋希濂为将，率所部第七十八军辖下第三十六师守卫红山、幕府山，掩护北垣挹江门、中央门、和平门；中路以桂永清为将，率所部教导总队三个旅守卫紫金山主峰第一峰、次主峰第二峰、东南高地老虎洞，控制仙鹤门、麟门，掩护东垣太平门、中山门；左翼以王敬久为将，率所部第七十一军辖下第八十七师守卫红毛山，掩护东南垣光华门、通济门；城西另以代理宪兵司令萧山令为将，统宪兵部队守卫清凉山，掩护水西门与下关码头。又令孙元良所部主力第八十八师完成金头山防御任务后，尽快退守雨花台，掩护南垣中华门。城垣防线五支军合约六个师六万人。

又令刘兴率江防军在乌龙山长江沿岸布阵，配合江宁、镇江要塞部队，阻敌沿江西进。又令邓龙光、叶肇、俞济时、孙元良四将各从所部抽调精干部队，脱离本队，进至原定外围防线，分占句容、湖熟、江宁各镇，与日军前锋周旋，阻滞日军进兵，掩护主力部队沿各线展开。

日军官在南京

松井石根得报唐生智放弃南京外围，告诸将道："我原以为在外围阵地将有恶战，故分兵九路，取大包围态势进攻。今唐生智主动弃守外围防线，未战先已示弱，正利我军快速越过外围，直冲南京。"便令中央两支军，不待两翼部队包抄合拢，全速沿京杭国道主轴线强攻。

诸将得令，依计而行。第九师师长吉住良辅性躁，又抢功心切，告第三师师长藤田进道："我九路军中，只我右四路拥两个师，实力最强。由金坛西去，过了磨盘山，便是句容。得了句容，便打开了南京西南门户。再乘势西进，可抢在其余八路之先，首先攻进南京城，夺取头功。"藤田进也是好功之辈，自然尽依其计。二人当时又议一阵细节，便各率所部带齐粮弹枪炮，骑兵在前，步兵居中，辎重在后，由金坛启程，穿越茅山小道，兼程一日一夜，早到句容城外。便列队大摇大摆进城。待到城边，迎面一阵枪弹射来，密如骤雨。又有迫击炮弹、手榴弹在阵前阵后开花爆炸。前锋骤遭打击，人仰马翻，仓皇回撤。吉住良辅与藤田进先败一阵，后悔不迭。只得收拢败兵，调整部署。先调来大队飞机飞临句容，狂轰滥炸。又调来炮队一齐发炮。眼见城中火起，砖瓦断木在浓烟烈火中腾空而起，方令坦克、战车导行，步骑冲阵。

战至十二月四日，中日两军仍在句容对峙，相持不下。吉住良辅与藤田进二人正恐句容久攻不下有失颜面时，正东尘头大起，一支军由丹阳开到，亦打太阳旗，戴钢盔，穿黄军装。急打旗语问讯，回报是中岛今朝吾所率第十六师前锋，占了丹阳后，乘势西进。闻句容方向炮声隆隆，赶来助战。此时句容城内中国守军恶战数日，折损大半，见日军援军赶到，合围句容，再战无益。便冒烟突围，弃城西撤。句容在当日陷落。

句容易手后，吉住良辅与藤田进依照约定，分兵继续西进。藤田进率第三师居左，绕银凤山以南，投山僻小路，乘夜黑偷袭，进犯淳化，撞上俞济时所部第七十四军辖下第五十一师。守将王耀武见日军大队逼近，急令官兵占领山林中预设阵地，全力阻击，杀退日军。藤田进偷袭不成，改为强攻。仍派飞机轰炸，重炮齐射，步骑冲阵。王耀武只派少量部队虚守淳化镇，却将主力调住镇外，依托银凤山各高地布阵，又有山林掩护，不惧日军轰炸。双方万余人，隔阵对峙，来往冲杀。阵前烟火弥漫，炮声隆隆，喊杀声日夜不绝。

藤田进连攻数阵，皆不能得手。便调整部署，派一支军攻牛首山，从西侧迂回淳化。王耀武从高处望见日军向西运动，却调不出部队对抗。便向军长俞济时报告，请派兵增援。俞济时得报，急调所部第五十八师控制牛首山，挡住日军迂回部队，掩护王耀武第五十一师侧翼。战局重新稳定。

藤田进迂回不成，又改用强攻。适有后队赶到淳化，带来重炮部队，皆是一五〇毫米榴弹炮、加农炮。藤田进便令集中炮兵，团、营炮轰第一线；山炮轰第二线；重炮轰第三线。发炮前，先派步骑兵在守军阵前来回奔走，虚攻呐喊。待守军隐忍不住，火力暴露时，一齐发炮，再以飞机补炸。如此反复，连续数日。到十二月九日，阵中落弹无数，山头被炮火削平数尺，林木多被烧焦，守军阵地尽被炸毁，守阵官兵折损过半。

此时日军右路吉住良辅第三师经连续苦战已攻占汤山，得了麒麟门，进至紫金山南麓，其余各路日军与守军恶战后，亦相继占领溧阳、深水、龙潭、江宁、板桥、秣陵关、岔路口、麒麟门、仙鹤门、尧化门、高桥门、七桥瓮各城，并占领了镇江要塞。各路守军皆向南京城垣收缩。

王耀武独军难支，恐被包围，便依俞济时将令，退出淳化。与五十八师交替掩护，撤回南京，转守西城垣水西门方向。日军中央各路部队跟踪而进，分从东、南、西三面逼向南京城垣。左翼包抄部队夺占芜湖、和县。右翼包抄部队也由镇江渡江，进至扬州附近，切断南京对外通路。南京复廓阵地外缘栖霞山、伏牛山、银凤山、牛首山、金头山并龙潭、汤山、尧化门、仙鹤门、岔路口、麒麟门、孝陵卫、秣陵、江宁、板桥诸要镇尽失。

唐生智得报大惊，急令收缩防线，调整部署。令桂永清率教导总队继续固守紫金山，掩护中山门；王敬久率第七十一军辖下第八十七师守光华门；孙元良率第七十二军辖下第八十八师控制雨花台，固守中华门；俞济时率第七十四军余部据清凉山，守卫水西门；宋希濂第七十八军辖下第三十六师仍固守红山、幕府山，防守挹江门、和平门；徐源泉第二军团集中守卫乌龙山、燕子矶；令其余由第一线回撤部队，在城内集结，补充粮弹，调整编制，以为总预备队。又规定各部队应尽力固守，抱定与阵地共存亡决心，若擅自后撤，按连坐法从严办理。

犹恐不足取信，传令各部队所拥渡船，尽交运输司令部集中管理；又令宋希濂指挥警宪并第三十六师部队控制下关码头并沿江阵地，严禁任何部队或散兵擅自渡江，违者拘捕严办。又授权浦口守将胡宗南，在北岸布防，有胆敢违令自南京北渡长江者，一律格杀勿论。

日将松井石根统九路日军完成了对南京的合围后，令前锋各军，叩南京九门攻城，其中以光华门为重点。恶战数日，轰开城门，大队步兵如潮而至。正危急时，左翼一支军杀到，却是城外紫金山守军见光华门危急，主动驰援，从山头阵地俯冲。城内城外夹击，再退日军。如是者三，日军始知欲夺光华门，须先占紫金山。于是调重兵转攻紫金山。

紫金山山势雄峻，筑有预设阵地，深沟高垒，易守难攻，有桂永清率教导总队官兵死守，日军亦久攻不下，又转攻雨花台。飞机、大炮一齐开火，炸弹、炮弹铺天盖地而来，只几个小时，雨花台面目全非，合抱古树被重磅炸弹连根掀起，山头光秃秃一片，像被犁过，阵地多被炸毁。一团守军挤在狭窄阵地上，三成炸死，三成受伤，能战者只余数百。眼见日军大队人马约有数千，排成大方阵，正面宽数里，前后望不见头尾，铺天盖地而来。自量难以抵挡，急令后备团开上雨花台，依托山崖布阵，抵近攻击。机枪、步枪横扫，手榴弹猛炸，将敌打退。如是者一日数阵，阵前山沟里、小径旁，到处是两军尸体、钢盔、枪械、车仗。

日将谷寿夫见前锋在雨花台受阻，统第六师再攻雨花台。此时守军经多日恶战，皆已疲惫。雨花台遂失。谷寿夫得雨花台后，乘势猛攻中华门。守军第八十八师两个主力旅已在雨花台受重创，余部早退往下关，城门空虚。守城官兵前赴后继，奋勇堵击，仍挡不住谷寿夫所部虎狼之师。中华门遂被日军攻破。

中华门一失，全城震动。各路日军乘势大进。中山门、水西门、光华门亦接踵陷落。大队日军分从各门涌入，逐巷扩展战果，与守军巷战，逐街逐巷争夺。城内枪炮声大作，乱成一团。唐生智无计，只得出示蒋介石撤退令。又发下卫戍司令部拟订的书面撤退命令，约略规定野战部队，计为第七十四、第七十一、第七十二、第六十六军及教导总队、江防军、第八十三军七支军冲破日军正面阵地，出城往南，经高桥门、淳化、溧水、郎溪、十字铺、宁国、清溪、歙县，向皖浙赣地区突围，靠拢第七战区部队；司令长官部人员、炮兵、战车兵、工兵、运输兵、通信兵、宪警部队并义勇军、补充兵及非战斗人员，分六批渡江，到浦口靠拢胡宗南第一军，渡江指挥官分由余念

中国军队在长江岸顽强作战

慈、邵百昌、萧山令、宋希濂、何志浩五人担任。

传令完毕，各将散去。入夜时分，夜空漆黑，无星无月，唐生智令卫士收拢必要文件带走，余皆销毁。又交侍卫五百元现款，二十瓶汽油，令烧毁司令部。安排已毕，方驱车撤离司令部。见南京城烟火四起，巷战枪炮声、喝骂声、人喊马叫声，相互交织，声震数十里。大街小巷，人马车仗拥在一处，道路为之阻塞。费尽辛苦，挤至江边煤炭港海军码头，已有一船相候。船上挤满司令部人员，约有三四百。

唐生智登船后，罗卓英、刘兴接踵而至。清点人员，尚差副参谋长佘念慈。唐生智令再等一阵。又等一小时，仍不见回，只得开船。此时城中愈乱，江岸上塞满待渡官兵，其取小船、木筏、门板、床板、电线杆等飘浮物，冒险渡江。待到中流，多有落水者，被激流卷走，呼救声不绝于耳。唐生智见状，心中难过，问诸将道："撤离计划并无不妥之处，何以这样混乱？"周斓叹一口气，约略说了个大概。

原来，突围令下达时，日军前锋已分从中华门、中山门、水西门、光华门冲入城内，虽然不多，却足以扰乱军心。城外各军恐被孤立，纷纷退回城内，冲散城内守军，也弃阵而退。秩序大乱，一时官不知兵，兵不知官，相互失联。撤退命令无法传达至各部队。本该向南突围的野战部队，除第六十六、第八十三军，因在城内整补集中一处，接到撤退命令便依规定冲过日军阵地向南退走外，其余各军却未接到命令，皆以为江边定有渡船接应，纷纷拥向下关码头。

宋希濂率所部第三十六师维持秩序，封锁挹江门，甚至开枪。前面被阻住，后面又拥至。踩死撞死者不计其数。末后皆缒城而下，军民数十万，拥至下关江边，万头攒动，急待渡江。江中却只几只小火轮，另有民船二三百艘，皆是小船，往返一次要一个小时。抢船落水，甚至相互开枪打死者不计其数。有会水、半会水士兵，自行砍电杆、拆房梁、卸门板，寻找一切漂浮物，竞相争渡，局面极度混乱。

唐生智听罢周斓叙述突围渡江诸般情况，不觉呆了半晌，方道："我带兵数十年，大小百余战，从未有今日之败。我对不起国人，对不起我自己。"自责一阵，又告诸将道："战争不是在今日结束，而是在明日继续；不是在南京卫戍战中结止，而是在南京以外的地区无限期延展，请大家记住今日耻辱，为今日牺牲的军民复仇。"这番话仍语调低沉，感人至深。

夜半十时，船到浦口。唐生智率众下船登岸，欲沿铁路北行。行至花旗营，突遭伏击，却是国崎支队前锋由当涂渡江后，沿长江北岸东下，切断了津浦线。只得离开铁路，间道向东朝扬州进发，向顾祝同江北部队靠拢。众人又累又饿又冻，勉强依次而行。唐生智已年过半百，一向养尊处优，兼之体胖，病后又未复原，如何走得动？副官费尽心机，找来一辆板车，上面牛粪尚在。唐生智初见板车，尚不肯坐。由侍卫搀扶，又勉强走了几里，实在走不动，只得勉强坐上板车。

隔江望南京，火光冲天，尤其紫金山一带明亮如昼。日本机群在南京、浦口、乌龙山上空盘旋，枪炮声、炸弹声隔江传来，仍十分清晰。感慨不已，又复前言叹道："我带兵数十年，大小百余战，只以今日失败，最是狼狈。"众人闻言，无以为对，皆一言不发,只闷声簇拥板车向扬州进发。

日将谷寿夫率所部第六师攻破中华门,率先冲进南京城后,见城中秩序大乱,大喜,告左右道:“自开战以来,我军虽屡败支那军,皆是击溃战。支那军每利用地形地物,安然逃散,择地收拢,继续抵抗。平汉线作战如此,淞沪会战亦如此。今我军攻占南京,将支那军逼至江湾,插翅难逃,正利我发扬军威,为在淞沪战场和南京城廓战死的数万将士复仇。”便令所部猛插猛打,速向江边下关码头方向推进,截住中国官兵,格杀勿论。战后论功行赏。

又统所部冲进中华门,见街市混乱,兵民混杂,万头攒动,塞满街市。便令官兵临街架起轻重机枪,疯狂扫射。扫光一条街,再进至下条街,架枪再扫。紧随谷寿夫之后,未松茂治、牛岛贞雄、中岛今朝吾三将分率所部第一一四、第十八、第十六师三部人马,并第三、第九师前锋,五支军合十万人,亦从各门拥入南京。

各支军收网般从南京九门合击,坦克、战车开路,轻重机枪狂扫。1937 年 12 月 13 日一天,城内中国军民被射杀者,以万计数。大街小巷,横七竖八,尽是尸体。马路皆被鲜血染红浸透。又有国崎登率所部当日由安徽和县进至浦口,见中国军队或乘船乘筏,或抱木头、门板,争渡长江,便派船巡游江中,船头架轻重机枪,来回冲撞扫射。日本海军亦派舰至下关江面,如法炮制。中国军死于江中者,亦不下数千。

南京城破之日,日军俘中国军民合数十万。下属询如何处理。谷寿夫与未松茂治、牛岛贞雄、中岛今朝吾三将约定,密令就地处理,不留战俘。便将所俘中国军民按年龄、性别分类,凡疑为军人换成便服者,或是青壮年男子,搜捕出列,集中一处,以绳索、布条、铅丝捆绑,押至隐密地点,如江湾、峡谷,集体以机枪射杀,或刀劈枪刺处决,然后浇上柴油、煤油,焚尸灭迹。从城破之日起,共发生如是集体屠杀案二十八起。多则数万,少则数百。共集体屠杀中国军民十九万。

城破第一周,便发生集体屠杀案十三起,屠杀军民十六万。十三日当日三起:计为紫金山活埋军民三千,雨花台射杀军民二万,燕子矶射杀军民五万;十四日一起:在汉西门射杀被俘军警七千;十五日二起:在汉中门外以重机枪射杀二千,在鱼雷营射杀九千;十六日三起:在下关煤炭港射杀万余,在下关中山码头射杀五千,在鼓楼四条巷射杀二百;十七日二起:在上元门射杀三千,在三叉河射杀五百。

自城破后头六周,日军劫杀、奸杀、集体屠杀中国军民,计约三十五万人。其罪恶令人闻之胆寒,罄竹难书。

第三十五章

失黄河天险韩复榘开封被擒
任战区长官李宗仁徐州坐镇

南京易手后，日军大本营急令华北方面军司令官寺内寿一从华北方面军调一支军强渡黄河，攻占济南，策应华中方面军打通津浦路，贯通华北、华东两战场。是年暖冬，黄河结冰期晚，河边虽封冻，主航道水深流急处，仍可通航。寺内遣矶谷廉介率所部日军第十师为前锋，板垣征四郎率所部第五师为后队，两支军合五万人，抢在黄河封冻前，乘虚偷渡，在黄河南岸先建立立足点。

1937年12月23日夜，日军第十师前锋部队千人，分乘汽艇民船，夜半由青城、济阳间抢渡至南岸。河防守将谷良民奉韩复榘命，率所部第二十二师驻守黄河南岸，阻日军渡河南侵。谷良民得报日军乘夜渡河，一面调军阻击，一面急报第三集团军总司令兼第五战区副总司令韩复榘，请派兵增援。韩复榘接到谷良民报告，却在电话中令谷良民率部撤退，告道："日军炮火凶猛，矶谷第十师与板垣第五师又是日军精锐。我军无大炮，绝对挡不住日军渡河。"

原来，德州失守后，韩复榘曾在十一月间亲统亲兵手枪旅并步兵一个师，分左、右两路过黄河反攻。进至济阳，遭遇日军，手枪旅只有轻武器，不能阻挡日军炮火，损失惨重。韩复榘身陷重围，得卫士死保，骑摩托车冲出重围，幸免被俘。适逢蒋介石令调走配属第三集团军的中央炮兵一个旅，韩复榘大怒，告左右道："老蒋骗我死守黄河，与日本人拼命，派一个重炮旅支援。待到急用时，又调往他处。叫我如何用步枪守黄河？"日军渡河进攻时，韩复榘果然令属下不战而退。矶谷廉介遂轻渡黄河天险。又在冰河上架起急造便桥，后队源源而进，兵锋指向济南。

济南在黄河南岸，正当津浦路与胶济路交会处，北通德州，南通泰安，东经胶济铁路可通青岛。城北有小清河，与黄河平行，自西而东注入渤海莱州湾。济南若失，日军便可沿铁路长驱直入，东取青岛，南取徐州，不但能控制山东全省，且能迅速打通津浦路，连接华北、华东两战场。

蒋介石闻报日军已渡过黄河，进兵济南，严令韩复榘统军依托小清河，死守济南。韩复榘得令，却告左右道："第三集团军只有五师一旅加几个民团，总计不过八万人枪，多是轻武器，尤其没有重炮。蒋介石有百万军，一应装备俱全，不死守南京，却要我死守济南，岂非不公？"遂不理蒋介石命令，统军撤出济南。矶谷廉介又在十二月二十六日进占济南。后队源源而进。便与板垣相议分左右两路进兵，板垣率所部第五师投胶济铁路东取青岛。矶谷率所部第十师继续沿津浦线进攻，南取泰安。

蒋介石在武汉得报韩复榘又不战而失济南，勃然大怒，骂道："抗战以来，举国同仇，全力与暴日血战，单是淞沪与南京两地已折兵数十万，牺牲将官二十余员。韩复榘贼性不改，仍存保存实力之念，拥兵自重，不战而退，连失黄河天险与济南，致津浦路与胶济路门户大开，须军法从事。"欲令解除韩复榘职务。

时李宗仁新任第五战区司令长官，坐镇徐州，辖区以山东全省、江苏与安徽两省江北地带为主，熟悉情况。止道："韩复榘第三集团军下辖三个军八万人，不但实力雄厚，且将官多为韩复榘亲信，惟韩复榘之命是从。逼急了，恐其反叛，投靠日本人，不如缓图之。"

日军进攻徐州

蒋介石依计，抑制住心头怒火，好言劝令韩复榘改守泰安，不得再退。李宗仁也劝韩复榘务以大局为重，守住泰安。万不得已，也要循津浦路节节设防，阻敌南犯徐州，或退守津浦路以东沂蒙山区，威胁日军侧翼。韩复榘告众将道："蒋介石要我守泰安，是想我成为日本人的肉包子。"遂不理蒋、李二人将令，且复电李宗仁道："南京不守，何守泰安？"当时又统军退出泰安及其以南各城，让开津浦路正面，向西撤往鲁西豫东。后方机关、民团更撤往豫西南阳、漯河一带。又密与宋哲元、刘湘商议，请刘湘统川军据住川东各路口，阻止蒋介石中央军入川，合力倒蒋。

因韩复榘统所部第三集团军不战而退，矶谷廉介再率所部第十师乘势大进。12月31日得泰安，1938年1月2日得大汶口，1月5日得济宁。左路板垣第五师沿胶济线东进，得海军配合，也在1月2日得了青岛。此时日本政府已发表第一次近卫声明，宣布不以国民政府为对手，替代宣战书。

侵华日军皆重新编组，先撤销华中方面军、上海派遣军、第十军建制，另成立华中派遣军，任畑俊六为司令官、河边正三为参谋长，司令部设南京，下辖第二、第十一军，分以东六迩宫稔亲王与冈村宁次二人为将，另辖直属部队若干，合拥十四个师、一个支队、一个航空兵团，步骑工炮等约六十万众，是为第一支军；

华北方面军，仍以寺内寿一为司令官，下辖第一军、驻蒙军，分以梅津美治郎、莲治蕃为将，连同直属部队，合拥七个整师，四个混成旅，二个骑兵旅。日军混成旅皆是新编部队，取消团一级建制，各辖五个独立步兵营。每营拥810人，辅以炮兵、工兵、通讯兵。一混成旅拥兵4967人。后扩大编制，一营增至1549人，一混成旅拥兵8439

人。总计华北方面军拥步骑工炮计四十万人，是为第二支军；

关东军任植田谦吉为司令官，下辖第三、第四军，分以安多田骏、中岛今朝吾为将，连同直属部队，合拥八个师并三个混成旅，步骑工炮共三十万人，是为第三支军；

舰队方面，任长谷川清为司令长官，下辖第二、第三、第十舰队，分以吉田善吾、长谷川清、丰田富武为司令官。三支舰队以下，又辖十七支战队，每战队各辖分队若干，分队下辖战舰若干。另附海军航空队八支。是为第四支军。

总计四支侵华日军，合拥陆、海军150万，战舰200艘，飞机1000架。日本大本营又令利用新得南京、济南、青岛之机，以畑俊六为将，分三支军会攻津浦路，第一支军是矶谷廉介第五师，继续沿津浦路南下；第二支军是板垣第五师，由青岛沿鲁南大道西进，经临沂进迫台儿庄、枣庄，接应矶谷第十师南下；第三支军是华中派遣军辖下第十三师与第九师两部，分以荻州立兵、吉住良辅为将，由南京北渡长江，投津浦线北上，依次进攻滁县、张八岭、明光、临淮关、蚌埠，策应矶谷、板垣两支军。又约定三支军克日会齐徐州，打通津浦路。

蒋介石得报韩复榘统所部第三集团军退往豫东，完全让开津浦路正面。日军矶谷第十师又占了泰安、大汶口、济宁各城；板垣第五师占了青岛。日本华中派遣军司令官又统军分三路合攻徐州，欲打通津浦线。正盘算如何破敌，忽得急电，却是第一集团军总司令宋哲元以绝密电码十万火急发来，告说韩复榘约刘湘封锁川东进路，欲起兵倒蒋。又有第五战区司令长官李宗仁状告韩复榘违抗军令。思道："自南京失守后，日军施暴，军心、民心浮动，韩复榘又拥兵自重，不战轻失黄河天险，若要挫败日军打通津浦路的战略企图，必须采取重大措施。"

计较已毕，传令李宗仁召集第五战区高级将领到徐州开会，商议破敌。江苏省主席韩德勤、安徽省主席李品仙并诸将皆已到会。韩复榘不疑有他，带卫队一营，并心腹将孙桐萱等人，乘自备钢甲列车抵达徐州。会未半，忽得蒋介石从武汉发来军机密电，告说定于一月十一日在河南省城开封召开第一战区与第五战区高级将领联席会议，两战区师以上将领，凡能离开阵地者，务须一律到会。徐州会议遂中途告止。诸将皆赴开封开会。

韩复榘初时犹豫，思及自己屡抗军令，不战而失黄河天险，又接连失陷济南、泰安、大汶口、济宁各城，让开津浦路正面，且以南京失陷为借由，顶撞过蒋介石，恐蒋介石是以计诱捕，在开封摆鸿门宴。转而思及会议规模大，李宗仁并师以上将领一并与会，又有心腹将孙桐萱等人并一营卫队护卫，应无大碍。反复思虑，又作过应变准备，便乘钢甲列车，由徐州转陇海路，抵达开封。

一月十一日下午七时，蒋介石抵达开封，令乘夜开会，以避日机轰炸。会场设在河南省府会议厅。韩复榘将一营卫队留在钢甲车上，只带四名卫士，与孙桐萱乘车欣然赴会。车至省府大门，见电灯旁贴一通知，上书"凡与会将领均在此下车"。韩复榘与诸将皆下车入内。至第二道门，左旁屋门上贴一告示，上书"随员接待室"五个大字。四名随身卫士便被留在接待室中。韩复榘仍不疑有他，与诸将说说笑笑，继续前行，至第三道门，是副官处大厅。又见一张通知，上书"奉委座谕，今晚高级军事会议，为慎重起见，所有到会将领不可携带武器进会议厅，须将随身武器暂交副官长保管"。

韩复榘见如此戒备森严，要求层层加码，心中起疑。欲待退身，已入重地，身边再无一卫士相伴，正如虎去其爪，龙剥其鳞。又见诸将皆从容拔出腰中佩枪，交给副官处，会务人员亦认真出具存枪收据，勉强打消疑虑，将自己所带两支手枪交给副官处，领回收据。仔细瞧一遍，认真叠好，放入衣袋，随诸将步入会议厅，择席而坐。旁边一将，却是原第一战区第二集团军总司令刘峙，如今任第一战区陆军督练主任。思及刘峙指挥平汉线作战，一溃千里，有逃跑将军之称，被撤去集团军总司令职务，正可攀比，又将悬起的心放进胸腔。

会议伊始，由蒋介石作长篇讲话。蒋介石一身戎装，披一件黑斗篷，不带军帽，光头在白炽灯光下铮铮发亮。蒋介石先总结半年抗战成败得失，分析战略，既分析战术又分析国军战术优点与缺点。

末后分析战场受挫根本原因，归结为高级将领平时不精研战略战术，随时改进，指挥失当。且有将领在关键时刻观望不前，保存实力。尤举出韩复榘不战而失黄河天险并津浦路诸城为例，指斥保存实力心理，疾呼道："当此国家民族生死存亡关头，若再不铲除此种落后观念，必被暴日毁灭炎黄祖宗墓庐，灭绝子孙生命，死无葬身之所，比牛马尚不如。"

言及于此，指韩复榘道："我问韩主席，你一枪不发，从山东黄河北岸，一退再退，接连放弃济南、泰安、大汶口、济宁各城，其中责任，你应不应该负责？"

韩复榘至此，已觉不妙，硬着头皮顶撞道："山东丢失，自由我负责，可南京丢失，是谁的责任呢？"未待韩复榘话完，蒋介石厉声道："现在我只问山东，不问南京。南京丢失，自有人负责。"

韩复榘从座中站起，还要出言顶撞，一旁刘峙劝道："向方兄，委座骂过的高级将领，从唐生智到张治中，也包括我，已不计其数。现时他正在火头上，何必顶真，且到我办公室消消气。"说话时拉着韩复榘从会议室边门出来，走到院内，指一辆小汽车道："这是我的座车，你先去我办公室吧！"说时把韩复榘推进车内，关好车门，又说声"我还要开会"，便扬长而去。

此时车内前座有两人爬向后座，一左一右，将韩复榘夹在中间，并向其出示逮捕令，道："你已被捕了。"韩复榘先以为二人是刘峙副官。待真相大白，方知中了圈套，大上其当。

原来，蒋介石自韩复榘丢失河防起，已有杀韩复榘、告诫诸将之心。此后济南、泰安、大汶口、济宁接踵失陷，又得宋哲元密报，杀韩复榘之心愈坚。只恐事机不密，怕其察觉，便不动声色，只密告几名心腹，妥作安排。先令李宗仁召韩复榘到徐州开会。待韩复榘到了徐州，再将会址移到开封，且扩大会议规模，使韩复榘无计推托，也打消疑虑。再在会议厅外设三道卡，隔离其卫士，缴下枪械。进会场后，刘峙坐其身边。

台儿庄激战中的中国军队

蒋介石讲话时，故意绕弯子，先讲战略战术，再讲奖惩条例，末后指责高级将领作战不力，以韩复榘丢山东为例，皆是事先精心安排，使韩复榘觉得一切出诸自然，甚至点名批评亦是出诸自然，不疑有他。然后再使刘峙以劝架名义，将韩复榘哄进座车。车内却早已安置好数名高级特工，皆是彪形大汉，擒拿格斗高手，可以一敌十，使韩复榘无反抗之力。

韩复榘被捕后，那小汽车如飞驶出省府，奔向火车站，直进月台。沿途三步一岗，五步一哨，皆是警宪特人员，如临大敌。汽车一到月台，两名高级特工一左一右各架韩复榘一条胳膊，并肩挤进一列升火待发的专车。车厢前后左右亦布满警宪特人员，皆荷枪实弹。

韩复榘知虎落牢笼，再反抗亦是徒然，乖乖听命。耳听汽笛一声长鸣，专车轰轰隆隆驶出开封站，一路风驰电掣，中途不停，直达汉口车站。汉口车站亦布满警宪特人员。专车刚停靠站台，尚未停稳，韩复榘又被押上候在站台上的汽车，另由几辆警车押送，前呼后拥，驶向江边码头，由专轮渡江到武昌，交军法执行总监部监押。

一月十九日，开庭军法审判，何应钦任审判长。开列韩复榘六大罪状：一曰不遵命令；二曰擅自撤退；三曰强索民捐；四曰侵吞公款；五曰搜缴民枪；六曰强卖鸦片。请韩复榘回复。

韩复榘闻问，昂首微笑，不置一言，既不辩解，亦不求赦。俟至一月二十四日，宪兵又来韩复榘居所提审。下楼至半，韩复榘见楼下院内，岗哨林立，料死期已到，告宪兵道："我脚上鞋小，有些挤脚，待我换双鞋再来。"边说话边回头，迈步上楼。刚迈第一步，耳边呼然一声枪响，韩复榘急回头，正要开口询问，楼边特务乱枪齐发，韩复榘身中七弹，歪在楼梯血泊中。

第三十六章

守明光刘士毅临水布阵
战临沂庞炳勋设阵拒敌

徐州在江苏西北部，当黄河、淮河并微山湖、洪泽湖之间，向为兵家必争之地。得了徐州，北可威胁济南，南可威胁南京，东可威胁连云港，西可直冲郑州。是故日军得南京后，便把作战重点转向津浦路，以夺占徐州为中心目标。

李宗仁奉命统第五战区各部队守卫津浦路后，便把战区指挥部迁往徐州，以便利用徐州交通、通信网络，迅速调动指挥部队。第五战区辖下部队，初时拥九支军，计为第三、第二十四、第二十二、第十一、第二十一、第二十七集团军及第三、第二十七军团、第五十一军，分以孙桐萱、韩德勤、邓锡侯、李品仙、廖磊、庞炳勋、张自忠、于学忠九人为将，九支军合拥步骑工炮十三个军，下辖二十九个整师并一个整旅，合约三十万人。

李宗仁由开封返徐州后，便召诸将商议战守。刘斐出计道："敌分东、南、北三路而来，从外线合围徐州，每支军计约一个师。我军在内线防御，部队在数量上占优势，有以逸待劳、以众敌寡之利。致胜关键是取攻势防御，不使日军三支军合兵一处。可在徐州东、南、北远郊布置阵地，主动迎击各路敌军，力争各个击破。"

李宗仁依计，令将大军分为五支。令李品仙以战区副司令长官资格，统所部第十一集团军、廖磊第二十一集团军、于学忠第五十一军，三部合四个军十一个师，十万人马，在徐州以南，沿津浦线节节设防，依次防守滁县、张八岭、明光、临淮关、蚌埠各城，以明光为重点，以淮河为最后抵抗线，不允日军南路第十三师与第九师过淮河。是为第一支军；韩德勤统所部第二十四集团军，计辖二个军、四个师共四万人，沿大

战斗中的八路军机枪阵地

运河节节设防，据守扬州、天长、淮阴各城，阻敌沿大运河北进，掩护第一支军左侧翼，是为第二支军；庞炳勋统所部第三军团五个团，计一万人，据守临沂，挡敌东路板垣第五师，务必不使其渡沂河西进，是为第三支军；邓锡侯统所部第二十二集团军合二个军四个师，合四万人，进驻徐州以北津浦线，防守邹县、滕县，挡住日军北路矶谷第十师，是为第四支军。其余各部队为总预备队，在归德、砀山、亳县一带待机。一旦时机成熟，即全线出击。各将领兵遂向战区秘密进发。

日将荻州立兵与吉住良辅奉命率军沿津浦路北上，接应北线矶谷第十师会攻徐州，便将所部二个师分为左、右两路。右路是偏师，计约一旅万人，攻占扬州后，循大运河向邵伯、天长一线攻击前进；左路是主力，计约三旅步兵，辅以炮兵、骑兵、工兵，共四万人，循津浦路北进。

一月末，日军左、右两路同时发动。左路主力循铁路依次进攻滁县、来安、张八岭各城。李品仙急令刘士毅率所部第三十一军据险设防，节节抗击。刘士毅因久经战阵，通晓兵略，见日军数万循铁路进攻，来势迅猛，筹思一番，令派偏师一支投敌来路，据险防守滁县、来安、张八岭各城。依情况或守一日，或守数日，迟滞日军进攻速度。却将主力在明光重点设防。

一月二十三日，日军连得滁县、来安、张八岭各城后，锐气正盛。攻至明光城下，便架炮攻城。步骑万人，向两翼散开。刘士毅料敌在先，已在明光左、右倚湖、倚河布阵成功。见敌攻到，率将士应战。日军所恃者是炮火凶猛，每日天色未明，便架炮隔河狂轰对岸守军阵地。眼见对岸硝烟滚滚，沙石乱飞，方以步兵分乘橡皮舟、民船强行渡河、渡湖。

日军炮击时，刘士毅令部众隐于阵内，躲避炮火。待日军步兵半渡之际，一齐爬上河沿射击壕内，远以机枪、步枪扫射，近用手榴弹投炸。若有敌兵上岸，便遣精兵反冲击，杀入敌阵，白刃格斗，刺刀乱捅。如此一日数阵，恶战一周，打退日军无数次进攻。明光左右数十里战线，日夜炮声隆隆，烟火冲天。河中、湖中漂满日军尸体及残舟碎片。

战至一月三十日，因日军炮火凶猛，第三十一军也折兵三四成，官兵皆疲，阵地多被炸毁。李品仙令刘士毅率军西撤。明光遂失。日军得明光后，乘势北进。次日，又得淮河南岸临淮关与蚌埠二城，进至淮河南岸。日将荻州立兵与吉住良辅攻占明光与临淮关并蚌埠三城后，立马淮海边，见水势浩大，淮河铁桥又被守军撤退时炸毁，议道："淮河是徐州南面最后一道屏障，若过了淮河，徐州指日可下。料守军守明光一周，折损五六千人，已伤元气，必难在淮河上下处处设防。若如此，淮河不难渡过。"

当时令征集民船、橡皮舟百艘，秘密藏于芦苇丛中。是夜风起，乌云漫天，遮住星月。日军精兵千人，一齐登舟偷渡，由临淮关向北岸奔袭。待到岸边，岸上忽弹密如雨，射向日军偷袭部队。橡皮舟皆被打穿漏气，日军纷纷落水，淹死无数。民船上未落水者，亦死伤过半。残军或乘破船，或抱碎板泅渡，落荒退回南岸。原来，明光失守后，李品仙见临淮关与蚌埠二城背水，守之不易，令主动放弃。又料日军抵淮河南岸后，因不战而得南岸二城，必乘势偷渡。便调于学忠率所部第五十一军沿淮河北岸布防，阻敌偷袭。是夜布阵已毕，日军果来偷袭，被于学忠率军打了个措手不及，先折一阵。

日将荻州立兵与吉住良辅见偷袭未成，反折兵败阵，大怒，传令后军速进，将三个旅四万人一齐开到淮河南岸，沿河数十里摆开。先派飞机飞往北岸轰炸，又调集野战炮隔河狂轰。见对岸烟尘滚滚，方令数万人马一齐登舟强渡。渡未半，迎面又有枪弹炮弹射来，密如爆豆。船队不得过，只得中途折返。连攻数日，皆是如此。两军遂隔淮河形成对峙。

日将板垣占青岛后，奉命率军策应矶谷第十师会攻徐州，打通津浦路，便将所部第五师分作前锋后队两支军。前锋军是所部辖下第二十一旅，辅以师属骑兵团、炮兵团，合编为坂本支队，步骑工炮计约一万五千人，以第二十一旅旅长坂本顺少将为支队长，先沿胶济铁路西进一程，至潍县折转向南，沿潍县通台儿庄的公路，经高密、诸城、莒县，再沿沂河而下，进迫临沂，侧击津浦线，呼应矶谷第十师。自率后队跟进。

坂本顺得令，依计而行。率军一路急进，势如破竹。一月二十三日，坂本攻占高密；二月四日再占诸城；二月二十日进至莒县，威逼临沂。临沂在沂河中游西岸，西距枣庄一百八十里，西南距台儿庄也约一百八十里。三城，皆是鲁南重镇，呈三角状配置，中间隔抱犊崮，高有千余米，地势险峻。

李宗仁闻报日军板垣第五师前锋坂本支队万余人出青岛后，沿台潍公路西进。数周之间，连占高密、诸城，猛攻莒县，临沂告急。急召来第三军团军团长庞炳勋，令统军固守临沂，阻坂本支队西进。庞炳勋受命后，统兵兼程进发。时值二月，天寒地冻，冰雪漫野。将士疾进一日一夜，早到临沂。正要扎营，听得东、北两方面皆有炮声传来。派人打探，报说东面是莒县城关，距临沂九十里，有山东地方游击武装刘震东部仍在莒县与日军相持；北面是垛庄，有一支敌军沿蒙阴公路南侵，也遇地方游击武装阻击。庞炳勋沉思一回，告诸将道："日军炮火凶猛。照以往经验，任何阵地，守过三五日，或十来日，阵地必被日军火力摧毁，再难坚持。若要久守临沂，须多设前进阵地。在临沂以北、以东远地点阻止，尽量推迟日军迫近临沂的时间。"便令朱家麟率第一一五旅向莒县进发，李振清率补充团向垛庄进发。自率余部据守城北、城东汤头葛沟一线阵地，依托沂河并岸上七八个村庄布阵。

第一一五旅旅长朱家麟，自告奋勇救莒县，令将一旅兵分为左右两路。每路各拥步兵一团，附山炮两门，备足干粮弹药，黄昏用饭，天黑启程，踏冰雪疾进一夜，到二月二十六日拂晓进至莒县城外。见城外北、南、东三面皆有篝火，城内一片死寂。派人打探，告说日军已三面围城，凡有篝火处皆是日军野战阵地，只西门未被围死。城内守军是第五战区第一游击司令刘震东所部，苦战数日，大部战死。余部仍据四门死守待援。百姓早撤离一空。朱家麟得报，令右路乘天色未明由西门偷入城内设伏，自率左路在城外待机，策应城内部队。

天刚亮，日军再攻莒县。日将坂本以为城内守军恶战数日，弹尽援绝，莒县可一

日军在河南信阳城内对百姓扫射

鼓而下。重炮火力急袭过后，率军分三路强攻。步骑兵进至城边，迎面机枪步枪齐射，手榴弹齐扔乱炸，皆疾如暴风骤雨。又有山炮炮弹从城内飞来，在阵内开花。日军立时人仰马翻，折损无数。前锋纷纷遗弃器械弹药，从城边狼狈回撤。

恶战数日，莒县城墙四垣皆被日军炮火炸毁，一支日军从城东北角废墟中钻入城内，向西南街区推进。右路守将邵恩三，身上带伤数处，亲率精兵与日军肉搏，逐巷逐屋争夺。正相持不下，忽内城外烟尘滚滚，枪炮声震天动地，却是朱家麟得报城防被突破，日军前锋冲入城内，急率左路猛攻西门，接应城内部队，却被日军缠住。无计可施，令邵恩三率城内守军西撤。朱家麟亲率左路策应，内外夹攻，突破日军包围线，接出城内部队。

坂本得莒县后，又率军追来。朱家麟派一部断后，大队沿沭河两岸且战且走，退至沂河东岸。清点损失，折去五六百人枪。

补充团团长李振清当日救援垛庄，率军沿沂河北进。至一处村落，正要进村，迎面枪弹急射而来。派人打探，报说日军迂回部队，约有百人，携重机枪一挺、小炮一门，进驻村内，封住通垛庄大路。李振清令架炮进攻，迫击炮弹接连落入敌阵。大队步兵乘势冲锋。日军不敌，仓皇北窜。

李振清率部衔尾穷追，一夜进四十里，追至垛庄，报说垛庄已失。便令部队四下散开，围住垛庄，奋勇攻击。战至第三日午后，有日军通信飞机一架飞至阵前，投下通信袋一个，却落入李部阵中。内中告说次日派汽车六部接应庄内日军。李振清大喜。派军在来路设伏。

次日午前，果有日军车队自北而南，满载援兵，迤逦而来。进至垛庄以北，伏兵齐出，兜头截围。日军立时人仰马翻。六辆军车，三辆被毁，一辆陷入坑内，其余两辆见势不妙，载残军落荒而逃。李振清正欲率部追击，忽得传令兵送来庞炳勋将令，告说莒县已失，坂本支队主力已进至沂河东岸。令速率部回撤，收缩战线，加强正面主阵地防务。

李振清依令收拢部队，沿沂河南下，且战且退。陷入坑中的日军大卡车一辆，新出厂未久，完好无损，毁之可惜，又无公路通行，便募集一批百姓，计约百人，皆年轻力壮，轮换扛抬推拉，也随部队运回临沂。庞炳勋得报缴获日军汽车一辆，由百姓扛抬推拉运回，大奇，亲到现场看百姓扛抬汽车，令嘉奖官兵，厚赏运车百姓。

却说日将坂本率军四面围住莒县，猛攻数日，付出重大伤亡。待攻进莒县，守军已人去城空。怒火冲天，衔尾穷追朱家麟所部。半日进数十里，黄昏前进至沂河东岸。见前面人影绰绰，料已咬住后队，便令部众猛冲。进不多远，四面枪炮齐发，杀声震天，暮色中见无数中国军队从四面八方杀到。派人打探，方知已钻进了中国军队预设阵地。恐受损失，率军退到安全之地扎营暂歇。

次日，日军经一夜休整，战力恢复，后队源源而至。坂本打探过临沂地势、守军兵力部署，召来飞机，三架五架一群，十架八架一队，沿沂河两岸守军阵地乱轰乱炸。又集中重炮三十门，辅以团、营属炮队，自前至后，自左至右，一齐发炮，打得守军阵地烟尘滚滚，砖石乱飞。方令坦克二十辆排成一线，吐火冒烟，碾向守军堑壕。步骑兵一齐呐喊，随后跟进。

庞炳勋率军迎战。士兵所恃者，是手榴弹多，每人背后一箱，共三十枚。预先将盖打开，待敌攻至阵前，一齐从隐身处钻出，爬上阵地。遇敌散兵，便投单枚手榴弹；遇敌坦克、战车，便将手榴弹四五枚结集成束，一次投出。阵前手榴弹爆炸声噼噼啪啪，此伏彼起，盖过枪声、炮声、呐喊声。烟雾尘土四起，遮住视线，咫尺不见人影。机枪手乘机抱紧机枪向远敌集群齐射。

如此恶战，一日数阵，接连数日，两军反复进退，阵地得而复失，失而复得。阵前遗尸无数，已分不清敌友，只知黄军装尸体是日兵，灰军装尸体是守军。战至三月十一日，守军无战防炮，集束手榴弹难以抵挡日军坦克冲阵，沂河以东各村庄皆被日军占领，外围防线尽失。日军从东、南、北三面围住临沂城垣，架炮全力猛攻，城垣尽被轰垮。计算损失，第三军团已折十之六七，能战者所剩无几，不敷守城。庞炳勋急令担架兵、卫生兵、通讯兵、传令兵、勤务兵并一切非战斗人员，皆从阵亡将士身边搜集枪弹，参加守城战斗。

至日暮时分，刚打退日军当日最后一次冲锋，城西尘头大起，一支军铺天盖地如飞冲杀过来。庞炳勋登高而望，暗暗叫苦，思道："日军三面强攻，恶战一日，苦撑至晚，正想乘夜收拾余部，调整防线，明日再战，不想又有日军大队从西门攻到，如何能敌？"正要迎战，见来军皆穿灰色军装，是己方援军，大喜，急下城开西门迎住。当先一将，年约四十来岁，挂中将衔，却是第五十九军军长张自忠。

第三十七章

救临沂张自忠洗尽污名
守藤县王铭章杀身报国

原来，张自忠在北平与日人周旋一阵，乘便安置好第五十九军负伤官兵与留平眷属后，拒绝日人归附要求，辞去北平市长代职，与宋哲元接通联系后，由美国友人帮助，化装潜离北平，秘赴天津，登轮经烟台、济南，转赴南京。其时外间不知内情，皆以为张自忠叛国投敌，甘当汉奸。京沪报纸，纷纷要求中央严予惩办，以儆效尤。南京街头竟有大幅漫画标语，指斥张自忠是汉奸。一时群情汹汹，张自忠百口莫辩。经宋哲元说明内情，冯玉祥、鹿钟麟、李宗仁诸将反复陈情，蒋介石同意处以撤职查办处分。

未久，张自忠任为军政部副部长。南京失守后，蒋介石应张自忠旧部所请，令其仍回旧部，代理第五十九军军长。张自忠回军后，泪水盈眶，告部属道："今日回军，当与大家共寻死所，以热血生命，报效国家知遇之恩。"

二月初，日军南路攻至临淮关与蚌埠，强渡淮河，与守将于学忠打成僵局。李宗仁令张自忠率五十九军救援。张自忠率军冲入敌阵奋勇冲杀，连克数城。与各军并力，将日军赶过淮河以南，稳住南路战局。因临沂告急，李宗仁又令张自忠率军救援。张自忠得令，马不停蹄，星夜东驰，一昼夜强行军一百八十里，正当临沂危急时，赶到城边。

庞炳勋与张自忠同为西北军名将，共事多年，交谊颇厚。长城抗战，张自忠守喜峰口，庞炳勋守罗文峪，两军曾协力作战。此次战地相见，又在临沂危急之际，各人又有一番感触。二人当时四手紧握，久久不愿放开。

稍待，庞炳勋携张自忠手进入指挥部，各人择席坐定。庞炳勋笑道："老弟呀，人家说你要在北平做日本人的市长，我一直不信，犹记你我曾与宋哲元并诸将联名通电全国，有宁为战死鬼、不做亡国奴之誓。只是我人老口笨，无法替你辩解，急得直跺脚。"

日军进攻九江

张自忠大笑道："今日倒可以看看我张自忠是不是汉奸。"庞炳勋又问起张自忠逃离北平经过。张自忠三言两语，择要约略介绍一遍。庞炳勋闻过，感叹不已。此时天已黑定。院内忽轰然一声落下日军一枚炮弹。烟尘未散，钻进一将，边拍身上尘土，边道："小鬼子真是坏透了，晚上不进攻，也要放冷炮干扰老子们睡觉。"

二人回视，见这人挂中将衔，乃是战区参谋长徐祖诒。原来，北平军分会撤销后，徐祖诒调回南京，改任参谋本部第二厅副厅长。未久晋为陆军中将。第五战区成立后，任战区参谋长。因临沂告急，奉令到临沂前线，协调张自忠与庞炳勋两军作战，随张自忠大军一起到临沂。因见张自忠只顾与庞炳勋寒暄，便代为安置军队，也与庞炳勋寒暄一番。

闲话已毕，张自忠问及军情。庞炳勋约略将敌情介绍一遍，又望一眼徐祖诒，介绍守城部队情况，道："上午徐参谋长在电话中问我还有多少预备队，我说战斗部队在莒县、垛庄、临沂苦战兼旬，已伤亡殆尽。现在补充团上了，通讯兵、勤务兵、担架兵、卫生兵、炊事兵上了。若非尽忱老弟及时赶来，明日我这把老骨头只怕也要提大砍刀披挂上阵了。"说时大笑。

张自忠看出庞炳勋虽笑，却有几分苦涩悲壮，忙道："大哥放心，我一定尽力帮你打赢这一战。"庞炳勋谢过，便议破敌之策。

次晨，坂本又率军攻至。天刚破晓，日军飞机分批分次由沂河对岸飞来，到临沂城区乱扔炸弹。山炮、野炮、攻城榴炮、迫击炮接踵密集狂轰。待辰时日出，见城中旧火未熄，新火又起，城垣又倒塌数处，街市房屋尽成废墟。即令步骑兵倾巢而出，分东、南、北三路同时冲锋，边冲边喊，疯狂不已。

待至城边，队形拉长，阵门大开，南、北两翼忽各一支军如从天降，皆有万人，铺天盖地分无数路冲杀过来，冲进日军散兵线，一个排围一个班，一个连围一个排，各以优势兵力，将日军南、北两路军截成无数截。却是张自忠兵分两路，左、右各一个师，伏在一旁，乘日军拉开散兵线攻城时，突然出击。坂本未料守军后援赶到，猝不及防。见南、北两路危急，令东路攻城部队分兵救援。

庞炳勋登城观战，见张自忠军发动反攻，战机难得，急令城内守军大开四门，从城中杀出，犹集中攻击坂本东路军，阻其分兵救应南、北两翼。双方数万军混战一处，战线犬牙交错，无分前后，枪炮、飞机皆失去效用，各以大刀乱砍，刺刀乱捅，手榴弹乱炸乱砸，甚至相互搂抱在一起，在壕内外翻滚，以牙咬，以脚踢，以手掐。临沂城外，沂河上下，喊杀声、叫骂声、手榴弹爆炸声、枪械撞击声，交织一处，传至数十里外。

混战半日，日军不敌，尤不及近战肉搏，更惧西北军借以成名的大砍刀。死伤累累，余者纷纷丢下伤员、火炮、枪械、车仗，转身撤逃。所幸沂河虽宽有百米，水深只及膝盖，河底是鹅卵石，徒涉甚易。便仓皇涉水逃回沂河东岸。待中国军队不顾冰水刺骨衔尾追至对岸，日军残部得后队接应，已占据东岸各村落，依托房屋障碍，阻住追兵，固守待援。临沂之围遂解。

战报送至徐州，李宗仁大喜，传令嘉奖。又令乘胜扩张战果，消灭坂本支队残师。

三将得令，议过一阵。便将各部分开，以旅、团为单位，各围住一个日军所据村落，日间架炮攻打，夜间派突击队携带手榴弹、大砍刀，到敌营偷袭。日军分散困守村落，日夜不宁。每日折损数百。不消数日，弹尽粮绝，后援久盼不至。村外野战阵地上，中国军队后队源源而至。沿途虽遇三月风寒，仍光膀子反复进出，反复冲杀，毫无倦意。

坂本见状，心惊胆战，暗思："我自进支那作战迄今未遇劲敌，不想今日在临沂受挫。"派人打探，方知后到生力军是张自忠所部第五十九军。叹道："支那既有此等精兵猛将，若虎若狼，这战争只怕是个久局，不易了结。"恐被全歼，急传令各部队交替掩护，向来路撤退。

三将见日军弃阵东逃，率军追赶九十里，进至莒县城外。沿路目力所及，尽是日军所遗大炮、车仗、枪械、弹药、被服。沂河两岸，遍布两军尸体，真是尸山血海。清点战果，前后杀敌五六千之众，缴获枪械、弹药、车仗、被服，皆不计其数。

川将邓锡侯所统第二十二集团军在山西作战，归第二战区指挥。先在娘子关作战，后转战晋东南，前后四十余日，折损过半。只得缩编部队，各旅将二个战斗团合编为一个战斗团。全军名为二个军、四个师、八个旅，其实只辖八个战斗团，合二万人枪。所幸在山西作战，晋军撤退时军械库无人看管，川军自动进库择取，得了一批好枪好炮。到第五战区后，李宗仁又从战区库存中拨出新式步枪五百支、迫击炮若干补充。故第二十二集团军原先所拥四川土造七九步枪、轻重机枪，多已更换，装备大为改善。

邓锡侯奉命守邹县，统军由驻地向战区兼程进发。未及抵达，邹县已被日将矶谷廉介所率第十师攻占。只得退守滕县。滕县北挨邹县，南挨临城，各距一百五十里。西距百里是昭阳湖，东面是沂蒙山边缘。城南北各有一条沙河，自东而西注入昭阳湖。因左倚湖，右依山，地势险要，是津浦路北段由济南通徐州的咽喉要道。

在滕县与邹县中间位置又有一河，图上标名界河，源于邹县东南峄山高地，向西穿过津浦线，注入独山湖。界河上路左有大石墙、大季寨、池头集；路右有白石山、普阳山、龙山。界河往南三十里，是滕县北沙河，距滕县县城约三十里。北沙河上下，路左有小坞村、大坞村、洪町；路右有二十里铺、后十里铺。

邓锡侯对图仔细研究地势后，自思可依险布阵，阻住日军南进。便将所部两个军分为两支，每支各一个军，分据一、二线。第四十五军计二师四团为第一线，由邓锡侯自兼军长，沿沙河上下，在大石墙、大季寨、池头集、白石山、普阳山、龙山一线掘壕布阵，作纵深配置，阻敌前锋。第四十一军亦二师四团为第二线，由孙震任军长，沿北沙河上下，在大坞村、小坞村、洪町、二十里铺、后十里铺一线掘壕布阵，也作纵深配置。以备第一线阵地失守，阻敌直冲滕县。两线部队各师皆以滕县为后方，集团军总部驻临城。

布阵已毕，诸将依计而行，各率军开赴战区，进入阵地，日夜赶筑工事。待工事筑成，日军并未来攻，月余无事。

待到三月上旬，忽有报来，津浦线南段日军第十三师与第九师在明光受挫，又被

中国军队在临沂之战中的敢死队

阻于淮河南岸，陷入困境。东路日军坂本支队出青岛后，沿台潍公路进至临沂，遭守军优势兵力围攻，面临灭顶之灾。日军第十师师长矶谷廉介欲率第十师沿津浦路南下，全力救援坂本支队。却又报说邹县、济宁以西，伏有中国军第三集团军三个军，以孙桐萱为将，可随时跨过运河，攻占济宁、邹县，遮断津浦线，断绝日军退路。矶谷思之再三，决定将所部第十师分为两路，一路以濑谷为将，率一个加强旅，步骑工炮一万五千人，辅以重炮百门、飞机五十架、坦克五十辆，由邹县南下，冲过川军防线，依次进占滕县、临城，再由临城转上台枣铁路支线，向东经枣庄、台儿庄，向临沂侧后推进，救援坂本支队，以解危局。一支是第十师主力，仍驻守济宁、邹县各城，防止孙桐萱第三集团军侧击。

三月九日，日军发动攻势。濑谷率所部分左、中、右三路，强攻津浦路正面界河防线。左路攻石墙、季寨；右路攻普阳山、龙山；中路沿铁路直冲白山。三路齐头并进，来势凶猛。

其时第二十二集团军换将，因刘湘一月二十日病逝于武汉，外界风传刘湘死于中毒，川情不稳，蒋介石令邓锡侯回川主政，接替刘湘遗职。第二十二集团军总司令一职改由孙震接任。孙震便委任第一二二师师长王铭章任第四十一军前方总指挥，统一指挥第四十一军各师防守北沙河第二道防线。

孙震得报日军猛攻界河防线，令将第一线部队分为三路，分头阻击日军。两路军数万人枪往来厮杀，远以枪炮对射，近以手榴弹投扔。战至酣处，甚至短兵相接。日军利在地、空协同，火力凶猛。川军利在依山依湖布阵，工事经营月余，十分坚固，且有纵深配置，只要有粮弹供应，便不难久守。

恶战到十五日，日军折去千人，仍未能冲过界河防线。日将濑谷原以为川军装备陋劣，战斗力不及中央军，也不及桂军、晋军、西北军，打垮川军，夺占滕县，直下临城，如探囊取物，无须多费周折。未料猛攻七八日，折去千人，耗去弹药无数，界河防线岿然不动，自思道："界河是第一道防线，背后还有第二道北沙河防线，还有滕县城防。照这样进攻，只怕耗尽濑谷支队一万五千人，亦难夺占滕县。"

心中无计，正焦虑时，副职献计道："川军不知谋略，见我猛攻界河防线，将大军纷纷云集前线，滕县必空虚。不如避开正面，间道偷袭，乘虚以黑虎掏心战术夺占滕县，切断川军退路。界河、北沙河川军防线可不攻自破。"

濑谷初时犹豫，密到前沿登高观阵，果见川军在界河上下游厚集兵力，后队源源而进。又派人打探，告说滕县野战部队尽调往前方，滕县城关无战斗兵防守，已是空城。大喜，便依副职计，留偏师仍在津浦路正面，广布疑兵，虚张声势，佯作继续强攻界河防线。却自率主力万人，悄然避开津浦路正面，投密道绕过界河与北沙河川军防线右翼，乘夜兼程南下，疾进一夜，天明已绕至川军两道防线右侧后，距滕县东关仅三十里。

界河第一线战斗打响后，孙震恐第一线不支，令第二线部队设法接应。王铭章依令，将北沙河防线部队尽量推向前沿，占领前进阵地，策应第一线。又令滕县一应野战部队尽开往北沙河野战阵地。城内部队，除滕县保安团五百人外，便只有八个警通连，皆是师、旅机关警卫部队，只拥近战轻武器，战斗力不强。

野战部队出城后，王铭章巡城一周，见尽是非战斗兵，忽思及城防空虚，须防偷袭。急派排哨出城哨探。未及半日，果然报说日军大队投城东北山僻小路倍道偷袭，前锋距城只三十里。大惊，一面向孙震告急，一面设法调前方部队回救。皆距城一日行程，缓不济急，只辖下第七二七团团长张宣武率五个连赶到。便令张宣武为城防司令。

张宣武久经战阵，料敌投东北而来，必先攻东关，便以两个连分据东、北两面城墙，其余分守四门。各军依令而行。正在这时，西门、北门各一支军开到，一支来自第三六六旅，有三个步兵连；一支来自临城，是集团军司令部警卫部队，也拥三个连，临时车运过来。又有第一二四师一个步兵连，奉命来滕县领弹药，自愿加入守城战斗。

得这几支部队增援，守城部队合拥二十个连，加上保安团部队，计三千人枪，虽分属七八个系统，却足堪一战。当时重新分派，不但四门皆有守备连，四面城墙亦各有守备连。尤加强东关防务。又令封死东、南、北三门，仅留西门暂供出入。适从临城开来一列火车，满载弹药、粮食，将其尽搬入城。守城部队，皆配足弹药，只手榴弹便每人一箱，计五十枚。

部署已毕，日军攻到。先是十二架飞机，飞往城区乱炸；继而十二门山炮在城东北高地一字排开，一齐狂射。一时四门起火，砖石乱飞，烈焰冲天。轰过两小时，忽又集中轰击东关，连续半小时。东关数百米范围落弹数千发，寨墙被炸开一道几米宽的大缺口。轰炸已毕，又集中轻重机枪数十挺，一齐向城头扫射。大队步兵，乘势由缺口拥进，冲向东关。

日军火力急袭时，守军躲避不及，炸死炸伤甚众。官兵怒极，见日军步兵涌入东关，如入无人之境，皆怒不可遏。一齐从城寨废墟中钻出，爬上阵地，只扬手扔手榴弹。每人多者投十来枚，少者投三五枚。立时有千枚手榴弹，下冰雹般砸向日军大队。日军无处藏身，被炸得鬼哭狼嚎。冲进东关的日军，当场炸死七八成，余皆仓皇而退。

如是一而再、再而三，濑谷当日率军连续六次进攻，皆被打退，城下日军尸体堆积如山，十有八九是被手榴弹炸死。待第六次进攻被打退时天已黑定。日军不适应夜战，只得退往城外扎营夜宿。

孙震坐镇临城，得报滕县守军打退濑谷六次进攻，赞道："未料临时拼凑的二十个连，分属七八个系统，单凭手榴弹，能守住滕县一日，打退濑谷六次进攻，真正是哀兵必胜。"当时传令嘉奖守城官兵。又告说因日军包抄滕县，全线动摇，恐集团军主力被敌合围，已令前线部队经滕县西关撤往临城，令王铭章务必再据守滕县一日，掩护主力后撤。王铭章得令，马不停蹄，乘夜巡视全城，令预备队开上城墙，替换日间守城受创连队。又令从商家搬来盐包、粮包，以千计数，夤夜修补阵地。又令封死西门，嘱官兵下决心与滕县共存亡，保证主力安全后撤。

十七日，濑谷率军再攻，仍派飞机日出时轰炸，接踵集中重炮，计约百门，一齐狂轰。待轰过两小时，城中落弹万发，城墙多被炸开缺口时，大队步骑兵一齐叩四门攻打。城上城下，一时人喊马叫，枪炮声震天动地。

又恶战一日，日军轰垮东门，炸毁东北、东南两处城垣，涌入城内。王铭章见势危急，率军反击，与敌逐巷逐屋争夺。终因寡不敌众，便退往西门。正思如何破敌时，迎面弹射如雨，却是日军已占据西城墙，架机枪乱扫。王铭章未防，连中数弹，扑地身亡。王铭章战死，守城中心顿失。官兵失去统一指挥，或乘夜突围，或人自为战，与城共亡。至十八日，滕县为日军控制。城内残留伤号，皆被日军乱刀捅死。

王铭章战死滕县的消息传出，举国哀悼。国民政府追赠其为陆军上将。又令将灵柩运回成都，一路经武汉、重庆，各地皆举行迎灵公祭，以示悼念。中国共产党领袖毛泽东、秦邦宪、吴玉章、董必武亦联名题赠挽联，挽联道：

奋战守孤城，视死如归，是革命军人本色；

决心歼强敌，以身殉国，为中华民族增光。

第三十八章

扼守台儿庄池峰城全师浴血
兵出抱犊崮汤恩伯奇兵助战

日将濑谷率所部左队主力在三月十七日攻进滕县县城后，急令左偏师乘川军战线动摇之际，步骑炮齐进，冲过川军界河、北沙河防线，进至滕县城外。两军会合，取了滕县，又尾追王铭章余部，沿津浦路向南追击。李宗仁在徐州城中得报王铭章战死，界河、北沙河防线已失，滕县也在三月十八日被日军濑谷支队攻占，日军大队又沿津浦路向临城追击，急令汤恩伯统所部第二十军团，在临城以北择险布阵，沿铁路线节节阻击，保卫临城，阻止濑谷支队长驱直入。

汤恩伯所部第二十军团下辖二个军，计为第五十二、第八十五军，分以关麟征、王仲廉二人为将。每军各辖二个师。军团另直辖一个师，是为第一一〇师，以张轸为将。全军合五个师，另附特种兵若干，全军计约七八万人，不但齐装满员，且皆是新式装备。其中所拥德制一五〇毫米重榴炮一营，不但在中国军队中独一无二，就是较日军炮兵亦毫不逊色。第二十军团各部统由汤恩伯指挥，曾一战南口，二战漳河，三战晋南，迭遭损失。后调往第一战区，在河南境内整补。新调往第五战区，进驻临城，参加津浦路作战。

汤恩伯接令在临城以北布防，守卫临城，与日军濑谷支队打阵地战。仔细研究双方兵力对比、作战特点，又看过临城左右地形。原来，临城左面是大运河，运河以西是微山湖，阻断与河西联系。临城以东是抱犊山，山高沟深，可伏千军万马。临城南去二百里，正是津浦线与陇海线交会点徐州，堪称津浦线作战的总枢纽，也是中日在津浦

中国军队在台儿庄战役中缴获的日军坦克

线交兵的最后目标。临城往南与徐州之间有一镇，镇名韩庄。临城往东有一镇，镇名枣庄，以产煤著称海内外。枣庄以南另有一镇，镇名台儿庄。

临城、韩庄、枣庄、台儿庄四镇，在图上呈一平形四边形配置，各相距六十里。其间临城与韩庄由津浦路连通；与枣庄有临枣铁路支线相通。临枣支线向南延至台儿庄，又经台儿庄向南延至苏境，接陇海路。台儿庄与韩庄之间有公路与大运河沟通。从台儿庄往东北，另有公路经临沂通向潍坊。大运河出江苏境邳县后，向北进入山东境，由台儿庄南擦镇而过，折而向西，由南北走向转为东西走向，绕至韩庄以南，再改回南北走向，绕韩庄以西，穿过津浦线，沟通微山湖，并沿津浦路以西，与津浦路平行北去。

四边形地区内及其周围散布有沙沟、峄县、泥沟、北洛、连防山、小良壁、兰陵、郭里集等数十个大小村镇。其中泥沟、兰陵、郭里集最重要。泥沟在枣庄与台儿庄之间，扼住枣庄与台儿庄的交通；兰陵在台儿庄东北，扼住台潍公路，掩护台儿庄东侧翼；郭里集在枣庄以东，与兰陵有公路相通。抱犊崮主峰，便在四边形地区枣庄一角东北方，只距半日行程。

汤恩伯看过临城周围地形，衣山带河，公路、铁路、运河构成交通网络，既便于攻防，又便于调动。思出一计，告李宗仁道："临城地势险要。我军在临城、枣庄、韩庄、台儿庄四角地区及其周围集结有第二十军团五个师、孙连仲第二集团军四个师，合约十余万人。川军孙震第二十二集团军在界河、北沙河、滕县虽受损失，主力尚存，仍可参战。今日军东路坂本支队被阻于临沂；南路第九师与第十三师被阻于淮河以南。北路矶谷第十师主力慑于孙桐萱所部第三集团军侧击，不敢南下。濑谷支队虽然凶狂，究竟只一万五千人，杯水车薪。不若让开津浦路正面，任濑谷支队南下向临城、枣庄、韩庄进兵，待其孤军深入、势穷力竭时，再集中我四角地区十余万军，必可消灭濑谷支队，大获全胜。"

李宗仁思虑一阵，便依其计。当时令汤恩伯统所部撤出临城，退往津浦路以东抱犊山，广布疑兵，以为机动；令孙震所部川军第二十二集团军沿津浦路布置疑兵，诱敌深入，一步步退往韩庄，左依微山湖，据守运河线；孙连仲统所部第二集团军由驻地北移至台儿庄，以一个师驻台儿庄，主力左接川军，也沿运河布防。又在徐州城集结重兵，以为预备队，准备随时接应。

日将濑谷率军占了滕县后，心中得意，将所部一万五千人分成前、中、后三队，沿津浦路浩浩荡荡，尾随撤退川军向南穷追。日军追得快，川军也退得快。看着咬住川军后队，待追至近前，川军又退远，总在大炮射程之外。追得濑谷性发。待到临城城边，未及打探，便架炮攻城。飞机炸过后，又以迫击炮轰城垣，攻城重炮轰城区，直炸得城内烟尘四起，火光冲天，城垣、街市尽成废墟，方令大队步骑冲锋。待冲入城内，早空无一兵一卒，方知守军是虚守临城，深悔空耗无数弹药。

临城刚得，便有报来，告说汤恩伯第二十军团拥五个师七八万人，皆退往津浦路以东抱犊山区。又探得微山湖西岸，守军征集民船千余艘，似有渡微山湖进攻模样。

欲乘势沿津浦线南下，直冲徐州，又恐汤恩伯军团回师与微山湖对岸守军会师，从背后切断津浦路；欲暂守临城，又距徐州只二百里，火车可寅发卯至，战机难得。正犹豫时，忽接急电，是矶谷廉介从济南发来，告说板垣第五师辖下坂本支队在临沂遭张自忠、庞炳勋两支军包围，危在旦夕，令濑谷速率军救援。

濑谷得令，思虑一阵，便将军分为三支，一支偏师驻临城；一支偏师沿津浦路继续南下，占领韩庄，虚攻徐州。两支偏师各约千余人。自率主力由临城折而向东，沿临枣支线东进，夺占枣庄。再以枣庄为基地分兵，左一支军是临沂支队，以赤柴八重藏大佐为将，率所部步兵第十团，辅以骑炮工辎若干，计五千人，出枣庄，向东进兵郭里集，然后转台潍公路，救应坂本支队；右一支军是台儿庄派遣队，以福荣真平大佐为将，率所部步兵第六十三团，辅以骑炮工辎，也是五千人，沿临枣铁路支线南下，经峄县、泥沟、北洛，进占台儿庄，掩护临沂支队右侧后，呼应韩庄日军。自率中军驻扎枣庄、峄县两城，往来救应各军。

孙连仲第二集团军下辖第三十、第四十二军，分以田镇南、冯安邦二人为将。初在山西娘子关作战，损失惨重，一直未及补充休整。虽名为两个军，实际只拥三个师、一个旅，且不满员，总计只二万四千人。孙连仲受命后，统军由徐州兼程进发，一夜急行军一百八十里。

待到三月二十二日日出时，已赶至战区，便依地势，将军分为四支，第一支是第三十师，以张金照为将，防守台儿庄左翼运河阵地；第二支是二十七师，以黄樵松为将，防守台儿庄右翼运河阵地；第三支是独立第四十四旅，以吴鹏举为将，镇守运河桥，为全军预备队；池峰城统所部第三十一师为第四支，进驻台儿庄，为中央部队。

台儿庄在山东峄县东南，南挨运河与江苏邳县毗连，西倚临枣铁路支线，南临运河，城区成曲尺状，内角完全镶在运河线上。周边盛产煤炭，故城外有诸多炼焦厂。又因当临枣铁路支线与运河交叉点，故商业繁盛。居民约有千户，几与县城相当。四周城垣皆以石头垒成，十分坚固。城内街道狭窄，只能通马车，亦以石头铺面。居民住房多以石头砌墙，亦十分坚固。

池峰城到台儿庄后，巡城一周，看过地势，对守城已有计较，便将一师人分为两队，派一个加强团进入城寨，据城垣死守，委王冠五为守城司令。自率其余部队屯据城外，以为后援。

三月二十三日晨，日将福荣真平率台儿庄派遣队进至台儿庄北门外，见台儿庄背运河而立，料守军不敢死守，欲一鼓而下。先召来飞机轰炸。又调重炮二十门，迫击炮五十门，一字排开，瞄准城区狂射。因台儿庄城墙、房屋、路面皆以条石垒成，炸弹爆炸时，冲击力无处缓冲，是故炸弹、炮弹爆炸时，响声愈撕心裂肺，响彻云霄。

经两小时轰炸，台儿庄一隅之地，落下炸弹、炮弹几近万枚。城中大火数处，火头冲上半空。小火满城，无以计数。虽然如此，四垣石垒城墙却完好如初，并无破损。福荣无计，只得令大队步骑兵迎城墙冲锋，轻重机枪作纵深射击，压制守军火力，掩护步骑冲锋。待到城边，或搭人梯，或架云梯，蜂拥爬城。

守城司令王冠五从观察所中见日军爬城，急令炮队发炮，压制城外日军机枪火力。又令官兵登上城垣，机枪、步枪齐射，手榴弹齐扔。日军攻城部队爬城未半，突遭袭击，云梯皆被炸翻。石墙之下，无处避弹，死伤不计其数。幸存者拖枪带刀，投来路仓皇而退。日将福荣见进攻失利，杀性大发。又见城下日军虽死伤累累，城头守军尸体亦密密麻麻，心想："古人曾言，没有攻不破的城池，拼着再牺牲一些人马，也要攻下台儿庄，看支那军以肉身挡炮弹能坚持多久？"便令再架炮轰城。待城中烟尘滚滚、大火漫天时，令步骑大队循路再攻。

王冠五仍以前法应对。日军轰城时，令将士隐入阵内。待炮击停止，步骑兵攻到城下，再一齐登上城垣，冒日军机枪火力，以近战武器急袭日军爬城部队。如此恶战，一日之间，少则五六回合，多则十余回合。日军依仗炮火凶猛，又有空中火力辅助，日间横冲直撞。待到入夜，守军却发扬近战、夜战优势，组成夜袭队，或三五人一组，或三五十人一群，或是上半夜，或是下半夜，皆携大刀、手榴弹，出城摸入敌营。大刀乱飞，手榴弹乱炸，待敌营大乱，方携带战利品凯旋而归。

似此恶战十余日，台儿庄早面目全非，城内已无一栋完好房屋。城内城外尸积如山，恶臭熏天。台儿庄已由一个默默无闻的小镇变成了肉搏战场。日军日间折损，每日少则数百，多则上千。未过数日，五千人已折去十之六七，已失去攻击力。守军因日军炮火凶猛，每日折损倍于日军。然庄内中国军队一团人背后，是一个整师。运河以南，另有一个集团军，共三师七旅十余团。日间前队损失后，夜间后队整营、整团偷入庄内，换下被打残的前沿守军，又带进粮食弹药。虽恶战十余日，累计折损万人，庄内始终维持一个加强团的兵力，维持战力不衰。福荣拼尽血本仍未攻下台儿庄，势穷智竭，无计可施，只得向枣庄濑谷支队长告急，请发兵救援。

徐州各界人士慰劳作战官兵

日将赤柴八重藏大佐奉命率日军临沂支队五千人增援临沂日军坂本支队，便由枣庄向东进发。前锋进至郭里集，左翼山中，忽枪炮齐发，杀声四起，一支军从山中杀出。中央冲阵，两翼包抄，不消片刻，便将日军临沂支队前锋团团围困在郭里集，架枪架炮攻打。却是汤恩伯在抱犊崮得报日军临沂支队由枣庄东进，恐其到临沂与坂本支队会师，夹击临沂守将庞炳勋，急令所部前锋由抱犊崮出击，自统后队救应。前队刚到郭里集附近，正撞上日军前锋，突然出击，又占兵力优势，便将日军前锋围住，抢了主动。

日将赤柴八重藏得报所部前锋在郭里集被围，大惊，急令后队以营、连为单位，一批批开赴郭里集，自右至左、自西而东从外缘包围中国军队翼侧，呼应郭里集日军。汤恩伯见势，统后队也一批批从抱犊崮开出，皆以旅、团自左至右、自西而东，再从外缘包围日军新形成的侧翼。

两军相互包围，战线自郭里集向东不断延伸，两军战线犬牙交错，相互包围，战线绵延数十里。郭里集周围大村小镇皆成战场。两军混战，短兵相接，白刃格斗，阵地得而复失，失而复得，反复易手。漫山遍野，皆是两军遗弃的车仗、坦克、枪炮、被服。未及掩埋的尸体，灰黄相杂，不计其数。

日军固然凶狠，究竟数量处于劣势，又在近处混战肉搏，飞机重炮皆难发挥作用。中国军队却正好相反，占尽上风。混战一周，日军临沂支队陷入重围，五千兵折去四五成，进退皆难。赤柴八重藏恐被围歼，只得放弃自尊，也向枣庄濑谷支队长告急，请发兵救援。

日将濑谷接台儿庄派遣队福荣大佐告急电，报说台儿庄派遣队连日猛攻台儿庄，迭遭重创，折损大半，已失去进攻能力，请发兵救援。大惊，急令在枣庄、峄县待机的预备队补充粮弹，准备投临枣支线南下台儿庄，救援台儿庄派遣队。兵未出，忽又得临沂支队长赤柴八重藏从郭里集发来告急电，报说临沂支队在郭里集被汤恩伯第二十军团围住，已折损过半，也请发兵救援。思之再四，以为汤恩伯军团是主力，若消灭了汤恩伯军团，便可挽救危局，抢回主动。便率援军东进，救援临沂支队。

汤恩伯统军敌住临沂支队，亲临郭里集前线调度。见日军临沂支队疲惫，正要令发动总攻，忽有侦察兵骑自行车飞驰来报，告说日军坂本支队，步骑工炮计约五千人，突然在兰陵出现，正沿台潍公路向台儿庄疾进，距台儿庄只半日行程。汤恩伯初时不信，心想：“日军坂本支队早被张自忠、庞炳勋二部赶过沂河，退往莒县，如何又在兰陵出现，总不会有分身术吧？”反复探询，方知是实。

原来，三月十八日临沂大捷后，张自忠与庞炳勋虽胜，却损失惨重。尤其是张自忠所部第五十九军，不计损失，奋勇冲杀数日，三万人枪，折去十之六七。其中第三十八师损失最重，折去大半，所余不足三千，合编为一旅，直属军部。第一八〇师亦只余六千人枪。故张自忠依令将临沂城防交庞炳勋第四十军，率部退往城外整补。日军坂本支队却从青岛得到增援，恢复实力，循原路返身杀回，渡沂河再攻临沂。

庞炳勋据城死守。日将坂本久攻临沂未克，得报台儿庄派遣队在台儿庄进攻受挫，便留一偏师虚攻临沂，率主力乘夜绕过临沂城，沿台潍公路向西疾进，一气夺占兰陵。

汤恩伯得报日军坂本支队偷进至兰陵，恐台儿庄危殆，急从郭里集抽出一个师，计约万人，以张耀明为将，跑步赶至兰陵，控制台潍公路，截住坂本支队西进之路。战场又扩至兰陵一线。因这一分兵，日军临沂支队压力骤减。适逢濑谷率兵来救，内外呼应，临沂支队破围而出，与濑谷援军会师。

濑谷救出临沂支队后，欲调整部署，与汤恩伯军团决战。临沂支队长赤柴八重藏大佐在郭里集恶战兼旬，知汤恩伯实力雄厚，日军濑谷支队难以匹敌，告道："汤军团依托抱犊山作战，进可攻，退可守，已立于不败之地，急切难胜。如今坂本支队正猛攻兰陵。兰陵一破，便可沿台潍公路直驱台儿庄。不如合我两支军，投临枣支线，南下台儿庄。那时我坂本支队、台儿庄派遣队并临沂支队在台儿庄会师，合我三支军力量，又在平原地带，台儿庄必破。汤恩伯军团若衔尾追至台儿庄，再与之决战，必能全胜。"

濑谷大喜，便依其计。一面电告坂本速攻兰陵，进兵台儿庄；一面令驻津浦线正面韩庄偏师渡运河向南虚攻，策应台儿庄主战场作战。自率临沂支队，枣庄、峄县两处预备队，并由济南新开到的后援部队，合约万余人，投临枣支线，经峄县、泥沟，进至台儿庄北门外，会齐台儿庄派遣队残部，三面围住台儿庄，全力总攻。先集中平射炮，将石砌城墙炸开无数缺口，步骑兵铺天盖地一拥而进。

守军恶战十余日，早已疲惫，不防日军孤注一掷，虽守住东、西两门，北门却被日军突破。两军巷战，终因日军人多，后队从突破口源源而至，接应东、西门日军进庄，三支军合力杀败守军，占了台儿庄东北方大部。冠五率残部逐巷逐屋抵抗，退至台儿庄西南角，苦苦支撑，同时向后方紧急呼救。

第二集团军总司令孙连仲坐镇运河南岸，距台儿庄只十里路。闻台儿庄守军告急，却因连日苦战，各部队分批增援，早抽调一空，再无兵可派，便向徐州告急。约略说明，因苦战兼旬，第二集团军已折去十之七八，请允暂退往运河南岸整补。哀告李宗仁道："若能给喘息之机，给第二集团军留点种子，一定不忘长官大恩大德。"

李宗仁见孙连仲言语如此哀婉，心有不忍，思及古人有"慈不掌兵"之说，又思及中日两军在台儿庄一带血战兼旬，日军已露败征，若此时因施妇人之仁，孙连仲统军退出台儿庄，必功亏于一篑。便硬下心肠告道："胜负之数，决定于最后五分钟。此时若退，便功败垂成。"当时强令孙连仲："务必再死守台儿庄一日，待主力发动反攻。"

孙连仲闻令，知已无变通余地，便令通信兵、饮事兵、卫生兵、担架兵、警卫兵并集团军总部勤杂人员，计约千人，一律拿起武器，组成敢死队，准备投入前线，发动夜袭。布置未毕，电话铃骤响，是池峰城从台儿庄打来，告说部队已经打光，请允从台儿庄撤退。孙连仲吼道："士兵打光了，你自己填上去。你填过了，我自己跟着来填。有敢退过运河者，当杀无赦。"

池峰城请允撤退未成，知军令不可违，乃以必死决心，率残部冲进台儿庄西南，

武汉外围的中国军队重机枪阵地

亲自与日军巷战。好歹又坚持至日暮。日军攻势暂停。适有孙连仲派来的夜袭队跑步赶到，皆大汗淋漓，泥土满身。池峰城令分成数十小组，穿上缴获的日军黄呢军装，伪装成日军，各带空煤油桶、鞭炮、引火物，分头摸出庄外，混入日军营地，发一声喊，一齐奋勇冲杀。

日军日间恶战，占尽上风，未料守军血战兼旬，兵势危殆，尚有余力夜袭，猝不及防。营内大刀翻飞，手榴弹乱炸。又有放火兵四处放火，将鞭炮置于煤油桶内点然，充作机关枪声。一时四面火起，枪炮声、杀声混在一处，响彻云霄。夜暮中不知多少路摸营，惊恐一夜。挨至天明，又要架枪架炮攻城，背后突然枪炮声大作，喊杀声如雷，回首惊看，漫山遍野皆是中国军队，一色灰军装，不见头尾，铺天盖地而来，冲入日军营地，将日军进攻部队分割成无数小块。枪炮齐射、手榴弹乱炸、刺刀乱捅、大刀乱砍，却是汤恩伯统所部第二十军团二个军，计约五万人，由抱犊崮杀出，冲至台儿庄外，将濑谷支队主力万余人，团团围住，奋勇冲杀。战局立时大变。

第三十九章

保存实力李宗仁撤出徐州城
逆江而进烟俊六分兵取武汉

1938年4月6日晨,日将濑谷率所部万余人,整理队形,调整部署,准备对台儿庄发动最后总攻。兵未出,背后枪炮声大作,喊杀声如雷,汤恩伯统所部第二十军团五万人如飞而至,杀到台儿庄,将濑谷支队团团围住,奋勇冲杀,战局立时大变。

池峰城在台儿庄内见援军骤至,也率军反攻。庄内庄外配合,围住日军残师,一个团打一个营,一个连打一个排,与日军混在一处。短兵相接,白刃格斗。台儿庄附近数十里地,一时烟尘滚滚,杀声震天。濑谷无计,率残部且战且走。伤员、坦克、火炮、车仗、营帐、被服、粮秣尽弃于野,狼狈不堪。

汤恩伯统军衔尾穷追,不断截住日军后队厮杀。日军飞机数十架,轮番飞至战场,却因两军混在一处,无处可以投弹,只能空摇翅膀,徒唤无奈。混战一日,挨至红日平西,濑谷千辛万苦始逃入峄县县城。清点残军,所剩不过三五千人,且半数带伤。坦克、车辆、火炮并一应辎重尽皆丢光。入夜时分,登城而望,四野星星点点,皆是篝火,照得城厢明亮如昼,却是中国军队衔尾追至,四面围城,发喊攻城。濑谷心惊胆战,惟恐城破,急令紧闭四门,固守待援。又召唤坂本支队弃攻兰陵,到峄县救援。

坂本误解电文,以为濑谷支队已全军覆没,急率部由兰陵东撤。背后中国军队亦衔尾穷追。待退到临沂,庞炳勋登高望见,率所部第四十军开城冲出,截杀一阵。坂本愈慌,率残军绕城而走,涉过沂河,一直退往莒县,也将车仗、辎重、枪械、弹药、被服、粮秣遗弃一路。

中国军队重创日军濑谷支队与坂本支队,大获全胜。清点战果,计得日军步枪万余支、轻重机枪九百三十一挺、大炮一百三十门、战车四十辆,战场日军遗尸七八千具,计算其兵员损失,计约一万二千人。

台儿庄胜利捷报传出,万众欢腾。自南京大屠杀后的抑郁气氛,一扫而空。后方武汉倾城而出,游行祝捷。入夜时分,提灯数万盏,绕城而走,彻夜狂欢,天明仍不肯散。其余开封、郑州、西安、延安、重庆、成都、昆明、广州、长沙、南昌诸城亦彻夜狂欢,庆祝胜利。徐州城更喜气洋洋。

台儿庄大捷后,李宗仁令汤恩伯与孙连仲各统所部围攻枣庄、峄县日军濑谷支队残部,扩张战果。蒋介石在武汉得报胜利消息,对图研究一番,告诸将道:"日军经此番打击,绝不甘心。必出重兵,继续沿津浦路南北对进,以解救濑谷支队残部。我正可乘机在徐州与日军决战,彻底扭转战局。"

便将后方主力部队迅即调往徐州战场,纳入第五战区编成。第五战区辖下部队渐增至七个集团军并四个军团共十一支军,计为第三、第二十四、第二十七、第二十六、第二十一、第二、第二十二集团军及第十九、第二十、第二十七、第三军团,分以孙桐萱、韩德勤、杨森、徐源泉、廖磊、孙连仲、孙震及冯治安、汤恩伯、张自忠、庞炳勋十一人为将。十一支军计辖二十八个整军、六十四个整师又二个旅,步骑工炮合拥六十万人。又沿陇海路向徐州赶运作战物资。徐州火车站大小仓库,粮秣、被服、弹药、军械并一应物资,皆堆积如山。

日军大本营得报濑谷支队与坂本支队在台儿庄地域遭中国军队围歼,大出意料

中国军队工兵准备渡河击敌

之外,深以为输给中国军队,有失日本皇军军威。正思如何报复,挽回颜面,忽有急报送到,约略说明,台儿庄之战后,中国宣传机关大造声势,鼓吹台儿庄大捷,宣称要与日本决战,夺取胜利。中国后方部队,车水马龙,日夜向徐州集中。徐州周围地区,中国军兵力计达二十八个军六十余万,占中国军队总数三分之一,皆沿津浦路、陇海路布阵。徐州城人满为患。建议大本营利用中国军队重兵齐集徐州之机,调集主力,分从华北、华东两地,沿津浦路南北对进,切断陇海路,合围徐州,消灭中国重兵集团,一举解决战局,迫中国政府投降。

大本营得报,令调步骑工炮九个师,分为南、北两路,合攻徐州。北路四个整师,计为第五、第十、第十四、第十六师,由第十四师师长土肥原节制,由华北渡黄河,沿津浦路北段两侧南下,直趋陇海路,夺占兰封归德;南路三个整师,计为第三、第九、第十三师,以畑俊六为总指挥,由津浦路南段两侧北上,向徐州以西永城、蒙城进兵,在陇海路会合北路。南北对进,彻底切断陇海路交通,完成对徐州的战略合围。又令濑谷支队与坂本支队残部继续在临枣、峄县地域固守待援,缠住中国军队。又令海军出兵连云港,威胁徐州东翼,以为疑兵。总计日军参战部队,合约三十万人。

布置已毕,南、北两路军依令一齐发动。五月五日,南路日军向北猛进,连占徐州西南方重镇蒙城、永城,月中已逼向徐州西南郊,与守军日夜恶战。北路日军四个师也渡过黄河,向南猛进,连续夺占唐寨、菏泽诸镇,绕过南阳湖、昭阳湖、微山湖,从西面逼向徐州。土肥原亲率所部第十四师三万人枪,十二日由濮县渡过黄河,前锋向西南疾进,一举夺占兰封以东要镇内黄集,切断了陇海路。到五月十五日,日军南、北两路会师,形成对徐州合围态势。

李宗仁得报日军南、北两路大军各以偏师投津浦路正面进兵，主力却在津浦路以西部署，南北对进，已切断陇海路，在徐州以西会师，包围了徐州。大惊，恐主力被围歼，急将大军化整为零，令韩德勤统所部苏北兵团向东南方向退往苏北；石友三率所部第六十九军退往鲁中，皆预备日后在敌后开展游击战。其余主力兵团各以军、师为单位，分五路撤离徐州，向西南退往安徽、河南山区。却令刘汝明率所部第六十八军虚守徐州，掩护主力撤退。

各军得令撤退，皆焚毁笨重物资，投西南方疾走。自徐州西去，一马平川。日军虽形成对徐州合围，无奈兵力不多，只占据徐州以西点线，点线之间，颇多空隙，皆可为通道。西撤大军一路逢山开路，遇水架桥，若遇弱敌守关，便集中精锐开路，杀散日军，急冲而过。若遇强敌守关，留偏师牵制，主力绕道而行。似此日夜兼程，不数日，皆疾进数百里，钻出了日军包围圈，进入指定位置。

日军南、北两路对进，虽在五月十九日得了徐州，却是空城一座。日军大本营得报包围落空，又在徐州打了一场击溃战，大是恼火，急令各路日军尾随中国军队，沿陇海路向西追击，为进兵武汉抢占交通线。

不数日，矶谷廉介第十师便占安徽亳县，西出河南，又连占柘城、太康；藤江惠辅第十六师则由徐州沿陇海路西进，连占砀山、马牧集、归德、杞县、通许、尉氏、朱仙镇。土肥原第十四师因位置靠西，更一马当先，五月二十四日攻占兰封；六月六日攻占开封；七日夺中牟；前锋骑兵团千人，又在十日进至新郑，炸毁平汉铁路桥，切断了平汉路，郑州告急。

却说蒋介石在武汉大本营，初得报徐州六十万大军，徐徐而退，皆冲过日军包围线，退入豫皖山地，暗松了一口气。未过数日，又有急报送来，告说日军侵占徐州，打通津浦路后，分三路沿陇海路向西追击，已占了皖北、豫东数十城。前锋第十四师以土肥原为将，已占了兰封，正猛攻开封。便召何应钦问计。

何应钦对图思虑一阵，析道："自开封沿陇海路往西到郑州，是豫中大平原，一马平川，无险可守。土肥原第十四师与矶谷第十师、板垣第五师齐名，皆是侵华日军精锐。其在石门、漳河作战时，表现十分强悍，实为劲敌。且土肥原是中国通，通我国兵要地理，其背后还有两个师为援。"言及于此，回望蒋介石，又续言析道："反观我军，自淞沪苦战三个月后，元气尚未恢复，又接踵进行南京保卫战、台儿庄进攻战、徐州会战，老兵多已折损，将士皆十分疲惫，凭实力，万难守住郑州。"

蒋介石听过何应钦分析，发急道："我一定要保住郑州，郑州一定不能失。"二人正议时，侍从室主任林蔚来报，说第一战区参谋长晏勋甫来电话，告说土肥原第十四师锐气正盛，开封不日将陷，郑州势危。为保住郑州，第一战区司令部请允掘开黄河大堤，以水代兵，阻断日军西进通路，以保郑州。蒋介石闻过林蔚报告，一时未答，以目询何应钦。何应钦会意，忙对道："如委员长所析，要维持长期抗战局面，便须保住武汉与四川。而要保住武汉与四川，郑州便不能失。委员长既认为郑州非保不可，我以为眼下除采纳第一战区建议，掘开黄河大堤、以水代兵、阻断陇海路以外，恐再无第二个办法。”

蒋介石听过何应钦这番话，凝思一阵，连喝几口白开水，回头告林蔚道：“告诉第一战区，就说军委会批准立即掘开黄河堤，保住郑州，阻敌土肥原师西进。”林蔚应声而去。

林蔚按蒋介石旨意，向第一战区司令部传达了尽快掘开黄河大堤，阻断陇海路的指令。第一战区司令长官程潜得令，与参谋长晏勋甫商议过后，召来一将，却是第五十三军军长万福麟。万福麟依令，率军于六月四日抵达中牟县赵口黄河大堤，开挖河堤。原定当天下午掘通放水。未料逢枯汛，河水水位低，虽连掘三昼夜，仍水流不畅。日将土肥原却在六月五日得了开封，而后继续西进，轻骑连冲破中国军队几道阻击线，早过了中牟县。

蒋介石得报赵口掘黄河未成，又在六月七日夜亲到花园口巡视，定下掘堤方案。先派一团将士布置警戒，假说日军前锋即将抵达，将方圆十里以内的百姓，尽强行隔离，不许观看。再挑选八百精壮士兵，分成五组。每组又分为掘土与运土两班。每组工作两小时，分班轮换。夜间以汽车大灯照明，日夜不歇。连续施工几昼夜，九日挖通，仍水流不畅。且再施工，甚是不便。又调来平射炮兵一排，架炮轰堤。那时土堤已经挖薄。平射炮抵近射击，发发中的，连发六七十炮，将缺口又轰开数丈。

时值雨季，黄河上游晋、陕一带，连降五日暴雨，黄河河水陡涨，由新开缺口不断冲开堤岸。缺口愈冲愈宽，愈冲愈深。河水挣脱堤岸束缚后，如脱缰野马，急泻直下，汹涌澎湃。郑州与开封之间，自花园口往东南，经中牟、尉氏、周口、颍州，一直到淮河，数百里地，皆成一片浑黄泽国。黄水到处，树木、房屋、桥梁、道路、土地、庄稼皆被一推而光。陇海路被阻断，土肥原第十四师并在南面与之齐头并进的日军第十六师，皆未料及中国军队会掘开黄河大堤，以水代兵，故被大水突然淹没，毙命不计其数。余皆遗弃坦克、重炮、车仗、营帐并一应辎重物资，仓皇泅水退往东岸高地。

日军前锋因被黄泛区隔在平汉路，孤立无援，被中国军队围住，全部就歼。中国军队计掳日军四百余骑，缴获一五〇毫米榴弹炮四门。日军西占郑州，贯通津浦、陇海、平汉三大铁路干线，直冲武汉的战略计划，遂告破灭。

日军大本营得报蒋介石不惜代价，炸开花园口黄河大堤，自毁家园，使日军两个师被水淹没。不但损失大批重装备，且折去前锋一支军，锐气大挫。适有华中派遣军司令官畑俊六来电，请允统军进攻武汉，大喜。便依其建议，又提交五相会议开会认可、御前会议批准，议定征召后备部队，编组若干新师，使陆军增至三十四个整师，附独立旅、重炮旅若干，计一百六十万人。又调整战斗序列，在日本本土留驻二个师，朝鲜派驻一个师、台湾派驻一个旅，其余三十一个师尽派往中国大陆，分驻东北、华北、华中三处，且分为三支军。

第一支军是关东军，下辖第三、第四军，合拥八个整师、一个独立混成旅，仍以植田谦吉为司令官；第二支军，是华北方面军，下辖第一军、驻蒙军，合拥九个整师、六个独立旅，仍以寺内寿一为司令官；第三支军是华中派遣军，下辖第二、第十二军，合拥十四个

日军进攻合肥

整师、一个支队，仍以畑俊六为司令官。又传大本营命令，调海军第三舰队战舰一百二十艘、陆军航空兵三个飞行团、海军舰载机三支航空队，合战机四百架，并海军陆战队、攻城重炮旅若干，加强华中派遣军，以畑俊六为将，统华中派遣军并附属部队，溯长江总攻武汉，务在初秋结束战斗。又令华北方面军配合行动。

畑俊六受命进攻武汉，便研究地形，计算兵力。便以大别山为枢纽，将战场分为南、北两部分。北战场由第二军负责，以东久迩宫稔彦亲王为将。下辖四个整师，分为两路。一路由合肥沿大别山北麓西进，依次攻占豫省南部六安、固始、光州、罗山、信阳，切断平汉路。再折而向南，夺占武胜关，由孝感南下，从北路攻武汉后门；另一路也由合肥出击，折向西南，穿越大别山腹地谷道，经安徽舒城、霍山、叶家集，河南商城、沙窝、新店，湖北麻城、宋埠、黄安，在花园、孝感与北一路会师，合取武汉北门。

南战场由第十一军负责，以冈村宁次为将，下辖五个整师并一个支队，计为第九、第二十七、第一〇一、第一〇六、第六师并波田支队，分四路进攻。第一路是第六师，合三万人以稻叶四郎为将，先由安徽舒城绕大别山东麓南下，再沿长江北岸与大别山南缘之间的狭窄通道，经潜山、黄梅、田家镇、阳罗，进占黄陂，从东北方向逼近武汉；第二路是波田支队，辅以海军陆战队，合一万人，以波田重一为将，由海军舰队掩护，沿江进攻，经安庆、九江、马头镇、大冶、鄂城，穿越梁子湖北岸与长江间狭道，攻武汉东门，直取武昌；第三路是第九师，合三万人，以吉住良辅为将，随波田支队进至九江，起岸向南，占领瑞昌，再折而向西，穿越阳新、大冶之间的崇山峻岭，经灵乡、金牛、湖泗桥，从南面绕过梁子湖，进占贺胜桥，切断粤汉线，而后沿粤汉线南下，攻占湘北重镇岳阳，饮马洞庭湖，控制城陵矶，封住武汉以西的长江航道与洞庭湖出口;第四路是第二十七、第一〇六、一〇一师,合十万人,以本间雅清、松浦淳六郎、伊东政喜三人为将,也随波田支队进至湖口,夺占庐山,再沿南浔铁路南下德安,控制鄱阳湖,威胁南昌。而后出精兵沿修水西上,穿越幕阜山南麓谷地,经箬溪、辛潭铺,进占咸宁,控制汀泗桥,再向南进占崇阳、通城。

除南、北两战场六支军外,另有派遣军直辖部队五个师,计为第十八、第一一六、第十五、第十七、第二十二师,分以久纳诚一、清水喜重、岩松义雄、广野太吉、土桥一次五人为将。分据苏、鲁、豫、皖、京、沪诸占领区,维持后方交通线,必要时增援前方。总计用于武汉会战的日军部队,合计二个军十四个师、一个支队并辅以炮兵、海军陆战队、装甲兵,共五十万人,一百二十艘战舰,四百架飞机,大炮计约千门。

各路军得令后,赶紧收拢部队,补齐历次作战所折损的官佐、兵员、枪械,备足粮弹,在出发地集结。畑俊六为求稳妥,令波田重一率所部抢在六月中旬以前夺占安庆,为六路军前锋。又令其余五路,只待波田支队夺占安庆成功,便一齐出击。

第四十章

取安庆贼波田一马当先
失马垱薛蔚英罪不容赦

蒋介石得报日军总攻武汉，便请众将出计应敌。白崇禧析道："武汉近郊虽无险可守，然武汉以东，北有大别山，南有幕阜山，皆山高坡多，林深路隘，可伏千军万马，可阻敌进兵。两山之间是长江天堑，水阔流急。自安庆到武汉，沿江有马垱、湖口、半壁山、田家镇、富池口诸处关隘。又有皖河、蕲水、浠水、巴河、富水，且有泊湖、大官湖、龙湖、源湖、鄱阳湖、大冶湖、梁子湖，散布在沿江两岸，皆可阻敌长驱直进。我若分兵应敌，在长江以北，依托大别山布阵，利用湖沼山险，北扼双门关、大胜关、武胜关诸险，东守宿松、太湖；在长江以南，东扼鄱阳湖、南浔路，南守幕阜山、修水；再在长江水道，多布水雷，守住沿江要塞，虽不说久守武汉，亦最少可守武汉四至六个月。那时国际形势必已改观，则我抗战胜利，又添几分把握。"

诸将一齐叫好。蒋介石沉吟一阵，也出言赞道："你这一计，守武汉而不战于武汉，守之于近，战之于远，正合孙吴兵法要诀。"又补言道："果是上上之策。"便依其计。令以长江为界，划分江南、江北两战场。江北战场由第五战区负责，辖下部队计为第三、第四兵团，分以孙连仲、李品仙二人为总司令，其中第三兵团固守黄麻以北大别山阵地，确保信阳、武胜关，阻敌由豫南西进；第四兵团固守长江北岸阵地，以田家镇、浠水、巴河为核心阵地，以宋埠、黄陂为最后抵抗线。

另成立第九战区，以陈诚为司令长官，负责江南战场作战。辖下部队分为第一、第二兵团，分以薛岳、张发奎二人为总司令。其中薛岳统第一兵团各部队固守沿江要塞、南浔路、德安以北阵地，为全军右翼，阻敌向南作纵深迂回；张发奎统第四兵团各部队以幕阜山为依托，山北一支军固守通山、李家铺、金牛、保安、鄂城前方高地线，山南一支军固守三溪口、辛潭铺、浮屠街诸要隘，节节阻敌推进。

总计江南、江北两战区直接参与武汉会战的部队，合计四个兵团、十四个集团军、九个军团，共辖四十九个整军、一百〇八个整师，附以独立旅、要塞部队、中央直

常德会战，中国军队发起进攻

属炮兵、防空部队、海空军，计有一百万人，二百架飞机，三十艘战舰。又议定浙、皖、赣地区第三战区部队，由顾祝同指挥，集中炮兵，沿长江下游主动袭击，截断敌舰长江联络线，掩护第九战区鄱阳湖以东翼侧；豫境第一战区部队，由程潜指挥，在平汉线以西待机，掩护第五战区大别山阵地左侧翼。若日军占了信阳，沿平汉线南下，便由西向东侧击；山西第二战区部队，由阎锡山指挥，进攻晋南。第十八集团军各部，在华北扩大游击战，牵制华北日军，使之不能南援。

布置已毕，诸将依计而行。第五战区与第九战区部队各据长江一岸，利用鄱阳湖、大别山、幕阜山并沿江天险，日夜构筑工事，待机迎敌。其余第一、第二、第三战区部队，亦依令加紧行动，配合武汉会战。

安庆在长江中游北岸，属安徽省。日本大本营定计进攻武汉后，华中派遣军司令官畑俊六令波田支队首攻安庆，而后沿江继续西进，以为六支军先锋。波田支队基干是驻台湾的一个日军特种旅，受过亚热带作战训练，适于在长江两岸水网地带作战。又有海军陆战队一部附属波田支队。故波田支队名为一个支队，实有二万人，辅以大量海空军，战斗力较一个师犹强。

1938 年 6 月中旬，长江中游普降暴雨，平地积水盈尺。长江中游江段并沿江支流、湖泊，皆水位猛涨。守军堑壕、阵地，或被雨水冲毁，或被洪水浸没。沿江地形因水位变化，亦面目全非。日将波田重一奉畑俊六之命，秘率波田支队登船，由南京启程，逆江西驶。六月十一日夜半进至安庆江面。

那时暴风狂啸，雷电轰鸣，大雨如注，夜幕正沉。守城部队，虽有川将杨森第二十七集团军辖下一个师，官兵却因连日与暴雨洪水搏斗，转移阵地，尽皆疲惫，未防日军雨夜掩袭而至，码头阵地为日军前锋轻易攻占。待大队闻讯赶至，日军后队已源源登岸，扎住阵脚。一面向城区发展攻势，一面分兵攻占城郊飞机场。混战一夜，守军不敌，退出码头线，依险固守大关阵地。

不数日，日军各路军齐出，全面拉开了武汉会战战幕。南一路稻叶四郎率第六师，连占桐城、潜山、石牌，向太湖宿松推进。其余各路亦有进展。波田重一得安庆后，率军重新登舰，由海军舰队掩护，再溯江而进，到处登岸，攻城掠地。待六月下旬，又西进二百里，抵达马垱要塞以东江面。

马垱在皖赣两省接壤处，江面狭窄，不及一里。水流湍急，成为下游狭道。西去里许，江中央立一奇峰，名曰小孤山，高有数十丈。山虽不大，却高耸险峻，石峰如剑，直插青天，挡住中流，使流水千回百转，愈奔腾咆哮，观者为之目眩。因马垱险要，蒋介石令成立长江阻塞委员会，负责在马垱修设阻塞线，封锁长江水道。要塞守军合约二千人，以王锡焘为要塞司令。另成立马垱守备区，以李韫珩为将，指挥第十六军二个师，保障要塞安全。

日将波田重一率军进至马垱要塞以东江面，望远镜中见马垱山与小孤山互为犄角，扼住江面。江流咆哮，航道狭窄。又探得水下筑有拦江阻塞线，航道密布暗礁、水雷，舰船不能通过，心中焦躁。正无计可施，忽得密报，告说马垱要塞区守将李韫珩预定在六月二十四日举行抗日军政大学学员结业仪式，守军排以上军官皆与会。告左右道："此正利我用计奇袭。"便令海军战舰掩护小艇，配备重机关枪，密集扫射江面，自左至右，又自右至左，绝无遗漏，以破坏雷区。水雷多被击中爆炸，溅起水柱数十米高，直冲云霄。

不数日，航道皆被日军小艇探明，标上航标。雷区亦多被破坏。六月二十三日夜半，波田率军乘舰进至马垱要塞掩护阵地香口，凌晨四时换小艇登岸。守军上尉以上主官皆应邀到彭泽出席典礼，防备松懈。日军一枪未发，便占了香口。散兵无人指挥，纷纷溃散。

日军占香口后，水陆并进，继续向要塞进攻。幸防守主阵地长山炮台的海军陆战队未派人出席典礼，将佐齐全。薄雾中见日军来攻，急开炮阻击，始勉强守住了长山主阵地。次日，波田率军再攻。白崇禧在武汉得空中侦察报告，严令彭泽守将薛蔚英率所部第一六七师驰援。薛蔚英却畏惧日军空中攻击和江中舰炮火力，率军投山僻小路而进。待一师万人翻过崇山峻岭赶到马垱时，长山主阵地守军弹药耗尽，人员折损过半，无望之中，已弃阵而走。日军得了长山阵地，居高临下，四面乱轰守军。波田得马垱后，乘势向西追击，二十九日得了彭泽县城。七月四日又攻占湖口，控制了鄱阳湖通长江的出口。一时震动武汉。

蒋介石得报马垱要塞失守经过，令将第一六七师师长薛蔚英解往武汉，军法审判，以临阵脱逃罪，判处枪决。又令解除李韫珩职务，另派董钊任第十六军军长。其余作战不力部队，皆被解散，士兵缴械，编入其他部队。校以上军官一律送往看守所监押，由军法执行总监部会审，有罪治罪，无罪送师管区军官队收容。枪决薛蔚英震赫全军，此后将士无不拼死力战。

湖口失陷后，日本华中派遣军司令官畑俊六愈骄气十足，令松浦淳六郎率所部第一〇六师进至湖口与波田支队合兵，又派一个海军陆战旅同行。三支军合五万人，统由冈村宁次指挥，沿江西攻九江。

九江在江西省北部，北临长江，南倚庐山，东倚鄱阳湖。守将第二兵团总司令张发奎奉蒋介石之命，亲到九江坐镇，调第二十五军、第五十四军、第二十九军团、第九集团军，分以王敬久、霍揆章、李汉魂、吴奇伟四人为将。四支军合七个整军、十六个整师，合二十万人，环九江部署，沿江沿湖分守星子、姑塘、九江、码头镇、瑞昌诸要点。

七月二十二日，大雨滂沱，雷电交加，夜黑如漆。日将波田率军万人，乘雨夜又来偷袭。夜半时分，风雨雷电正急，日军前锋一团分乘百余艘小汽艇突然掩至，利用风雨声掩护，在九江城东鄱阳湖边小港姑塘登岸。守军只一个预备师，成军未久，训练不足，骤遇日军掩至，仓促投入战斗。混战至黎明，虽击毁日军小艇十余艘，仍不能扭转危局。

张发奎在九江城得报日军攻姑塘，也知预备师难以久持，急令附近守军第七十军辖下第一二八师救援。第一二八师原为湘西陈渠珍的土著部队，钻山游击则可，

日军伤亡严重

真刀真枪打阵地战则逊于正规军，且装备陋劣，步枪、机枪多为汉阳造，故部队战斗力甚弱。

第一二八师师长顾家齐奉令救援姑塘，急催军启程。官兵不守纪律，行军吵吵嚷嚷。因雨夜行军，天黑路滑，恐跌下山崖，竟打手电照明。湖口泊有掩护波田支队的日舰二十艘，正寻射击目标。见岸上吵吵嚷嚷，电筒光刺破夜空，乱晃乱射，如何肯放过机会？一齐掉转船头，各以舷炮，瞄准灯火起处，一齐发炮。烟尘起处，立时人仰马翻。第一二八师未到姑塘，已在日军舰炮火力攻击下，折去三四成，余皆狂呼乱叫、夺路溃逃，冲乱其余部队，引起全阵惊慌。姑塘遂失。

日军得了姑塘，在湖口西岸站稳脚跟，后队源源登陆。乘守军阵形大乱，地空配合，水陆并进，飞机滥炸，舰炮齐轰，步骑冲锋。守军惊惧，争先恐后放弃阵地，向远离江边湖岸的内陆阵地转移，形成溃逃局面。人马自相践踏，折损无数。前后不过四五日，日军便轻取九江。第二兵团总司令张发奎眼见二十万军未守住九江一城，只得向西撤往瑞昌。

蒋介石因接连失去马垱、湖口、九江诸镇，大怒，令众将出计挽救危局。陈诚道："此次连失数城，失在将帅不和。古人云，三军易得，一将难求。若要挽救危局，可先换将。"便议以薛岳为将，统一指挥江南各军，道："大别山我军，以桂军为主；幕阜山我军，粤军集中。薛岳是广东人，在粤军中威信颇高，不如将张发奎调往后方，令薛岳全盘指挥南岸军队，再以吴奇伟相助，事情就好办了。”蒋介石便令将张发奎调回武汉，又令南岸各部队皆由薛岳、吴奇伟二将指挥。

薛岳与吴奇伟二人受命指挥长江南岸各军作战，不敢怠慢，连夜仔细对图研究战区地形，令第六十四、第八、第四、第七十四、第七十军，分以李汉魂、李玉堂、欧震、俞济时、李觉为将，五支军合十万人，进驻金官桥一线阵地，掘壕据守，阻敌进攻。为求稳妥，又在金官桥防线南二十里构筑第二道防线，这道防线西起岷山，中经黄老门，东抵庐山东麓，是为黄老门防线。防线南二十里，又以乌石门为核心，构筑第三道防线，以备节节阻击日军进攻，最后守住修水防线。

日将波田重一与松浦淳六郎在七月二十六日攻占九江后，得意洋洋，议道：“皆说张发奎能战，粤军是铁军，在我大日本皇军面前，却望风崩溃。照此看来，结束武汉会战的时间还会提前。”便依预先计划，在九江分兵。波田率所属波田支队，由海军第三舰队护送，继续沿长江西，攻占半壁山、富池口诸沿江要镇，呼应江北第六师西进。松浦淳六郎率所部第一〇六师出九江，沿南浔铁路南进，扫荡南浔路，掩护波田支队左侧翼。

七月三十一日，松浦经连日试攻，探明中国军队在金官桥一线，西起瑞昌城门湖，东至庐山北麓，依山布阵，便发动猛攻。当日天色未明，便召来日军轰炸机，或从安庆陆上机场飞来，或从江中航空母舰飞来，依次乱炸中国守军金官桥防线阵地。空袭未毕，又集中野炮、山炮、迫击炮、舰炮火力，分三线饱和轰击，是以短程迫击炮与江中舰炮轰第一线，中程山炮轰第二线，远程野炮轰第三线。眼见阵前火起，方令四个步兵团一线摆开，齐头并进，向守军金官桥防线猛冲。待冲至阵前，迎面忽枪炮声大作，弹幕如雨，射向日军前锋，手榴弹亦在日军队列中开花。

松浦折了一阵，并未在意。整理部队再攻。仍先以飞机轰炸，炮群分三线急袭，步骑兵随后冲锋。守军仍照前法应敌，又将日军打退。如是者一日数阵，接连数日，金官桥一线山头阵地，树木皆被烧焦，只剩下满山光秃秃树干，满山新土，如被犁深翻过一遍，又被耙细细耙过一遍。阵前大路小路上、山涧边，横七竖八，摆满日军尸体。适逢盛夏，尸体经雨水浸泡，尽皆腐烂，腐臭味随南风吹至九江日军营中，又引起传染病。

松浦因连日猛攻金官桥防线，折去无数生力军并军火，却未得寸土，心中发烦，无计可施。副将献计道：“我军是客，支那军是主，我军只一师四团，支那军有五军数十团，在数量上是我十倍，故我军贵在出奇制胜。今我军把四个步兵团一线摆开，平均用力，处处不占优势，不若改变战法，采用中央突破战术，如此必能攻破支那军金官桥防线。”松浦便依副将计，调整部署。

隔日，松浦再攻金官桥防线。仍先派飞机轰炸，次令炮群轰击。火力急袭毕，左、右两翼各一支军，摇旗呐喊，虚攻至阵前，架机枪与守军对射。却将主力军，计约万人，集中于中央位置，沿铁路线两侧，向守军金官桥防线中央阵地猛攻。

金官桥防线中央阵地守军是第七十军，以李觉为将。李觉所居阵地，右倚庐山，翼侧有一高地，名鸡窝岭，林深坡陡，攀登不易，却居高临下，控制全阵，可以机枪、迫击炮封住日军进攻通道。李觉战前看过地势，依薛岳、吴奇伟指示，正面主阵地第一线只部署警戒部队，将主力置于第二线，用于反冲击。又派一个营，附以三个营属迫击炮排，秘密登上鸡窝岭，构筑隐蔽阵地，支援正面主阵地。

日军连攻数日，皆被打退。这日松浦忽改变战术，集中兵力猛攻第七十军防线。眼见日军成千上万，不计生死，如潮涌至阵前，打倒一批，第二批又接踵而至。正危急时，鸡窝岭伏兵突然出击，轻重机枪从侧翼高地向下猛扫，迫击炮亦从高处瞄准日军兵力密集处发射。日军突遭侧射火力打击，阵形大乱，人马死伤无数，仍退回原处。

鸡窝岭守军营长登高望见山下有日军辎重部队扎营，乘夜暗派兵下山偷袭。连袭数次，打乱日军补给运输。松浦无计，转而集中兵力攻鸡窝岭。待冲至山腰，山头枪炮齐发，手榴弹猛滚而下，正面防线第七十军主力也以重机枪火力侧射。正侧交叉，日军又从鸡窝岭撤退。自此日军攻正面防线，鸡窝岭守军便发枪发炮侧击。日军若转换正面进攻鸡窝岭，正面防线守军又全力支援鸡窝岭，正侧配合，松浦中央突破计划又告破产。

战至八月中，日军第一〇六师累计已折去数千人，连、排长死伤过半，团、营长死伤八员。兼之日军官兵不适应长江中游暑热天气，军中流行瘟疫，染疫者不计其数，几失去进攻能力。

冈村宁次见伊东政喜第一〇六师又被阻在鄱阳湖西岸东西孤岭一带，进退不得。只得再调第二十七师，以本间雅晴为将，进占九江以西重镇瑞昌，然后折向西南，沿战区大三角左斜边瑞武公路直趋修水上游重镇武宁，遮断南浔线与粤汉铁路各横向公路线，从西面包抄南浔线。犹恐胜算不足，又遣第九师，以吉住良辅为将，从九江登陆，加入北线正面，会同松浦淳六郎第一〇六师残部，再攻金官桥防线。

自此日军三路计四个师十余万人枪，协同进攻。天上飞机盘旋，水面战舰游弋，地面战车横行，水、陆、空配合，昼夜猛攻，南浔线周围，庐山以西、以南，长江、鄱阳湖夹角地带，日夜炮声隆隆，硝烟弥漫，杀声震天动地。

战至九月中，右路日军第一〇一师冲过东孤岭，又占了西孤岭；左路日军第二十七师沿瑞武线与守将高维所率第十八军三个师恶战，向西南节节推进，占了金官桥防线左侧后茶园陵、白石崖两处据点。正面日军第九师投入战斗后，连占鲤鱼山、杨坪山、北极峰诸侧翼阵地，又占了岷山。

金官桥防线各军已苦战四十余日，军中疾病流行，士兵不死即伤，不伤即病，体力日衰。蒋介石得报金官桥防线守军诸般情况，令薛岳调损失最重的第七十四、第七十军退往后方休整。薛岳便令各军交替掩护，分前、中、后三队，乘夜向南撤往第二线阵地，左倚岷山，右倚庐山，中央以黄老门为骨干。

第四十一章

反守为攻薛伯陵报捷万家岭
车轮大战白崇禧大战黄广圻

守军刚撤到第二线黄老门防线，据阵未稳，背后日军第一〇六师与第九师衔尾追踪而至，左、右两翼日军第一〇一师与第二十七师也包抄过来。薛岳得报，料黄老门防线亦难久守，令各军沿南浔路再南撤一程，退守第三线乌石门阵地。

乌石门在博阳河北岸，由沿河岸一系列丘陵连绵而成，标高数百米，东西长有十余里。乌石门居中，扼住南浔线。左端点另有一山，名曰白云水，自左端点突然折转，向西北方斜向伸展。右端点也有一山，却是庐山西麓，接住乌石门山系右端点，向东北方向延展。三列大山首尾相倚，呈一反八字。反八字凹进处，是一小盆地。盆地北沿便是马回岭。山高坡陡，道路崎岖。相传古人征战，骑马到此，马不能进，只得回头，故有马回岭之称。日军若攻德安、南昌，须经马回岭，沿南浔线穿过马回岭南面盆地，夺占乌石门，再渡博阳河、修水。

薛岳在金官桥防线攻防战愈演愈烈，双方相持不下时，便到乌石门防线实地作过勘察。见乌石门反八字山系正当马回岭盆地盆沿，正侧呼应，正控制盆地中央南浔线。已调兵沿盆沿山地预先筑好阵地。因黄老门防线难以支持，便令守军又退往乌石门反八字阵地，占领盆沿山地，稳据阵地，待机迎敌。阵地密布重机枪，射程四千米，三面交叉射击，火力可覆盖小盆地。山头炮群，亦可俯射全阵。

日将松浦淳六郎与吉住良辅率所部第一〇六师与第九两师，苦战兼旬，冲过金官桥防线，进至黄老门防线。见山势险峻，林木茂盛，控住南浔线，料定薛岳必以重兵死守，便令部众止步于山前。先派飞机，以百计数，滥炸一遍。又集中两个师所有大炮，并有从第十一军直属队派来支援的重炮队，计有三百门，自东而西，密集摆成三横列，又狂轰一遍。眼见黄老门正面数十里山地，烟尘滚滚，大火冲天，树冠皆被削

日军进攻汉口

去，山头各被削平，沟壑皆被新土填满，以至溪流纷纷改道，方令步骑兵冲阵。

待爬上山头，却是空阵。守军早乘夜投山僻小路南去。二将懊悔不迭。率军继续沿铁路向南追击。又行一程，进至马回岭山前，见马回岭山高坡陡，林深叶茂，正控住铁路线。马回岭以南，一马平川，再往南方有乌石门挡道。议道："马回岭有一夫当关，万夫莫开之险。薛岳主动放弃黄老门防线，必是以为马回岭可以固守，诱我至马回岭山下。却不知我军有重炮数百门，攻无不克。"又令架炮急攻。

乱轰过后，令步骑兵冲锋，待到阵门，阵上鸦雀无声。恐有伏兵，愈小心翼翼，左右队交替掩护，缓缓而进，冲上山头，又见空无一人。日将松浦与吉住自冲过金官桥防线后，又冲过黄老门防线，再次占马回岭，向南俯瞰马回岭前盆地，喜道："薛岳真不知兵，竟舍弃黄老门、马回岭天险，不战而退，必是战力已衰，败亡在即，来日正可全力进攻，一鼓作气冲过乌石门，强渡博阳河与修水，夺占德安与南昌。"

次晨日出，日军大队人马分前、中、后三队，过马回岭，沿南浔线，浩浩荡荡开过马回岭，进入马回岭盆地。大路小路并铁路路基，塞满日军人员、骡马、车仗、辎重。且日军因连过几处天险，皆未经战斗，故防备松懈，并不按战斗队形进兵。前队进至乌石门外，忽闻号炮响处，升起三颗红色信号弹，伏在反八字盆沿三面山头上的守军，各以重机枪远射火力，交叉射向盆地。山炮、迫击炮、重炮，只顾装填预先备下的炮弹，急向盆地中央猛射。一时三面枪炮齐发，马回岭前盆地，烟尘滚滚，火花乱飞，枪声、炮声、骡马惊叫声、伤员哭骂声，相互交织，惊天动地。日军数千人马，拥在盆地中央，突遭三面猛烈火力交叉攻击，立时人仰马翻，折损无数。盆地中央纵横十余里地，人挤车，车撞马，马踏人，乱成一团，拥进盆地的日军人马，三成战死，三成带伤，余皆弃械，仓皇后退。盆地中央，漫山遍野皆是日军遗弃的枪械、弹药、钢盔、车仗并人马尸体。

因在马回岭前骤遭打击，损失惨重，日军连日只派疑兵，在马回岭前探头探脑，不敢强攻。松浦忧道："欲取德安、南昌，须过乌石门；欲过乌石门，须穿过马回岭前盆地。马回岭前盆地又被乌石门反八字防线三面包围，火力交叉，我军纵然再加十倍兵力，也填不满马回岭前盆地。"

吉住亲到阵前，观察良久，出计道："我有一计，可破乌石门反八字防线。"松浦问其详。吉住道："乌石门反八字阵地固然有一夫当关之险、金城汤池之固，却可以从侧翼迂回而过。"稍顿，又指图道："如今我军右翼第二十七师由瑞昌冲过岷山后，沿瑞武公路向西南方向急进，直奔宁武。支那军恐宁武有失，已调后备部队纷纷开往宁武公路沿线，节节布防，保卫宁武。乌石门反八字阵地以西皆是空谷，无兵据守。我军若在马回岭正面虚攻，却以主力从西面绕过白云山，从侧后进攻，乌石门反八字阵地可不攻自破。"

松浦闻计大喜，便依其计。此时日军补充兵皆从本土开到，补入部队。日军两个师新得补充，又齐装满员。二将约定，吉住率所部第九师在马回岭正面广布疑兵，佯作进攻状，吸引守军。松浦率所部一〇六师四个步兵团，辅以骑炮工辎，官兵各带五日干粮，并相应弹药，乘夜悄然投山僻小路，绕过白云山，从西面包抄乌石门防线。

守军第一兵团总司令薛岳在司令部坐镇，每日阅读战报，分析军情。见日军第一〇六师与第九师新得补充后，连日只在马回岭前摇旗呐喊，并不进攻，心想："日军一向讲究速决，且自恃炮火犀利，无坚不摧，决无稍受挫折，便屯住大军、止步不前之理。"遂到乌石门反八字阵地白云山防线，登高观察，果见日军步骑兵在马回岭前林中频繁调动，并不进攻。又仔细观察日军队列细处，见山林中看似无数日军前后左右调动，其实是以同几支军反复运动、反复进退，告左右道："此是疑兵。"

又详析道："兵法有云，虚者实之，实者虚之。日军在我阵前广布疑兵，必有阴谋。"急走向地图，苦思半日，仍难明确判断。吴奇伟道："日军既在我乌石门防线正面广布疑兵，其意必是吸引我注意力，以便掩护主力迂回偷袭。"又指图道："乌石门反八字防线西翼、白云山以西是万家岭，山高林密，东距德安四十里，南距柘林二十里，正从西面绕过乌石门防线，且有丛林小道与德安相通。若我是松浦淳六郎，从马回岭正面攻不下乌石门反八字防线，必派兵从万家岭迂回，绕攻德安。"

话未落，忽从门外进来一位女军人，年不过三十岁左右，一身灰布军装，脚缠裹腿，腰插手枪，英姿飒爽，却是吴奇伟夫人龙文娱。龙文娱，原是黄埔军校武汉分校女生队学生。虽贵为总司令夫人，却不愿在大后方养尊处优，带了一百余名男女青年志愿者，组成战地服务团，自任团长，做救死扶伤、烧茶送水、慰劳将士诸般杂务，曾在麻城宋埠举办过干训班，自任主任。

薛岳见吴奇伟夫人到，正要寒暄，吴奇伟沉下脸斥龙文娱道："此是司令部，正在商议军机，你无事来凑什么热闹？"龙文娱横了吴奇伟一眼，回敬了一句，反驳道："你怎知我无事？"说时俏脸生辉。未待吴奇伟反应过来，便径自向薛岳道："报告薛总司令，我带服务团人员从宁武过来，途经万家岭时，见有日军大队人马，特来报告。"

原来，龙文娱带一队服务团人员从宁武抄近路到白云山防线，途经万家岭时，远远望见岔路口有一队人马自北而南开到，皆穿灰军装，心想："我军正在乌石门防线与日军鏖战，此处如何有部队向后开？"正要上前探问，忽听见隐隐说话声，皆是日语，意思是肃静、赶快之类。大是惊诧，再仔细观察，却见来军虽穿灰军装，脚下却穿日式胶底鞋，知是日军。急率队隐蔽。待日军过后，方带队穿过路口，一气跑上白云山。愈想愈觉可疑，又得报薛岳、吴奇伟皆在白云山军中，便来报告。

薛岳听过龙文娱报告，又问了一些细节，如日军过路部队兵力大小、装备情况之类，感谢龙文娱，赞道："若非嫂夫人探得日军行踪，及时来报，乌石门防线必顷刻土崩瓦解。"又赞道："嫂夫人真乃巾帼女杰。"龙文娱闻赞，愈面泛桃花，瞟一眼吴奇伟，揶揄道："我不是无事吧？"说完毕恭毕敬向薛岳行了一个军礼，告辞出门。正眼也不瞧一眼吴奇伟，弄得吴奇伟哭笑不得。

薛岳送龙文娱回来，笑道："也多亏嫂夫人送来这一天大消息。"又道："有一个多月未见夫人面了吧？正好用心慰劳一番。"吴奇伟笑而不答，却岔开话头，归入正题，道："我瞧日军这支部队投南而进，伪装成我军，皆带轻武器，且人数不多，必是日军前锋探路部队。日军大队必随后跟进,须尽早部署应对之策。”

薛岳道:“万家岭以南有叶肇第六十六军,可就近据险阻击,迟滞日军进攻速度。再以白云山、南浔线守军第四、第七十四、第六十四军,转换正面,变背西面东为背东面西,攻敌左翼;另从瑞武线抽调第三十二、第七十八、第七十、第十八军,也转换正面,变背东面西为背西面东,攻敌右翼。三支军合八个军计十五万人,布成袋阵,围住万家岭。待敌来攻,必可全胜。”吴奇伟赞道:“果是好计。”二人又议一阵细节,便十万火急传令各军,倍道兼程,向万家岭攻击前进。又令吴奇伟为将,统一指挥万家岭作战各军。

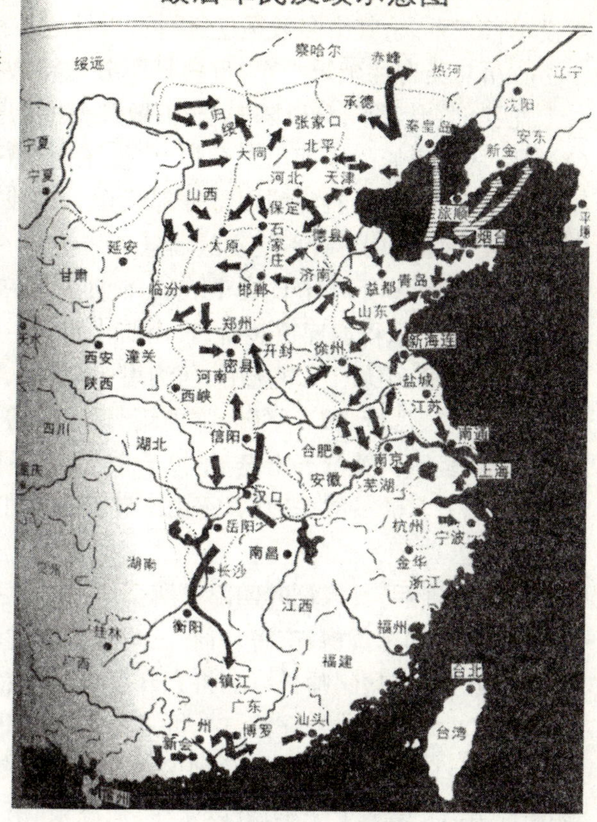

敌后军民反攻示意图

调整部署已毕,日军第一〇六师已进至万家岭。前锋投山僻小路向南猛插猛进,正撞上叶肇所率第六十六军两个师。双方激战。松浦闻前方枪炮声,令后队源源而进,投入战斗。叶肇率军且战且退,将松浦引入阵中。日军万人争道南进,队形散开,人马车仗塞满万家岭各处河谷、小径。正乱时,左、右各一支大军杀到。左军是第四、第七十四、第六十四军,分以欧震、俞济时、李汉魂为将;右军是第三十二、第七十八、第七十、第十八军,分以商震、张再、李觉、黄维为将。两军合十余万人,漫山遍野而来,一齐扑向万家岭,将日军第一〇六师四面围住,截成无数截。

叶肇也率第六十六军停止后退,自南而北投入进攻。万家岭周围数十里地,日夜炮声隆隆,烟尘滚滚。松浦率孤军犯险,守军却拥数倍人枪优势,且据地利,以逸待劳。日军如何能敌?混战数日,日军粮绝弹尽,折损过半,连、排长更大部战死。被围于几处孤立山头。松浦师部连遭攻击,守军步兵几番冲至松浦师部百余米处,险将松浦捕获。

日军第十一军军长冈村宁次得报第一〇六师在万家岭被围,陷入绝境,急令伊东政喜率所部一〇一师由西孤岭涉险强攻德安,从东面解救万家岭之围;令本间雅清率所部第二十七师停止西进,由瑞武路折而向东,攻击中国右军侧背,从西面解救万家岭之围;令吉住良辅率所部第九师强攻乌石门防线,不惜代价,牵制中国左军，使之不能全力扑击；又派大队飞机，向万家岭第一〇六师残部空投粮食、弹药，并空投军官三百人，其中多数是连、排长，以补战斗损失。

薛岳与吴奇伟坐镇中军，得报日军分三路救援万家岭第一〇六师残部，急调第二十九、第二十五军，分以陈安全、王敬久为将，沿德星公路节节设防，挡敌东路第一〇一师；从万家岭战场抽出六个师，调换正面，重按背东面西态势倚险布阵，挡敌西路第二十七师；令乌石门防线留守部队全力奋战，挡敌第九师；其余部队，继续在万家岭猛攻，收拢包围圈，不使残敌喘息。

恶战一周，到十月十日战斗结束。松浦一师在万家岭折去十之七八，余下十之二三，亦皆疲惫。只得遗弃重装备，投山僻小路，钻过守军包围线间隙，向北退走。万家岭方圆数十里，山坡上、草丛中、河沟里、小路旁，漫山遍野皆是日军人马尸体，并所遗钢盔、马鞍、皮带、破衣烂鞋、弹药箱、毒气筒等一应物品。薛岳大获全胜，清点战绩，计缴获轻重机关枪五十挺，步枪千余支，军马百匹。日军战场遗尸三千余具，伤者又加倍。因万家岭一战失败，日军由南路经幕阜山两侧迂回武汉南门的计划，便不能按期完成。

安庆失守后，日将稻叶四郎率所部第六师，沿长江北岸西进，占了潜山、太湖、宿松各城，便向鄂东黄梅、广济、圻春三角地区推进。第五战区代理司令长官白崇禧急召第五战区第四兵团师长以上将官开会，议应敌之策。令第六十八、第八十四军，分以刘汝明、覃联芳为将，守黄、广、圻三角地区西北；令川军第四十四、第六十七军，分以彭诚孚、许绍宗为将，守三角地区东北；令第二军以李延年为将守田家镇要塞；另调第七、第十、第三十一军，分以张淦、徐源泉、韦云松为将，往来机动，救应各军。

却说日将稻叶四郎得报白崇禧调四个军在黄广圻三角地区密集布防，阻止日军第六师沿江西进，心想："白崇禧在支那军中有小诸葛之称，且以八个军对我一个师，是把第六师当猛虎围攻，须加意小心。"

试攻数日，探得守军虚实，将军分三路，一路搭乘海军舰船，沿江哨探，或进或不进，以为疑兵；一路从东北方向沿江岸佯攻，牵制沿江守军；却自率主力，投西北方向急进，直插黄梅。八月二日，进至黄梅城外，撞上守将刘汝明，率所部第六十八军据城恶战，八月五日方退。

日军虽占黄梅，已十分疲惫。白崇禧令各军反攻，接连发动反突击，又收复太湖、潜山、宿松各城，切断日军联络线，将日军第六师前锋困在黄梅。稻叶四郎无计，只得收缩战线、停止西进，转攻为守。

日军华中派遣军司令官畑俊六得报稻叶四郎第六师陷入困境，急令藤田进率第六师救援。又令从长江水路运送补给品，支援第六师。稻叶四郎得补给后，实力恢复，集中力量攻广济。广济守将覃联芳见日军第六师西攻广济，便利用地形，率军据守城东山地，占领龙头寨、沤烟寨、大小坡一线阵地，倚险布防，扼住公路。稻叶四郎率军攻至阵前，闻是广西军据守，告左右道："广西军团体观念强，训练有素，装备也硬，善打夜战、山地战、白刃战，尤能爬山。桂将白崇禧、李宗仁，皆通兵略，万不可冒进。”

试攻数日，一无所获。闻报其余五路日军皆有进展，恐被抢了头功，早把自己定下的戒律置之脑后。率军急攻，不计代价。每日天色未明，便召来飞机轰炸，然后令集中大炮轰射，待守军阵地火起，方令大队步骑兵分成无数路，猛向山头阵地冲锋。覃联芳率军死战。官兵据住山头阵地。日军炮火急袭时，皆隐入阵内。待日军步骑冲至阵前，一齐爬上射击口，机枪、步枪交叉齐射，手榴弹、迫击炮弹齐发，打得日军人仰马翻。又乘机攻入敌阵，与日军肉搏。入夜时分，又组织夜袭队，摸入日军阵地，刺刀乱捅，手榴弹乱炸，或收复日间所失要点，或惊扰日军夜宿，使之不得安宁。

如此恶战兼旬，两军反复冲杀，反复进退，阵前遗尸无数，山头皆被炮火削平。原先密若翠盖的树木也被大火烧光，险处已无险可言。官兵伤亡日增，覃联芳始率军西撤。稻叶四郎率军冲过龙头寨、沤烟寨后，继续进攻卓必寨、梅川城、丛山口各关隘。白崇禧令各处守军采用车轮战术，各依险阻敌，或一二日，或三五日，各依战况进展而定。每一处关隘，皆要反复肉搏，反复争夺。尤其是广济城外丛山口争夺战，广西军第一七四师七进七出，反复冲杀，令日军胆寒。

九月九日，稻叶四郎折去无数人枪，混战数十阵，始得广济。广西军各师亦在混战中折损严重，其中第一八八师与一八九师各折六七成，已失去战斗力。广济民众感念广西军不畏暴日，敢冲敢杀，纷纷以歌颂之。

第四十二章

恶斗狼师李延年水淹田家镇
掩护主帅黄福荫奋守大冶城

日将稻叶四郎率军攻占广济后，因连番恶战，兼之暑热进兵，军中疫病流行，部队减员甚多。便以伤病员守城，挑出精锐，加上第三师新增援部队，合一万五千人，出城向南，进攻田家镇要塞。田家镇要塞紧靠长江北岸，位当黄、广、圻三县之间，不但是鄂东门户，且是长江沿线第一大要塞。

由田家镇东去一百二十里，是名城九江；西经黄鄂要塞，到武汉直线距离约二百五十里。田家镇南渡长江偏东，另有半壁山与富池口两处险要，与田家镇夹江而峙，锁住长江，成为武汉东大门。从图上再细看田家镇，南临长江，东有武山湖、黄泥湖，有闸门通长江北面是松山口，重叠连绵，林木茂盛，标高三百米左右。且是土山，易修堑壕工事。因田家镇扼长江天险，是日军沿长江西攻武汉的必经之路，故国民政府在民国二十四年拟订的国防计划中，便辟田家镇为重点要塞区，筑有要塞工事多处，与江对岸富池口、半壁山要塞工事相互守望。南京失守后，又几经改造，使之现代化。

七月，日军发动武汉作战，马垱、湖口要塞相继失守。将介石因田家镇要塞是屏护武汉沿江方向的最后一道门户，急调心腹将李延年率所部第二军两个师镇守田家镇要塞，任为田北要塞指挥官；又调心腹将霍揆彰率所部第五十四军两个师镇守江南富池口与半壁山，呼应田家镇守军。且合两军为第十一军团，任李延年为军团长，统一指挥要塞两岸作战。

除以上二军外，另调第二十六、第八十六两军，分以萧之楚、何知重为将，驻扎田家镇要塞区以外，掩护田家镇外围阵地。

日将稻叶四郎率军出广济县城后，约行一程，抵达松山口。两面高山夹峙，形势险要。日军第六师前锋进至山口，迎面一阵枪弹泼风般扫过来，日军猝不及防，立时人仰马翻，仓皇后退。却是第八十六军军长何知重率军进至山口，依险布阵，候敌多

被我军摧毁的日军子母堡垒

时。见日军大摇大摆而进，不成战阵，乘机先发制人，胜了一阵。何知重，贵州黔北人，辖下部队计为第一〇三、一二一师，分以何绍周、牟庭芳二人为将。

稻叶四郎在松山口中伏，折了一阵，心中怒极。便令架炮狂轰松山口守军阵地，然后以步骑冲锋。适逢天降大雨，天上阴云四合，山头雾气蒸腾，地面积水半尺，日军飞机不能出动，地上步炮亦难协同，故虽竭力猛攻数日，一日数阵，仍不能越松山口半步。

过了数日，阴云散去，天空放晴，稻叶四郎大喜，便调齐各路军再发动猛攻。先令飞机轰炸，再令集中大炮狂射，待松山口各处山头阵地火起，方乘烟雾未散，令大队步骑分波次轮番冲锋，第一波被击退，第二波再冲，轮换交替，决不稍歇。恶战至黄昏，松山口附近山头皆被削平，树木多被炮火烧成一截截枯桩，守军工事被炸得七零八落。日军预备队乘势投入战斗，拥上山头。正危急时，左、右两翼忽枪声大作，叫杀声惊天动地，各有一支军杀到，却是萧之楚闻松山口第八十六军防线告急，率所部第二十六军两个师分从左、右两路来救，冲至阵前。守军见援军突至，士气大振，亦皆平端带刺步枪，从山头阵地向敌阵俯冲。三路合击，将日军压向谷底，困在垓心，再以优势兵力，刺刀捅，手榴弹炸，与日军肉搏。

日军所恃者是炮火犀利，飞机助战。两军混在一处肉搏，其长处不能发挥。尤其夜幕降临，深恐陷入夜战，心惊胆战，急与守军脱离接触，冒烟突火，落荒而逃。何知重、萧之楚二将合兵一处，见敌逃遁，追出一程。见天色已晚，恐遭伏击，方退回本阵。打扫战场，计得枪械、弹药、辎重无数。

隔日，日军援军赶到。稻叶四郎整理败军，重新部署。召来百架飞机，飞至松山口狂轰滥炸，又调来野炮大队，瞄准山头狂轰。火力急袭已毕，再令大队步骑兵，计约万余，分无数路冲阵。日军连日进攻失败，骄狂气顿消，进攻时各按班、排、连、营队形，交替掩护，依次而进，虽未遇守军抵抗，仍不敢大意。

捱至午后，缓缓爬上山头，阵中空空荡荡，守军早已退走。稻叶四郎虽得了松山口，仍怒气冲冲，暗骂守将狡猾，惋惜空耗去无数炸弹炮弹。料守军退去不远，率军急追。下山不远，左侧翼一支军风卷而至，从山林中拦腰杀进日军队列，刺刀捅，手榴弹炸，杀得日军人仰马翻。袭击部队越过大路，进入右侧大山。日军再进一程，右侧山林中忽又钻出一支军，也是拦腰杀进日军队列，左冲右砍。这样左一阵，右一阵，待到天黑，日军已受四五轮截杀。

原来，何、萧二将负责田家镇外围阵地防守，见日军连日猛攻，松山口附近山头尽被炸平，树木已烧光，再无险可守。且料定日军再攻，必加倍猛轰山头。再守山头阵地，徒增伤亡，便率军乘夜主动退出松山口山头阵地。又将两部人马四个师分为四队，每队一个师，伏在大路翼侧。待日军越过松山口继续南进时，左出右入，右出左入，依次轮换截杀。稻叶四郎原未料守军反击得胜后会主动放弃松山口。及至耗费无数炮弹，占了松山口，亦喜亦怒，只顾追击，未料守军放弃松山口险要阵地后，又在半途伏兵截杀；杀了第一阵，又有第二阵。致使日军尸横大路，折损无数。

待夜幕降临，稻叶四郎不敢夜战，只得令军当路扎营，严密警戒。守军占住侧翼高山阵地，不时枪、炮齐发，伴之以呼号呐喊。日军虽苦战一日，夜间仍数度惊惶，不能安眠。

自过松山口后，稻叶四郎率军且战且走，大小战数十阵。九月下旬，始到田家镇外。略歇一夜，收容后队，摆好阵势，准备次日天明进攻。要塞守将李延年，见要塞正面临江倚湖，料日军纵然装备精良，炮火犀利，亦难攻破。便将军分两支：偏师守卫东南临江、临湖正面，却将两个主力旅调往北面，面对松山口方向，依险布防。官兵依令而行，占领阵地，夜以继日抢筑工事，严阵以待。

到九月下旬，日军主力果舍弃正面，由田家镇以北松山口方向绕至要塞侧背，急率军应战。

日将稻叶四郎率所部冲过松山口，绕至田家镇城北，见果是要塞薄弱部位，心中喜道："亏我有先见之明，避实击虚，舍近求远，绕道到了田家镇以北。既得了松山口，田家镇北面门户洞开，可任我自由进出，明日用奇计，田家镇可一鼓而下。"

计算已毕，暗暗调兵。天明时分，日军大队飞机隆隆飞至田家镇上空，左右翻飞，并不投弹。守军见日军飞机飞临上空，纷纷隐入阵内避弹。稻叶四郎却令日军前锋，皆是精兵，乘雾掩袭而进，一举夺占了守军前沿数处阵地。

原来，稻叶四郎自出潜山，取太湖、宿松、黄梅、广济、松山口，每战必先令飞机轰炸，重炮轰城，再令步骑冲阵。守军摸透日军进攻定式，每见日军飞机轰炸、大炮射击时，皆隐入阵内，故伤亡不大。待日军步骑冲阵时，方上阵抵抗，每能打退日军进攻。稻叶四郎便改变战术，令机群飞往田家镇游弋，虚作投弹，待守军避弹时，却令预先伏下的突击队偷袭，竟一举成功。

守将李延年见日军变换战术，以偷袭之法得了前沿阵地，心想："第六师不愧为日军精锐，果然狡猾。"告官兵道："日军第六师是我国军民死敌。民国二十六年日军攻济南，血腥屠杀济南军民，便是这个第六师；南京大屠杀，杀我军民数十万者，也以这个第六师为主。今攻武汉，第六师又是先锋。"嘱官兵奋力与日军第六师见个高低。

便调精锐分成多路，发动反冲击。日军后队也源源而至。两军在田家镇北面湖泊山地往来冲杀，白刃格斗，反复进退。枪声、炮声、喊叫声相互交织，震动长江两岸。日军飞机数次飞临上空，因见两军阵线犬牙交错，混在一处，不敢投弹，只得摇摇翅膀，飞往江南，将炸弹倾泻到富池口与半壁山两处。恶战至晚，阵前遗尸无数。双方皆疲，各自收兵。李延年虽未收复失地，稻叶四郎也未再有新进展。

是夜，阴云四合，狂风呼号，暴雨倾盆，李延年从军中精选突击队数支，皆是精壮官兵，乘夜偷袭，摸上日间日军偷袭夺去的山头阵地，齐冲猛杀，将山头日军赶走，失地尽得。稻叶四郎遥闻枪炮声骤起，不知虚实，不敢发兵救援。待到后半夜，败军逃回，冲乱自家夜宿大军，方知是守将李延年偷袭，又将阵地夺走。跌足后悔不已。

次晨雨过天晴，稻叶四郎率军再攻。未再偷袭，仍以从前进攻定式，先召飞机轰炸，次以重炮狂射，然后令大队步骑兵，分批次冲锋。守军稳居要塞预筑工事内，远以机枪、步枪齐射，近以手榴弹投炸。待日军冲至面前，各从壕内冲出，与敌短兵相接，

侵华日军在对我平民百姓疯狂扫射

白刃格斗。因恨日军第六师残暴，是屠杀南京军民元凶部队，官兵各以死相拼，阵地失而复得，得而复失，反复冲杀，反复易手。第二十六旅机枪排长袁次荣，年约二十刚过，率全排死守阵地制高点，恶战至暮，全排士兵尽皆死伤，弹药已用尽，便将阵地上的手榴弹，约有百枚，收集一处，隐于阵内。

俄顷，大队日军分从三面攻至，待到阵前，袁次荣也不抬头，只抓起手榴弹，开盖拉弦，向东、北、西三个方向乱扔，阵前立时青烟滚滚，罩住山头。日军死伤者不下数十人。待手榴弹扔完，青烟散去，日军从三面冲上山头，见阵中只有一人，便一拥上前，欲生擒活捉。袁次荣孤身被围，进退皆死，索性一咬牙，将最后一枚手榴弹拉弦塞进重机枪机匣盖，和身抱住机枪。但听轰然一声巨响，青烟起处，人枪俱化成无数碎片。日军见此情景，尽目瞪口呆。后方将士遥见此景，皆被感动，不待下令，自动结队反攻，乘日军未防，一鼓作气冲上山头，杀退日军，又将阵地收复。似此恶战，八日八夜未歇。两军阵前，弹痕累累，遗尸无数。

日将稻叶四郎率军攻至田家镇时，原以为松山口天险既破，田家镇可一鼓而下，未料恶战八昼夜，军中精锐折损过半。又遇时疫流行，各连减至百人，方知第二军果是华军劲旅。便改变战术，派兵绕至镇东，从正面强攻，正奇配合，逼守军从北线分兵。李延年见日军绕攻城东，心想：北线连日苦战，正面守军皆拆整为零加入北线，如何有兵增守正面？"见上游连降暴雨，长江水位陡涨，高出堤外黄泥湖、武山湖面数丈，心生一计，令工兵炸毁江堤。江水汹涌灌入湖内，湖水一夜猛涨数丈，遮断东道，又将东路日军挡住。

稻叶四郎无计，只得再从北线进攻，已是疲师，攻击无力。相持到九月二十九日，李延年到阵中视察，激励官兵继续死守。正重新部署战守时，从高处遥见长江江面有日军舰队开到，共数十艘舰船，皆满载登陆兵，前后左右散开，塞满江面，料是半壁山、富池口已失，日军舰队溯江西上，抵达田家镇江面。此时官兵苦战兼旬，三成阵亡，三成负伤，余皆疲惫，弹药业已告罄。日军三面合围，对岸半壁山与富池口又失，田家镇失去奥援，已是孤城，再守无益。便令守军分为前、中、后三支，带齐伤员，销毁笨重武器，乘敌合围以前从西面杀出重围。

大队冒烟突火，急进一程，从石灰窑抢渡长江，退往大冶。再绕过铁山、保安，经金牛退至梁子湖以西，收容整理。田家镇遂失。撤退途中，李延年回望田家镇方向，烟火冲天，跌足恨道："若半壁山与富池口不失，田家镇还可再守一周。"适遇从半壁山、富池口西撤部队，仔细探问，方知半壁山与富池口失陷经过。

原来，半壁山在长江南岸，与田家镇隔江而峙。那山雄踞江边，临江一面，是一石崖，高有百丈，如刀削斧劈。背江一面却是缓坡，从侧面看去，好似一座石头山，被利斧从中劈为两半，左一半被移往他处，只留右一半，临江而峙。长江绕半壁山环流，江面狭窄，水流湍急，漩涡上下相套，浪花撞击峭壁，轰隆声传至十里之外。半壁山以东六七里有一小河，名富池河，自南而北注入长江。西南有一湖，名网湖，南北纵长二十里。网湖入江处离半壁山也约六七里，便是富池口。

半壁山西南，另有大小熊山，相距半壁山不到千米。因半壁山俯临长江，地势险要，国民政府亦以半壁山与富池口为中心，构筑要塞，设置炮台，命名为田南要塞，与江北田家镇要塞隔江而峙。马垱、湖口、九江失陷后，蒋介石一面令李延年率所部第二军守田家镇，同时又令霍揆彰率所部第五十四军守田南要塞半壁山、富池口两处阵地。

霍揆彰奉命守田南要塞，将军分两支，以第十四师守半壁山，第十八师守富池口。布阵已毕，日军波田支队沿江攻到。舰艇进至山前江面，遇拦江水雷线阻截，不能通过，派小艇排雷，山崖上守军立即枪炮齐发，机枪扫向小艇，要塞重炮齐轰江中大舰。波田率军急退，一面派飞机轰炸半壁山要塞阵地，一面派军在下游登陆，沿江岸西进，待到富池河，又被守军挡住。

混战数十日，双方折损无数。半壁山岿然不动。此时长江北岸日军第六师猛攻田家镇，久攻不克，急待救援。畑俊六严令波田重一加强进攻，克日攻取半壁山、富池口要塞区，从江面绕攻田家镇南关，呼应第六师。统帅部急调一个加强旅，计步兵三个团、高射机枪两连、机械化炮兵一营，拥一五〇毫米克虏伯榴弹炮六门、七五毫米高射炮四门，合七千二百人，以马骥为将，增防半壁山。又调第九十八、第五十三、第六十、第十三军，分以张刚、万福麟、甘丽初、卢汉、张轸为将，环护前后左右，防日军从南面阳新大冶方向作深远迂回。又调第二兵团总司令张发奎到大冶县城坐镇，统一指挥各军。

九月下旬，日将波田重一率军再攻半壁山。先派飞机飞往要塞区轰炸，又令舰队排列江中，以舰炮瞄准山头阵地狂轰。半壁山弹如雨下，硝烟四起，乱石齐飞。地下工事常被五百磅炸弹击穿，守军常被活埋于阵内。虽然如此，半壁山居高临下，日机惧怕高射火力，不敢低飞；日舰惧怕一五〇毫米克虏伯榴炮，只敢远射，故阵中多有死角。一有机会，官兵便爬出阵外，清理战场，修复工事，后送伤兵，架起枪炮，高射空中飞贼，俯击江中日舰。双方炮战，日夜不歇。

战至九月底，要塞南面陆上阵地渐被日军迂回，各军纷纷西撤。要塞守军恶战数十日，人员死伤过半，阵地面目全非，已不能再守。张发奎无计，便令要塞守军并周围掩护部队，分南、北两路，绕梁子湖西撤。沿江岸布防部队，经石灰窑、鄂城、樊口，绕过梁子湖北岸，退往武昌；内陆各军，经阳新转大冶县城，由保安、金牛、绕过梁子湖南岸，退往贺胜桥。又令从第十八师余部中抽调精壮八百，合编成一个加强营，由黄福荫率领，掩护全军后撤。

各军奉令西撤，倍道而行。黄福荫率部掩护全军撤退，又坚守要塞区至晚。待要塞炮兵撤退完毕、工兵营炸毁要塞各设施，始撤往大冶县城。沿途将一应大小桥梁，尽行炸毁拆除。大冶县城在半壁山以西百里，东南有大冶湖，湖面宽阔，经讳源口注入长江。湖西是阳新通大冶的公路。黄福荫率部进大冶城时，已是黄昏。因大军撤退，城内混乱异常。又因终日下雨，平地积水半尺。便将部队扎在城外，自带警卫两员，到处寻访，连摔数跤。待找到城西兵团司令部，早一身泥水，上下湿透。

张发奎手头正无可用之兵，见黄福荫率部开到，虽数量不多，毕竟聊胜于无。携手寒暄一番。问过部队编制、人数、装备、士气，喜道："总部现无一兵一卒，若非你这一营兵到，我就成了光杆总司令。"便打开地图，介绍军情，约略说明日军已冲过阳新、富池口各处，正沿公路向大冶县城推进，速度快捷。兵团司令部决定转移。又说明大冶县城扼住公路交叉点，是五路总口，日军向西追击，必先占大冶县城，请其务必坚守一周，保证全军从容西撤。黄福荫一一应诺。

又见黄福荫一身泥水，知征战辛苦，也不多问，唤卫兵打水给黄洗过，又招待晚餐，方送出门。黄福荫走后，张发奎自偕兵团司令部夤夜出城，向西经铁山、金牛撤退。

黄福荫辞过张发奎，连夜回营，计议一阵，想到阵地正面宽五十里，只一营兵防守，决定虚守城关，将部队置于城外野战阵地，分三面部署。一个连守城南高地，配属重机枪两挺，控制公路交叉点；一个连据守城西二十五里高地，附重机枪一挺，控制城西东西向公路；两个连据城北，附重机枪两挺，横断公路布阵。又令各连漏夜筑壕，阵前多设障碍物，凡公路沿线大小桥梁，尽须彻底破坏。

至第三日，阵地已成。日军波田支队前锋数百，由城南攻到。前队进至公路交叉点，正探头探脑、选择进军方向时，两侧山林中忽枪炮齐发，手榴弹齐炸。日军猝不及防，立时人仰马翻。后队如飞而至，救出前队。却是守军见日军大摇大摆而进，并不防备，乘机突袭先胜一阵。

日军折了一阵，恼羞成怒。待前后队会齐，便沿公路，分左、右两路强攻。守军据住山头，两挺重机枪交叉射击，将日军压在低地。日军因自阳新至大冶的公路皆被彻底破坏，炮车、辎重皆无法运来，前锋只带轻武器。既无炮火掩护，便不敢与守军短兵相接，更不

边喊打倒日本帝国主义边进行操练的中国女士兵

敢夜战。两军隔阵对峙，日军数日无进展。只派飞机助战，每日轰炸大冶县城，将城区炸为废墟，却不知城中并无一兵一卒。

战至第七日，忽有急报送到，告说日军大队由大冶城南经金湖折向西南，投大路向陈贵方向疾进。展开地图细瞧，见大冶城西南是一列大山，山岭相倚，奇峰插天。南北各一条路，皆绕山而行，南路左出大冶县城，连金湖、陈贵、灵乡、罗桥；北路右出大冶县城，通铁山、还地桥、保安、牛屎岭。两路皆是沙面公路，在金牛会合。金牛投沙面公路西去五十里，便是粤汉线重镇贺胜桥。

又仔细丈量，见出大冶城走南路到金牛约九十里，走北路到金牛约一百五十里，故南路较近。心道："日军必是舍弃大冶县城不攻，取近道迂回金牛。"思及已守城七日，早完成任务，恐被日军包围，急传令收拢部队，乘夜黑悄与日军脱离接触，撤出阵地，由向导引路，投山僻小路疾进一夜，走直线赶到保安。拂晓埋锅造饭，正用餐时，东北铁山方向枪炮声大作，有零散士兵由铁山过来，告说日军已占大冶城。另一支军由石灰窑登岸，衔尾追来，前锋已过铁山。

官兵丢下饭碗，拖枪带炮，沿公路向金牛进发。不过数小时，疾走七十里。待到金牛，旭日初升。金牛镇不过数百户人家，大街小巷皆是撤退军队。各部在金牛略作停留，便穿镇而过，向西径奔贺胜桥。沿途各村百姓惧日军烧杀抢掠，亦不断加入，随军撤退。金牛通贺胜桥的大路小路塞满人马车仗。日军飞机沿途追炸，轻骑衔尾穷追，后卫不断发生战斗。枪声、炮声、炸弹爆炸声、飞机马达声并人喊马叫声、哭闹声，相互交织，日夜不绝。

第四十三章

寡不敌众余汉谋失陷广州
六军合围畑俊六攻占武汉

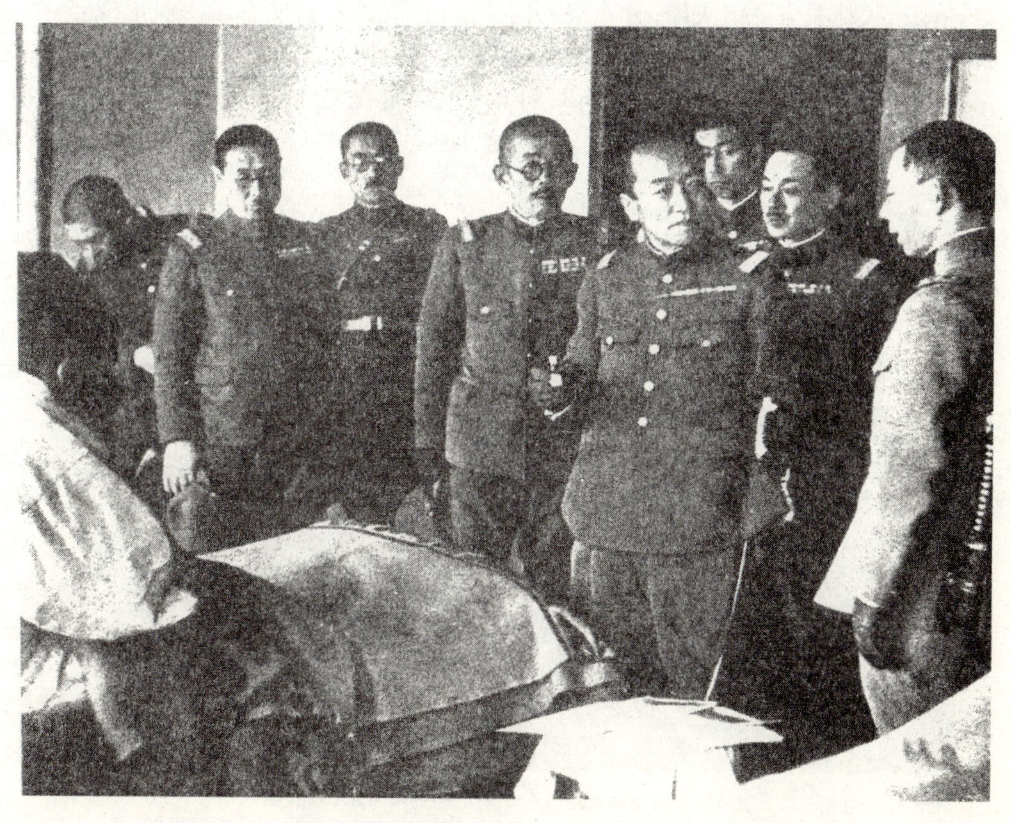

日军第六师得海军支援，九月二十九日攻占田家镇；波田支队由富池口登陆，绕攻至阳新，十月十九日占据长江南岸重镇大冶。战局由此急转直下。江南战场，日军波田支队得大冶后，折向西北，沿梁子湖北岸穷追沿江中国退兵，经鄂城黄州要塞区，向武汉东门猛进；日军第九师，由瑞昌西经阳新，走灵乡，占金牛，向贺胜桥方向猛进；日军第二十七师由箬溪沿幕阜山南麓西进，经辛潭浦，向咸宁猛进。

江北战场，日军第六师攻占田家镇后，经过整补，十月十七日恢复进攻，十月二十二日攻占上巴河，二十四日继占黄陂，从北面进逼武汉城垣；日军北二路第二军辖下第十三师与第十六师，由合肥西进，八月六日占舒城、二十九日占霍山、九月十六日占商城、二十一日占新店，沿途遭守军于学忠第五十一军、田镇南第三十军、冯治安第十七军、宋希濂第七十七军阻击，大小战数十次。只富金山一战，便被宋希濂所部第七十七军截杀千余人。至十月下旬逼向武汉外围阵地麻城；日军北路第三师与第十师也从合肥西进，八月二十八日占六安、九月七日占固始、十七日占光山、三十日占罗山、十月十二日占信阳，截断平汉线，沿途遭胡宗南第一军、陈书农第四十五军、张自忠第五十九军、张淦第七军、韦云淞第三十一军轮番截击。十月中旬过了武胜关，而后向应山、安陆猛进。武汉被日军六路包围，各只距一至数日行程。日军飞机亦飞往武汉城区密集轰炸，作攻城准备。

国民政府军事委员会得报日军从田家镇、半壁山、阳新、大冶、辛潭铺、黄陂、麻城、信阳、武胜关诸要镇关隘，分六路逼向武汉近郊。蒋介石便召诸将议论战守。何应钦、白崇禧、陈诚、李宗仁、刘斐皆与会。陈诚仍坚持原议，反复说明，武汉会战，中国军是内线作战，日军是外线作战，两军利害变换线是在安陆、麻城、罗田、浠水、大冶、咸宁之线。今经四个月作战，日军已占五城，距咸宁只一日行程。六支军已有五支进

在武汉外围坚持抗战的中国军队，向进犯的日军猛烈开

入利害变换线以西，兵力密集，皆以武汉为目标，作向心突击。又说明国军苦战四个月，折损严重，各师多则损失十之八九，少则损失十之四五。武汉地势低平，又为长江汉水分割，利攻不利守，不如乘日军包围圈合拢之前主动撤守，保存实力，以利再战。

诸将听过陈诚意见，皆以为善。独蒋介石仍有些迟疑。恰当此时，侍从室主任林蔚送来广东余汉谋发来有关日军攻占广州的密报，仔细读罢，沉吟一阵，方改变主意。

原来，广州在华南珠江三角州北缘，是中国最早开放通商的五口之一。1925年设市，是广东省省会。广东南面是香港，虽是中国领土，却受英国殖民统治，享有自由港地位。抗战开始后，中国为坚持抗战，从国外购进大批枪械、军火并一应军需品，多从海路运至广州，再转运内地，分发前线各军。日军久欲侵占广州，切断中国海外运输线，断绝中国军队海外军需品来源。曾在五月计划派兵在广州登陆，配合武汉作战。因运输器材不足，遂中途中止。

九月，日军进攻武汉受挫，六路军皆被中国军队层层设防，节节抗击，阻在外围阵地，陷入苦战。日军大本营遂在九月七日召开御前会议，决定成立第二十一军，以古庄干郎中将为司令官，辖三个步兵师，计为第五、第十八、第一〇四师，辅以第四飞行团及三支运输船队，舰船八十万吨，克日发动登陆作战，务在十月下旬攻占广州。

古庄得令，暗将各师调至台湾海峡澎湖列岛，日夜训练，积聚物资。待到十月十一日夜，诸事俱备，各师一齐登船，乘风破浪，乘夜暗进至大亚湾，准备登陆。

广州是第四战区防地。战区司令长官由何应钦担任，只是虚名，实权由副司令长官余汉谋掌握。武汉会战开始后，蒋介石令余汉谋调四个师赴武汉参战，广东守军仅余八个师，散驻虎门、惠阳、潮汕、增城、从化、广州各城。九月，广东省长吴铁城得报日军欲攻广州，策应武汉作战，急报蒋介石。蒋介石不信，道："广州靠香港。日军攻广州，危及香港安全，开罪英国人。日军必不敢攻广州。"

十月八日，吴铁城又密报蒋介石，告说香港英国情报机关转来消息，日军将在十月十一日前后发动进攻，在虎门、大鹏湾一带登陆，请作准备。蒋介石仍不信，以为是英国人的政治阴谋。亲致手令余汉谋，令再派粤军一个师到武汉参战。

令刚到，日军前锋已进入大亚湾，得一百架飞机掩护，三百艘舰船运送，十月十二日登上海岸。滩头守军只一个新编特务营，一触即溃。日军登上滩头后，后队源源上岸。便分三路向内陆推进，击败各处分散守军，连占淡水、平海、稔山、吉隆、惠阳、博罗、增城。二十一日进占广州。尔后向西向北扩张战果，又在北路占了太平场、从化，西路占了佛山，控制了广东省大部。

蒋介石得报日军不但在十月二十一日得了广州，且继续向广州以北以西发展攻势，心想："日军若在华南发展攻势，北过南岭便是湖南，西过云开大山便是广西，不但威胁我武汉守军南退湖南的通路，且危及我西南大后方。"便依陈诚计，令主动放弃武汉。

安排毕，已是十月二十五日。长江北岸，日军第十六师占了麻城，第十三师占了宋埠，第三师占了应山，第十师占了安陆，第六师已过戴家山，进抵汉口城边；长江南岸，日军波田支队到了武昌城外，新增第一一六师石原支队正攻葛店，第九师过了金牛，第二十七师到了咸宁城外。

蒋介石不能再留武汉，便在当日秘乘座机飞往湖南，降于南岳。各军依蒋介石令，以武汉为圆心，作离心运动。长江北岸部队倍道兼程，皆以军、师为单位，撤往鄂西北、鄂北山地；长江南岸部队，分为水陆两路，由粤汉铁路与长江水路，向南撤往湖南或向西撤往鄂西山地。后卫待各军撤离，依蒋介石临行密嘱，将武汉三镇各项设施，举凡桥梁、码头、仓库、货栈、遗弃物资，尽皆炸毁。毁之不尽者，便放火焚烧。

十月二十五日，日军第六师进占汉口；二十六日，波田支队进入武昌。二十七日，汉阳又相继沦陷。日军进城时，武汉已是空城，无一兵一卒。满城大火蔓延，连烧两日两夜未熄。至十月二十五日，武汉会战结束。

总计武汉会战，以六月十一日日军波田支队首攻安庆始，到十月二十五日日军第六师进入汉口止，历时四个半月。双方百余万大军恶战数百场。日军虽攻占武汉，却折兵五万，飞机百架，战舰数十艘，元气大伤。战线自东而西，又延长九百里，再无力扩展战场，向中国内陆发动进攻。中国虽失武汉，却节节防守，适时反击，在富金山、商麻路、罗山、田家镇、富池口、金官桥、东孤岭、西孤岭、隘口街、万家岭、麒麟峰诸要点予敌重创。自武汉会战结束，中日战争便进入相持阶段。

日军占领武汉、广州两城后，中日两军正面战线，北起内蒙西部重镇包头，经河套平原，依黄河折而向南，再沿河东至平汉线，而后渡黄河依黄泛区而下，待到安徽首府合肥，又沿淮河南岸折而向西，直达河南信阳，然后由信阳沿平汉线过武胜关，经安陆、随州、武汉，南抵岳阳，再从岳阳折而向东，沿修水而下，到南昌以北，直抵鄱阳湖，而后顺长江而下，连通京、沪、杭三角地带，总长有四千公里，真正是九盘八曲，犬牙交错。

此线以东，囊括内蒙、山西、绥远、察哈尔、河北、山东、江苏、浙江八省区全境，河南、安徽、湖北、福建、江西五省区一部或大部。除此以外，另有广东大部，由日军第二十一军占领，自成独立战线。战线以西，计四川、陕西、甘肃、宁夏、青海、新疆、西藏、西康、云南、贵州、广西十一省区全境，湖北、河南、安徽、江西诸省区一部或大部，仍由国民政府控制。

日军大本营以为，已攻占广州、武汉，控制中国最富庶的东部各省区，战争已告一段落。便召开会议，讨论侵华新战略。参谋次长多田骏最先出计。约略说明，自1937年7月7日进攻芦沟桥开始，到日军攻占武汉，中日战争已持续十五个月，其间日军动用百万大军，耗费一百亿日元，折损四十五万兵员，虽攻占北平、天津、张垣、太原、石门、济南、开封、徐州、合肥、上海、南京、杭州、武汉、安庆、信阳、岳阳、广州等大小数百城，占地一百万平方公里；掌握了平绥、平汉、津浦、同浦、正太、京沪、陇海、粤汉、南浔九大铁路线，又控制了长江、黄河、海河、淮河、珠江五大水道，前后消灭中国军队已过百万，然中国政府仍在战线以西据有广大国土、资源、居民。只四川一省，便拥居民五千万，几与日本本土相当。中国军队仍有二百师之众，足堪继续作战。

战线以东日军占领区内，尚有八路军、新四军大肆活动，到处建立抗日根据地，攻击日军。故日军在正面战线以东，其实只占领点与线，面却由八路军与新四军控制。又说日本为战胜中国已竭尽全力。陆军开战前只十七个师，因对华战争需要，又新编十七个师，合三十四个师。除本土与朝鲜各留一个师外，已尽数开往中国战场。因伤亡严重，扩军迅猛，引起兵员、物资危机。然后列举数字说明驻华日军各师，后备役兵占五成、预备役兵与补充役兵各占两成，现役兵已减至一成，故兵员素质急剧恶化，部队战斗力大不如前。

物资供应方面，虽经多次追加军费，进行军需动员，全面动员所有陆、海军兵工厂并三千八百家民营工厂，武器、弹药、飞机、坦克、火炮生产仍不能达到预期要求。不但在数量、品种上不敷需要，且质量亦大打折扣。又说因对华战争影响，致日本进出口萎缩，物资短缺，黄金外汇储备已由战前三百八十八吨减至二十五吨，余皆用于弥补外贸赤字，运往他国。民营工业不能正常运转，长期战备计划不能按期完成。且因陆军皆用于对华作战，致夏季苏联红军进攻张鼓峰时，日军虽遭惨败，损失一个师，亦不敢反击，狼狈之至。

因中国全民动员抗战，奋勇抵抗，其强度、广度与持续性，各种力量的联合程度，皆超出日军预料，故日军速战速决计划无望完成，日中之间已进入持久战阶段。日本须立足于长期作战准备，谨守现有战线，切勿再贸然扩大战区，延长战线，致愈陷愈深。以便腾出力量，恢复元气，重整军备，适应世界大局变化，以备一旦日苏或日美开战，日本不至措手不及。

诸将听过多田骏长篇分析，皆以为有理。略作补充，便拟出对华处理方略，计为五端：其一曰今后对华政策，以谋略政略为主，设法分化中国抗日阵营，离间中国军队黄埔系与杂牌军关系、中央势力与地方实力派关系，尤要设法离间国共两党关系，诱使中国国民政府放弃抗日意志，归降日本，以便以华制华；二曰在军事上确保现地，减少各方面驻屯军兵力，力戒扩大战线，不贸然发动新的战略进攻；三曰将占领区划为治安区与作战区，治安区自包头沿黄河而下，至黄泛区，折向合肥、芜湖、杭州一线以东，包括河北北部、内蒙、正太路以北的山西大部、山东省胶济线沿线、京沪杭三角区。其余地区为作战区，以控制交通线为主；四曰加强航空作战与海上封锁，尤要持续轰炸重庆，打击中国军民抗战意志；五曰促使第三国放弃援蒋政策，停止向蒋政权运送一应作战所需物资。

又令调整军队编制，以适应对华长期作战需要。先是将原来每师四团步兵的建制简编为每师三团步兵，辅以骑炮工辎。另成立若干独立混成旅，皆去掉团级编制，每旅直辖五个步兵营，辅以骑炮工辎，计约八千人。

军队重新编组已毕，又调整部署，将在华军队编为五支，第一支是华北方面军，以多田骏为司令官，下辖第十二军、驻蒙军，合计九个整师、十一个独立混成旅、二个骑兵旅、一个重炮旅，负责确保华北地区治安及交通线；第二支是第十一军，以冈村

这是民兵抗击日本侵略者的有利形式

宁次为司令官，下辖七个整师、一个独立混成旅、一个重炮旅，负责确保武汉地区，面对长沙、南昌、宜昌、襄樊部署，采取攻势防御姿态，即进即退，相机机动作战，消耗中国军队实力；第三支是第十三军，以西尾寿造为司令官，下辖四个整师、三个独立混成旅，负责恢复京沪杭地区治安，确保合肥、芜湖、杭州一线以东地区交通线；第四支是第二十一军，以安藤吉利为司令官，下辖四个整师、二个独立混成旅，负责控制广州、虎门地区，切断中国海外补给线；第五支是关东军，以梅津美治郎为司令官，下辖九个整师、十七支独立守备队，负责控制东北四省，准备对苏联红军作战。

五支军外，另设中国方面舰队，以吉川古志郎为司令官，下辖三支遣华舰队、四支陆战队、三支特别陆战队、四支航空队，并在九江、汉口、海南岛、广东、厦门、青岛、上海、南京、舟山各派驻一支基地队，负责封锁中国海上补给线，在沿海沿江地区支援陆军作战。

又将关内四支军，计为华北方面军、第十一、第十三、第二十一军合编为“中国派遣军”，任西尾寿造为总司令官、板垣征四郎为总参谋长。总计“中国派遣军”辖下四支军，合拥一个方面军、五个整军、二十四个整师、十七个独立混成旅、二个重炮旅、二个骑兵旅，另附一个飞行集团，合拥步骑工炮辎一百万人枪，飞机二百架。

又议定按以华制华原则，在各占领区积极扶植傀儡政权。继 1937 年 12 月在北平成立“中华民国临时政府”后，又召开第二次蒙古大会，宣布撤销“蒙古军政府”，另成立“蒙古自治政府”。又成立“蒙疆联合委员会”，以德王任主席；又建立“上海大道市政府”、“南京自治委员会、”“杭州自治委员会”、“扬州自治委员会” 并县市级伪政权四十余个；又在1938年3月28日在南京成立“中华民国维新政府”，采取三院七部制，以梁鸿志为行政院长，下设外交、内政、财政、绥靖、教育、实业、交通七大部。又将东北四省重划为十九省。各伪政权以下另成立亲日伪军，名目有保安队、治安军、绥靖军、和平建国军、和平救国军之类。其中华北为治安军，以齐燮元为总司令；蒙绥为蒙军，以李守信为总司令；华中为绥靖军，以任援道为总司令；苏豫边为皇协军，以胡毓坤为总司令；广东为和平建国军，以黄大伟为总司令。各路伪军按军、师、旅编制，合约三个方面军、三个集团军，共六十七个师、二十个旅，计约六十万人。虽名目繁杂，却皆由日军训练、装备、补给并控制指挥，负责替日军把守点线，助日军清乡、扫荡，进攻抗日根据地。

1938年12月，国民党副总裁、亲日老手汪精卫因对抗日前途失望，又欲替代蒋介石统治全中国，便由汉奸梅思平、高宗武、董道宁三人牵线，日谍今井武夫、影佐祯昭诱惑，带亲随周佛海、陶希圣、陈璧君、曾仲鸣诸人逃往越南河内。又得今井武夫等人接应，转往上海，投靠日本。又由日本授意，使华北王记“中华民国临时政府”与南京梁记“中华民国维新政府”并各地方伪政权合并，在1940年3月成立汪记“国民政府”，设都于南京，仍以青天白日旗为国旗，却在旗角附以小黄旗，上书“和平反共建国”，汪精卫任“国民政府”主席兼行政院长，另以陈公博任立法院长、温宗尧任司法院长、梁鸿志任监察院长、王揖唐任考试院长。

“国民政府”以下，也成立军事委员会、参谋本部、军事参议院、军事训练部、政治训练部、航空署诸机构，且成立“华北政务委员会”，以王克敏为委员长，以示一切皆是旧制。且新成立“和平救国军”，下辖三个方面军，收罗军阀政客、游杂武装、国民党叛军叛将，陆续增至数万人枪。虽然闹闹哄哄，实权仍由日人操纵，汪精卫政令军令皆不出家门。日军却因汪精卫投靠日本大得其利。

第四十四章

百将会南岳蒋介石重划十战区
精英聚延安毛泽东演说新阶段

武汉失守后，蒋介石仿南京失守后之法，于1938年10月28日在重庆发表《告全国国民书》。共四项内容，先总结武汉会战，约略说明，武汉会战之初，日军恃海空火力优势，倾数十万大军，沿江西犯。我军以劣势装备，在武汉外围鄂、豫、皖、赣要点，倚险层层设防，节节阻击，将士浴血奋斗，视死如归；民众同仇敌忾，踊跃效命；牺牲愈烈，精神愈振，激战五个月，使日军死亡超过前期一年作战总数，迫使日军另辟华南战场，致抗战区域扩及全国。

又说保卫武汉作战，为疏散人口，迁移工厂、学校，转移兵力，争取了五个月时间，功莫大焉；次分析武汉得失与战局变化关系，约略说明：中国抗战，是持久作战，西南各省是持久抗战的后方基地。故抗战根本不在沿江、沿海狭线交通地带，不争一城一地之得失。保卫武汉意义在于阻滞日军西进，消耗日军交通，运积必要武器，迁移东南与中部之工业，进行西北、西南建设五项。今因武汉抗敌五个月，五项任务已完成，且广州既失，粤汉交通线截断，武汉军事价值便已减轻。从长期持久作战计，军事胜负关键不在武汉一地之得失，而在维持持久战格局。

又解释中国抗战总方略，计为三端：一曰持久抗战，二曰全面战争，三曰争取主动。又说我国抗战，在主义上言，实为民族战争；由完成国民革命之言，亦即为革命战争。又解释革命战争含义，概为六端：一曰非时间与空间所能限制；二曰非财政经济与交通上外来阻难所能限制；三曰非毒气与炸药等一切武器之悬殊，与伤亡牺牲之惨重而所能限制；四曰革命战争无时限，战争目的达到之日，始为战争之终结；五曰革命战争无前方、后方区域之限制，整个国境，随处皆得为战场；六曰革命战争不计较有形兵力之优劣，亦不畏牺牲挫折与伤亡之严重，更不因物质供给之缺乏而影响作战。

革命之完成，凭借不在武器与军备，而在于强毅不屈之革命精神、坚韧不拔之民族意识。只要焕发民族意识与革命精神，即令武器供给全无，海上交通全被封锁，亦可奋斗到底，以迄于成功。末后号召全国军民，须记持久全面抗战真谛，追忆抗战开始时所定方略、迁都重庆时所发宣言，细品行百里者半九十之古语，抱定牺牲之决心，不馁不挠、戮力奋斗，更哀戚、更坚忍、更踏实、更刻苦、更勇猛奋进，投身于持久全面抗战，直至抗战最后胜利。

四项内容，计约三千余言。日本大本营并五相会议成员读后，知中国决心与日本周旋到底，决不会投降，故大是失望。

告国民书发表未久，国民政府又针对日本对华新战略召开一系列高级会议，调整对内、对外军事、政治方针，整顿内部，抵制日本政略分化阴谋，培养积蓄力量，加强大后方基地建设，确立长期抗战体制。国民政府军政部门亦迁长沙，仍以重庆为战时首都，四川为后方基地。

重庆在四川盆地东南，当长江与嘉陵江合流处，三面环江，形若半岛。城区皆依山就坡修筑，故称山城。因冬春两季多雾，大雾起时，城区被雾海笼罩，咫尺不见幢影，故又有“雾都”之称。

反攻中的华南游击队

重庆所在川省，又称巴蜀，西起金沙江；东迄巫山；北界巴颜喀拉山、岷山、米仓山、大巴山；南至大娄山，面积约五十万平方公里，居民有五千万。四面分与湘、鄂、陕、甘、青、康、藏、滇、黔诸省区为邻。因四面环山，中央低平，有盆地之称。抗战爆发前夕，蒋介石曾到四川考察，召四川各界商讨改革政治、整顿军队、转移风气、开辟交通、统一币制等。故抗战初期便有川军三十万，摒弃内争，分路出川，北赴山西、东赴京沪徐海，前赴后继，奋勇抗战之举。南京陷落时，又迁首都于川境重庆，使抗战大后方初具规模。

后方初步稳固，人心稍稳，蒋介石便于 1938 年 11 月 25 日召第三、第九两战区司令长官、军团长、军长、师长共百余员将官，到湖南南岳开军事会议。又邀中共代表周恩来、叶剑英与会，献计献策，商订抗战新计划。

会议开始，蒋介石作长篇讲话，检讨抗战得失，分析当前形势，确定今后作战方针，调整军事部署。先按预想政略战略，将抗战划为两个时期。从“七七”事变到武汉撤守、岳阳失陷，是抗战第一时期，计十六个月。第一时期的战略是，向内地退军，不与敌争一时、一地、一城得失，机动用兵，层层打击、逐步消耗日军实力，迫敌转移进攻轴线，扩散战场，打破速战速决幻想，诱敌深入腹地，完成长期抗战部署。

第二时期抗战，自武汉、岳阳失陷始。是我军转守为攻、转败为胜时期。经第一期抗战，日军兵力使用已达于最大限度，无力再向中国加派兵力。因战区扩散，日军疲惫，其表面胜利已达于顶点。我军却战线缩短，作战经验增加，进至有利地形作战，一天天走向胜利。号召诸将殚精竭虑、集思广益，为第二期抗战胜利献计献策。

又总结国军缺点，计为：阵亡官兵，多暴尸疆场；士兵逃亡，不能防止；军行所至，民众逃避；谎报军情，不负责任；不能贯彻命令、达成任务；躲避命令；规避责任等等，合有十余端。

当时提出第二期作战指导方针，是将作战部队分为两支，主力一支，配置于浙赣、湘赣、湘西、粤汉、平汉、陇海、豫西、鄂西各线，与敌正面对峙，极力保持现有态势，争取余裕时间，恢复战力，等待反攻；偏师一支，派往日军战线后方，开展游击战，配合正面战线，争夺敌后地区控制权。

又因抗战持续一年半，各军师损失惨重，兵员皆减至半数，要加强整训部队，将全国所有部队分为三等分。三分之一派往敌后游击；三分之一据守正面战线；三分之一调往后方整训。每期四个月，整训三分之一部队。一年之内，务将全军整训完毕，以确立第二期长期抗战基础。

又因部队机构重叠，便改革军队编制，精减非战斗机构，废除兵团、军团、旅三级，改军为战略单位，使原来军委会、战区、兵团、集团军、军团、军、师、旅、团九级指挥层次，精简为军委会、战区、集团军、军、师、团六级指挥层次。编余人员，纳入战斗部队。

会上又重划战区，划安徽、河南两省北部为第一战区，任卫立煌为司令长官，下辖二个集团军，计为孙连仲第二集团军、孙桐萱第三集团军，合拥步骑兵六个军、十六个师又一个独立旅；

山西全境、陕西北部为第二战区，任阎锡山为司令长官，下辖八个集团军，计为卫立煌第十四集团军、孙蔚如第四集团军、曾万钟第五集团军、杨爱源第六集团军、王靖国第十三集团军、孙楚第八集团军、赵承绶第七集团军、朱德第十八集团军，合拥步骑兵十六个军、三十七个师又十七个旅；

划浙江与福建全境、江苏与安徽南部为第三战区，任顾祝同为司令长官，下辖陈仪第二十五集团军、刘建绪第十集团军、上官云相第三十二集团军、唐式遵第二十三集团军，合拥步骑兵八个军、二十二个师又两个旅；

划广东、广西全境为第四战区，任张发奎为司令长官，下辖夏威第十六集团军、余汉谋第十二集团军，合拥步骑兵六个军、十八个师又两个旅；

划皖西、鄂北、豫南为第五战区，任李宗仁为司令长官，下辖四个集团军，计为李品仙第十一集团军、孙震第二十二集团军、王缵绪第二十九集团军、张自忠第三十三集团军，合拥步骑兵十六个军，三十五个师又一个旅；

划甘、青、宁、绥四省为第八战区，任朱绍良为司令长官，下辖马鸿逵第十七集团军、鲁大昌东路军，合拥步骑兵七个军、十个师、十三个旅；

划赣西北、鄂南并湖南为第九战区，任陈诚为司令长官，由薛岳暂代，下辖七个集团军，计为王陵基第三十集团军、杨森第二十七集团军、卢汉第一集团军、吴奇伟第九集团军、罗卓英第十九集团军、汤恩伯第三十一集团军、商震第二十集团军，合拥步骑兵二十三个军，五十二个师；

划陕西为第十战区，任蒋鼎文为司令长官，下辖蒋鼎文第三十四集团军，拥步骑兵三个军、十个师又二个旅。另在敌后成立苏鲁战区，辖山东全境并苏北地区，任于学忠为司令长官，下辖步骑兵三个军、七个整师；

成立敌后冀察战区，辖河北、察哈尔两省，任鹿钟麟为司令长官，下辖步骑兵二个军、六个师。

除十大战区外，另有重庆卫戍部队、后方绥靖部队、军委会直辖部队，合拥十二个军、三十二个师并一个旅。

总计全国现役部队，合为十个战区，编成二十九个集团军，合拥步骑兵一百〇二个军、二百四十二个整师、四十个整旅，另附特种兵若干，合约三百万人。经过整顿，部队形成或正面与敌相持、或到敌后游击、或到西南大后方整训之局面。

日本进攻武汉期间，中共中央领袖毛泽东判断因武汉会战，战争形势将有根本性转折，便于 1938 年 9 月 29 日在延安召开中共中央扩大的六届六中全会。与会者有中共中央委员、候补委员与各部门主要领导干部共五十六人。

会议期间，日军于十月二十一日攻占广州，十月二十五日攻占武汉，战争形势果然剧变。毛泽东根据武汉会战新发展，在会上作了政治报告，题为《论新阶段》。总结以往抗战经验、教训，分析发展趋向，规定中共在抗战新阶段的战略任务。

报告认为，经过十五个月抗战，中国已有很大进步，但尚未达到反攻致胜的程度；日军虽遇挫折，仍有余力；国际上虽已予中国道义、物资援助，但国际形势未达最有利之时，故敌强我弱、敌优我劣的力量对比并无根本性变化，战争将具有长期性、残酷性。然中国地大物博，人多兵多，战争潜力雄厚。日本正相反，国际形势发展亦对中国有利。故日本的优势只具暂时性，中国的优势则带根本性。且日本不但被拖在中国，还须北防苏联，东对美国，南对英法，可用于中国的兵力所剩无几，再无能力进攻，中日战争进入相持阶段。只要中国坚持持久抗战，一定能获胜利。

八路军在涞灵战役中攻克敌涞源东团堡据点

会议又据毛泽东报告，拟成《中共扩大的六中全会政治决议案》，提出中华民族十五大紧急任务：一曰坚持抗战到底，克服悲观失望情绪；二曰诚心诚意拥护蒋介石抗日、拥护国民政府、拥护国共合作；三曰扩大军队，提高主力军战斗力，保卫西北西南，制止日军进攻；四曰发展敌后游击战，建立、巩固、扩大抗日根据地；五曰提高军事技术，建立军火工厂，准备反攻实力；六曰实行民主政治，改善政治机构；七曰扩大发展民众团体，动员广大人民积极参加抗日；八曰实行民生改善；九曰实行战时财政政策，增收节支；十曰实行国防教育，教育民众为民族自卫战争服务；十一曰加紧国外宣传，力争国外援助，实现对日制裁，使日寇断绝外国军火、军事原料供给，使我国能得到友邦军火、原料、医药、技术、财政援助；十二曰建立中日两国与朝鲜、台湾人民的抗日统一战线；十三曰团结中华各民族共同抗日；十四曰厉行仇奸，巩固抗战前线后方；十五曰发展国共两党及一切抗日党派，强固抗日民族统一战线，支持长期抗战。十五项任务，以巩固、扩大抗日民族统一战线为核心。报告认为，能否巩固抗日民族统一战线，是中国抗日战争成败关键。

会议还提出中共军事战略，八路军、新四军抗战任务，须以巩固华北，发展华中、华南抗日根据地为中心，广泛开展游击战。且提出巩固和发展敌后游击战争的各项措施，计为十项：一曰广泛发展一切敌后地带游击战争，巩固已建立的抗日根据地，努力创立新的根据地；二曰派遣大批正规军深入敌后，作为坚持长期游击战的骨干力量，广泛发动民众，帮助敌后民兵、游击队学习游击战术，开展游击战争；三曰动员敌后民众参战，或加入正规军，或加入不脱产的人民自卫队，寓兵于农；四曰组织各县、各区游击队，皆脱离生产，成为袭击敌军、保卫地方的常驻队伍；五曰建立游击队政治工作，提高游击武装战斗力；六曰建立游击队正确的军事、政治制度，实现官兵平等、政治公开；七曰改造土匪部队，使之走上抗日道路，肃清后方及被日军利用的土匪武装；八曰除大后方尽力接济军火外，各游击根据地皆须设法建立小兵工厂，做到自制弹药、步枪、手榴弹；九曰依照敌情并战略需要，重新划分敌后各地作战区域与行政区域，使之适应战争情况变化；十曰统一敌后各部队与行政区之领导，以便集中力量，消除内部矛盾，但应反对相互吞并的军阀行为。

中共中央六届六中全会召开之际，八路军各部已深入华北敌后广泛开展游击战争，创造诸多抗日根据地。计为：晋察冀根据地，由聂荣臻统八路军第一一五师于1937年11月创立，以五台山为中心，北至张家口、多伦、锦州，东临渤海，南抵正太路、德石路，西至同蒲路，囊括晋、冀、察、热、辽五省各一部地区，计108个县，20万平方公里土地，拥居民2500万。

晋西北根据地，位于同蒲路以西、黄河以东、平绥路以南、汾离公路以北，由贺龙统八路军第一二〇师主力创立。

晋冀豫根据地，以太行山为依托，西起同蒲路，东至平汉路，北至正太路，南临黄河北岸，由刘伯承统八路军第一二九师创立。

晋西南根据地，位于黄河以东、同蒲路以西、汾离公路以南，以吕梁山为轴心，由陈光统八路军第一一五师徐海东旅创立。

除这四大块根据地，另有陈赓统军创立的冀南根据地；宋时轮统军创立的冀东根据地；吕正操统军创立的冀中根据地；肖华统军创立的冀鲁边根据地；李井泉统军创立的大青山根据地；罗荣桓统军创立的山东抗日根据地。

总计自“七七”事变起，到 1938 年10 月武汉失守，16 个月间，八路军分兵作战，深入敌后开展游击战争，创立大小数十块根据地，历大小作战 1500 次，共消灭日伪军 5 万人，缴枪 12000 支。控制华北山区、农村广大地区。部队亦发展到 15 万人，成为华北抗日中坚。

中共中央六届六中全会结束后，八路军各部队皆遵照会议精神，贯彻有关十五项任务与游击战十项措施。华北抗日游击战争愈风起云涌，八路军愈日益壮大。

第四十五章

狼奔豕突贼冈村东西南冲阵
牛刀斩鸡白崇禧昆仑关报捷

日将冈村宁次所辖第十一军，拥七个步兵师、一个独立混成旅、一个重炮旅，总计兵员二十万，分驻武汉三镇及外围近郊各县。武汉外围远郊，南、北各驻一支中国大军。北路是李宗仁所统第五战区各部，拥步骑兵三十五个师，以鄂西北重镇襄樊为屯兵中心；南路是陈诚、薛岳所统第九战区各部，拥步骑兵五十二个师，以湖南长沙与江西南昌为屯兵中心。两支军合八十七个师，步骑兵近一百万，分从南、北两路，取外线包围武汉。自南昌沿浙赣铁路东去，皖南江浙一带山区，另有顾祝同所统第三战区各部，拥步骑兵二十二个师，可呼应李宗仁、陈诚与薛岳两支军。且第三战区部队，每派精兵，或秘赴长江南岸，沿江投放大量漂雷、沉底水雷，封锁长江航道；或以重炮部队，择江流狭处布设炮阵，瞄准日军运输船队，即打即走，使武汉日军长江水运线朝不保夕。

冈村宁次对图沉思良久，仍无计打破武汉被围态势，便问计于参谋长青木少将。青木早已虑及，以手指图道："可从此处突破，打开僵局。"冈村宁次见青木手指处是南昌，心想："南昌距武汉太远，如何是打开僵局的突破点？"一时未解，便问原因。

青木详析道："南昌北有修水，经南浔线通德安；东有鄱阳湖，沿湖可抵九江；赣江自南而北，擦过南昌城，经吴城注入鄱阳湖。由南昌西去，有湘赣公路通长沙。且南昌又是浙赣铁路的西端点，还是华军第三与第九两战区的结合部。我军若得南昌，一可以切断浙赣路，分割华军第三与第九战区联系；二可以消耗华军实力；三可以从东面包抄长沙。"稍顿，又补言道："故夺取南昌，已成为打开战局的关键。"

八路军破坏正太路

冈村宁次便依其计，决定集中兵力，以急袭方式夺取南昌，以便切断浙赣线，为攻长沙作准备。当时传令，将军分为四支，第一支偏师驻安陆，佯攻襄樊；第二支偏师驻岳阳，佯攻长沙；第三支是主力，辖四个师、一个坦克团、一个重炮旅，并辅以海空军，分三路强攻南昌；其余为第四支，驻扎武汉，以为后备，往来救应各军。

中国第九战区名义上以陈诚为司令官，实际作战却由代司令官薛岳负责。薛岳在南昌大营得报冈村宁次统军来攻，急请刘斐出计。刘斐道："冈村宁次统十五万人来攻，表面是要取南昌，切断浙赣路，实则志在长沙。”

薛岳一时未解，便问其详。刘斐不答，却反问道：“薛总可记得娘子关会战？”薛岳略一思虑，恍然大悟，疑道：“将军之意，是把南昌比作娘子关，把长沙比作忻口？”

刘斐对道：“正是。”又道：“长沙以北，汨罗江、新墙河一带，地形复杂，日军沿粤汉路强攻不易。若得了南昌，长沙以东失去屏障，届时出一支军，由南昌投幕阜山南面谷道西进，迂回长沙东南，长沙不攻自破。”言及于此，顿一顿，补言道：“故冈村宁次攻在南昌，后果只怕要应在长沙。”

薛岳深为叹服，赞道：“将军难怪为委员长倚重。”便请出计破敌。刘斐道：“可沿修水布阵。在南昌、长沙之间的湘赣公路上布下重兵，阻敌西取长沙。”薛岳道：“若如此部署，南昌当如何守之？”刘斐道：“敌军四个师，我军有五十余师，我为敌十倍，足堪一战。然我军分散，敌军集中。若其集中兵力强攻，且又占火力优势，一定可以攻占南昌，故我对南昌防守，须灵活处置，能守则守，不能守则走，终归是要以保持持久态势为根本。”

薛岳大喜，遂将军分为四支，第九集团军为第一支，辖五个军，以罗卓英为将，沿修水、鄱阳湖布防，守卫南昌；第三十集团军为第二支，辖四个军，以王陵基为将，据住宁武，阻敌沿修水西进；第三十一集团军为第三支，辖三个军，驻守湘北鄂南，正对岳阳布防，阻敌沿粤汉线南取长沙；第一集团军为第四支，辖三个军，以卢汉为将，在长沙以东浏阳一带机动，往来救应各军。

三月十七日，冈村宁次统军分三路攻到。左翼是第一〇一师，乘战舰、汽艇，沿鄱阳湖西岸南下，再由赣江口急攻吴城。中央是第一〇六师，由德安沿南浔铁路南下，强攻修水防线。右翼却是稻叶四郎所率第六师，由箬溪西攻宁武，挡住南昌以西各路中国军队，不使东援。

适逢天降大雨，平地积水逾尺，赣江、修水水位陡涨，守军沿江、沿河工事或被大雨冲毁，或被洪水淹没。日军乘势以汽艇顺洪水而进，渡过水障，重炮狂轰，飞机乱炸，坦克乱冲。守军虽转至新阵地，倚险节节阻止，仍不能扭转危局。

恶战数日，吴城、安义、奉新皆失。日军左、中两路军会齐南昌，偏师一支横渡赣江，切断浙赣路，主力从正面扑进南昌城。城中守军只保安部队，逐巷死战，寡不敌众。恶战至三月二十七日，弹尽援绝，残部弃城而走。南昌遂失。此时王陵基统所属四个军在武宁以东展开车轮大战，节节抗击日军第六师。恶战十余阵，伤亡严重，于三月二十九日退出宁武，转守烟港街南北一线阵地。

蒋介石得报南昌、武宁皆失，告众将道：“冈村宁次敢以四个师取南昌，是孤注一掷，料其已经疲惫。”便以罗卓英为将，统十个师反攻南昌。第三战区辖下第三十二集团军总司令上官云相闻反攻南昌，令第二十九军军长陈安宝为前锋，率五个师到南昌助战。两支军合力，分攻靖安、滩溪、奉新、高安、大城、生米街各处日军据点，四面围住南昌。

五月五日，前锋攻克南昌飞机场、火车站。此时日军一师援兵赶到，从背后冲击围城部队。第二十九军军长陈安宝见功败垂成，亲到前沿部署破敌，突被日军迂回部队包围，冒死突围不及，身中数弹，壮烈殉国。陈安宝，字善夫，浙江黄岩人，1893年生，少时家贫，小学未能毕业。后投考保定军官学校。历任排长、连长、营长、团长、旅长、师长，曾参加过淞沪之役、南浔线乌石门之役。新任第二十九军军长。陈安宝一死，中国军队锐气大损，反攻中途告止。

日将冈村宁次攻占南昌后，武汉日军东南阵地稍稳，便在南浔路转攻为守，移兵鄂西北。调四个师又一个旅，合十万人，拥重炮二百门，分左右两路，循襄花、京钟公路西攻，扫荡大洪山、桐柏山，攻占随县、枣阳，再相机占领襄阳、樊城、南阳。右路一个师由信阳迂回桐柏山；左路主力沿钟祥、枣阳轴线进攻，力争左、右对进，克日会齐枣阳，合围第五战区主力。

第五战区司令长官李宗仁得报日军分两路来攻，心想："随、枣、襄、樊各城，是武汉北面门户，若为日军攻占，武汉日军便如稳据磐石。况此处当鄂、豫、皖三省交界，是川东门户，日军占后，还可以威胁川东。"念及于此，决定死守桐柏山、大洪山两据点。便传令孙连仲、孙震二将各统所部，依托桐柏山布阵；张自忠统所部依托大洪山布阵，其余部队沿襄花、京钟公路正面设防，节节阻击日军西攻。

部署已毕，冈村宁次攻势正好发动。五月一日，日军右路由应山西攻随县。进至郝家店、孙家寨一线，遭遇守将覃连芳率三个师截住。恶战一日，覃连芳退走。又进至高城，也遭遇守将张轸率三个师截住，恶战两日，张轸也退走。自此两支军轮换截杀，各战一阵即走。

日军右路每进一程，皆要历经恶战。虽连占郝家店、孙家寨、高城、塔儿湾、湖阳，十日进至新野，却折损严重。左路日军主力延后数日发动进攻，在三阳店、洋梓诸镇突破守军防线，一路北进，五月八日攻占枣阳，十二日攻占唐河。左右两路军虽收拢包围圈，中国军队早撤离一空。

冈村宁次欲统军再攻，却见日军主力已进至桐柏山与大洪山两山夹角。远远看去，两山奇峰插天，林木遮天蔽日。观山前山后，不时有人马穿行，左出右入，右入左出，不知伏有多少军马。恐惧顿生，心想："我未围住支那军，反陷入支那军大阵中。"心知上当，统军急循原路东退。

李宗仁探得日军回撤，统各军分从大洪山、桐柏山深山密林中急冲而出，沿途截杀。襄河两岸，日夜炮声隆隆，人叫马嘶，烟尘滚滚。沿途尽是日军遗弃的枪械、车仗、辎重、弹药、营帐。至五月二十四日，诸处失地尽复。清点战绩，战场日军遗尸五千，伤者加倍。缴获枪械、弹药并一应军需品无数。

冈村宁次进攻随州、枣阳未成，反折去万余人，急向中国派遣军司令部告援，得以增拨兵员枪械，补足损失。隔了数月，静而思动。适逢1939年9月1日，德国进攻波兰，第二次世界大战爆发。冈村宁次为呼应欧洲战争，集中六个师，分两支会攻长沙。左一支偏师二个师，以南昌为基地，分从赣北，经高安西进，迂回长沙以东；正面主力四个师，分为左、中、右三路，沿粤汉路攻长沙。左路由鄂南通城出击，向麦市、长

在黄土岭战斗中缴获的武器

寿衔突进；右路由岳阳乘船，经洞庭湖，逆湘江而进；中路从正面强渡新墙河、汨罗江、捞刀河，从北面直扑长沙。总计两支日军，共十万人。

长沙在湖南省东北部，是湖南省会，北沿粤汉线而进，经汨罗、岳阳，可通武汉；南沿粤汉线而进，经株州可达广州。城西有岳麓山，虽不算高耸，却风景秀丽。湘江自南而北，穿过岳麓山与长沙城区之间，在城南汇集浏阳河、捞刀河，流百余里，便是有“衔远山，吞长江”之美的洞庭湖。

武汉会战时，因日军攻占岳阳，向长沙广派疑兵，蒋介石恐长沙失陷敌手，于十月十二日，令湖南省主席张治中作好焚城准备，一旦日军攻进长沙，便焚毁全城，以免资敌。张治中与长沙警备司令约定，以警备团长徐崑为焚城总指挥，调三百精壮，编为一百组，每组三人，准备好燃油、火把并各种引火物，待日军进攻时一齐放火。徐崑恐届时执行不力，又告各组，若闻警报，或见一处火起，便可开始放火。

是夜，南门外伤兵医院不慎起火。各放火小组见有火光，依徐崑令，一齐点火。一时间，满城皆燃。待发觉是一场误会，日军并未攻城时，火借风势，已冲天而起，连烧三天三夜，将长沙城毁去大半。诸多伤病官兵并老弱市民皆葬身火海。蒋介石得报，亲到长沙，追查责任，酆悌、徐崑皆被判死刑，张治中被革职留任。长沙大火后，日军进驻新墙河以北，隔河与守军对峙。

第九战区代司令长官薛岳得报日军攻长沙，急调战区辖下四十七个师共三十五万人应战。又依据日军进攻方向，将军分为七支，第一支军以霍揆章为将，统第二十集团军六个师守备长江右岸与洞庭湖北岸，为全军左翼，阻敌沿江、沿湖进攻；第二支军以关麟征为将，统所辖八个师分守新墙河、汨罗江，沿粤汉线正面纵深设防；第三支军以杨森为将，统所部第二十七集团军六个师据守幕阜山区。此三支军合二十个师，为北路，阻敌正面主力。

第四支军以王陵基为将，统所部第三十集团军四个师据九岭山以北大道，在武宁以西布阵；第五支军以卢汉为将，统所部第一集团军四个师据九岭山以南大道，在高安西北布阵；第六支军以罗卓英为将，统四个师据锦江右岸，守备莲花山、马形山。此三支军合十二个师，为东路，阻敌左偏师。

第七支军由战区直辖，合十五个师，在长沙以东、以南集结，分据湘潭、株州、衡山、衡阳、浏阳及赣北上高、宜丰、万载各城，以为后备，往来救应各军。

布阵已毕，日军攻到。九月十四日夜，日军左偏师两个师在赣北首先发动攻势，分途猛攻高安。卢汉、罗卓英二部迎敌，与日军恶战五昼夜，十九日放弃高安。此时正面日军中路已在九月十八日强攻新墙河防线，被关麟征统军敌住；正面日军左路从通城南进，九月二十四日攻至福石岭，企图迂回新墙河右翼，被杨森统军敌住；正面日军右路于九月二十二日由岳阳启程，投水路绕至汨罗江口以南，从右侧迂回新墙河防线，被预备队第七十军敌住。

各路日军虽然火力凶猛，守军却占数量优势，又据地利，节节抗击。湘北、鄂南、赣北各地，日夜炮声隆隆，硝烟滚滚。两军恶战至十月一日，北路日军勉强进至捞刀河，东路日军勉强进至修水，已各折损二三成人马，且处处受优势守军夹击、侧击、伏击，后勤不继，补给中断，已失去进攻能力。又得报守军后备十五个师皆是生力军，正向前线运动。冈村宁次无计，急令两支军与守军脱离接触，改后队为前队，前队为后队，各循旧路撤退。

薛岳见日军掉头后撤，机不可失，急统预备队各师投入战斗，衔尾追敌，不但收复失地，且追出一程之外。统计战绩，自九月十四日日军东路发动进攻起，到十月十五日止，第一次长沙会战历时一个月，打死打伤日军二万。自捞刀河往北的铁路沿线并高安周围地区，漫山遍野皆是日军遗弃的人畜尸体、车仗、器械、衣物。

日军第十一军司令官冈村宁次孤守武汉，处在内线，被中国军队第五、第九两战区近一百个师围在垓心，急欲改善不利态势，故集中主力，三月东攻南昌，五月北攻随枣，九月又南攻长沙。每次用兵十余万，苦战兼旬，累计折损数万人枪，却一无所获，弄得将士疲惫，怨声载道，皆怨冈村宁次区区一员中将，如何能统二十万军、独当一面？

消息传至东京大本营，批评冈村宁次用兵不当，不该拳打四方，脚踢八路，依次进攻东、西、南三面，以致以一支疲师与华军三支生力军轮流作战，失去内线作战优势。冈村不服，辩道："非十一军将士作战不力，亦非指挥不当，乃因华军源源得到海外补给，装备火力皆与从前不同。"反而埋怨大本营未设法切断中国海外供应线。又说自第二十一军攻占广州后，中国由虎门入口的海上补给虽然中断，却可从广西南宁获取海外补给，请大本营下令攻占南宁，武汉第十一军内线机动，方有决胜把握。

大本营有与冈村关系厚者，多赞成冈村意见。遂在十月十六日，发出大陆令第三七五号，令第二十一军司令官安藤利吉中将统军夺取南宁，切断法属印度支那通南宁的主要补给线。且以南宁为海军航空兵基地，以便空袭滇缅公路、滇越铁路，完全切断中国海外物资供应渠道。

日军第二十一军原辖二师一旅，计为第十八、第一〇四师及台湾混成旅，分以久纳诚一、滨本喜三郎、盐田定七为将。因要执行三七五号大陆令，大本营又紧急调遣第五师，以今村均为将，开赴广东。安藤利吉便令第五师、台湾混成旅并协力部队第五舰队、海军第三联合航空队，计三万人，飞机百架、战舰百艘，统由今村均指挥，在海南岛三亚港集结登船，负担南宁作战。

十一月十三日夜，日军前锋分乘战船百艘，乘夜启锚，冒强风破浪而进。航行二夜，十五日晚八时抵达钦州湾。是夜狂风大作，暴雨如注。虽有英国方面转来空中侦察情报，告说日军将在十一月上旬以后发动南宁作战，蒋介石却不相信，仍将南宁守军半数调往武汉，准备对武汉日军发动冬季攻势。故钦州湾一带数百里只二个师防守，兵力极度薄弱，又防备松懈。日军前锋一拥而进，当夜登上海岸。次日后队主力亦陆续登岸，而后分左、中、右三路向南宁推进。

守军不敌，向北溃退。日军衔尾穷追，十一月二十二日进抵邕江南岸。又抢夺民船，分左、右两路强渡邕江，二十四日占领南宁。而后分兵，以台湾混成旅进驻钦县；步兵第九旅溯左江西进龙州，留步兵第二十一旅，以中村正雄为将，驻守南宁。中村正雄又将部队分散，分据南宁市区及外围阵地昆仑关、八塘、九塘、高峰隘各处，屏护南宁北正面。

蒋介石得报日军在钦州湾登陆，于十一月二十四日占了南宁，大惊。原来，南宁在广西南部，位于邕江与桂越国际公路的交叉点上。左江与右江分从广西腹地东下，到南宁汇合，始称邕江。桂越公路由越南经广西龙州，再沿左江而下至南宁，每月运量三千吨。左江水上航道，亦可直达南宁。自广州失守后，海外援华军品，多从海上运至法属印支海防、河内，然后经桂越公路转运至南宁，再散往内地。南宁不守，海外补给势必断绝，牵动全局。

蒋介石得报南宁失陷，急从四川、湖北、湖南、江西各处抽调精兵，计为韦云淞第

战斗在大青山的骑兵支队

三十一军、夏威第四十六军、邓龙光第六十四军、叶肇第六十六军、李延年第二军、杜聿明第五军、甘丽初第六军、傅仲芳第九十九军、姚纯第三十六军,九支军合十九个师,辅以飞机百架,炮兵、战车兵各一团,合十五万人,兼程回救广西。又令白崇禧以桂林行营主任职到迁江亲自指挥援军,反攻南宁。

各军时距南宁近则千里,远则加倍,皆倍道兼程,或乘火车,或乘汽车,或乘民船,到十二月初,陆续抵达南宁以北。便整理队形,清理器械,准备投入战斗。白崇禧熟知南宁周围地势,召众将议道:“南宁以北尽是崇山峻岭,地形错综复杂。由南宁北通内地,有左、右两条公路,左一条是邕武公路,由南宁西北行四十里,经高峰隘通武鸣;右一条是邕宾公路,由南宁投东北方向,行百里,经昆仑关通宾阳。控制了这两条路,就控制了南宁与内地的联络孔道。而控制了高峰隘与昆仑关,就等于控制了这两条路。”

稍顿,又道:“两条路相比,右路是通柳州、桂林的近路,故昆仑关比高峰隘重要。”言及于此,大步走向地图,指图详析道:“自南宁到昆仑关,依次有四塘、五塘、六塘、七塘、八塘、九塘诸隘口,直至昆仑关。且自南而北,山势愈益高耸,故一关比一关险峻。公路九曲盘旋,虽只百里,却有一半隘道。如今日将中村已抢先手,左路占了高峰隘,右路占了昆仑关、八塘,已筑好工事。我军虽拥有坦克、飞机、重炮,第一次可以地空协同、步坦炮协同,与日军决战。然若要恢复南宁,须先收复昆仑关与高峰隘,如此始能成功。”

当时传令,将军分为四支,第一支军是北路军,以徐庭瑶为将,统第三十八集团军,辖第五、第六两军四个师,为主攻部队,由宾阳南下,强攻昆仑关。第二支军是东路军,以蔡廷锴为将,统第二十六集团军,辖第四十六、第六十六两军四个师,以陆屋、灵山为依托,攻击钦宁公路,阻敌增援昆仑关。第三支军是西路军,以夏威为将,统第十六集团军四个师,以一半兵力围攻高峰隘,打通邕武公路,分散日军注意力,策应北路军进攻昆仑关。另一半兵力绕攻四塘,阻南宁敌军沿邕宾公路救援昆仑关。其余部队为第四支军,置于后方,为总预备队,往来救应各军。

部置已毕,各将一齐应诺,皆回营统兵,依计而行。部队一律轻装,带齐枪弹,检测好器械,饱餐后便乘夜黑投山僻小路一齐向指定战区进发。

却说白崇禧在迁江指挥部遣走诸将后,思及中国自鸦片战争以来,与列强作战,一直是器械不如人。此次昆仑关作战,第一次出动机械化部队,步炮坦与地空协同,与日军较量实力,心情激动,不能安眠。直至夜静人深,仍对图沉思,检讨部署有无遗漏。

正思时,侍从报有人求见。白崇禧接住,却是原来共过事的朋友。来人略作寒暄,便掏出一纸文件。白崇禧接过,灯下细看,却是日本劝降书。原来日本特务机关以为白崇禧与蒋介石有矛盾,只消许以高价,便可收买,故派人来劝降。白崇禧读罢劝降书,告来人道:“日人之意,是要吞并中国。既然如此,国人惟有抗战到底一途。日本方面若真有和平诚意,就应主动停止战争,收兵回营,恢复战前状态,舍此空来诱降,只能说明日人已极度虚弱。”说完，以礼送走来人。

北路军主力是第五军，以杜聿明为将，杜聿明字光亭，陕西米脂人。第五军是中国第一支军级机械化部队，下辖三个师，计为第二〇〇师、新二十二师、荣誉第一师，所有坦克、火炮、战车皆系苏联进口，由苏联顾问训练，装备齐全，火力猛烈，运动神速。

十二月十八日拂晓，杜聿明率军进至昆仑关前，探得昆仑关是敌中心阵地，守军计约步兵一营、炮兵两连，合一千余人。昆仑关以南，九塘有日军步兵一团、八塘有日军骑兵一团、步兵一营。三处日军合约五千人。分析过敌情，又借晨曦对图仔细打量昆仑山地势，见昆仑关雄踞于宾宁公路，正锁住通道。日军工事依山而成，阵前布有多层铁丝网，重重叠叠。又见昆仑关东面四里处有一高山，标名六五三高地，高出昆仑关三四百米。西面四里处亦有一高山，图上标名四四五高地，亦高出昆仑关三四百米，心中已有计较。便令荣誉第一师为左翼，从正面强攻昆仑关；新二十二师为右翼，绕攻五塘、六塘，阻敌增援昆仑关；加派两个补充团为左支队，绕攻七塘、八塘。第二〇〇师为后备，往来救应各军。

荣誉第一师负责主攻昆仑关，首先发起进攻。先乘夜暗，秘派偏师分占昆仑关东、西两高地，布阵展开。天色将明，便集中全师重炮，计约数十门，瞄准昆仑关日军阵地齐射。一时炮声隆隆，山摇地动。昆仑关日军阵地尽被烟火笼罩，阵前铁丝网皆被炸飞。日军侵华以来，一向自恃炮火优势，未遇中国军队如此猛烈炮击，工事多不坚固，大部被毁。千余守军，半数伤亡，余者惊慌失措，满山乱跑乱躲，逃避炮击。

炮击甫毕，中国步兵成散兵队形，奋勇登山，冲至阵前。日军欲待架枪顽抗，东西两翼高地上，轻重机枪泼风般交叉扫向昆仑关高处，日军阵中弹如雨下。只一阵，昆仑关主阵地便被中国军攻占。残敌被分割成数处，负隅顽抗，急向后方求救。

九塘日军守将三木闻昆仑关告急，正欲驰援，突然也遭猛烈炮击。一支中国军队如潮涌至，分两三层围住了九塘。再回望八塘方向，也是炮声隆隆，烟火冲天，料八塘日军亦被中国军队包围。一时无计，只得向南宁告急。

日将今村均初占南宁时，曾有情报员报说中国派十五万军救南宁，已到南宁以北一日行程内。今村均哈哈大笑，道："支那军主力皆远在武汉、重庆，若能在二个月内开到南宁，就不是支那人了。"遂不理情报，将军分散，令第九旅西攻龙州。忽得报昆仑关、九塘、八塘日军皆被中国军队分割围攻。左路高峰隘也发生激战。初时尚不以为意，令派运输机向昆仑关日军空投弹药。却回报说是昆仑关一带，天上密布中国飞机，日军运输机未抵战地，便被中国空军驱逐。侥幸进入战区，因两军战线犬牙交错，日军被围在一隅之地，所投物资亦多落入华军手中。

今村均思虑一阵，又令南宁日将中村正雄派一个营，武装押运弹药，前往昆仑关。行至四塘，押运弹药的部队也被围住。今村均始知事态严重，急令中村正雄率南宁驻军倾巢而出，沿邕宾公路北进，经四塘、五塘、六塘、七塘、八塘、九塘，全力救援昆仑关。又令已抵龙州的第九旅，遗弃辎重，一律轻装，分乘火车，兼程回援南宁，又将战况报告广州第二十一军司令部。

聂荣臻在前线指挥作战

日将中村正雄率援兵三千出南宁向昆仑关进发。一进隘道，便遭中国军队沿途截击。天上是中国空军飞机，穿梭投弹。地面有中国步炮坦协同攻击，炮弹铺天盖地。坦克冒烟突火，步兵如潮涌动。自南宁到昆仑关百里山谷，日夜炮声隆隆，火光冲天。

中村率军每进一程，便要折一阵。十二月二十三日进至七塘。刚与七塘日军取得联系，忽一阵弹雨袭来，中村左颊洞穿，血流如注。此时后路已被中国重兵封住。昆仑关守军来电，告说军中缺粮，士兵拾麦穗充饥；弹药用尽，只得埋藏大炮，削竹为枪，准备肉搏；又说准备焚烧团旗，以免落入中国军队手中。悲观之态，溢于字里行间。

中村无计，只得乘夜率残军继续北进，向九塘与昆仑关靠拢。又前进一程，二十四日晨抵九塘。正到阵前观察，又遭狙击，数弹洞穿腹部，再受重创，送至掩蔽所救治。中国军炮弹追踪而至。呼啸声中，一枚一五〇毫米重型榴炮炮弹直落屋顶，砸穿掩蔽部。中村经这第三次打击，旧创新伤同时发作，血溅全身，终于一命呜呼。

中村死后，日军群龙无首，愈是混乱。中国各路大军分从四面八方冲至公路线，层层围住日军残部。先以重炮密集猛射，次以轻重机枪齐扫，然后是坦克冲阵，大队步兵伴随坦克，一齐叫杀，如潮涌至日军阵地，与敌混战肉搏。此时日军残部，弹尽粮绝，斗志全失，皆遗下一应物品，三三两两，夺路南逃。中国军队衔尾追杀直到南宁城外。四塘以北至昆仑关各要隘并左路高峰隘，皆被中国军队控制。自南宁至昆仑关百里公路线两旁沟渠山坡，横七竖八，皆是日军遗弃的枪械、弹药、车仗、大炮、营帐、被服并人畜尸体。

清点战绩，计毙日军五千，伤敌加倍。缴获枪枝、火炮、弹药并一应军需品，不计其数。且击毙日军少将旅长一员。

消息传出，举国欢腾，皆说昆仑关之战是中国军队以火力、素质获胜的实例，比之台儿庄战役，意义又有不同。

第四十六章

守枣宜李宗仁大起七路兵
渡襄河张自忠战死南瓜店

日军大本营得报日军第五师辖下精锐第二十一旅在昆仑关被中国军队消灭，旅长中村正雄阵亡，极为震惊，大有中国军队实力已非昔日吴下阿蒙之慨。急派陆军参谋本部参谋次长泽田茂中将于十二月二十八日赶往广州，指示机宜，挽救危局。又派参谋本部作战主任荒尾、中国派遣军副参谋长铃木、第二十一军副参谋长佐藤，到南宁转达大本营与第二十一军司令部意旨。皆主张退出南宁，由现有战线南撤百里，以避中国军队锋芒。

今村均自恃悍勇，又死爱面皮。当时思道："第五师自赴中国战场，历经南口之战、忻口之战、临沂之战，一直是日军前锋。虽有临沂之败，亦是部分失败。此次在昆仑关又折去中村第二十一旅，若再从南宁撤退，便是承认第五师非中国军队敌手，有损于第五师军威。"心中这样想，便一口拒绝撤退命令，反以将在外，君命有所不受为由，要求增派兵力到南宁，与中国军队决战。

参谋本部无计可施，只得依今村均意见，调近卫混成旅、第十八师两支军，附以陆海军飞机一百〇五架，由钦州登陆，开赴南宁，支援今村均。又令将南宁周围四支军合编为第二十二军，任久纳诚一中将为司令官，统一指挥。另调第一〇六、第三十八师增援广州。撤销第二十一军，另成立"华南方面军"，任后宫淳为司令官，统一指挥第二十二军并广州附近三个直辖师。

久纳诚一上任后求功心切，急统辖下四支军七万人，分左、右两路，取大包围姿态，合击昆仑关。又派陆海军飞机飞往桂林、柳州，轰炸中国空军机场，封锁中国军队后方联络线。

此时中国军队因强攻昆仑关各要隘，折损严重，只第五军便阵亡 5600 人，失踪 800 人，重伤 11000 人，总计折损过半。军委会正筹划全局冬季反攻，无力增援南宁。正相持不下时，日军飞机轰炸宾阳，碰巧炸毁第三十八集团军司令部。各部联络中断，陷入各自为战状态，战线遂被日军突破。白崇禧料以疲惫之师难敌日军新锐，便统军退出战场，撤往后方休整。昆仑关得而复失。

1939 年 10 月，中国军队提前完成第二期整训计划，各军、师经过整训充实，改换装备，战力改善，统帅部令新整训部队开往前线，发动冬季攻势，消耗日军实力。又令第二、第三、第五、第九战区部队担任主攻，其余各战区助攻。

十二月上旬，各战区部队一齐发动攻势。华北方面，卫立煌统第一战区各部，多路出击，切断日军豫北、豫东交通，占了开封、沁阳、商丘各城；傅作义统第八战区前锋，先佯攻包头，伺机设伏打援，击败日军骑一旅，毙敌上校一员。又反攻五原城，与日军反复恶战，毙敌水川中将、大桥上校，杀敌四千。

华中方面，顾祝同统第三战区各部袭入南昌、杭州、余杭、富阳各城，又遣十四个师，组成左、中、右三支兵团，沿荻港至贵池千里江岸分路挺进，或在江中投放水雷、漂雷，或在江岸架设重炮，攻击日军船队，使长江航运中断。

武汉方面，李宗仁、薛岳二将分统辖下第五、第九两战区部队，计五十个师，合攻冈村宁次第十一军，第五战区部队占了随县擂鼓墩，缴野炮一门；第九战区部队克复

这是民兵抗击日本侵略者的有利形式

靖安、通山、阳新各城,皆获大捷。总计冬季攻势,始于 1939 年 12 月上旬,止于次年 1 月下旬,历四十余日,用兵百万,大小战千次。各部队采用夜战、近战、炮战、水雷战、奔袭战、打援战,四面八方齐出击。日军第一线部队皆成孤军,缺粮少弹,伤亡惨重,只武汉第十一军便折损八千。

中国军队发动冬季攻势之初,日将冈村宁次因一攻南昌,二攻随枣,三攻长沙,皆未成功,便转移兵力,作第四次大进攻,西攻宜昌。因中国军队发动冬季攻势,声势浩大,第十一军损失惨重,只得停止宜昌攻势。日军大本营也因冈村宁次作战不力,改调他任。另调园部和一郎中将为第十一军司令官,仍以青木重诚少将为参谋长。

第十一军辖下部队经过调整,计有第三、第六、第十三、第三十三、第三十四、第三十九、第四十师及独立混成第十四、第十八、第二十旅,分以丰岛房太郎、町尻量基、内山英太郎、甘粕重太郎、大贺茂、村上启作、天谷直次郎、藤堂高英、横山武彦、池田直三为将。另附炮兵、工兵、装甲兵、航空队若干,合二十万人枪。

园部和一郎到任后,又议西攻。1940 年 4 月 7 日拟成第十一军作战计划大纲,计划发动枣宜会战,集中兵力,分两期作战。先分兵合击,取大包围态势,将第五战区主力挤至枣阳、襄樊谷地,聚而歼之。而后西渡汉水,进兵宜昌。

当时令将军分为四支,第一支以丰岛房太郎为将,率第三师与石本支队,两部人马合三万人枪,由信阳以北出发,沿游河、桐柏、西新集公路西进,绕至枣阳西北、襄阳东北,占据白河与滚河夹角间岗地,截断第五战区主力退路;第二支以内山英太郎为将,率所部第十三师二万人,由钟祥投汉水东岸北进,穿越大洪山,进至襄阳东南、枣阳西南,呼应丰岛部队,收拢包围圈;第三支以村上启作为将,率第三十九、第六师两部人马,合四万人,由随县、安陆北进,从正面扑向枣阳,担任主攻,实现中央突破。

其余部队为机动部队,合为第四支,往来救应各军,计辖第四十、第三十四师及独立混成第十四、第十八旅、临时混成第一〇一旅、吉田支队、野战重炮第六旅、坦克第七、第一三一团。

另有派遣军为支援枣宜作战,又从第十三军调来仓桥支队、松井支队、汉水支队、第三飞行团、第一分遣支舰队、第二联合航空队,也加入第四支军。五部人马合八万人。总计参战部队合六个整师、四个整旅、二个整团、五个支队、海空军若干,合十七万人枪,号称二十万。

部置已毕,各将率兵分在信阳、随县、安陆、钟祥各处集结,补充粮弹,整理器械,准备在五月上旬,各依次发动攻势。园部自统军司令部移驻应山城,就近指挥。又令独立混成第十四旅扫荡江南九江周围地区,海军在鄱阳湖、洞庭湖频繁进出,其余未参战部队皆在岳阳、南昌、安庆、大别山要点广布疑兵,虚张声势,伪装主力,佯作进攻状,以分中国军队兵势,掩护主力进攻枣宜。

中国第五战区司令长官李宗仁因冬季攻势胜利,局势稍稳,议将孙连仲第二集团军由鄂北调往宜昌;另调第七十二军开赴大别山,加强游击战。兵未启程,已有密报送到,告说日军换将,冈村宁次他调,第十一军司令官换了园部和一郎。心道:“日军惯例,每换新将,必要来一场新攻势,且不忙移兵。”便令第七十二军与第二集团军暂停调动。

再派人打探,果报日军主力十余万皆在信阳、钟祥、随县、安陆四处集结,积聚粮秣,整理器械,有进攻模样。便召诸将开会,析道:“日军十余万,分聚信阳、钟祥、随县、安陆四城,必是要以中央突破、两翼迂回战术,再攻襄阳、枣阳,寻我主力决战。”

便议定作战计划,分兵七路应战。第一路是右集团,以张自忠为将,统第二十九、第三十三集团军,两部合十二个师,固守襄河两岸并大洪山各隘口,以长寿店为核心阵地,机动抗击左路日军第十三师北犯;第二路是左集团,以孙连仲为将,统第二集团军六个师,在于明港、小林店、天河口布阵,据住襄花公路,机动抗击右路日军第三师与石本支队;第三路是中央集团,以黄琪翔为将,统第十一集团军六个师,沿随县西北高城、唐河、环潭布阵,纵深设防,节节抗击中路日军第三十九师与第六师;第四路是后方屏护部队,以郭忏为将,统江防军十个师,据守襄河、东荆河右岸,防敌渡河窜至深远后方,相机配合张自忠右集团,会歼日军左路;第五路军,以孙震为将,是预备兵团,统所部第二十二集团军三个师驻扎双沟,相机投入黄琪翔中集团,歼敌中路;第六路是机动兵团,以汤恩伯为将,统第三十一集团军九个师,在枣阳东北地区集结,相机配合孙连仲左集团,歼灭日军左路;第七支军,以李品仙为将,统第二十一集团军,并鄂豫皖各路游击部队,广泛出击,破袭日军平汉路、淮南路交通线,配合主战场六路军作战。

总计七路军,合拥七个集团军,计辖二十一个军,约五十个师。

部置已毕,李宗仁欲嘱几句,忽副官送来蒋介石训令。约略说明,从日军上年一攻南昌、二攻随枣、三攻长沙之战看,日军战术,是即打即走,速战速退,意在耗我兵力,毁我资源，掠我资财，而后在一周内回归原位。故我军对日作战，须机动防御，诱敌深入，待迁延日久，日军势衰力竭，强力已尽，按计划回撤时，再以优势兵力，奋勇追击、夹击、侧击、截击后退之敌，消灭其有生力量。李宗仁读罢，便将蒋介石训令遍示诸将。

五月一日，日将丰岛房太郎率右路首先由信阳西进。只数日间，连占十余城，五日进至泌阳、桐柏一线；五月二日，日将内山英太郎率左翼第十三师由钟祥沿汉水东岸北进，从西南扑向枣阳。数日之间，连占长寿店、黄家集各城；五月四日，日将村上启作率中路第三十九师并第九师由安陆、随州，投大路向西北，直扑枣阳东南正面，连占高城、安居镇。

李宗仁坐镇襄樊，已从日军攻势中判明日军意图，确实是要用两翼包抄、中央突破战术合击枣阳。急调整部署，令黄琪翔节节抗击，率军阻住日军中路第三十九师与第六师；郭忏率军渡汉水，与张自忠右集团并力，夹击日军左路第十三师；汤恩伯统所部调转正面，与孙连仲所部合力，夹击日军右路第三师与石本支队；又令王缵绪统所部第二十九集团军五个师退进大洪山。豫鄂边游击纵队曹文彬、王子愚、刘根深、蒋当翊四将各率所部进驻桐柏山，以为疑兵。

各将依令而行。双方十余支军数十万人，在枣阳东、南方向捉对厮杀，豫南、鄂北数百里，一时天上飞机马达轰鸣，地上人潮涌动，炮声隆隆，烟尘滚滚。守军虽节节阻敌，日军却自恃飞机掩护，炮火猛烈，又有坦克冲阵，志在必得。

三路军每日各进百里。尤以右路日军前锋石本支队，辖两个骑兵团、一个坦克团，辅以一个快速步兵营，皆是快速部队，一马当先，早插进枣阳西北。其余各路，亦在五月七日，分别占领唐河、随阳店、汪家集，层层围住枣阳。

李宗仁为避敌锐气，不与争锋，急令第一七三师以钟毅为将，据唐河布阵，阻敌攻势。各军背对枣阳，分散突围。钟毅当日得令掩护主力突围，知责任重大，率军至唐河，据险布阵未毕，日军大队人马，如潮而至。大炮狂轰，飞机乱炸，坦克冲阵。钟毅死战不退。至晚，阵地多处被突破，一师人折去十之三四，余皆被打散。钟毅统残军且战且走，又冲杀一日，九日退至苍台。弹尽援绝，身边只一排卫士，皆是短枪兵，敌骑骤至，左冲右突，混战中钟毅胸部中弹，血流如注，勉强潜入芦苇丛中掩埋文件、日记、诗稿、图章。日骑又至，团团围住芦苇丛。钟毅不愿被俘，仰望苍天，饮弹自毙。时年三十九岁。

日军虽于五月八日占了枣阳，却因钟毅率军阻击，未能围住守军主力，达到预期目的。诸将皆怨园部不知兵。园部欲统兵追击，参谋长青木重诚道："鄂西北南有大洪山，北有桐柏山，东有大别山，其间又有唐河、汉水、白河、泌阳河、源水、滚河、沙河、府河、漳水等十余条大河。尤其是汉水，源于陕南米仓山，自西北而东南，贯通鄂西北，长三千里，水势浩大，江面宽阔，是长江第一大支流，地形复杂，步步是险。我军夹在桐柏山与大洪山之间，愈久愈险，决难咬住敌军主力。不若且向后退，或有收获，也未可知。"园部新到，对情势生疏，便依其计，令各军缓缓而退。

日军一部向我军缴械投降

李宗仁坐镇襄樊，得报日军回撤，屈指计算，日军五月一日开始进攻，八日进枣阳，十日退兵，正合速战速退之说。大喜，召众将议道："日军自出钟祥、随县、安陆、信阳四城以来，每日进百里，又遭我优势兵力日夜阻击，未有不疲之理。此时尾击日军，必能获胜。"便令将军分为南、北两支。北一支军以汤恩伯第三十一集团军与孙连仲第二集团军为主，合十五个师，自北而南，合击日军右路第一师与石本支队；南一支军以张自忠第三十三集团军与王缵绪第二十九集团军为主，合十五个师，自南而北，围击左路日军第十三师。两支主力军外，又令刘和鼎率第三十九军、周嵒率第七十五军，两部合五个师，自西而东插入战线中央，策应南、北两支主攻部队。其余各军分由汉宜路、平汉路进攻，切断日军后方联络线。攻击令一出，各军皆士气高涨，后队变前队，前队变后队，折转矛头，返身杀回枣阳方向。

日军各路人马才撤一程，侦听台就探得中国军队分路反攻。园部大喜，叹服青木重诚知兵，赞道："有你这样的好参谋长，冈村君早该打败李宗仁了。"便问如何应敌。青木又出计道："敌南、北两支主力中，汤恩伯第三十一集团军有十个师，皆装备精良，训练有素，曾在南口、漳河、台儿庄与我反复争锋，今以我之力，急切难以消灭，可令丰岛君率第三师收缩兵力，再令小川支队北进，支援第三师，争取阻滞汤恩伯部数日。"

稍顿，又转题析南路，道："南路张自忠第三十三集团军也是劲敌。曾在临沂、潢川与我军反复争夺。张自忠本人亦在不到两年时间连升两级，由师长升至集团军总司令，已成为支那非黄埔系将领中的一面旗帜。然其人虽然为将剽悍，作战不计损失，其部队却是杂牌军班底，实力不及汤恩伯部。若集中我左、中两支军，请君入瓮，也是一场奇功。"园部便依计而行。

日军第三师师长丰岛房太郎得到园部命令，告说汤恩伯统十个师来追，令收缩兵力，又派小川支队增援，哂道："园部君太胆小，不如冈村君有气魄。"又告左右道："我有一个师，又有石本支队相助，足与汤恩伯一见高低，若收缩兵力，如何反包围？至于小川支队来救，更是折我第三师威名，多此一举。"

话未落，忽枪炮声大作。却是汤恩伯、孙连仲二将统两部人马合十五个师，分从四面攻到，一齐插入日军阵中，将日军各旅、团隔开，各以优势兵力，奋力抢攻。襄阳至枣阳数十里，火光熊熊，杀声震天动地。日军骤遭围攻，首尾互不救应，皆陷入苦战。只三日时间，便连失十余处据点。前锋第二十九旅被隔在白河西岸，孤军苦战，陷入绝境。接连致电丰岛，告说华军火力凶猛，斗志旺盛，皆超过预料。请速派一营援兵接应，以便东撤。又请派部队到白河西岸，采取收容措施，接运伤员。

丰岛大急，心想："我亦被围，粮弹告罄，折损严重，如何能派一营兵救援？"正无计时，一支军冒烟突火而至。丰岛惶恐，正欲迎战，却见对面打出太阳旗，原是小川支队赶到，带来一个坦克团并步骑兵若干。丰岛大喜。便分兵救出第二十九旅残部，由坦克开路，左冲右突，收拢残部，带上伤员，向东突围。

汤恩伯、孙连仲急统各师，分从左、右追杀。才进一程，前路又枪声大作，却是散在战线后方的中国游击部队赶到，据住隘口。此时丰岛见前有阻截，后有追兵，急令焚毁辎重，绕道而行。这样且战且走，待退回出发地，早折兵十之四五。

南路张自忠奉命反攻，急统所部主力渡过汉水，兼程进至枣阳以西峪山、黄龙挡一线。刚占领阵地，日军第十三师败兵已到。两军混战，远以枪炮对射，近则白刃格斗，刺刀乱捅，手榴弹互扔。阵上硝烟弥漫，两军尸体，横七竖八，叠在一处。恶战数日，中路日军第三十九师赶到，反将张自忠所部围在垓心。两军战线犬牙交错，恶战竟日，每一处阵地，皆要反复争夺，反复易手。

战至五月十六日，日军探得张自忠在前线，调来第十八混成旅，以横山武彦为将，集中攻击。张自忠身边只两团兵，便令将士据阵死守，又召附近部队来援，从外围抱抄日军后路，里外合力，夹击日军。援军未到，战区来电，告说日军欲由钟祥渡河西进，令张自忠放弃当面之敌，侧击渡河日军。张自忠得令，统军向日军渡河点进发。沿途皆是日军阵地。张自忠统军且战且走，冲开日军层层防线，由方家集进至罐子口。五月十六日，又进至宜城东北南瓜店。此时部队已折至千人，后队主力在混战中失去联络。

日蒋横山武彦率军跟踪而至。钟祥方面，也有日军大队迎面攻到。张自忠被日军重重围困，见势危急，遣走军中苏联顾问并副职人员，亲自统军冲阵。混战中连中两弹。正包扎伤口时，又中一弹，洞穿胸膛，血浴全身。此时部队伤亡殆尽，防线已破，大队日军如潮涌至阵中。眼见一名日军士兵平端带刺步枪冲过来，张自忠挣扎起身，一把抓住敌枪，正争夺时，另一日军冲至，用刺刀猛扎进张自忠前胸。因张自忠战死，前线部队失去指挥，各自为战，陷入混乱，纷纷退往汉水西岸。汉水东岸各城，尽为日军控制。

张自忠阵亡后，日军因见张自忠作战勇敢，盛殓遗尸，举行军祭，且置灵牌，上书“支那大将张自忠”七字，准备运往武汉。消息报至重庆，蒋介石大恸，令冯治安总领第三十三集团军，全力抢回张自忠尸身。

将士含悲冲阵，带泪猛攻，与日军反复冲杀。恶战两昼夜，杀敌数百，终于抢回张自忠遗尸。在宜城祭悼三日，经宜昌转运重庆。移灵路上，千万军民皆到路口迎祭。

五月二十八日，灵柩抵重庆，蒋介石亲率文武大员接灵，举行国葬，追赠为陆军上将，列入忠烈祠首位。未久，张自忠部将统军在湖北当阳大战日军第十八混成旅，击毙日将横山武彦，以为张自忠复仇。

第四十七章

击毙阿部规秀杨成武立功
发动百团大战彭德怀扬名

武汉失守后，华北八路军各部队，根据中共中央扩大的六届六中全会精神，贯彻有关相持阶段十五项任务与游击战十大措施，在各根据地推行减租减息政策，实行民主政治，普选产生各级抗日民主政权，根据地民众抗日热情空前高涨。青壮年皆踊跃参加八路军正规部队，或参加各种地方游击武装，或以各种方式支前。未参战者，亦努力生产，种粮织布，站岗放哨，清奸反谍，誓作游击战后盾。

未久，各根据地便出现全民抗战的大好局面，组成各类抗日组织。村有妇救会、儿童团、青抗会、游击小组；区有区中队；县有县大队。各级游击武装扎根于民众之中，游击战烽火燃遍华北全境，游击战形式多种多样，各依具体情况而定。一曰围困战，是基于日军兵力不足，只以少量兵力占据点线，便利用数量优势，对日军据点长期围困，切断其与外部联系，断绝其一切物资供应，若机会成熟，便强力夺而占之，或伺机围点打援。

二曰地道战，是基于日军常集中优势兵力扫荡抗日根据地，在平原地带，地势平坦，敌骑纵横，游击武装活动不易，便广掘地道，地道内设置生活、防毒、防水、通风及弹药枪械储存设施，出入口严格伪装，或筑于灶台，或筑于炕底，或筑于村外坟茔。家家相通，村村相接，盘旋曲折，犹如迷宫，进可攻，退可守，隐蔽自己，歼灭日军。

三曰地雷战，是就地取材，土法上马，制造各种土地雷，埋在大道、村口、路边、河滩以及房屋内外，一旦日军踩入雷区，便血肉横飞，使日军每进入根据地，便胆战心惊，步步防雷。

四曰麻雀战，是组成游击小组，三五成群，忽聚忽散，利用熟悉地形地物的有利条件，在敌军前后左右活动，东面放枪，西面放炮，广布疑兵，扯散日军，伺机袭击。

五曰破袭战，是发动群众，割电线、毁铁路，在公路线上广掘深沟，阻敌快速部队通行，相机歼灭敌人。因广泛开展围困战、地道战、地雷战、麻雀战、破袭战，日军固然装备精良，训练有素，一进入根据地，落入游击战陷阱，便如盲人摸象，寸步难行。每出兵扫荡，皆先被根据地民众以游击战袭扰，疲于奔命，八路军正规部队乘间出击，总能消灭日军一路、数路，大获全胜。

日本华北方面军下辖三支部队，一支是第一军，一支是第十二军，一支是驻蒙军。驻蒙军辖下有一战将，名阿部规秀，在日军中素有战术家之称，被誉为皇军之花。时任日军精锐独立混成第二旅旅长，领中将衔，驻屯张家口。

阿部规秀久闻军中传说华北八路军战术灵活，不易对付。张家口以南的晋察冀抗日根据地抗日之风浓厚，日军不敢涉足，心中不服，想寻华北八路军决战，一举扬名。便在 1939 年 10 月下旬，遣辖下一支精锐，计约千人，由过村大佐率领向南出击，进驻张家口南面重镇涞源。而后深入晋察冀根据地，扫荡银坊镇、走马驿、灰堡三处要点。自率主力随后接应。

涞源当晋察冀根据地北缘，是日军与八路军交兵的前哨据点。日军控制涞源，便可借张家口基地力量，如以尖刀插进晋察冀根据地，割裂八路军平西、察南、雁北三大据点。八路军若得涞源，便可经察南挥戈北上，直捣张家口。因这些缘故，聂荣臻统

八路军攻克曲阳县下河镇日军据点

军兵出五台，创立晋察冀根据地时，便遣杨成武率第一一五师独立团千人，首攻涞源，建立察南、平西根据地。以后，涞源虽为日军重新夺占，八路军却在涞源县城建立秘密组织，布有情报网，日军一举一动，皆为八路军严密监视。

1937 年 11 月，中共中央令成立晋察冀军区，任聂荣臻为军区司令员兼政委。军区下设四个军分区，其中第一军分区便正对涞源张家口，辖雁北、察南、平西广大地区，以杨成武为司令员。

过村大佐奉命进驻涞源、扫荡八路军雁北地区，便将军分为三支。偏师两支，分左、右佯攻，自率中军，步骑兵六百，炮兵一连，出涞源，投大路经龙虎村、白石口、鼻子岭诸镇，直扑银坊镇，渐次深入根据地腹地。

消息传来，已是十一月一日。晋察冀军区第一分区司令员杨成武问过日军三支军兵力、动态，对图沉思半日。研究地形，见涞源到银坊须经内长城线。内长城线东有紫荆关，西有平型关、雁门关，南有白石山、六郎峰、插箭岭，地势奇险，原是古战场。宋代名将杨延昭曾在此统兵抗辽，六郎峰、插箭岭因而得名。六郎峰上另有六郎庙，是民间为纪念杨延昭而建。抗战虽起，庙中仍香火不断。

自涞源过内长城线再往南，只一条狭道通银坊，道旁是石头山，陡峭壁立。进山未久，便有一口，名白石口。由白石口南去一程，是雁宿崖。自白石口到雁宿崖之间，更是峭壁千仞，奇峰插天，非人力所能攀援。狭道穿崖而进，沿一条小河谷向南蜿蜒，连路带河，亦只四五十米宽。因两翼高山遮挡，谷中终日不见阳光，真是天下至险。

研究过地形，杨成武已有计较，心道："若将日军引进雁宿崖狭道，再据住白石口，管叫日军来一千，死一千；来一万，死一万，插翅难逃。"便传令辖下各部，依计密作布置。

过村率日军六百人出涞源南进，沿途不断有游击队袭扰。大队正行军时，游击队三五成群，不期而至。或左或右，或前或后，东放几枪，西放几枪，如麻雀闹林。虽是土枪土炮，也能伤人。欲待不理，又影响士气，且时有伤亡发生。待架炮进攻时，游击队又无影无踪，如遁地而去。

这样且战且走，日间在枪炮声中行进，夜间在枪炮声中宿营。不消数日，官兵皆疲。且因遭游击队日夜袭扰，尽皆烦躁。十一月二日，大队进至白石口，副职见地势险要，献计道："由白石口往南到雁宿崖，两侧奇峰插天，石壁峭立，道路险峻，恐遭埋伏。"请停止进军。过村因连日遭游击队袭扰，心烦意乱，道："我有炮队，八路若敢伏击，定轰他个魂飞魄散。"遂不听劝，率军投狭道迤逦而进。

十一月三日，红日当空，万里无云，过村率军投狭道猛进，大队前、中、后相接，如一字长蛇阵，蜿蜒几有里许。因见道路愈狭窄难行，两边高崖扑面而来，陡觉两山森然，暗伏杀机，心中不安。便指前面高崖问道："此山何名？"副职打开地图，瞧了一阵，告道："便是雁宿崖。"过村又问道："何有如此怪名？"

副职解道："此处陡峭，岩上寸草不生，山像一整块巨石，狐、兔、狼、豺、豹、熊皆不能攀登，过往大雁不怕为天敌所伤，夜间每在此山落脚夜宿，故称为雁宿崖。"

过村听过解释，再抬头看山，心中疑虑丛生，愈觉两山森然，周边杀气又添了几分，深悔不该固执己见，贸然犯险。欲待回撤，又恐被讥笑。正疑疑虑时，忽然枪声骤起，两侧高崖上各一支军杀出，皆瞄准崖底狭道，机枪、步枪齐射，手榴弹齐扔乱炸。日军挤在谷中，施展不开队形，人马相拥，乱挤乱撞，死伤无数。

过村急令炮队架炮轰击，奈何山崖太高，炮弹每被高崖挡住，飞不上山头。无奈之下，令后队变前队，前队变后队，循原路回撤。未料背后白石口也是枪炮轰鸣，震动山谷，早被八路军以轻重火力封死。

原来，杨成武当时研究过地形，便调来军分区各路部队，先分出偏师两支，挡敌左、右两路，却集中三个主力团，在雁宿崖设伏，一个团据路左，一个团据路右，一个团据白石口，负责堵口，防敌溃逃。三个团合数千人，有轻重机枪二百挺，布成袋阵，张阵待敌。又遣附近游击队，三五成群，忽聚忽散，投敌来路袭扰，诱敌向雁宿崖进兵。过村不知是计，果然乖乖钻入袋阵中。

过村骤遭伏击，欲进不能，欲退不得，部队困在谷中挨打，无丝毫还手之力。只得收拢残兵，以炮火掩护，且战且退，企图强行突围。杨成武在高处观阵，洞察过村意图，令部队居高临下，仍以密集火力交叉纵射。谷底弹骤如雨，手榴弹若冰雹飞落，枪炮声、呐喊声，沿山谷传到数十里之外。

恶战至午后，日军大部毙命，残部挣扎逃往一处小高地，负隅顽抗。八路军四面攻到，将小高地团团围住，先架炮猛轰，见山头火起，数千官兵一齐冲上山头，将残敌围住，以十敌一，混战肉搏。一时大刀乱舞，刺刀乱捅。战至黄昏，红日西沉，山头终被八路军攻占。暮色中看雁宿崖战场，烟火不绝，大路上、高崖下、河沟里，横七竖八，皆是日军遗尸、枪械、钢盔、车仗、弹药。六百日军，只十三人被擒，余皆打死。乱尸堆中，依服饰找到过村大佐，身负重伤，浑身血迹，污秽不堪，却拒绝裹伤，当夜死在雁宿崖。其余两路日军，闻中军在雁宿崖全军覆没，连夜溃逃。

日军第二混成旅旅长阿部规秀，得报心腹过村大佐所率一支军在雁宿崖遇伏，全军覆没，过村战死。咬牙切齿骂了一阵八路军，发誓为过村大佐报仇。亲率第二混成旅主力，倾巢而出，分乘数百辆大卡车，拖枪带炮，兼程赶往涞源，分出偏师数路，分向东西、西南佯攻。自率主力一千五百人为中军，循过村进军路线，再经雁宿崖向银坊进兵，志在必得。凡经村店，必先抢后杀，而后一把火烧光，是为"三光"政策。

杨成武得报阿部规秀自率日军第二混成旅再攻银坊，急以电话向军区司令员聂荣臻报告。聂荣臻思虑一阵，析道："阿部规秀在日军中有名将之花虚名，既敢再攻银坊，必是有所恃凭，雁宿崖地形虽好，用兵却讲究以奇取胜，可一不可再二，须如此计划，方可破敌。"杨成武应诺。

聂荣臻又许诺调军区炮兵营并二团步兵助战，共同破敌。杨成武喜道："分区有三个团，加上援军，便有五个主力团、一个炮兵营，加上地方部队，是敌十倍，正可以牛刀杀鸡。"便依聂荣臻将令，密遣各军，准备迎战。

阿部规秀率军出涞源城，也沿大路南进。沿途又有八路军游击队，三五成群，不期而至，忽聚忽散，来去如风。阿部令大队只顾前进，全不理睬。只待游击队活动剧烈时，令炮队架炮，瞄准乱枪响处猛轰几炮，轰完再进。于是进军神速，十一月五日又进至白石口。正犹豫时，忽然山口枪声大作，却是八路军一支，约有数百，据住山口高地，纵射日军大队。

八路军东渡黄河后，迅速向敌后挺进

阿部见是正规八路军，急令架炮还击。狂轰一阵，见山头碎石乱飞，烟尘滚滚，便令大队步骑兵包抄，中央冲阵，待爬上高地，见阵中空无一人，八路军早投秘道撤走。

阿部空折许多炮弹，一无所获，心浮气躁，令大队分前、中、后三队，钻进白石口，循过村进军路线，再向雁宿崖进发。副职又劝道："前面雁宿崖有一夫当关之险，过村大佐便在雁宿崖战死，司令官如何再走雁宿崖进兵？"

阿部规秀指两边高崖，道："过村大佐失败，是因兵少，且不知虚实。今我实力是过村实力三倍，以一支偏师为前锋诱敌，以一支偏师为后队守住白石口，掩护归路，主力在中军。八路不在雁宿崖设伏则已，若再仿刘伯承七亘村重叠设伏法，也在雁宿崖重叠设伏，我以前锋偏师诱出伏兵，以中军主力反包围，那时却要看看，是八路的游击战厉害，还是我的大炮厉害。"

副职想起兵力分派，果然前锋、后队，皆兵力不多，各占二成，中军却占六成。心中叹服阿部规秀善用兵，在不言中料定一切，赞道："司令官不愧为名将之花，多谋善断，八路碰上司令官，一定倒霉透顶。"阿部哈哈大笑，得意非凡。

约进一程，前卫传来枪声，密如爆豆。有传令兵从前卫跑来，请示机宜。阿部侧耳听一阵，道："枪声虽密，却尽是轻兵器，不过是袭扰部队扰我视听、疲我战力。"便令前卫放胆而进，一路枪声不断。

午后进至一处高崖，副职指崖告道："此便是雁宿崖。"阿部规秀抬头观看，果见高崖万丈，似刀削斧劈。蓝天隐隐，只存一线。观崖前路边，弹痕累累，血迹斑斑，仍有诸多日军战死者尸体，横七竖八，重重叠叠，虽塞外冬寒，尸体尚未腐臭，却也狼撕虫咬，干干巴巴，不成样子。陡觉周边山头伏有杀机，不禁毛骨悚然，心生寒意。回顾部属，亦畏畏缩缩，各有惧色。便令炮队架炮，瞄准两侧山崖，发炮狂轰。眼见烟尘起处，碎石乱飞，惊起无数飞鸟，爆炸声轰轰隆隆，在山谷间滚动，再无回应，方将心放下。便装模作样，脱帽向战死日军官兵默哀一阵，令派出掩埋队埋尸。

大队继续南进，黄昏进占银坊，早空无一人。且粮秣锅碗，皆被隐藏；猪鸡牛羊，亦被居民带走。几名日军钻进住户搜抢财物，各中地雷，被炸得血肉横飞。阿部被游击队纠缠一日，一无所获，士兵又中地雷，狂怒不已，便令放火将银坊烧毁。大火映红山谷，一夜未熄。

是夜，阿部率军露宿野外。士兵疾进一日，早已疲惫，倒头便睡。正要入梦，四面枪声齐放，锣鼓喧天，喊声此起彼伏。待拖枪出营，又四下静寂，如在乱坟堆中，空无一人。回营再睡，方安静时，枪声、锣鼓声、呐喊声又起。日军明知是八路军游击队骚扰，但又不得不披衣摸枪出营。如是者一夜数惊，日军皆不能成眠。

次晨天明，阿部闻枪声又起，出营观看，见四面山头人影幢幢，皆有游击队放枪，不知何处是虚，何处是实。便召副职问进军路线。副职告道，"出银坊有东、西两条路，西路通张家盘，东路通黄岭。"阿部又问东、西两路何处险峻，告说东路黄土岭最险。阿部大喜，道："八路喜在险处设伏，我向黄土岭进兵，必能捕捉住八路主力。"便令拔营起程，投东路向黄土岭疾进。沿途果枪声不断，有八路军断续截击。

原来,黄土岭在银坊以东二十里,沿途有梁村、司各庄、孙庄子、长相沟数村。过了黄土岭,又有上庄子、寨坨数村,沿途也是两山夹峙,将一条大路挤在谷底。杨成武当日与聂荣臻议过后,便决定先派偏师一支,由游击队辅助,投敌来路,麻雀闹林,广布疑兵。待日军进至白石口,便依情势或战或走,将敌诱至银坊。又再布疑阵,诱敌进兵黄土岭。却将五个主力团、一个炮兵营,暗伏黄土岭前、后、左、右,布成袋阵,待敌入瓮。

阿部规秀率军向东,见两山夹峙,道路险峻,先缓缓而进,于路并无动静。十一月七日,前锋过了黄土岭,进至上庄子,距关口寨坨只一程。此时天降小雨,群山朦胧,皆被雨雾笼罩,白茫茫一片。阿部率军急进,正思为何不见八路踪迹时,雨雾中忽枪声大作,手榴弹、迫击炮弹直落阵前,密如冰雹。谷中立时火光闪闪,爆炸声惊天动地。

日军在谷底骤遭突袭,雨雾中视线不清,前军后退,后军前拥,人马相践,乱成一团,折损无数。正乱时,八路军大队人马从雨雾中扑下山头,如飞杀进沟底,将日军行军纵队截成无数截,皆几个敌一个,刺刀乱捅,大刀乱砍,枪托乱砸。混战至晚,日军一千五百人,早折去六七成。余下三四成,护住阿部规秀,退往一处高地。八路军大队人马追踪而至,四面围定,架炮急攻。混乱中,一炮落在阿部身前,烟尘起处,阿部被炸成一团肉酱,皇军之花就此在黄土岭凋谢。

日军新任华北方面军司令官多田骏得报第二混成旅在黄土岭被围,阿部规秀战死,急派飞机空投弹药并几名指挥官,助残军固守。又遣大军分从灵丘、涞源、唐县、易县、满城五路赴援。杨成武得报日军分五路而来,恐被包围,便主动撤围,率军跳至外线。

雁宿崖、黄土岭战役前后,八路军第三八六旅,以陈赓为将,曾于 1939 年 2 月上旬进行香城固战斗,在冀南毙敌 200,俘敌 8 名,缴炮 4 门;第一二〇师以贺龙为将,曾于 1939 年 4 月下旬进行齐会战斗,在冀中歼敌 700,生俘 7 人;第一一五师以罗荣桓为将,曾于 1939 年 5 月上旬进行陆房战斗,在山东歼敌 1300 人;晋察冀军区部队以聂荣臻为将,曾于 1939 年 5 月下旬进行大龙华战斗,在河北歼敌 400,第三五九旅以王震为将,曾于 1939 年 5 月进行上下细腰涧战斗,在山西歼敌 500;第一二〇师于 1939 年 9 月下旬,在陈庄歼敌 1200 人,缴枪 500 支;第一二九师以刘伯承为将,于 1940 年 5 月发动白晋战役,在山西歼敌 350 人,炸毁桥梁五十座。

自 1938 年 6 月至 1941 年 5 月,三年时间,八路军作战万余次,歼敌十余万,缴获枪炮不计其数。八路军正规部队,亦在 1940 年增至 40 万人。

自 1938 年 10 月武汉失守,日本停止全面战略进攻,将重兵移往后方,重点扫荡华北各八路军根据地。1940 年春,又因宜昌失守,日军集中轰炸重庆,国民政府内部主和势力活跃。华北八路军愈觉战略环境恶化,责任重大。八路军副总司令彭德怀时在太行山八路军总部,心忧战局,与刘伯承、聂荣臻并八路军副总参谋长左权诸将议道:"日军自武汉失守后,集中进攻八路军,实行囚笼政策,以铁路为柱,公路为链,

我军进入伏击区

碉堡为锁，企图困死我军。然日军虽凶，兵力并不多。”

然后屈指计算，约略说明，华北日军三支军合十个整师、十四个整旅，计二十五万人，算来四万平方公里驻一师，六百平方公里驻一连，一平方公里驻兵不到一人。我华北八路军有正规军四十万，民兵游击队加倍，且散在华北各地，实际已将日军各据点团团包围。若一齐出击，不但可打破日军囚笼政策，振奋人心，挫败重庆主和派图谋，且可提高八路军威望，扩大根据地。

诸将表示赞成。便议细节，是从晋察冀军区抽十个团，第一二九师抽八个团，第一二〇师抽六个团，三支军合二十二个团，一齐出击，破袭日军华北铁路交通线，以正太路为重点。

计议已毕，各将密调参战兵力，补齐粮弹，利用青纱帐掩护，开赴战区。八月二十日，发起战斗。八路军各团乘夜出击，或围攻据点，或扒毁铁路，或炸工厂矿山。日军所据正太、同蒲、平汉各铁路线数千里地，日夜枪声不绝，火光冲天。

激战二十日，正太铁路沿线轨道皆被拆除，桥梁多被炸毁，水塔、堡垒、站房、仓库、厂矿亦在爆炸声中变成废墟。其余各铁路、公路亦被破坏。九月二十日，战役进入第二阶段。八路军总部下令扩大战果，各根据地部队纷纷自动参战。

第二阶段战役到十月上旬结束。参战部队相继进行涞灵战役、榆辽战役，破坏铁路、公路多处，同蒲路、平汉路皆成为破袭重点。十月六日，日将多田骏调华北日军反扑，又从华中调兵增援，分路扫荡根据地。八路军百余团又投入反扫荡作战。

总计百团大战，自 1940 年 8 月 20 日开始，到 1941 年 1 月 24 日止，历时 5 个月。八路军参战部队计 105 个团，合 40 万人，另有民兵 20 万助战。共进行大小战斗 1800 多次，毙伤日军 2 万余人，伪军 5000 余人；俘日军 2800 余人，伪军 18000 余人。

拔除日、伪据点2900多个。破坏铁路940余里、公路3000余里、桥梁200余座、火车站37个、隧道11条、煤矿11个、仓库11座；缴获各种炮53门，各种枪5800余支(挺)，其余机器、设备并各种物资不计其数。八路军亦伤亡17000余人。

消息传出，震动海内外，祝捷贺电雪片般飞向延安与太行山八路军总部。日军震惊于华北交通线破坏程度，尤对正太路被彻底摧毁痛心疾首。更震惊八路军实力增长。日将多田骏到正太路视察现场，见正太路沿线铁轨枕木皆被拆除搬走，几只剩下路基，桥梁、隧道、水塔、车站皆被炸平，成为废墟。路旁井陉煤矿，机器被运走，矿井被水淹没，半年不能恢复生产。大发感慨，称百团大战是挖心战，令华北日军须以每年8月20日为挖心战纪念日，记住惨痛教训。

第四十八章

避实击虚新四军初战韦岗
以箕煎豆顽固派进攻皖南

新四军军长叶挺，字希夷，广东惠阳人。副军长项英，原名项德隆，化名江钧、张成，湖北武昌人。新四军编成后，经过整训、补充，各支队依次开赴敌后，开展敌后游击战争，创建敌后抗日根据地。1938 年 4 月，新四军先遣支队以粟裕为将，由皖南出征，向苏南进发，执行战略侦察任务。

6 月 17 日，粟裕统军进至苏南丹徒县境。见镇江通句容的公路线上，日军汽车往来频繁，便统军在丹徒县小镇韦岗设伏。清晨八时，日军车队自北而南开到，前后共五辆汽车，粟裕急令开火。将士初斗日寇，斗志昂扬，皆瞄准日军车队，机枪、步枪齐发，手榴弹齐扔。眼见五辆汽车中弹起火，停止不前，车上日军人仰马翻。发一声喊，一齐冲上公路，围住残敌，短兵相接，白刃格斗。前后半小时，牛刀杀鸡，速战速决，击毁日军汽车五辆，毙敌土井少佐以下二十余人。车上一应军需品尽为新四军所得。

捷报传开，军民皆欢欣鼓舞。新四军第一支队司令员陈毅当即赋诗，赞韦岗战斗。诗道：

弯弓射日到江南，
终夜喧呼敌胆寒。
镇江城下初遭遇，
脱手斩得小楼兰。

韦岗初战告捷后，新四军四个支队赴苏南、皖南、苏北、皖北，横跨长江，在大江南北广泛展开游击战，捷报频传。重大战斗，除韦岗之战外，1938 年尚有：第四支队蒋家河口之战，毙敌二十余人；第一支队夜袭新丰车站之战，烧毙日军三十余人；第一支队新塘战斗，毙敌四十余人；第一支队夜袭句容之战，毙敌四十余人；第二支队小丹阳之战，毙敌五十余人；第一支队珥陵之战，毙敌四十九人；第四支队范家岗之战，毙敌十四人；第四支队棋盘岭之战，毙敌七十余人；第四支队铁铺岭之战，毙敌二十九名；第三支队马家园之战，毙敌三百余人；第四支队二战棋盘岭，毙敌八十余人。

总计自 1938 年 5 月到 1940 年 12 月，新四军共作战 2700 余次，毙、伤、俘日、伪军合 5 万余人。到 1940 年底，新四军增至 8.8 万人，拥长短枪 5 万余支。相继建立八大根据地，计为：苏南根据地、苏中根据地、苏北根据地、淮南根据地、淮北根据地、皖江根据地、浙东根据地、鄂豫皖根据地，包括苏、皖、鄂、湘、浙、豫六省各一部分，分别依托武当山、大别山、大洪山、桐柏山、幕阜山、黄山、天柱山、天目山、茅山、会稽山十大山脉，成为江南敌后抗日主力。

却说抗日战争爆发后，国民政府因见八路军、新四军在华北、华中开展游击战，十分成功，亦转向重视抗日游击战。白崇禧曾在 1938 年冬提出，应以游击战与正规战配合，加强敌后游击战，扩大面的占领，由军事战发展为政治战、经济战，再转化为全面战、总体战，积小胜为大胜，以空间换取时间。

武汉失守后，蒋介石制订第二期抗战方针，明言政治重于军事，游击战重于正规战，变敌后方为其前方。便在湖南衡山举办游击干部训练班，蒋介石自任主任，令汤

新四军向敌后挺进

恩伯为教育长，白崇禧为军训部长。请八路军名将叶剑英、边章五、李涛为教官，授游击战教程。

白崇禧尤欣赏毛泽东《论持久战》名著，屡向干训班教育长汤恩伯推荐，请印发摘要，供学员学习研究。第一期学员1046人，第二期学员460人，学成皆派往敌后开展游击战。又有正规军步骑工炮六十个师合百万人枪潜入敌后，为敌后游击战基本力量。

为控制华北，蒋介石特命石友三为第十九集团军总司令，兼察哈尔省主席，又兼冀察战区副司令长官；令鹿钟麟为冀察战区司令长官；沈鸿烈为山东省主席；张荫梧为河北保安司令，四将共同负责华北游击战争。

石友三到华北后，其部属每因争夺村镇、要津与八路军冲突，时以刀枪相见。石友三不思与八路军友好善处，共御外侮，却暗与鹿钟麟、张荫梧、沈鸿烈诸将议道："自抗战以来，国军扼守南口，大战忻口，血染上海，转战徐海，鏖兵武汉，前后恶战百阵，只头两年便战死45万，伤者、失踪者加倍，共已折损百余万大军。八路军初时只3万人进华北，如今却增至20万人，民兵游击队又加倍。其所据地域，晋察冀聂荣臻部计有冀中、平西、冀东、北岳、平北五处共108县；晋绥贺龙部计有大青山、晋西北两处，合五十余县；晋冀鲁豫刘伯承部计有晋冀豫、冀鲁豫、冀南、太行、大岳五处，合数十县；山东罗荣桓部计有胶东、冀鲁边、鲁中、鲁西、鲁南、清河、湖西、滨海八处共95县。总计八路军聂、贺、刘、罗四支军，所据地域有三百余县，受其影响民众有数千万。"

山东省主席沈鸿烈补言道："不但华北如此，就是华中地区，新四军活动亦十分活跃，已由初出山时一万人枪增至5万人枪。如今陈毅部已占苏南19县；叶飞部已占苏中18县；高敬亭部已占淮南18县；彭雪枫部已占淮北25县；谭启龙部已占浙东14县；李先念部已进至鄂豫皖；粟裕部入据茅山；叶挺坐镇皖南，八支军亦合占百余县。”

石友三接着对八路军、新四军的游击抗日活动进行歪曲和攻击，旨在引起别的将领的不满情绪。

张荫梧也插言补道：“山西二战区阎长官，也每因新军、旧军问题十分恼火。”鹿钟麟闻三将言，沉吟半日，方问三将道：“依三位之见，当如何处置最妥？”

石友三道：“古人曾言，兵来将挡，水来土掩。又曾言‘以其人之道，还治其人之身’。如今日本人虽占据交通要津与各主要铁路线，其实兵力不足，只够自守，不足进攻。我可乘对日作战间歇时期，秘密联络二战区阎长官、三战区顾长官、苏鲁战区于长官，各处一齐动手，以牛刀杀鸡，不出一年，必能压缩共军势力区。”

鹿钟麟闻计，疑道：“只怕影响抗战大局，委员长怪罪。”石友三道：“鹿长官何其迂腐？委员长自民国十五年发动中山舰事件，民国十六年在上海清党，而后江西五剿红军，陕北三度进剿，何曾有一日忘记反共？若非张杨兵谏，日寇入侵，又何肯再与共产党携手？今见华北、华中，共产党以抗日旗号坐大，心中焦虑必较我等为甚。只如虎咬刺猬，无处下口。我军先斩后奏，待功成之后，委员长奖赏还来不及，如何肯怪罪？”沈、张二将亦然其说。

鹿钟麟方道：“既如此，便依你三人计。”又嘱道：“只此事须保密，不可轻泄。”三人又议一阵细节，便秘密致电阎锡山、顾祝同、于学忠，约各处一齐向共产党发动进攻。

不日，华北各处国民党军队相继发难。1939年4月，沈鸿烈部将秦启荣率兵袭击博山，杀山东八路军400人；5月，张荫梧率兵袭击深县，杀河北八路军400人；江苏省主席韩德勤率兵攻东海，杀苏北八路军一个团；12月，第二战司令长官阎锡山发动晋西事变，以山西新军赤化为由，令部将王靖国、陈长捷分率大军进攻山西新军，围攻八路军一二〇师，杀人千计；第三战区司令长官顾祝同也令部将袭击新四军各部。

蒋介石得报沈鸿烈、张荫梧、顾祝同、阎锡山四将反共成功，果暗中嘉奖，以资鼓励。又令其余各战区竞相效仿。未久，第九战区辖下第二十七集团军总司令杨森遣军围攻新四军平江通讯处，杀新四军少将参议涂正坤；第五战区辖下鄂东游击总指挥程汝怀率兵攻鄂东夏家山，杀新四军百余人；第一战区辖下第三十一集团军总司令汤恩伯遣军袭击河南新四军竹沟留守处，杀新四军病残伤员二百余人；第八战区司令长官朱绍良所部会同第十战区胡宗南所部发动陇东事变，袭占陕甘宁边区淳化、栒邑、正宁、宁县、镇原五城，与八路军留守部队恶战兼旬，又以重兵围困陕甘宁边区。

一年之内，恶性反共事件十余起，蔓及前后方第一、第二、第三、第五、第八、第

九、第十冀察、苏鲁九大战区十余省。八路军、新四军各折兵以千计数。一时黑云压城，内战阴霾四起。

延安方面，毛泽东、朱德、周恩来等中共领袖，见国民党顽固派武装反共气焰嚣张，料是受蒋介石指使，非孤立行为。便令前线诸将提高警惕，准备恶战；又派周恩来为代表，与国民党方面谈判和平解决，以利抗日大计。

华北前线，八路军一二〇师彭绍辉部与张荫梧部接战，张荫梧不敌，折损三个旅；陕北方面，王震率三五九旅夺占绥德、米脂、蔚县、吴堡、清涧五县；晋西北八路军会同新军大败阎锡山部队；晋东南刘伯承率第一二九师大战朱怀冰、石友三，斩获三万人枪；华中前线，陈毅率新四军第一支队主力北渡长江，而后取道东进，一战路东，二战黄桥，消灭韩德勤所部十四个团万余人，夺占苏北、苏中各要镇。

1940 年 6 月，周恩来代表中共中央赴重庆与国民政府商谈解决国共冲突办法。蒋介石派何应钦、白崇禧为代表应对。周恩来依中共中央指示，告何、白二人，请允八路军编为三军九师 22 万人枪；新四军编为三个师 5 万人枪；两部月饷 540 万元。何、白只允八路军编三个军六个师，新四军编二个师，合 10 万人，月饷 68 万元。

周恩来请承认陕甘宁边区二十三县，归还绥德、蔚县、清涧、吴堡、米脂五县，何、白只承认十八县。何、白又出示《中央提示案》，令中共一个月内将黄河以南八路军、新四军部队尽开赴黄河以北。又扩大第二战区辖境，使其扩及晋、陕、察、绥、冀、鲁六省，任朱德为副司令长官，协助阎锡山指挥所有华北部队，皆被周恩来拒绝。

来往折冲数月，协议未成。蒋介石以为，八路军从前只一军三师，今允编为三军六师，新四军从前一军四支队，今允编一军二师，其人枪已扩编一倍。国民党方面已作让步，共产党方面却不领情。便在 1940 年 10 月 19 日，令何、白二人以军事委员会正、副参谋总长名义，致电八路军总司令朱德、副总司令彭德怀和新四军军长叶挺，诬指坚持华中抗战的八路军、新四军破坏团结，破坏抗战，限令其在一个月内全部开往黄河以北。

隔二十日，中共领袖毛泽东等人反复计议，令朱德、彭德怀、叶挺、项英四人分以八路军正、副总指挥，新四军正、副军长名义，于 11 月 9 日回电答复何、白二人。历陈八路军、新四军三年多来坚持团结抗战，抗御众多日军，收复广大失地的事实，揭露国民党顽固派反共投降的阴谋，驳斥何、白通电的反共诬蔑，严词拒绝其荒谬要求；并表明为顾全团结抗战大局，挽救民族危亡，愿将新四军皖南部队移至长江以北。

交涉之间，蒋介石秘密制定“剿灭黄河以南匪军计划”和“解决江南新四军方案”，于 12 月 8 日以何、白名义再次电令黄河以南八路军、新四军部队，即调黄河以北。又密令第三战区司令长官顾祝同加紧围歼新四军军部和皖南部队的部署。又择日约见周恩来，先寒暄道：“周公可记得今日日子？”周恩来微笑道：“如何不记得？”稍顿，接言补道：“今日 12 月 25 日，是圣诞节。”

蒋介石摇头。周恩来已知其所指，又笑道：“是四年前委员长由西安返南京之日。”蒋介石方肯首，苦笑道：“近日琐事烦多，心情不畅，只因想到四年前今日，你我

政治委员关向应等在前线视察地形

曾共患难,故想一晤。"

然后转入正题,详道:"今日之局,亦如四年前相同。我蒋某人在部属面前远非封建家长。你们务必要照商定办法开往河北。不然,我无法号令部下。"

周恩来不答。蒋介石继续道:"抗战已四年,胜利在望,我蒋某又怎希望重开内战,致抗战前功尽弃?想起从前,你我合办黄埔,并肩东征北伐,何等畅快?后来自相残杀,我又何尝不心痛?都是民族精英,都爱中华,只方法不同。是以当时一面内战,我一面难过,此言此心,可昭日月。"

见周恩来仍不动声色,蒋介石又叹道:"只要你们执行军令,照计北上,我不但担保绝对安全,且其余方面皆公平对待,来年一月底以前绝不进兵。"又叹道:"其实你们去华北,有回旋余地,大可施展宏图,实现你们的政治抱负。"稍顿,又补言道:"我说这些话已超越了我的身份。这话只告你一人有数,你也可转告你党负责同志。"

周恩来沉吟半晌,方复道:"此事须请示我党中央,再作答复。"周恩来连夜回重庆曾家岩第十八集团军驻渝办事处,拍发密码电文,向延安党中央报告与蒋介石谈话内容。又增加评论,大意是:蒋介石话风正透出欲以武力执行何、白二人电报精神之意。纵览全局,军事进攻当从皖南新四军开始。是以建议中央提请叶、项二将,提高警惕,严防国民党顽固派围攻偷袭。中央得报,赶紧转告皖南新四军叶、项二将令严加提防。

新四军野战部队数万人，早由陈毅、张云逸、高敬亭、张鼎丞四个支队司令统领，分赴苏南、苏中、苏北、豫东、皖东、淮北、淮南各地游击作战，军部只统一万人留守皖南基地，其中多为机关勤杂人员。得中央电令后，叶、项二将反复商议，由叶挺出面，与国民党第三战区司令长官顾祝同会商，议定新四军由驻地云岭往东北方向，经马头镇、杨柳浦、郎溪、竹篑桥进入苏南，再由镇江渡长江。此前一个月，军中眷属、病员伤兵，计约二千人，分作多批，已陆续沿约定路线渡江成功。

12 月下旬，国民党中央广播电台故意发布新四军北移消息，暗示日军封锁铜陵、繁昌和无为之间的长江江面，加紧“扫荡”苏南。1941 年 1 月 4 日，新四军主力九千人由云岭出发，分三路向东南行进，欲绕道茂林，经三溪、旌德、宁国、郎溪到溧阳，待机北渡。

时值天降大雨，各处山洪暴发，河水猛涨，又山路崎岖，遍地泥水，大队行动不便，每日虽千辛万苦，只进三五十里。第三日，大队进至茂林一处山谷，两侧皆崇山峻岭，山高林密。正面主峰，称作石岭，标高八百米。部队正欲穿过山谷，折而向东，忽然枪声爆起，弹雨由两侧山头泼向山谷。部队不及防备，大队人马拥在谷中，欲进不能，欲退不得，一时折损无数。

原来，蒋介石与周恩来谈话，果然是以武力贯彻何、白命令，迫新四军北渡长江的信号。未久，第三战区司令长官顾祝同电告叶挺已来接洽转移，且告新四军非战斗人员约二千人，已沿指定路线先行转移。蒋介石得报，心中稍安。便嘱顾祝同加速围歼新四军的部署，只允新四军北渡长江，严防其南进突入黄山、四明山、天目山大三角地域。

顾祝同得令，急调步骑工炮七个师八万人枪，统由第三十二集团军总司令上官云相指挥，防堵叶、项部队南进。上官云相，字晋卿，别号纪青，山东商河人，1895 年生，保定军校步科毕业，曾任排长、连长、营长、团长、旅长、师长、军长、军团长，新任第三十二集团军总司令。

上官云相受命防堵叶、项部队，知新四军能战，叶挺又是名将，思虑半日，心生一计，先急调精锐第四十师潜往茂林，沿丕岭一线隘路构设阵地。又令其余各师皆依计而行。隔日，新四军大队出云岭驻地后，果悄然折而向南，正撞上丕岭第四十师预设防线。

叶挺在中军闻前方枪响，知有变故。且料周围国民党军队各师闻丕岭枪响，必四面合围，便令众将部署攻防，告道：“我军前后左右皆有敌军大兵团，计不下五六支，各有万余人。目下之计，须冲破当面之敌，夺占丕岭，方能杀开血路，突出重围。”当时传令前卫全力抢攻。其余部队亦各择要点构筑工事，防敌从左右侧后围攻。

前卫部队得令，果勇猛异常，反复冲杀，阵前遗尸无数。恶战两日，敌军依险布阵，又有优势火器，死守不退。新四军各部队早已疲乏，失去锐气。适逢敌其余各支军攻到，分从四面山头冲杀。谷中部队立时被分割成无数小块，失去联络，各自为战。十余里山谷，血雨腥风，硝烟弥漫，杀声日夜不绝。

又血战数日，叶挺见部队弹尽援绝，敌军却如潮涌到，知大势已去。便令部队分散突围，设法渡江，寻找江北部队。然后与项英分开，各带卫队突围。行至半途，叶挺与国民党顽军谈判时被扣，押往上饶集中营关押。

稍后得报，副军长项英死于乱军之中。新四军九千人枪，战死三千，被俘四千，只二千人冒死突出重围，渡江与江北部队会师。

第四十九章

悼念英雄周恩来哀题挽词
远征缅甸戴安澜薪火化骨

周恩来自圣诞节那日会过蒋介石后,便总觉有事,十分不安。接连十数日,皆是如此。思及蒋介石谈话,曾有“只要你们肯开过河北,我担保至一月底绝不进兵”一句,仔细回味,似有深意。又联想近日重庆方面蒋介石、何应钦等人活动,虽照常客套,却透出几分古怪,让人有似遮似掩之感。将所有可能出事地点一一勾算,陕甘宁边区,暂时无忧;其余晋西北贺龙部、晋察冀聂荣臻部、晋冀鲁豫刘伯承部、山东罗荣桓部、苏北陈毅部,皆军力强大,态势有利,料暂时无忧。算来只皖南叶、项部队,目标既大,包袱又重,战斗兵员却少。况项英又一向自恃坚持南方三年游击战争有功,不但不尊重叶挺,且对中央指示亦时持我行我素立场,多次提及南进,依托黄山、天目山、四明山三座大山另开局面。闻蒋介石话中之音,似暗示若新四军南进,推行三山计划,必以武力对抗。此时项英若果然不遵中央北渡命令,贸然南下,必落圈套。便令电台赶紧与新四军军部联系,不料呼叫半日,却无一丝动静。心知不妙,又令呼叫延安。

不消片刻,延安接通。周恩来令询延安有无皖南消息,回告说皖南电讯不通。周恩来大急,料已出事,赶紧驱车赴国民政府军事委员会求见何应钦、白崇禧、蒋介石等人。皆推托有事,暂不得见。周恩来只得令电台与苏北陈毅联系,陈毅只报说已陆陆续续收容皖南新四军零散渡江人员数百人,只问得叶、项率部南移,至茂林丕岭被国民党第三战区部队包围,陷于被动。再问详细,一概不知。

周恩来无计,只得将所得零散消息、重庆方面动静一一报告延安。令办事处人员日夜候命。自己却反复去见何应钦、白崇禧、蒋介石等人,打探消息。

等至 1941 年 1 月 17 日,忽接国民党方面发来通令,约略是说新四军叛变,着即撤销部队番号,将军长叶挺革职,交军法审判,副军长项英着即通令各军严缉归案。周恩来仔细读罢,心中暗思:“照通令提法,叶、项只怕吃了大亏。叶挺已为敌俘获无疑。项英或未为敌俘获,然是死是活一时未明,多半也是凶多吉少。”

思虑半日,已有计策。便令办事处人员、重庆《新华日报》人员皆加班加点,赶印《新华日报》,准备抢发消息。自己驱车至国民党各有关部门提出抗议,严斥何应钦犯罪。

次晨,新版《新华日报》送上街头散发,市民此前已知国民政府通令取消新四军番号,审判叶挺,通缉项英,料《新华日报》必有反应,纷纷争购。见那报纸排版与平日不同。头版半个版面,是一片空白,只十六个方寸大字,字为“千古奇冤,江南一叶,同室操戈,相煎何急!”副题字体稍小,是“为江南死国难者志哀”九个字。

报纸正畅销时,忽有一群国民党特务威逼报童,严禁发售。周恩来早在一旁注视,见状,便接过报纸,亲自发售。办事处其余人员亦仿周恩来售报。国民党特务再无他计,只得任之。

隔日,周恩来又根据新得详报,撰写《新四军皖南部队惨被围歼真相》一文,散发各界。文章扣紧事实,处处以哀见长,果然把新四军受难消息披露于各界。自此周恩来在重庆日夜奔波,为新四军并叶、项等人伸冤。

中国军队在怒江西岸与日军作战

延安方面得报新四军皖南部队全军覆没消息，抗议纷纷。又撰文抨击，又组织万人示威声讨。抗议声讨之外，毛泽东等人又商讨对策，要求国民党方面答应十二条，一曰悬崖勒马；二曰承认错误；三曰惩办祸首；四曰恢复叶挺职务；五曰交还俘获人枪；六曰抚恤皖南牺牲的新四军将士；七曰撤退华中"剿共"军；八曰平毁西北封锁线；九曰释放政治犯；十曰废止一党专政；十一曰服从总理遗嘱；十二曰审判亲日派首领。

十二条发表后，又令华北八路军派有力部队南下救援；又令重建新四军军部，任陈毅代理新四军军长，张云逸为副军长，刘少奇为政治委员，赖传珠为参谋长，邓子恢为政治部主任。又令各处新四军按师整编，苏北部队编作第一师，任粟裕为师长；两淮部队编作第二师，任张云逸兼师长；华北八路军南进增援部队为第三师，任黄克诚为师长；豫东部队编作第四师，任彭雪枫为师长；鄂豫皖部队编作第五师，任李先念为师长；苏南部队编作第六师，任谭震林为师长；皖中部队编为第七师，任张鼎丞为师长。全军新编完毕，计为七个作战师，合九万人，又开赴抗日前线，声势复振。

再说蒋介石得报属下顾祝同第三战区部队以牛刀杀鸡，围歼新四军皖南部队，生俘新四军军长叶挺，心中暗喜，以为得计。料军事上既然成功，政治上必无大碍，只迁延时日，烙铁自然凉。未料皖南新四军被围歼消息传出，国内外舆论大哗。不但国内各民主党派皆同声批评抗议，声援同情新四军，尤为甚者，国际上美国、苏联、英国皆表示关切。尤其美国与苏联两国政府，皆暗示若内战不止，国共关系破裂，危及抗日大局，便停止对国民政府的一切援助，包括停止贷款，停止供应飞机、大炮、坦克、枪械、弹药并一应军事装备。

蒋介石始知事态严重。暗道："若美、苏两国果然停止军援，则抗战便无法进行。只得公开表态，发誓不再以军事解决共产党问题。又派张治中为代表，以中共十二条为基础，与中共代表周恩来、林彪举行政治谈判，解决两党分歧。

谈判所议，概为三端：一者军队编制数量；二者中共军队活动区域划分；三者中共政治地位。双方谈谈停停，唇枪舌剑，反复争议，直到战争结束，仍不能达成协议。此间武力冲突虽未延续，两党关系却因皖南新四军被围歼而留下创痕，难以愈合。双方愈互不信任。两党合作基础动摇，波及抗日民族统一战线，影响抗战军事行动。

1940年5月，第三十三集团军总司令张自忠战死南瓜店，日将园部乘机夺占襄河东岸，又借冲势西进，连占江陵、荆门、沙市，又继续进攻宜昌。蒋介石未料日军敢再扩大战场，宜昌守军早调离一空。日军遂在6月18日攻占宜昌。

因宜昌位于西陵峡口，距重庆只九百里，是重庆东面屏障。日军得宜昌后，便以宜昌为航空作战基地，集中四百架飞机，日夜轰炸四川，重庆、成都皆是目标。自五月至九月四个月间，便出动飞机4500架次，投弹3000吨。重庆、成都诸城军民伤亡、财产损失，皆不计其数。

枣宜会战自5月1日始，到6月18日止，历时四十余日，日军虽得宜昌，却使战线又延长400里，折损4万人枪。以枣宜会战为契机，中日战争进入第二期第二阶段。第二阶段起于南宁失守，止于1941年12月。除枣宜会战外，另有四次会战，计为1940年12月豫南会战；1941年3月上高会战；5月晋南会战；9月第二次长沙会战。总计第二阶段五次会战，中国军队共投入55个军参战。日军共投入24个师参战，累计折兵13万。

1941年12月8日，日本发动太平洋战争，向英、美正式开战。原来1939年，欧罗巴洲德意志国在9月1日进攻波兰，拉开第二次世界大战战幕后，不到一个月，便消灭波兰150万军队，灭亡波兰。此后相继征服北欧、西欧、南欧，打败丹麦、挪威、荷兰、比利时、卢森堡、法兰西、南斯拉夫、希腊等国军队，横扫西欧，对英国发动海空作战。又在1941年6月22日，贯彻巴巴罗萨计划，出动550万大军、4300辆坦克、5000架飞机、4.7万门大炮，猛攻苏联。开战头三周，消灭109个苏联师。到年底，已向东进军2000里，消灭苏军700万，击毁坦克1.8万辆，占领苏联西部最发达的经济区。全球为之震惊。

日本以为有机可乘，正可利用英、法两国新败于德国之机，夺占英、法在东南亚的殖民地。而要夺取东南亚，必遭美国干涉。且美国一直反对日本侵占中国，不断向中国提供财政军事援助。日本不论是为顺利侵占东南亚，还是结束对华战争，都须先打败美国。故日军大本营于十二月作出了对美开战的决定。

12月8日夜，日本海军“联合舰队”特遣队，计拥六艘航空母舰，并25艘辅助战舰，携带423架各型战机，以“联合舰队”司令官山本五十六为将，驶近美军太平洋海军基地珍珠港，出动舰载机360架，分两波突袭，只两个小时，便重创美军太平洋舰队主力，击毁美舰18艘，飞机347架，夺取了太平洋制海权。

在此同时，四十万日本陆军，由舰船运载，分无数路在东南亚菲律宾、马来亚、新加坡、香港并太平洋各岛登陆，夺取东南亚。以日军偷袭珍珠港为契机，太平洋战争爆发。十二月八日，美国对日宣战。九日，国民政府也发表文告，正式对日本宣战，宣布废除所有中日间一切条约、协定、合同。中共也在十二月九日发表宣言，提出要与美、英及其他抗日友邦缔结军事同盟，建立太平洋一切抗日民族的统一战线，坚持抗战至完全胜利。

因太平洋战争爆发，中国不再孤军对日作战，中国抗日战争的战略环境大为改观，军民愈坚定了抗战必胜的信念。

以 1941 年 12 月珍珠港事件为契机，中日战争进入第二期第三阶段。第三阶段共发生十一次会战，计为：1941 年 12 月第三次长沙会战；1942 年 5 月浙赣会战；1943 年 4 月豫中会战；5 月鄂西会战；11 月常德会战；11 月滇西缅北会战；1944 年 5 月长衡会战；8 月桂柳会战；1945 年 3 月豫西鄂北会战；4 月湘西会战；5 月桂柳反攻战。总计第三阶段十次会战，日军用兵 64 个师，中国军队用兵 150 个军。日军累计折损 30 万人。

1942 年春，日军接连打败美、英军队，夺占香港、关岛、威克岛、菲律宾、荷属东印度、马来亚、新加坡，横扫太平洋，便移师进攻缅甸。驻缅英国军队向中国告急，请发兵救援。

原来，缅甸在中南半岛西北部，西临孟加拉湾，北及东北与中国云南、西藏为邻，东与老挝、泰国接壤，西北与印度交界。面积有 67 万平方公里，居有克伦族、掸族、钦族、克钦族，并少量印侨、华侨，是英国殖民地。缅境地形复杂，横断山脉从中国境内向缅甸延伸，形成野人山、东加亲山、怒山诸峰，皆山势陡峭，丛林密布。山间河川纵横，多从云南、西藏流出，南北流向，东有萨尔温江，西有伊洛瓦底江，中央有锡唐河、

1944 年 6 月，新四军向江苏滨海县进军

仰光河，皆水深流急，不能徒涉。丛林河谷地带，每逢雨季，瘴雨蛮烟，数月不散，除土著外，外人难以生存。

中国海路交通被日军封锁后，曾一度取道法属印度支那，经云南、广西转运外援物资。法国亡于德国后，日军乘势于 1940 年进驻印支北部，切断中国海外交通孔道。蒋介石又在 1941 年发行公债券一千万美元，动员民众赶修昆安铁路，连接滇缅公路，改从缅甸转运海外援华物资。缅甸若失，中国海外物资供应渠道便被堵死。虑及日本将进攻东南亚，夺取缅甸，蒋介石在 1941 年 1 月组成缅印马军事考察团，以商震为团长，到缅甸考察，拟成中、英合保缅甸，阻日军入侵的军事计划，深为英军欣赏。中、英当时达成合力保卫缅甸的军事默契。故日军一到，英国便向中国告急，请发兵救援。

蒋介石接到英军告急电，令成立中国远征军第一路司令长官司令部，初任卫立煌为司令长官。卫因故未到任，令杜聿明任副司令长官，代理司令长官。辖下部队共三支军，计为第五、第六、第六十六军，分以杜聿明、甘丽初、张轸三人为军长。每军各辖三个师，合十万人枪。

1942 年 3 月初，杜聿明率所部第五军三个师为前锋，进至缅境战区，随行有第六军二个师，也归杜聿明节制。此时日军已得仰光。日军四个师，计为第十八、第三十三、第五十五、第五十六师，共十万人，合编为第十五军，以饭田祥二郎为将。

日将饭田祥二郎得报中国远征军进入战场，看过缅甸地形，决定军分三路迎占中国远征军。西路一个师，是第三十三师，由仰光沿伊洛瓦底江河谷北进，占领仁安羌；中路二个师，是第五十五师与第十八师，沿锡当河谷北进，先占同古，再占曼德勒，然后在曼德勒与中国军队决战；东路一个师，是第五十六师，沿萨尔温江谷地北进，经莫契、垒固、东枝、雷列姆，直插曼德勒北面重镇腊戍，切断中国远征军归路，与中路日军合围中国远征军于曼德勒。

布置已毕，饭田嘱诸将道：“远征军是中国军队精锐，其中第五军是中国第一支机械化部队，尤以戴安澜第二〇〇师装备齐全，完全机械化，坦克、重炮甚多，火力毫不逊于我军。前次昆仑关之战，中村少将便吃了第五军的亏，诸位须小心在意。”诸将闻之，皆哂笑饭田胆小，不以为意。

三月八日，第五军前锋第二〇〇师，以戴安澜为将，进至同古。同古在锡唐河西岸，南沿缅南铁路可通仰光，北沿铁路可通曼德勒，东渡锡唐河通毛奇，交通四达。因当河谷开阔处，虽然当交通要道，却无险可守。

同古初由英军防守。戴安澜统军到后，接过英军防务，依城设防，工事皆以铁路枕木加固。又派摩托化骑兵团，南进五十里，在皮尤河建立前哨阵地，先在河南构筑假阵地。又在皮尤河大桥下埋设炸药，巧作伪装，主力伏于河北岸。

布阵已毕，南面尘头大起。远远望见一支人马，三三两两，各以骡马驮背包，不成队形，投公路而来。却是英军一支部队，被日军击溃，向北溃逃。背后日军快速部队皆乘摩托车，约二三十辆，衔尾追来，卷起漫天灰尘。守军放过英国败兵。待日军车队冲上大桥，急按电发火装置。霎时一声巨响，皮尤河大桥在爆炸声中炸成无数截，沉入河底，浓烟烈火，直冲半空。日军前锋车辆皆跌入河中。后队收势不及，撞在一起，乱成一团。守军轻重机枪齐射，手榴弹隔河齐扔。

恶战一阵，前锋日军尽被消灭。硝烟散去，清点战果，计得步枪二十支、机枪二挺、摩托车十九辆、手枪若干。英军溃兵此时尚在阵内，见中国军队顷刻打败日本追兵，皆伸出拇指，用半生不熟的中国话，夹缠不清地夸奖，意思是说："你们打得好。"

日军折了一阵，方知遇到劲敌，再不敢冒进。前队到了皮尤河南岸，小心翼翼，先以重炮乱轰一阵，始试探过河。守军见好就收，早已撤走。日军第五十五师大队过了皮尤河，一路进至同古城外，三面围城，先召来飞机数十架，轮番乱炸。又集中重炮，密集射击。见同古城被烟火笼罩，房屋多被摧毁，步骑兵始借城外密林掩护，向城垣推进，又在树上架设机枪，压制守军火力。

戴安澜率军据城死守，令官兵不论是否看见敌踪，皆以重机枪瞄准城外树林乱射，又令为重机枪装高射架，专射日军树上射手。两军陷入恶战。日军自三月十八日开始进攻，连攻十余日，阵前遗尸无数，却无法冲进同古城。

饭田祥二郎急于夺占同古、打开战局，令加派飞机、重炮，投入攻城战斗。三月三十日，日军援军赶到，又以飞机乱炸，重炮乱轰，眼见同古城在浓烟烈火中化成废墟，步骑兵小心翼翼，交替掩护，向城垣跃进。待到城边，并无动静，皆大奇，以为守军又在用计。等候良久，仍无动静。派人侦察，方知守军早已夜间撤走。

原来，戴安澜孤军守同古已有十二天。此时西路日军冲过英军防线，进至伊洛瓦底江中游重镇仁安羌。东路日军沿萨尔温江河谷北进，也超越了同古。杜聿明恐第二〇〇师孤军难以久持，且同古已被孤立，便令戴安澜乘夜东渡锡唐河，沿东岸林间密道绕过日军封锁线，向北退回缅中重镇曼德勒。

部队撤退途中，回望同古，见城中火光冲天，又闻得炮声隆隆，知日军仍在全力进攻同古，皆哈哈大笑。

同古突围后，远征军筹划曼德勒会战。部署已毕，忽有急报送来，西路英军挡不住日军攻势，放弃仁安羌，节节败退，放弃防线，退往印度。远征军右翼暴露。左翼第六军甘丽初部亦未能挡住日军东路迂回部队，日军连陷罗衣考、棠吉、罗列姆，日进二百里，于四月二十九日占了曼德勒后方要隘腊戍，切断了曼德勒与后方的联络线。

远征军赶紧分三路回撤。左一路退往印度；右一路由腊戍退回国内；中一路绕过日军封锁线，翻越野人山，经人迹罕至的原始森林，择路回国。戴安澜率第二〇〇师随中军后撤，于路皆是原始森林，林木遮天蔽日，漫山遍野皆是蚂蝗、蚊虫及各种千奇百怪的小爬虫。又逢雨季，林内潮湿特甚，沿路洪水泛滥，虽沟渠亦不能徒涉，亦无法架桥摆渡。军中无粮，皆以野果充饥。疟疾、回归热如魔般在军中蔓延，有高热病人，昏迷不醒，加上蚂蝗吸血，蚂蚁侵蚀，大雨冲洗，不消几个小时，便成一堆白骨。路途之上尸骨遍野，皆是前队遗留，不及掩埋。

部队相互帮扶，艰难行进，五月十八日进至摩谷公路。正过路时，林中忽有日军大队人马掩至，约有二个营，冲上公路，机枪乱扫，将部队拦腰切断。官兵在林中跋涉兼旬，饱受饥饿劳累折磨，体力已衰弱到极点，反击无力。正危急时，戴安澜亲率突击队迂回至日军左侧，将局势扭转。混战中，戴安澜胸腹各中一弹，生命垂危，被将士救回，躺在担架上指挥突围。且战且走，天明始摆脱日军追击。

此后虽未遇敌，却天公不作美，连降大雨，终日冒雨行军，衣衫湿了干，干了湿，每日反复数度。戴安澜躺在担架上，雨淋日晒，又无医药食品，伤口化脓，终在五月二十六日与世长辞。

部队闻报，尽放悲声，震动山谷。工兵营连夜伐木赶制棺材，轮流抬棺，随军缓缓而进。待到二十八日，遗体流脓发臭，再不能随军而行，只得就地拾薪柴火化，捡出遗骨，带回国内。

消息报回国内，蒋介石跌足不已，连声叹道："一将难求，一将难求。"中共领袖周恩来亲题挽词悼戴安澜，共八个字："黄埔之英，民族之雄。"

六月十八日，第二〇〇师渡怒江归国，一师万人，生还者只四千六百人，且九成染有疟疾。总计十万远征军，只四成归国，折损六万之众。其中三成战死，七成因饥饿、疾病与劳累倒在行军途中。缅甸遂为日军攻占。

此后，远征军退往印度的部队编成驻印军。回国者经收容整顿，又编成远征军，皆补充兵员、器械，日夜操练，准备杀回缅甸，恢复缅甸运输线，为战友报仇。

第五十章

山穷水尽东洋贼军缴械投降 载歌载舞中华儿女欢庆胜利

转眼是1944年。日本中国派遣军司令官已换成畑俊六。辖下军队分为二支，计为华北方面军和第六方面军。华北方面军以冈村宁次为将，下辖第一军、第十二军和驻蒙军，共九师十一旅；第六方面军以冈部直三郎为将，下辖第十一军、第二十军、第二十三军、第三十四军、第十三军和第五航空军，共十七师十一旅。两支军合为二十六师二十二旅，共八十万人。

此时日本在太平洋战场迭遭失败。日本本土、台湾并驻华日军基地，皆遭盟国空军袭击，日本海上运输线也被切断。畑俊六想从中国战场寻找出路。议调集十个师，分两路会攻四川，夺取重庆，摧毁中国抗战基地。大本营以为日军实力不足，不宜再扩大战场，不允进攻重庆。转令拟成一号作战计划，调集重兵，进攻豫、湘、桂三省，打通平汉线、粤汉线、湘桂线，建立自朝鲜经中国东北，连通平汉、粤汉、湘桂线，通往东南亚的大陆交通走廊，替代海运线。令畑俊六负责指挥。又新编十四个独立旅，从关东军抽调精锐，拨归中国派遣军，用于一号作战计划。

一号作战计划共分三阶段进行，先取河南，次取湖南，后取广西。四月，一号作战计划实施。畑俊六令调步骑工炮十五万人，以冈村宁次为将，进攻河南。蒋介石急令汤恩伯统第一战区四十万军应战。

激战四十余日，日军连占河南四十五城，五月二十五日又占洛阳，打通了平汉线。五月，畑俊六亲至武汉，自统十七万兵，第四次进攻长沙，攻掠湖南。薛岳统第九战区五支军四十八个师应战，激战至八月，长沙、衡阳皆失，日军又打通了粤汉线；八月，畑俊六又调十五万人，以冈村宁次为将，进攻广西。张发奎统第四战区五支军三十九个师应战。激战至十二月，日军占了桂林、柳州，打通了中越交通线。

侵华日军向我军无条件投降的情况

总计豫湘桂战役，历时八个月，日军连占中国一百四十六座城池、七个空军基地、三十六个飞机场，得地二十万平方公里，消灭国民党军六十万人，打通了大陆交通线。

然世事规律，福祸相依。日军虽有斩获，却用兵五十万，耗损物资无数。又将战线延伸四千里，态势愈益对其不利。1945 年 5 月，日军集中五个师分四路进兵湘西。蒋介石急令何应钦统八个军迎敌，何应钦以四个军据资水布阵，每个军迎击日军一路。其余四个军迂回机动。

此时日军战场扩及大半个亚洲，处处受敌。兵员不足，军中老幼皆有，实力大不如从前。中国参战各军皆用美式装备，部队身强力壮，蓄锐已久，日军如何能敌。恶战两个月，日军四路皆败，共折损二万人。自此，日军败征愈露，赶紧收缩战线，向沿海地区撤退，上年占领的城池，大都自动放弃。

有道是：善用兵者，役不再籍，粮不三载，兵久而国盛者，未之有也。日本乃弹丸小国，居民只及中华十之一二，疆域只及中华百之三四，如何能如此四面用兵、持久作战？虽还苦苦支撑，却早已是脱水游鱼，势衰力竭，战局日益不利。

到了 1945 年，中日战争已进入第三个时期，即中国军民的战略反攻阶段。是年五月八日，与日本结盟的法西斯德国战败投降，日本顿成孤军。且苏联增兵远东，拟对日作战。太平洋战场，先是美利坚国依恃海空军优势，分路沿中太平洋、西南太平洋各海岛阵地，越过茫茫太平洋，向日本国本土四岛作双叉冲击，从海路逼近日本本土；又出动超级远程轰炸机，满载炸弹、燃烧弹，日夜轮番轰炸日本都城东京并本土各军火工厂、军事基地，袭击驻华日军兵站、运输线。继后投掷原子弹，袭击日本国军火城，更威力巨大无比。只一枚原子弹，便摧毁日本国广岛，满城带伤、死者七八万人。次后又有英吉利国出五十万军，由印度沿伊洛瓦底江而下，反攻仰光，与美国军队合取东南亚。后苏联又在八月八日宣布对日作战，出动大军一百五十万，飞机、坦克无数，号称二百万，分三路出击中国东北，与日本关东军决战，一举将其击败。

中国解放区军民从五月起发动强大的夏季攻势，打得日寇鬼哭狼嚎，龟缩不敢出城市；正面战场中国军队亦对日军发动反攻，相继收复南宁、宜山、柳州、桂林等城。八月九日，毛泽东发表《对日寇的最后一战》声明，十日和十一日，朱德连续发布对日军全面反攻及受降等七道命令。各解放区抗日武装立即向日军全面反攻，收复广大失地，并解放东北全境。

中国军民，不分党派属性，计国民党正规军六百万、共产党正规军百万、民兵游击队三百万，合一千万人，对侵华日军不分前方后方，奋力反攻。又以驻印军、中国远征军两支精锐，东西对进，合攻北缅。日本军虽有七百万，却分散在中国、东南亚、太平洋诸岛及日本本土，被中、美、英、苏四国千余万大军分割包围，首尾不能兼顾，焦头烂额，折损无数。日本国政府走投无路，便于 1945 年 8 月 14 日，照会美、苏、英、中四国政府，表示愿意接受波茨坦公告。8 月 15 日，以日本国天皇名义宣布无条件投降。9 月 2 日，日本天皇和政府及日军大本营的代表正式签字投降。

1945年9月9日，中日两军代表在南京国民政府军校大礼堂举行日军投降签字仪式。上午八时五十七分，日本中国派遣军总司令官冈村宁次带随员进入受降大厅，皆先脱帽而入，冈村宁次又破例解下佩刀，交随员双手捧呈蒋介石特派代表、中国陆军总司令、陆军一级上将、中国受降主官何应钦，以示正式向中国政府缴械投降。而后便在投降书上签字。

日本投降书计有九款，约略说明：台湾、越南北部、中国大陆本部，日本陆、海、空军及辅助部队，皆向中国投降。又规定日本陆、海、空军须停止敌对行为，原地待命，保管好一应武器、弹药、装备、器材、工厂、仓库、码头及一应建筑物，按指定时间地点，交中国受降主官接收。至此，中日十四年战争遂告正式结束。依据日本天皇停战诏书精神以及战时各项国际协议规定，台湾、澎湖、东北诸失地，尽由中国收回主权，自不必说。

却说冈村宁次在投降书上签字当日，国民政府军事委员会委员长蒋介石，发布正式命令划中国战区为十六大受降区。第一受降区是越南北纬十六度线以北地区，以第一方面军司令官卢汉为受降主官，受降地点河内；第二受降区是广东，以第二方面军司令官张发奎为受降主官，受降地点广州；第三受降区是曲江、潮汕地区，以第七战区司令长官余汉谋为受降主官，受降地点汕头；第四受降区是长沙、衡阳地区，以第四方面军司令官王耀武为受降主官，受降地点长沙；第五受降区是南昌、九江地区，以第九战区司令长官薛岳为受降主官，受降地点南昌；第六受降区是杭州、厦门地区，以第三战区司令长官顾祝同为受降主官，受降地点杭州；第七受降区是京沪地区，以第三方面军司令官汤恩伯为受降主官，受降地点为南京、上海；第八受降区是武汉、沙市、宜昌地区，以第六战区司令长官孙蔚如为受降主官，受降地点汉口；第九受降区是徐州、安庆、蚌埠、海州，以第十战区司令长官李品仙为受降主官，受降地点徐州；第十受降区是平津、石家庄、保定地区，以第十一战区司令长官孙连仲为受降主官，受降地点北平；第十一受降区是济南、青岛、德州地区，以李延年为受降主官，受降地点济南；第十二受降区是洛阳地区，以第一战区司令长官胡宗南为受降主官，受降地点洛阳；第十三受降区是郑州、开封、新乡、南阳、襄樊地区，以第五战区司令长官刘峙为受降主官，受降地点郾城；第十四受降区是山西，以第二战区司令长官阎锡山为受降主官，受降地点太原；第十五受降区是热、察、绥地区，以第十二战区司令长官傅作义为受降主官，受降地点归绥；第十六受降区是台、澎地区，以台湾省行政公署长官陈仪为受降主官，受降地点台北。

划分十六大受降区已毕，又令各受降区内日军部队，统一派代表与各区受降主官接洽，举行投降仪式，递交各区日军编制、兵力、武器清单，听候各区受降主官处置。总计十六大受降区，共接受日军一个总司令部、三个方面军、十个军、三十六个师、四十一个独立旅投降，收容日军战俘1283000人；日侨779874人；韩侨50935人。收缴日军装备，计步骑枪685897支、手枪60377支、机枪29822挺、火炮12446门、坦克383辆、装甲车151辆、卡车15785辆、飞机1068架、舰船1400艘、马匹

何应钦将军在中国政府所核定之日本投降书上签字

74159 匹、油料 10000 吨、子弹 1 亿余发、炮弹 200 余万发、炸弹 600 余万吨。

日本败降消息传出，军民无不欢欣鼓舞。无论国民党保有的大后方，抑或是共产党领导的抗日根据地，抑或是沦陷区人民，不分男女老幼，纷纷拥上街头，自发游行集会，欢庆胜利。一时间，大江南北，长城内外，日夜锣鼓喧天，喇叭齐鸣，烟花爆竹，震耳欲聋。大小城镇，皆万人空巷，不论工人、农民、市民、商人、军人，尽皆喜气洋洋，庆祝中华民族近百年来第一次打败强敌，取得了反侵略战争的彻底胜利。一面面小日本"膏药"旗，尽在欢呼声中被丢进篝火，顷刻化为灰烬。压抑中国人民数十年的魔影，终于从国人心头拂去。

延安城中，新华社专司监听的译电员，一路小跑将胜利喜讯送到每孔窑洞，每个摊贩。人们不约而同拥上大街，奔走相告，分享胜利喜悦。有卖水果的农民、小贩，把成筐的红枣抛向人群，边抛边嚷，请众人分享胜利果实。杂货铺中糖果、老酒、鞭炮、红烛、灯笼，凡一应喜庆货品，皆被抢购一空，店员、老板、顾客皆顾不上细细点钞，只一心欢呼胜利。入夜，人们又打起灯笼火把，且歌且舞。甚至扯出棉衣、棉被中的絮花，扎成火把，浇上煤油、菜油、火油，挤进欢庆队伍。延河水旁，宝塔山下，数日数夜，皆人声鼎沸。

日皇宣布投降次日，国民党总裁、国民政府主席兼军事委员会委员长蒋介石，也兴奋无比。上午十时，蒋介石一身戎装，来到重庆市中央电台播音室，对全国民众发表演讲，为抗战胜利对全国军民及全世界人士广播演说。约略说明抗战胜利，是正义战胜强权的证明。又缅怀在战争中牺牲的烈士，慰勉抗战有功的将士，呼吁自此以后，人类须抛弃战争，不分肤色种族，互谅互敬，互助互信。

又由国民政府公布抗战战绩统计，总计中日战争，若从 1931 年“九·一八”事变算起，历时十四年。若从 1937 年“七七”事变算起，历时八年。其间中国军民对日军作战 20 万次，大战 200 余次，会战 22 次，共消灭日军 133 万，俘获日军 128 万。

为夺取胜利，共动员壮丁 1400 万，支出军费 1 万亿，征用大米 5300 万包、小麦 2800 万包、面粉 1500 万袋。军队伤亡 380 万，民众伤亡 3100 万。军民合计伤亡 3500 万，其中半数牺牲。又计算出海外华侨为支援抗战，八年捐款约 14亿元，飞机、汽车、大炮若干。又有华侨青年若干，参军参战，牺牲在抗日战场，皆表记褒奖。